KB040505

이주와 정치

다문화사회의 이민정치와
이주평화학의 모색

이주와 정치:
다문화사회의 이민정치와
이주평화학의 모색

초판 1쇄 인쇄 2022년 1월 21일
초판 1쇄 발행 2022년 1월 28일

지은이 한준성
펴낸이 박미옥
디자인 이원재
펴낸곳 도서출판 당대
등록 1995년 4월 21일 제10-1149호
주소 04047 서울시 마포구 독막로3길 28-13 (서교동) 204호
전화 02-323-1315~6
팩스 02-323-1317
전자우편 dangbi@chol.com
ISBN 978-89-8163-175-8 (93300)

이 도서는 한국출판문화산업진흥원의
'2021년 출판콘텐츠 창작 지원 사업'의 일환으로
국민체육진흥기금을 지원받아 제작되었습니다.

이주와 정치

다문화사회의 이민정치와
이주평화학의 모색

한준성 지음

당대

차례

책을 펴내며

이 책은 기본적으로 개별 논문들을 취합한 논문집의 형태를 취하고 있다. 개별 논문들을 하나로 엮는 작업을 통해 책 전체가 긴 글쓰기 과정의 산물이었다는 생각이 들었다.

그 시작은 2008년 8월이었던 것 같다. 당시 석사학위과정을 마치고 수개월간 다국어매체인 '이주노동자인터넷방송국'에서 프리랜서 기사번역가로 일한 적이 있다. 상근직도 아니었고 이주민과 대면할 기회도 적었지만 번역해야 할 기사와 서신에 담긴 내용을 보면서 한국사회 이주노동의 현실과 역사에 관심을 가지기 시작했다. 당시 번역해야 할 글들에는 한국 봉제업을 지탱하는 미등록 이주노동자들, 산업재해를 입은 이주노동자, 이주노동자들이 처한 열악한 작업환경과 주거의 문제, 외국인보호소에서 심근경색으로 사망한 이주노동자, 단속 중에 추락사고를 당한 이주노동자, 활동가가 된 이주노동자, 헌법소원을 제기한 이주노동자, 사회심리극 교육에 참여하는 이주여성, 이주민공동체의 현실에 관한 기사를 작성하는 저널리스트로서의 이주민, 자신의 경험을 녹여낸 시(詩)를 써 소통하는 이주민에 관한 이야기가 담겨 있었다.

이전까지만 하더라도 내게 '이주'(migration) 현상은 잘 보이지 않았고 '이주민'(migrant)의 목소리는 좀처럼 들리지 않았다. 내가 보지 못하고 듣지 못하는 사이 한국사회에서는 이주민의 권리 문제를 둘러싼 정치적 역동이 펼쳐지고 있었다. 왜 나는 그런 현실을 보지도 못하고 듣지도 못했던 것일까? 이 물음이 숙성되기 시작한 것은 좀더 시간이 흐른 뒤였다.

당시 석사과정을 마치면서 조금 지쳐 있기도 했지만 '학자'나 '연구자'라는 외투가 내게는 잘 맞지 않는 옷이라는 생각이 들었다. 무엇보다도 지적 호기심이나 연구역량 면에서 어느 순간 스스로에게 회의감이 들었던 것 같다. 그러다 서울대학교 통일평화연구소에서 상근연구원으로 일하게 되었고, 2009년부터 꼬박 2년간 근무했다. 기본업무는 연구행정이었지만 연구자들의 공간 속에 머무르면서 자연스럽게 공부하는 것의 매력 혹은 기쁨을 재발견하게 되었다. 특히 다양한 전공분야의 연구자들을 만나고 이들 사이에 오가는 이야기들을 듣고 또 글들을 읽으면서 관심영역도 확장되었다. 그러면서 남북관계와 한반도평화 그리고 이주배경을 지닌 탈북민의 삶에 대해서도 관심을 갖게 되었다.

그중에서도 통일평화연구소에서 일하면서 인연을 맺게 된 서양사학자 이동기 선생님과의 대화와 그의 글들 사이사이에 배어 있는 비판적 역사학의 관점은 무척 흥미로웠을 뿐만 아니라 나에게 커다란 지적 자극을 주었다. 학문으로서의 역사학에 대해서는 문외한에 가깝지만, 내가 이해하기로는 비판적 역사학은 주류 역사기술에서 침묵되거나 주변화된 개인과 집단의 존재와 흔적을 찾아내고 그것의 역사적 의미와 의의에 대해서 정당한 평가를 내림으로써 현실이해와 미래구상에 조력하는 학문활동이 아닐까 싶다. 이 책에 실린 글들 가운데 한국 이주노동정치에 관한 몇 편은 비록 연구방법(론)의 측면에서는 부족함이 있겠으나 이러한 문제의식을 바탕으로 집필한 것이라고 말할 수 있겠다.

그렇게 통일평화연구소에서 일하면서 2009년 가을 대학원 박사과정에 진학했다. 당시 나는 이주와 관련된 주제들에 관심을 두면서 정치이론 연구를 진행하고자 했다. 그렇지만 시행착오를 거치고 또 내가 지닌 기질이나 연구자로서의 장단점을 살피면서 연구방향을 조정해 갔다. 마침내 '정치'와 '역사'의 접점에서 논문주제를 구상하게 되었고 '한국 이주노동정치의 역사'로 연구방향을 잡았다. 이주노동자들이 본격적으로 한국을 찾은 1980년대 후반 이래로 30여 년의 시간이 흘렀고 그간 이주노동과 관련해 전개되었던 정치적인 역동을 하나의 서사로 엮어내고 싶었다. 다른 무엇보다도 긴 시간 내게 들리지 않았고 보이지 않았던 이주노동정치의 역사를 알고 싶었다. 그 역사 앞에 커다란 눈과 귀가 되어야겠다고 생각했다.

연구자는 기본적으로 어떠한 이야기를 누군가에게 들려주는 사람이다. 나는 한국의 이주노동정치사를 들려주고 싶었다. 물론 특정 청중을 떠올렸던 것은 아니다. 그렇지만 한 가지 확실한 것은 그 청중 속에 내가 있다는 것이다. 그런데 누가 청자이건 이 이야기를 들려주기 위해서는 먼저 기록하는 사람이 되어야 했다. 그래서 지난 30여 년에 걸쳐 한국사회의 이주노동자와 관련해 누군가 어떤 식으로든 남겨놓은 흔적과 자료를 찾아 정리하는 작업을 이어갔다. 당시 가장 자주 찾았던 곳은 내게 '자료의 보물섬'과도 같았던 국립중앙도서관이었다. 그곳에서 다양한 유형과 형태의 문헌과 자료를 수집할 수 있었다.

박사과정을 마친 뒤 2017년 4월부터 한양대학교 평화연구소에서 연구교수로 3년 반가량 근무를 했고, 이후 2021년 4월부터 지금까지 경희대학교 공공거버넌스연구소에서 학술연구교수로 연구활동을 이어오고 있다. 이 시기에 걸쳐 연구의 지리적 범위를 유럽과 제3세계로 확장시켜 왔다. 내게 유럽의 사례들은 한국이 참조할 어떤 '모델'이었다기보다는 사람 사는 또 다른 곳에 대한 개인적 호기심의 대상에 가까웠다. 오랜 이민의 역사를 가진 만큼 정책적 실험과 각종 논쟁이 풍성한 곳이라고 생각했고 살펴보니 실제로도 그러했다.

다음으로 '제3세계'에 대한 관심은 주로 강제이주와 관련된 것이다. 범지구적 강제이주의 현실을 살펴보면서 서구 수용국들에 집중된 시선을 발생국과 인접지역으로 분산시켜야 한다고 보았다. 그렇지만 정작 제3세계 난민위기에 관한 논문을 쓰도록 결정적인 동기부여를 한 것은 학부강의였다. '국제개발협력과 아프리카'라는 강의인데 수년에 걸쳐 강의를 진행하며 몸소 깨달은 점은 강의야말로 연구자에게 큰 공부의 기회가 된다는 것이다. 수업을 진행하면서 아프리카를 비롯한 제3세계의 역사적 경험과 정치적 역동에 본격적으로 관심을 갖게 되었을 뿐만 아니라 강의교재로 쓸 수 있는 글을 직접 써봐야겠다는 생각에 이르렀다. 실제로 이 책에 실린 아프리카와 중남미 사례연구는 이런 의도를 바탕으로 집필한 글들이다.

이 같은 과정을 거쳐서 나온 논문들을 엮어 단행본이라는 틀 안에 모아놓고 보니 나름의 통합된 전체로서의 상을 갖추게 된 것 같다. 독자의 이해를 위해 글의 전반적인 구성을 간략히 소개하면 다음과 같다.

1부에서는 한국 이주노동정치의 역사와 쟁점에 대해 논의한다. 1장에서는 민주화 이후 이주노동정치사의 초기에 해당하는 1987~93년의 이주노동정치를 분석한다. 구체적으로는 1980년대 후반을 기점으로 새로운 인구집단으로 출현한 이주노동자들에 대한 초기 통치의 성격을 분석하고 이에 대한 시민사회의 대응으로 이주노동운동이 태동한 경위를 살펴본다. 2장에서는 이주노동정책사와 이주노동운동사 모두에 있어 중대 사건이었던 1995년 1월 네팔인 산업연수생들의 명동성당 농성의 역사적 의미를 짚어본다. 3장에서는 다소 논쟁적일 수 있겠으나 지난 30여 년의 이주노동정치사에서 가장 획기적인 사건으로 평가할 수 있는 '고용허가제' 입법과정을 분석하고 이를 기점으로 변모한 한국 한시이주노동제도의 특징과 한계를 설명한다. 이어진 4장에서는 그간 한국사회에서 정식 합법화 정책이 시행되지 못한 이유를 살펴본다. 특히 '합법화'에 대한 논의는 '불법화'에 대한 이해에서 출발해야 한다는 문제의식으로 한국사회에서 미등록 이주노동자에게 부과된 행정표지인 '불법성'의 생산 메커니즘을 분석한다.

2부에서는 시선을 옮겨 유럽의 이민정치에 주목한다. 여기서는 21세기 유럽의 새로운 이주민통합 패러다임인 '주류화'(mainstreaming)와 '시민통합'(civic integration)에 대해서 논의한다. 1장에서는 유럽의 이주민통합 주류화를 이론, 추세, 지향의 세 측면에서 설명한 뒤 덴마크의 구체적인 사례를 살펴본다. 2장에서는 시민통합 패러다임에 기반을 둔 유럽 이주민통합 정책의 기본적인 특징과 추이를 살펴본 뒤 '이주민 통합 거버넌스'의 포괄적 틀 내에서 두 가지 정책접근의 긴장성을 대립과 충돌이 아닌 상보적 관계로 상승시킬 필요성을 제기한다. 3장에서는 미등록 이주민을 대상으로 한 유럽 사상 최대 규모의 합법화 프로그램으로 평가받는 스페인의 2005 합법화 정책의 정치동학과 특징을 살펴본다. 논의의 근저에는 '불법'과 '합법'의 경계, '불법' 생산의 메커니즘, 동질화될 수 없는 '불법성'에 대한 비판적 문제의식이 깔려 있다.

3부는 '지역주의' 관점에서 제3세계 내에서 발생한 대규모 강제이주 사태에 대한 지역적 대응 메커니즘의 창출을 위한 시도들에 주목한다. 1장과 2장은 각각 아프리카의 1969년 '아프리카 난민 문제의 특수한 측면들에 관한 협약'(Convention Governing the Specific Aspects of Refugee Problems in Africa)과 라틴아메리카의 1984년 '카르타헤나 난민선언'(Cartagena Declaration on Refugees)에 관해 논의한다. 특히 3부에서는 '이주평화학'의 관점에서 두 역사적 사례를 기억하면서 강제이주와 난민

문제에 관한 사고의 외연을 뿌리원인과 평화구상으로까지 심화, 확장시켜야 한다는 점을 강조한다.

이 밖에 보론으로 두 편의 글을 실었다. 하나는 현대 서구사회의 다문화주의 논쟁을 분석한 글이다. 다문화주의에 대한 비판론과 회의론을 살펴보고 이어서 다문화주의에 관한 브라이언 배리와 윌 킴리카의 대별되는 견해를 '개인과 집단' '권리와 문화' '정의' '사회통합' 네 가지 주제로 나누어 비교분석했다. 또 하나는 박정희시기 한국 복지정치의 특징과 그 유산에 관해 설명한 글이다. 이 글은 '이주'와 직접적으로 관련된 글은 아니다. 하지만 정치경제 시스템이나 사회정책이 이주민통합 내지는 이주민의 사회적 권리에 영향을 끼치는 주요한 맥락이라는 점을 고려하여 이 책에 함께 싣기로 했다.

마지막으로 감사의 뜻을 전하고 싶은 분들이 떠오른다. 대학원시절 긴 대화 속에서 연구의 방향과 보완점을 함께 찾아주시고 제자의 생활을 걱정해주셨던 유홍림 교수님, 대학시절 정치사상 분야에 대한 관심을 통해 정치학 연구의 뜻을 갖게 해주신 김용민 교수님, 대학이라는 사회적 공간에서의 연구에 회의가 들 무렵 그래도 대학의 고유한 기능과 역할이 있음을 알게 해주시고 커다란 지적 자극을 주신 이동기 교수님께 감사드린다. 아울러 한양대 평화연구소의 최진우 교수님과 동료선생님, 경희대 공공거버넌스연구소의 이동수 교수님과 여러 선생님께서 주신 관심과 배려에 감사를 전하고 싶다. 이 밖에도 연구활동의 저변을 넓히는 데 도움을 주신 전북대 설동훈 교수님, 경희대 이화용 교수님, 서울시립대 이병하 교수님 그리고 한국이민학회의 여러 선생님께도 감사를 드린다.

이주노동자인터넷방송국 대표이셨던 박경주 선생님과 오가는 대화만으로도 충분한 격려와 자극이 되는 이주연구모임 MARCO의 여러 선생님, 대학원시절부터 소중한 인연을 맺어온 선배와 동료 그리고 대학시절부터 지금까지 오랜 벗으로 지내온 친구들에게도 고마움을 전하고 싶다. 또한 필자의 부족한 글들을 직접 찾아보고 출간을 결정해 주신 당대출판사에도 감사드린다. 마지막으로 가족에게도 고마운 마음을 전하고 싶다. 효(孝)가 사랑임을 알게 해주신 나의 사랑하는 부모님 한동석님, 노정애님, 이혁님, 김영순님 그리고 어기찬 의지로 힘든 시기를 견뎌냈을 뿐 아니라 내 삶에 새로운 결들을 입혀준 아내이자 학우인 이경민 박사에게 이 지면을 빌려 애심을 전한다.

1부

한국 이주노동정치의 역사

1 민주화 이후의 이주노동정치사: 초기(1987~93)

1 들어가는 말

87 민주화운동이 직선제 개헌으로 일단락되면서 군부독재는 종식되었다. 그러나 '87체제'의 시작이 군부독재시절 유산의 종언이나 민주주의 승리의 최종적 선언을 뜻하는 것은 아니었다. 그것은 어둡게 가려진 과거사(事)와 군부독재시기에 형성된 권위주의와 군사주의의 문화적·제도적 유산을 청산하고 민주적인 정치제도와 정치문화를 복원하거나 정초하기 위해 더 많은, 그러면서도 더 다양한 후속 '민주화들'을 실천하기 위한 첫걸음이었다. 7~9월 노동자투쟁은 바로 그러한 과정의 신호탄이었다. 이는 이후 더딘 진전과 빠른 후퇴, 거듭된 좌절과 희망의 교차 속에서도 민주노조운동, 여성운동, 평화운동, 환경운동, 소수자운동 등으로 확산되어 갔다. 이러한 걸음들이 축적되면서 한국 민주주의 역사는 굴절과 퇴행의 순간들을 거치면서도 포용성의 수준을 높여갔다.

이런 점에 비춰볼 때 '이주노동운동'[1] 또한 한국 민주주의 역사에서 빼놓을 수 없는 일부였다. 이주노동자들은 사회적 소수이자 노동자로서 포용과 배제의 첨예한 경계 위에 서 있었고, 그런 점에서 이주노동운동은 '인정투쟁'과 '계급투쟁'이 교차하는 지점에서 경계의 질서를 문제시하고 갱신을 요구하는 또 다른 형태의 후속 민주화운동이었다. 특히 이주노동운동을 한국 민주주의 역사에 편입시키는 작업은, 그것이 놓인 보다 넓은 정치적 현상인 '이주노동정치'가 한국 민주주의의 특징과 상태를 판별하는 유의미한 리트머스 시험지가 된다는 점에서 더욱 각별한 의미를 갖는다.

여기서 이주노동정치는 이주노동자들의 유입, 이들의 존재양태, 이들이 거주국 사회와 맺는 관계, 관련제도의 도입과 변천 등을 둘러싸고 관련된 주요 행위자들 내지는 세력들 간에 전개되는 힘과 가치정향의 충돌과 타협, 작용과 반작용 등과 같은 복합적 상호작용을 일컫는다. 아울러 이주노동정치사 연구는 이러한 의미에서의 이주노동정치의 변동을 추적하는 작업이다.

그렇지만 기존 연구에서 이주노동정치 연구는 그 중요한 역사적 의의와 학술적 가치에도 불구하고 무척 제한적인 편이다. 그 까닭을 살펴보면, 우선 2000년대 중반 이후 나타난 '다문화 열풍' 속에서 이주민 통합에 관한 이론 및 정책으로서의 다문화주의 내지는 다문화정책에 대한 관심도가 크게 높아졌다[윤인진 2008, 77, 78쪽; 이병하 2011, 78쪽]. 그런 가운데 학계의 주된 관심대상이 이주민 통합모델로 수렴되는 경향이 나타났고, 이주노동정치에 대한 연구적 관심이 상대적으로 주변화되었다. 특히 민주화 이후 이주노동정치사의 초기에 해당하는 1987~93년의 이주노동정치에 관한 연구적 관심은, 이 시기가 이후 이주노동정치의 방향과 내용에 큰 영향을 끼쳤기에 연구의 필요성이 높음에도 불구하고 미약한 수준에 머무르고 있다.[2] 이에 이 글은 민주화 이후 이주노동정치를 연구대상으로 삼고 그 초기의 역사를 살펴보고자 한다.

특히 이 글은 '정치사' 관점을 채택함으로써 '정책사' 내지는 '운동사' 시각에서 출발한 기존 논의들과 차별화된다.[3] 그렇다고 정책사와 운동사 시각에서 진행된 기존 연구가 정책과 운동 일변도의 서사로 이뤄졌다고 보거나, 정치사 접근을 정책사나 운동사 접근을 대체하는 것으로 강변하려는 것은 아니다. 다만 정책사와 운동사를 포괄하면서도 보다 총체적이고 포괄적인 이주노동정치의 역사를 기술하는 작업이, 이주노동 문제와 관련한 운동들과 정책들의 특징 그리고 다양한 주체들의 의식형성과 실천행위를 보다 맥락화해서 이해하는 데 도움이 될 것이라고 판단했다. 이제 상술한 문제의식을 바탕으로 행정, 경제, 노동, 시민사회를 주요 영역들로 보고 그 관계가 구체적이고 다양한 계기들 내지는 맥락들과 접맥되면서 전개되어 나간 과정을 살펴보도록 하자.

2 이주노동의 한국행: 맥락과 특징

이주노동의 본격적인 국내 유입을 이해하려면 먼저 국제 노동이주의 변화를 살펴봐야 한다. 전후(戰後) 1970대 초반까지 수많은 이주노동자들이 급성장해 가던 서유럽으로 건너가 '저숙련'노동자로 일했다. 그러다가 오일쇼크 위기가 터진 1973~74년을 기점으로 이들의 유입이 제한, 금지되기 시작했다. 그렇지만 시야를 확장해 전지구적 차원에서 보면 국제 노동이주는 중단 없이 이어지고 있었다. 걸프지역 산유국들과 아시아의 '용들'이 자본투자와 산업화의 진척으로 이주노동을 대규모로 흡수했다[Castles 2006, p. 746]. 한국은 1980년대 후반을 기점으로 이러한 국제 노동이주 흐름의 일부를 본격적으로 흡수하기 시작했다.

당시 이주노동자들의 본격적인 한국행의 맥락과 특징을 좀더 구체적으로 들여다보면, 우선 1980년대 중반 이후 경제호황과 메가 스포츠 이벤트 개최로 저개발국가들 사이에서 한국에 대한 인지도가 높아졌다. 또한 국제행사 개최와 북방정책 추진과정에서 입국규제가 크게 완화되면서 이들의 유입이 더욱 촉진되었다[이정환 2003, 377쪽]. 그렇지만 보다 결정적인 원인은 임금 수준에 있었다.

한국사회는 6월항쟁으로 열린 사회운동의 활동공간을 매개로 민주노조운동이 전국적으로 번져가던 시기에 있었다. 많은 노조들이 임단투를 조직했고, 이러한 노력에 힘입어 임금 수준이 높아졌다. 예컨대 1988년에 조직노동자들은 생산직의 경우 15.5%의 노조 평균 타결임금인상률을 획득했다[김세균 2002, 212쪽]. 이러한 역동은 아시아 개도국들과 한국의 임금격차를 확대시켰다. 1990년 기준으로 한국노동자의 월평균소득은 중국노동자의 26배가량, 태국노동자의 5배가량에 이르렀다[중소기업중앙회 2012, 140쪽].

노동시장 내 외국인력에 대한 기업들의 수요 증대도 한몫했다. 이는 '인력난 심화'와 '외국인력 선호'로 나누어 살펴볼 수 있다. 인력난을 보면, 당시는 '3저호황'을 통한 경제성장으로 중산층이 광범위하게 형성되고 인력의 고학력화가 진행되고 있던 때였다. 또한 1980년대 말부터 재벌대기업들이 노동운동을 기업과 그룹으로 내부화하기 위한 물질적 '양보'의 일환으로 임금을 인상하고 복지서비스 수준을 높이면서 대기업과 중소기업 간 고용조건의 격차가 확대되고 있었다[임영일 1998, 169쪽; 구해근 2013, 290~92쪽]. 이런 추세 속에서 제조업분야의 저숙련 생산직을 중심으로 '3D업종'에 대한 기피현상이 본격적으로 나타났다. 이에 더해 서비스부문의 확대와 200만 호 주택건설정책은 인력난을 더욱 가중시켰다.

그런 가운데 상대적으로 고수익의 1차 노동시장과 단순작업에 낮은 임금과 열악한 근로환경의 2차 노동시장의 분화가 가속화되었고, 후자의 인력부족률은 상승일로였다. 1989년에 3.2%였던 인력부족률은 이듬해 5.5%로 급상승했다. 생산직분야의 1991년 인력부족률은 9%를 넘어섰고, 종업원 30인 미만의 소기업 생산직 인력부족률은 무려 15.3%를 기록했다[중소기업중앙회 2012, 140쪽]. 이에 기업들은 이익대변단체를 통해 정부를 상대로 외국인력 도입을 집단적으로 요구하기 시작했다. 대표적으로 중소기업협동조합중앙회(이하 중기협), 주택사업협회, 석탄협회는 각각 상공부, 건설부, 동력자원부를 중심으로 정부에 해외인력 수입을 요청했다.

한편 이 같은 인력난 호소의 이면에는 외국인력에 대한 업계의 선호가 깔려 있었다. 당시 한국의 자본생산성은 하락 국면에 있었다. 특히 중국과 동남아지역의 경쟁 제조업체들이 등장한 1990년대 초에 이윤율 하락은 한계에 도달했다[지주형 2011, 160쪽]. 그렇지만 정부와 자본은 '외인론'이 아니라 '내인론'을 역설했다. 노태우 대통령은 1990년 연두기자회견에서 경제적 어려움이 "우리가 손쓸 수 없는 바깥의 요인이 아니라 우리 내부요인 때문에 생겨난 것"으로 규정했다. 그러면서 무엇보다도 '극렬한 노사분규'를 질타했다[대통령비서실 1990, 612쪽]. 이러한 통치논리에 근간한 지배세력의 헤게모니적 노동배제정책은 수많은 노동쟁의를 목도한 사용자들 사이에 대내외적 경제구조의 변동에 앞서 노조와 노사분규에 대한 강한 우려감을 각인시켰다. 업계는 "자국민 근로자에 비해 생산성은 떨어지지만 노조분쟁 우려가 없고 저렴한 인력을 확보한다"는 셈법으로 법적 신분, 사회적 지위, 정치적 권리가 모두 취약한 이방인을 '환영'했다.

이렇게 본격화된 이주노동의 국내유입은 정부와 노동계의 미온적 대응 속에서 더욱 확대되었다. 당시 정부는 '법질서'의 의지를 강력하게 피력하면서도 미등록 이주노동자들의 체류관리에서는 행정역량 미비나 업계의 호소 등을 이유로 들며 적극적으로 대응하지 않았다. 이를테면 정부는 적발된 '불법'취업 외국인들 가운데 대다수에게 출국권고와 같은 미온적 조치를 취하는 정도였다[『경향신문』 1991. 9. 16, 14면]. 한국노총과 전노협을 비롯한 노동계는 외국인력 도입에 반대의사를 표명했지만 이를 사회적으로 쟁점화하거나 반대투쟁으로 이어가지는 못했다. 이처럼 정부의 미온적 대응과 노동계의 조직적 반대의 결여는 이주노동의 한국행 확산의 또 다른 배경요인이었다.

3 첫 시험대: 외국인 광원 도입 논란

1991년 2월 25일, 최병렬 노동부장관은 태백시를 방문해 지역 탄광업 노동자와 사용자 대표들과의 간담회에 참석해 광산업계의 인력난 해소와 수익성 제고를 위해 '외국인근로자 수입'을 적극 검토하겠다고 밝혔다.[4] 당시 이 발언은 뜨거운 찬반논쟁을 불러왔다. 이제 외국인 광원 도입문제는 한국정부의 외국인력 도입정책의 현실적 가능성을 타진하는 시험대가 되었다.

당시 광원의 근로조건은 도시락을 '사자(死者)밥'이라 부를 만큼 열악했다. 연근로시간에 대한 근로손실의 비율을 따지는 노동강도율은 22.84로 제조업(1.95)이나 건설업(2.85)과 비교할 수 없을 정도로 월등히 높았다[안재성 1988, 25쪽]. 특히 전국 산재사망자 18%가량이 광산에서 발생할 정도로 광산노동자 산업재해율은 압도적으로 높았다[전국광산노동자조합연맹 2011, 534쪽]. 뿐만 아니라 당시 광산노동자들은 최저생계비에 못 미치는 임금을 받았는데 그마저도 물가상승으로 실질가치가 하락하고 있었다. 게다가 이처럼 낮은 임금에는 부조리한 도급제 문제가 끼여 있어 그 심각성이 더했다. 결국 견디다 못한 광산노동자들의 파업행렬이 이어졌다.

근로조건과 임금이 광산인력난의 구조적 배경 요인이라면 정부의 석탄합리화 조치는 인력난에 결정적인 타격을 입혔다. 정부는 1980년대 중반 이후의 '저유가-저달러' 현상으로 인한 국내유가 하락, 고급에너지 수요 증대와 석탄소비 감소, 수입탄 대량반입과 국내탄 과잉생산에 따라 1989년부터 비경제탄광합리화 조치를 단행했다. 이 조치는 주로 중소 탄광회사들의 폐쇄를 불러왔다. 또한 폐광 탄광근로자 재해근로자 보험급여 및 진폐환자 부담금이 잔존가행 탄광에 전액 전가되면서 탄광업계의 경영난은 더욱 악화되었다[같은 책, 554쪽]. 이에 따라 광산노동자의 작업조건은 더욱 험악해졌고, 임금수준과 후생복지 상태도 더욱 열악해졌다. 결국 이러한 상황에서 탄광업계의 인력난은 악화일로였다. 광산업계와 석탄협회는 동력자원부와 외국인 광원 도입을 검토하고 정부에 외국인력 도입을 요구했다.

한편 노동계는 노동부장관의 광원 수입 발언을, 광산노동자 처우 개선은 고사하고 탄광업계의 요구에 편승하면서 광산노조를 무력화하려는 행정편의주의적인 발상으로 받아들였다. 광산노동자들과 노동계의 반대는 즉각적이고 적극적이었다. 태백시 광산노동자협의회를 비롯한 지역 노동계와 재야단체들은 1991년 5월 18일 태백시 장성광업소 노조사무실 앞에서 "광부수입검토 반대"를 외치며 규탄대회를 열었다[『동아일보』 1991. 5. 19, 15면]. 이에 앞서 5월 3일에는 전국광산노동조합총연맹(광산노련)의 주도하에 서울 노총회관에서 산하 전국사업장의 노조위원장들이 모여 '91임투승리를위한 전국광산노동자결의대회'를 열고 정부의 외국인력 도입 기도를 규탄했다[전국광산노동자조합연맹 2011, 533, 534쪽].

한국노총과 전노협도 반대운동에 동참했다. 정부의 '광원 수입'이 본격적인 외국인력 도입정책의 신호탄이 될지도 모른다는 우려가 동참의 형태로 표출된 것이다. 노동계는 외국인 광원 도입에 대해서 일반 외국인력 도입 정책과는 별개로 검토하고 있다는 정부입장을 신뢰하지 않았다. 오히려 광산근로자의 생존권뿐 아니라 일반 국내근로자의 임금 및 근로조건까지 악화시키고 대규모 실업사태를 야기할 수 있음을 우려했다. 특히 업계가 채산성을 높이기 위해 외국인근로자 고용비율을 높이게 되면 국내근로자가 설 자리를 잃게 될 것이라고 본 것이다. 아울러 노조관계자들은 국내근로자들 사이에 불안감을 조성함으로써 노조의 영향력을 약화시키려는 의도가 있을 것으로 보았다. 이처럼 광산노련에 이어 한국노총과 전노협까지 외국인 광원 도입 반대운동에 나선 가운데 외국인 광원 도입은 결국 무산되었다[정영섭 2012, 68쪽].[5] 아울러 그 결과 외국인력의 도입방식과 관련해서는 외국인의 '고용'을 허가하는 방식이 사실상 정책 선택지에서 제외되었다. 이후 정부의 외국인력 도입방식은 '산업연수생제도'의 편법적인 활용으로 귀결되었다.

4 법무부훈령 제255호: '연수'로 가장한 '고용'

외국인 광원 도입을 둘러싼 논란은 곧 외국인력 도입정책에 대한 사회적 논란으로 확대되었다. 자국민의 노동자립도 훼손, 사회비용 부담, 외국인 범죄, 인종차별과 권리침해, '저질문화' 유입 등 다양한 반대논리가 제기되었다. 대안제시형 반대논리도 있었다. 노동구조를 개선하거나, 제조업으로 인력을 유인하기 위한 인센티브 정책을 추진하거나, 유휴노동력의 노동시장 참가를 독려함으로써 인력난을 완화할 수 있다는 것이다. 관련 주무부처인 노동부와 법무부의 경우 노동계 반응, 행정역량 미비, 국제문제 발생, 사회적 부작용 등을 우려해 외국인력 도입에 난색을 표했다[『조선일보』 1990. 7. 13, 7면]. 한편 한국노총과 전노협을 비롯한 거개의 노동단체들은 자국민 근로자의 취업기회 박탈이라든지 근로조건 개선의 걸림돌로 작용할 가능성 등을 우려하며 반대입장을 보였다[하갑래·최태호 2005, 114, 115쪽].

그렇지만 외국인력 도입을 지지하는 목소리 또한 강력했다. 인력부족률이 지속 상승하는 가운데 중소 제조업계의 인력확보 문제가 절박했다. 외국인력 도입을 찬성하는 측에서는 산업인력난이 개선될 가능성이 없는 가운데 인건비 상승으로 인한 수출경쟁력 하락을 극복하려면 값싼 외국인력을 활용할 수밖에 없다며 외국인력 채용 합법화를 건의했다. 특히 이러한 업계의 요구를 대변한 중기협이 적극적으로 나섰다. 이에 대해 경제기획원, 상공부, 건설부 등 관련부처의 전반적인 입장은 인력난이 더 악화되기 전에 정부가 과감하게 결단해야 한다는 것이었다[『조선일보』 1990. 7. 13, 7면].

한편 이러한 논란 속에서 외국인력 정책을 주도적으로 추진한 부처는 상공부였다. 상공부는 업계의 조직화된 요구에 부응하면서도 외국인력 도입 불가입장을 보인 노동부와 법무부의 반대를 피할 수 있는 전략방안을 모색하다가 절충안으로 단순기능 외국인력의 국내'연수'(사실상 '고용') 확대방안을 제시했다. 상공부는 인력이 부족하거나 향후 해외진출의 필요성이 높은 모든 업종을 대상으로 외국인력의 국내연수를 허용하기로 했다. 구체적으로는 '3개월 이내'에서 허용되고 있던 연수기간을 '1년 이내'로 확대하고 연수규모를 탄력적으로 운용하는 방안을 준비했다[『동아일보』 1991. 6. 28, 15면].

이 방안은 1991년 9월 13일 국무총리 주재 산업인력수급대책긴급회의를 거친 뒤 10월 9일 국무회의에서 시행이 결정되었다. 산업재해를 입은 산업연수생에 대한 처우문제를 두고 부처 간에 의견이 갈리긴 했지만 결국 정부는 3개월로 되어 있는 외국기능인력의 연수기간을 최대 1년까지 연장하고 중소기업은 종업원수의 10%, 대기업은 5% 범위 내에서 외국기능인력을 '연수' 형식으로 도입할 수 있도록 했다[『동아일보』 1991. 10. 10, 3면]. 곧이어 10월 26일에는 이러한 내용을 반영한 '외국인산업기술연수사증 발급 등에 관한 업무지침'이 법무부훈령 제255호로 제정되었다.[6] 이로써 한국정부 최초의 단순기능외국인력 정책이 시행되었다.

지침 3조 2항에 따르면, 기본 연수기간은 6개월이지만 법무부장관의 재량으로 6개월의 범위 내에서 연장이 가능하기에 최장 1년 연수가 가능하다. 이 제도의 공식 취지는 해외에 진출한 기업이 현지에서 채용한 외국인을 국내 모기업에 연수시킨 뒤 다시 현지공장에 투입함으로써 경영효율성을 높이고, 기술이전 등을 통해 개발도상국과의 경제협력을 도모하는 것이다. 하지만 속뜻은 달랐다. '단순기능외국인력의 국내취업 금지' 원칙을 고수하면서도 사실상 외국인력의 국내채용을 합법화하기 위한 편법적인 조치였다. 즉 업계의 인력난을 덜기 위해 외국인에게 산업연수의 체류자격을 부여하되 실제로는 근로를 시키는 방식이었다[하갑래·최태호 2005, 115, 211쪽].

지금까지 살펴본 것처럼 법무부훈령 제255호는 정부가 외국인력 도입에 대한 업계의 요구를 수용하는 동시에 이에 대한 반대를 피하기 위해 택한 절충안이었다. 그렇지만 당시 제도도입의 과정을 보다 총체적으로 이해하려면 노동계 상황을 함께 살펴봐야 한다. 당시 노동계에는 외국인력 도입문제에 대한 적극적 반대를 조직화할 수 있는 의지와 역량이 부족했다. 노동운동에 우호적인 사회적 분위기가 점차 사그라지는 가운데 정부와 자본의 공세가 거셌다. 한국노총은 성명서를 내고 반대의사를 표명했으나 이렇다 할 만한 집단행동을 이끌어내지는 못했다[최선화 2003, 45쪽]. 전노협은 외국인 고용문제를 전반적인 고용문제와 연계하여 사회적 쟁점으로 만드는 데 실패했다.

정리하면, 정부 최초의 단순기능외국인력 정책인 법무부훈령 제255호의 시행은 노동운동에 대한 사회적 인식이 보수화되고 노동에 대한 정부와 자본의 공세가 강화되는 가운데 운동의 동력이 떨어진 노동계의 적극적 대응의 부재 속에서 업계의 강력한 요구를 받은 상공부가 타부처와의 갈등을 조정하는 방식으로 이뤄낸 결과물이었다.

5 이주노동행정의 노동분업과 이주노동운동의 태동

산업연수생제도의 본격 시행과 일시 중단

법무부훈령 제255호에 의하면 외국인 산업기술연수생의 유입경로는 크게 두 가지다. 첫째, 해외투자(직접·합작), 기술제공, 산업설비 수출관련 해외현지법인을 통한 '연수'가 기본이다[2조 1항]. 둘째, 주무부처의 장이 외국인에 대한 연수가 불가피하다고 판단하여 추천한 산업체에 대해서도 '연수'가 인정된다. 단, 이 경우 해당 산업체는 2조 1항에서 제시한 세 가지 사항들 가운데 하나에 준하는 산업체임을 증명하는 자료를 제출해야 한다. 그런데 이러한 방식은 산업연수생제도 활용 대상기업 조건을 다소 까다롭게 설정한 것이다. 그 결과 대부분 대기업과 중견기업에만 혜택이 주어졌다[하갑래·최태호 2005, 115쪽]. 이런 상황에서 중기협은 법무부훈령 제255호가 정작 중소기업들에는 도움이 안 된다며 연수 대상업체 조건 완화와 연수기간 연장을 정부에 건의했다[중소기업중앙회 2012, 141쪽]. 그런 가운데 정부는 상공부장관 추천업체에 한정하여 해외동포와 외국인력을 '연수' 형식으로 산업현장에 배치하는 방안을 논의했다[법무부 출입국관리국 출입국관리정책연구실 2002, 103쪽].

이 방안이 시행된 것은 법무부가 설정한 '불법체류외국인 및 고용주 자진신고기간'[1992. 6. 10~7. 31]이 지난 1992년 9월에 이르러서였다. 정부는 9월부터 외국인 연수가 불가피하다고 판단한 염색·도금·주조·열처리·기계 분야 등 10개 업종에 대해서 상공부장관 추천으로 1만 명의 산업기술연수생을 도입하는 안을 확정했다. 곧이어 상공부는 후속조치로 '외국인연수자관리지침'을 마련했다.[7] 이 지침은 '실무연수'라는 명목으로 사업주가 연수생으로부터 생산활동에 필요한 노무를 제공받는 것을 허용했고, 그 기간도 신축적으로 운영할 수 있도록 했다. 동 지침에는 숙박시설에 대한 규정이 있었지만 그 내용이 추상적이었고, 산업재해와 임금지불을 비롯한 기본 근로조건에 대한 내용을 포함하고 있지 않았다[최홍엽 1997, 89, 90쪽]. 이처럼 상공부지침은 이주노동자를 '연수'라는 행정적 틀에 가두고 이에 벗어난 취업활동을 원천적으로 금지했다. 이에 더해 연수생의 선발·훈련·초청이 법적 근거 없이 사설 인력업체의 대행서비스로 이루어지면서 '이주산업'이 본격적으로 성장하기 시작했다[남성일 외 1996, 52쪽].

결국 이러한 상황에서 연수생의 사업장 이탈이 연이어 발생하고 도의적·외교적 문제점들이 불거지면서 정부는 1993년 4월 산업연수생제도를 일시 중단했다. 이 결정에는 국내경제 상황의 악화에 대한 우려와 이미 일정 규모 이상의 외국인 산업연수생들이 노동현장에 있다는 상황논리가 작용했다. 실제로 1993년에 들어서면서 경기가 하강하기 시작했고 고용사정도 악화되었다. 또한 연수추천인원은 목표로 한 1만 명에 육박하는 8천 명에 달해 있었다[같은 책, 53쪽; 박상규 2012, 93쪽].

'불법성'의 관리와 이주노동행정의 노동분업

1992년 1월 10일 노태우 대통령은 연두기자회견에서 다음과 같이 말했다.

> 지난해 우리는 8.6%의 실질성장을 이룩했지만, 아직도 많은 구조적인 문제점을 안고 있습니다. 생산성을 웃도는 임금인상… 여기에 인력난…으로 생산활동이 적지 않은 제약을 받아야 했습니다. …임금은 생산성의 증가범위 안에서 유지되어야 합니다. …무엇보다 민생치안이 확립되어야 합니다. …증강된 경찰의 인력과 장비, 그동안 '범죄와의 전쟁'에서 거둔 자신감을 바탕으로 올 한 해도 범죄를 소탕하는 데 최선을 다할 것입니다. [대통령비서실 1992, 772~76쪽. 강조는 인용자]

이 발언에서 짐작할 수 있듯이 노태우정부는 '민주화와 공산권 붕괴'를 '나라 안팎의 2중의 소용돌이'로 규정하면서 대내적으로 '생산성'과 '민생치

〈표〉 **연도별 이주노동자 규모(1987~93)** [단위: 명]

연 도	전 체	등록 이주노동자	외국인 산업연수생	미등록 이주노동자
1987	6,409	2,192	0	4,217
1988	7,410	2,403	0	5,007
1989	14,610	2,474	0	12,136
1990	21,235	2,833	0	18,402
1991	45,449	2,973	599	41,877
1992	73,868	3,395	4,945	65,528
1993	66,323	3,767	8,048	54,508

안', 다시 말해 '자유경제질서'와 '법질서'를 두 축으로 하는 통치의 방향을 세웠다[노태우 2011, 24쪽]. 행정의 수많은 대상들이 이러한 통치의 틀 속에서 관리되었고, 미등록 이주노동자에 대한 행정 또한 예외가 아니었다.

1992년은 외국인 '불법'체류가 주요한 사회이슈로 부상한 해였다. <표>에서 보듯이 대다수 이주노동자는 미등록상태였다. 게다가 그 수가 시간이 갈수록 격증하고 있었다. '생산성을 웃도는 임금인상'을 매도하고 임금인상 요구를 불온시하는 업계의 입장에서 보면 저임금에 노사분규 우려도 낮은 외국인력의 도입은 분명 긍정적이었다. 그해에 큰 선거들을 앞둔 상황에서 업계의 동향에 민감했던 정부 입장에서는 산업인력난 속에 미등록 이주노동자에 대한 적극적인 단속행정을 추진하기 어려웠다. 그렇지만 정부는 또 다른 한편으로는 미디어를 통해 보도된 외국인 범죄 급증과 흉포화에 대한 사회적 우려가 커지는 상황에서, 그리고 통치전략상 이러한 사회적 불안심리를 활용하기 위해서라도 '불법'체류 외국인에 대한 강력대응 조치를 내놓을 필요성도 느끼고 있었다. 이처럼 상반된 정부의 두 가지 입장은 일견 모순이나 딜레마로 보인다. 그렇지만 실제 정부의 이주노동 행정패턴을 들여다보면 얘기가 달라진다. 정부는 '불법'체류 외국인 문제를 '생산성-치안'의 전반적인 통치의 틀 내에서 부처 간 이주노동 행정의 노동분업을 통해서 관리해 나갔다. 유관 주무부처는 법무부, 상공부, 노동부였다. 기존 연구를 보면 세 부처들 간의 이견·경쟁·대립·갈등의 관계성이 부각되고 있다. 이와 달리 이 글은 보다 넓은 통치의 맥락에서 이들 간의 '노동분업' 행태에 주목했다.

법무부부터 시작해 보자. 미등록 이주노동자에 대한 법무부의 단속은 업계의 인력난과 동포에 대한 국민감정을 고려하다 보니 미온적이었고 일관되지 못했다. 이를테면 외국인 불법고용에 대한 단속에서 제조업과 건설업을 한 축으로, 소비나 유흥산업 등 서비스업을 다른 한 축으로 구분한 뒤 전자에 대해서는 묵인하거나 출국권고와 같은 미온적인 조치를 취하는 모습을 보인 반면, 후자에 대해서는 국민감정 등을 이유로 들면서 상대적으로 강력한 단속행정을 이어갔다. 또한 동포 출신자에 대한 단속은 비동포 출신 외국인에 비해 그 정도가 덜했다. 법무부의 전반적인 입장이 보다 강경해진 것은 1992년 3월 미등록상태의 파키스탄인들 사이에서 벌어진 살인사건이 언론에 보도되면서부터였다. 언론을 통해 '불법'체류 조직폭력배 간의 이권을 둘러싸고 벌어진 범죄의 흉포성이 부각된 이 사건은 외국인범죄에 대한 사회의 시선을 집중시키는 계기가 되었다[최인섭·최영신 1994, 13쪽]. 결국 이 사건은 법무부가 취한 강경대응의 명분으로 활용되었다. 당시 법무부는 외국인의 '불법'취업과 범죄를 크게 문제시하면서 처벌 수준을 높인 출입국관리법 개정안을 국회에 제출하고 중국동포와 동남아 출신 외국인에 대해 무사증 입국을 제한하고 사증 발급심사를 강화할 방침을 밝혔다[『한겨레』 1992. 4. 1, 14면; 『조선일보』 1992. 4. 1, 22면].

이어서 법무부는 1992년 6월 외국인 체류관리 질서를 확립한다는 명분하에 '불법체류외국인 및 고용주 자진신고기간'을 두어 자진 신고한 불법취업자 및 사용자의 처벌을 면제하고 신고사업주 책임으로 그해 12월 말까지 '불법'취업 외국인의 출국기한을 연장해 주기로 했다. 그 결과 총 32개국 출신 6만 1126명의 미등록 이주민과 1만 796명의 고용주가 자진 신고했다[법무부 출입국관리국 출입국관리정책연구실 2002, 133쪽; 『조선일보』 1992. 8. 4, 22면]. 그렇지만 당시 법무부의 조치로 미등록 이주노동자의 단계적 출국에 따른 업계의 인력난 심화가 예견되자 정부는 앞서 설명했듯이 상공부장관의 연수대상업체 추천 형식으로 '연수생'을 도입하기로 결정했다. 이는 법무부 조치에 따라 발생할 인력부족을 메우기 위해 취해진 보완적 행정조치였다. 하지만 제한적 규모의 연수생 도입만으로는 역부족이었다. 결국 출국유예기간은 제대로 몇 차례 연기되었다. 자진 신고한 외국인 가운데 2만 7천 명은 제조업 취업자라는 이유로 1992년 말에 출국유예를 받은 바 있다[『조선일보』 1993. 5. 4, 10면]. 이후 1993년 5월에는 출국 유예기간이 6월 말에 끝남에 따라 출국유예 문제를 놓고 또다시 논란이 일었다. 결과적으로 그해 6월 법무부는 '불법'체류 사실을 자진 신고한 외국인 1만 8천여 명에 대해서 강제출국 조치를 일시 보류하고 9월부터 연말까지 단계적으로 자진 출국하도록 했다[『경향신문』 1993. 9. 29, 6면].

'시한부 합법화' 내지 '유사 합법화'로 불린 이 같은 행정조치는 업계의 인력난과 반발을 우려한 상공자원부와 체류연장 불가입장을 견지한 법무부가 '생산성'과 '치안'이라는 두 가지 행정목표의 경중을 따지다가 찾아낸 잠정적 타협점이었다.

한편 정부의 출국유예 방침에도 불구하고 미등록 이주노동자의 처우는 별다른 개선 없이 오히려 악화되었다. 이를테면 법무부는 유권해석을 통해 1992년 9월부터 미등록 이주노동자에 대해 노동관계법 적용을 제외한다는 방침을 세웠다. 이에 따라 미등록 이주노동자에 대한 산재승인을 불허했다. 당시 정부는 국내체류 이주노동자 규모가 급증하는 가운데 산재사고 건수가 증가함에 따라 관리의 어려움과 비용부담이 가중되면서 노동관계법 적용에 부담을 느꼈다. 이에 법무부로 하여금 미등록상태의 외국인취업(고용)은 '불법'이라는 유권해석을 내리게 했다[이정환 2003, 380쪽]. 1991년 10월 이래로 미등록 이주노동자도 산재보상을 받을 수 있도록 한 노동부지침에 근거해 간헐적이나마 산재승인이 이뤄졌으나 이제 법무부 유권해석으로 이마저도 힘들게 되었다. 더욱이 법무부는 미등록 이주노동자에 대한 산재승인이 출입국 질서를 어지럽힐 우려가 있다며 노동부에 지침철회를 요구했고, 노동부는 이를 수락해 이후 미등록 이주노동자에 대한 산재승인을 불허했다. 노동부는 심지어 미등록 이주노동자의 산재보상 지급을 인정한 서울고법 판결[93구16774 1993.11.26]로 '불법'취업 외국인들의 유사한 소송이 잇따를 것을 우려하면서 이들이 임금체불이나 산재보상과 관련해 소송을 제기할 경우 법원판결과 상관없이 이들의 우선 강제출국 조치를 법무부에 요청하려 했다.[8] 이처럼 미등록 이주노동자의 산재문제에 관해 노동부와 법무부는 '생산성-치안'의 통치틀 속에서 협조하는 모습을 보였다.

정리하면, 정부의 이주노동행정은 이주노동시장 내에서 '불법성' 관리에 초점을 두었다. 관련 주무부처인 상공(자원)부,[9] 법무부, 노동부는 마치 '한 지붕 세 가족'처럼 부분적으로 이견·갈등·대립이 있었음에도 불구하고 전반적인 통치의 차원에서 보면 외국인력의 수급 및 관리를 위한 협력적 노동분업을 수행해 나갔다.

이주노동운동의 태동

이주노동자에 대한 행정권력의 대응은 '생산성-치안'의 통치틀에서 벗어나지 않았다. 적어도 이주노동정책 영역에서는 '법질서'(law and order)의 논리가 '법치'(rule of law) 원리를 압도하는 형국이었다. 법적 신분, 사회적 지위, 정치적 권리가 모두 취약한 이주노동자들은 임금체불, 산업재해, 사기, 모욕, 성희롱, 폭행, 여권압수, 불법신고 등 갖가지 횡포에 무방비상태인 경우가 많았다. 그런 가운데 이들의 권리문제는 점차 시민사회세력이 감당해야 할 책무가 되었다. 그러면서 이들의 권리문제를 둘러싸고 '생산성-치안'의 통치논리에 근간한 정부의 이주노동행정과 인권과 노동권을 최우선적 가치로 여긴 이주노동운동 간에 갈등구조가 형성되기 시작했다. 이주노동운동이 태동한 과정을 살펴보면 다음과 같다.

1990년대 초 국내에는 이미 많은 필리핀인들이 미등록상태에서 체류하고 있었다.[10] 이들은 대다수가 가톨릭신자였기에 자연스레 성당으로 모여들어 종교사회활동을 했고, 1992년 5월부터는 필리핀 출신 사제들이 매주 일요일 오후 서울 자양동성당에서 타갈로그어로 미사를 올리기 시작했다. 특히 자양동성당이라는 사회적 공간을 매개로 '외국인노동자 인권을 위한 모임'이 결성되어 매주 일요일 이주노동자를 대상으로 상담과 지원 활동을 이어갔다[이정환 2003, 383쪽]. 이 모임에는 대표인 서강대 신윤환 교수를 포함해 대학교수, 변호사, 약사, 목사, 노동상담가, 노무사 등 약 40명이 참여했다[『경향신문』 1992. 10. 17, 11면]. 여기에는 박석운 전 노동인권회관 소장과 이영순 여성노동자회 고문을 비롯해 노동문제에 깊이 관여해 온 인사들이 함께하고 있었다. 이들은 이주노동자의 인권이 한국사회의 인권과 밀접하게 관련되어 있다고 보고 이 모임을 인권운동으로 발전시키기 위해 노력했다.

조직적인 이주노동자 지원활동은 종교계로도 이어졌다. 대표적으로 1992년 8월 27일 천주교 서울대교구 외국인노동자상담소(이하 외국인노동자상담소)가 설립되었다. 이는 1992년 5월 가톨릭노동장년회에서 활동하던 백월현씨가 김수환 추기경에게 이주노동자 문제를 진언하면서 시작되었다. 당시 서울시 중구 저동에 있는 노동문제상담소 3~4층에 외국인노동자상담소(소장 백월현, 지도신부 도요안)가 설립되었고 운영비는 서울대교구가 지급했다[도요안 외 2008, 390쪽]. 외국인노동자상담소는 설립 이전부터 노동과 인권 문제에 관여해 온 소장과 직원들의 경험을 토대로 이주노동자 문제를 집단적·제도적 수준에서까지 접근했다. 이를테면 상담활동 외에도 이주노동자들을 대상으로 세미나를 개최함으로써 이주노동자단체 결성에 조력했다[이정환 2003, 379, 380쪽]. 아울러 상담소는 지원 네트워크를 구축해 나갔다. 이를 통해서 산재사건을 접수해 적십자병원에 연락해 치료를 받게 하고, 롯데복지재단을 통해 치료비를 후원받고, 상담소에서 해결하기 어려운 중국동포 문제는 중국노동자센터로 이송했다[이광규 1996, 25쪽]. 외국인노동자상담소는 이처럼 열성적인 활동을 기반으로 이후 인천, 수원, 안산, 마산에 지부를 두었다.

이주노동자 지원활동은 개신교 내에서도 확산되었다. 1990년대 초부터 이주노동자들이 몰려 있는 공단과 건설현장 부근의 교회들과 노동운동을 해오던 목회자들이 개별적으로 지원활동을 이어갔다[이정환 2003, 381쪽]. 그런 가운데 특히 전국적 조직망을 가진 한국기독교교회협의회가 주도적인 역할을 담당하기 시작했고, 1992년 11월에는 '한국교회 외국인노동자선교위원회'를 만들고 의료지원팀을 구성해 매주일 교회에서 무료 진료와 상담을 시작했다. 이러한 활동은 초국적인 네트워크가 작동한 결과이기도 했다. 당시 이주노동자들은 자신들의 어려운 상황을 모국의 종교단체나 국제인권단체에 호소했다. 이에 모국단체들은 국제종교기관에 이 사실을 알렸고, 이를 인지하게 된 국제단체들이 다시 한국기독교교회협의회에 이 문제에 관해 적극적 관심을 갖고 대책마련에 힘써줄 것을 촉구했다. 국제기관의 이 같은 요청을 받은 '한국교회 외국인노동자선교위원회'는 당시 인명진 목사가 재직하고 있던 갈릴리교회를 주 선교활동 현장으로 선정했다[같은글, 381, 382쪽].

갈릴리교회는 권위주의 체제하에서 민주화운동에 관여한 인사들이 탄압받던 시절인 1974년 7월에 탄생했다. 당시 양심수들의 가족들, 공장노동자들, 해직교수들, 투옥되었던 목사들과 소수의 외국인들이 갈릴리교회를 찾았다[메리언 커런트 2007, 334, 335쪽]. 이러한 역사를 품은 갈릴리교회에 재직해 온 인목사는 구로공단에서 도시산업선교회를 이끌며 노동·인권 운동을 해온 경험을 바탕으로 1992년 12월부터 본격적인 이주노동자 선교 및 지원 활동을 이끌었다. 당시 갈릴리교회의 이 같은 활동은 선교단체나 외국인교회가 아닌 일반교회에서 수행한 국내 최초의 조직적인 이주노동자 선교지원 활동이었다[서경기 2004, 61쪽].

지금까지 설명한 사례들에서 짐작할 수 있듯이 1990년대 초에 본격화된 시민사회의 이주노동자 지원활동은 다양한 갈래 속에서도 공통의 기반을 바탕으로 했다. 군사정권 통치하에서 형성된, 인권과 노동의 가치를 옹호하는 인적·문화적·제도적 유산을 그 기반으로 하고 있었다. 실제로 학생운동·노동운동·민중운동 경험을 가지고 있는 인사들이 관여하고 있었다[박경태 2005, 107쪽]. 이러한 인적 토대는 이주노동자 지원활동이 점차 조직화되면서 이주노동운동으로 발전해 가는 데 중요한 자원이 되었다.[11]

한편 이러한 흐름 속에서 이주노동자들은 집단적 자구책을 마련해 가기 시작했다. 대표적인 사례로 1992년 9월 11~14일에 외국인노동자상담소가 필리핀 근로자를 대상으로 개최한 세미나에서 노동법, 한국의 노동상황, 한국문화, 공동체 결성의 필요성 등이 논의되었고, 이 세미나를 계기로 '필리핀인공동체'가 자양동성당의 착한목자수녀원 사무실을 빌려 출범했다[한국기독교사회문제연구원 2001, 220, 221쪽]. 외국인노동자상담소가 1993년 1월 22~24일에 개최한 제1회 구정 세미나 이후 1월 말에는 '네팔공동체'가 만들어졌다. 두 사례를 포함해 연이어 만들어진 이주노동자 공동체들은 대체로 상호부조모임의 성격을 지녔다.

그렇지만 정부는 이러한 공동체들이 소수민족 집단거주지나 노조운동으로 발전할 수 있다고 보고 해체압력을 가하기도 했다. 실제로 필리핀인공동체는 설립된 지 한 달 만에 해체되었다[이정환 2003, 364쪽]. 그럼에도 불구하고 당시 이주노동자들의 자발적 결사 시도는 대부분 미등록 이주노동자로서 불안정한 삶을 살던 터에 자신들의 생존권과 사회권을 지키려는 시도로서 수동적 태도와 피해자의식을 뛰어넘는 주체적인 활동이었다. 아울러 이 역시 이주노동운동의 중요한 자원이 되었다.

6 법무부훈령 제294호: 편법적인 한시노동이주제도의 전면시행

정부는 1993년 11월 24일 '외국인산업기술연수조정협의회'를 통해 외국인산업기술연수 규모를 연간 2만 명으로 확대하고 강제출국이 예정된 '불법'체류외국인 취업자에 대해서는 신규 산업연수생 입국시점인 1994년 4월 말까지 또다시 출국을 유예하기로 했다. 또한 관련업무를 전담할 독립법인을 두어 사실상 외국인력인 연수생 총괄관리를 맡기기로 했다. 정부는 이 같은 방침을 '불법'체류 자진신고 외국인의 강제출국시한(12월 15일)을 앞두고 발표했다.

이는 외국인산업연수생제도의 전면시행 방침으로, 얼마 뒤인 12월 28일 '외국인 산업기술연수 사증발급 등에 관한 업무처리지침' 개정[법무부훈령 제294호]을 거쳐 이듬해 곧바로 실시되었다. 법무부장관이 외국인'연수'가 불가피하다고 판단한 업체에 대한 규정은 기존의 '주무부처의 장이 추천하는 사업체'에서 '주무부처의 장 또는 주무부처의 장이 지정하는 산업체 유관 공공단체의 장이 추천하는 사업체'로 변경되었다[2조 2항]. 산업체별 인원수는 50명 범위 내에서 법무부장관이 정하도록 했다[3조 1항]. 연수기간은 기본 '1년 이내'이며, 법무부장관이 필요하다고 인정할시 1년의 범위 내에서 기간연장이 가능하다[3조 2항]. 그리고 개정지침에 의거해 1994년 1월 4일 상공자원부가 중기협을 연수추천단체로 지정했다. 이로써 외국인 산업기술연수생의 추천창구가 중기협으로 일원화되었다. 이에 중기협은 '외국인 산업기술연수 협력사업 운용요령'을 마련하고, 이에 근거해 '산업기술연수 협력단'(KITCO)을 설치하여 외국인 산업연수생의 신청과 추천부터 관계부처 승인까지 모든 절차를 진행하도록 했다[중소기업중앙회 2012, 141, 142쪽].

한편 산업연수생제도가 전면 시행된 과정을 보면, 외국인의 국내취업 확대를 요구한 상공자원부와 노동계 반발과 관리의 어려움을 이유로 회의적인 노동부 간의 입장차이가 결국 상공자원부 입장에 경사된 방향으로 귀결되었다. 이러한 모습은 한국 노동행정의 역사에 비춰볼 때 낯선 풍경이 아니다. 그간 노동행정은 이를 담당하기로 된 공식기구가 아닌 다른 국가기구에 의해 주도되어 왔다[최선화 2003, 41쪽]. 보다 구체적으로 설명하면, 사실상 경제계획이 노동정책의 원칙을 결정해 왔고 이러한 경제정책은 대통령비서실·중앙정보부·경제기획원·상공부에 의해 결정되어 왔다. 노동부처의 기능은 주로 행정적이고 기술적 문제를 취급하는 데 한정되었다[최장집 1989, 222쪽]. 이처럼 한국의 노동정책은 산업정책의 일환으로 간주되어 왔고, 그렇기에 정책과정에서 노동부는 부차적 역할을 담당하거나 반(反)노동적인 모습을 보이는 경우가 많았다. 산업연수생제도의 전면시행 과정도 이러한 노동행정 역사의 연장선상에서 이해된다. 노동부는 상공자원부가 제안한

'연수' 명목의 외국인력 도입 확대방안을 수용했을 뿐만 아니라 애초에 보였던 '불법'취업자 강제출국 입장도 어려운 경제여건 운운하는 현실론에 밀려 철회했다.

산업연수생제도 전면시행 과정의 또 다른 특징은 '고객정치'(client politics)다. 산업연수생제도의 전면화는 중소기업 사용자들과 이들의 이익을 대변하는 단체인 중기협의 끈질긴 요구를 반영한 결과였다. 중기협이 외국인력 도입의 공식 단일창구로 기능하게 된 사실은 이 점을 여실히 보여주었다. 그런데 이와 관련해서 외국인의 출입국 및 체류 관리라는 국가의 주요 공적 업무의 일부를 민단단체인 중기협에 위임한 것이 문제라는 지적이 제기되었다. 중기협은 중소기업들의 이익대변단체이기에 정부가 중기협을 단일창구로 정한 것은 사실상 노동자성이 불구화된 이주노동자인 '연수생'을 국내 노동시장의 하층부에 배속시키는 결과를 용인한 것이나 마찬가지였다.

한편 상술한 설명에도 불구하고 산업연수생제도의 전면시행을 '고객정치' 시각에서만 보게 되면 국가의 전략적 판단과 적극적 선택의 측면을 놓치게 된다. 정부는 스스로 설정한 '생산성-치안'의 통치방향을 바탕으로 편법적 한시 노동이주제도인 산업연수생제도를 전략적으로 '선택'했다. 이러한 모습은 한국정부가 일본의 외국인력 정책을 선별적으로 차용한 사실에서 잘 드러난다[Seol and Skrentny 2004, pp. 508, 509; 이혜경 2008, 120, 121쪽]. 당시 일본의 외국인력 정책은 재외동포의 후손을 활용한 노동허가제적 성격이 강했다.[12] 외국인산업연수생제도는 매우 제한적인 수준에서 시행되고 있었다. 한국정부는 이러한 사실을 알면서도 행정 편의적인 제도운영에 보다 유리한 산업연수생제도를 선별적으로 차용했다. 여기서 '차용'은 단순 '모방'을 뜻하지 않는다. 이를테면 '산업연수기술협력단'(KITCO)의 경우 1991년 9월에 설립된 일본의 '국제연수협력기구'(JITCO)와 유사해 보이지만, JITCO의 운영방식이 업계·노동계·정부의 입장을 어느 정도 고르게 반영한 반면 KITCO는 중기협 산하기관이라는 조직적 위상에서도 짐작할 수 있듯이 철저하게 업계 이익을 반영했다[Seol and Skrentny 2004, p. 494].

산업연수생제도의 전면화를 보다 총체적으로 이해하려면 당시 태동기에 있던 이주노동운동의 상황에 대해서도 살펴봐야 한다. 먼저 노동계의 경우 대체로 정부의 고용정책에 수동적으로 대응하는 모습을 보였다. 자본측은 당시 산업구조조정과 경영합리화를 추진하면서 탄력적 고용을 정착시키기 위해 저임의 비정규 임시직인 외국인력을 보다 적극적으로 활용하고자 했다. 그런데 이에 부응한 정부의 고용정책에 대해 전노협을 비롯한 노동계의 대응은 '주로 상황에 쫓아가는 수준'이었으며 '여전히 수동적이었다'[전국노동조합협의회 백서발간위원회 2003, 237쪽]. 시민사회에서도 이주노동자에 대한 지원활동이 조직화되면서 정부정책에 대한 나름의 대응이 시도되었지만 정부의 외국인력 정책에 대한 강력한 반대를 조직화하기에는 역부족이었다. 이처럼 당시 산업연수생제도의 확대실시는 노동계와 시민사회의 적극적인 반대가 미약한 상황에서 '행정입법'의 방식으로 비교적 손쉽게 도입되었다.

7 나가는 말

민주화 이후 산업연수생제도가 전면 실시되기까지의 시기는 노동정치의 전환 방향·속도·내용을 정하는 중요한 국면이었다. 6월항쟁으로 열린 정치의 공간에서 노동자대투쟁이 분출했고, 이를 기점으로 전국화된 민주노조운동은 '민주화' 이후의 더 많은 '민주화들'을 위한 투쟁과 변혁의 본격적인 신호탄을 쏘아올렸다. 한편 이러한 움직임에 대해 정부와 자본은 헤게모니적 배제전략을 구사하면서 민주노조운동을 탄압하거나 흡수함으로써 잃어

버린 통제력을 복원하고자 했다. 그리고 바로 이러한 국면에서 이주노동자의 국내유입은 본격화되었다. 그런 만큼 이주노동행정은 당시 노동행정과 밀접한 영향관계에 놓여 있었다.

이런 상황에서 기업들이 외국인력의 활용가치에 본격적으로 눈을 뜨기 시작한 가운데 정부는 '생산성-치안'의 통치틀 내에서 외국인력 도입문제에 대해 상황논리에 따른 대응책을 내놓았다. 정부는 한편으로는 미등록 이주노동자의 '불법'취업(고용)을 노동시장 관리 차원에서 묵인하면서, 다른 한편으로는 연수의 형식을 활용해 '편법'적인 방식으로 외국인력을 도입하고 그 규모를 키워갔다. 이처럼 노동행정의 그림자 속에서 자라난, '불법성'의 관리와 '편법성'의 활용을 기반으로 한 이중적인 이주노동행정은 이후 이주노동운동의 역동성을 통제·흡수·관리하는 방식으로 관행화·제도화되었다. 물론 이러한 통제는 이주노동운동의 확산과 연대의 계기가 되기도 했지만, 전반적으로 볼 때 이주노동정치의 민주적 포용성을 지속적으로 제약하게 된다.

주

1 이주노동운동은 이주노동자들의 주체적인 권리주창 활동과 이들과 연대하거나 이들을 지원하는 시민사회 내 조직적 운동을 포괄한다.

2 크게 세 시기를 구분할 수 있다. 1기(1987~93)는 외국인력 정책이 전면화된 형태의 산업기술연수생제도로 형성되기까지의 시기이자 이주노동운동의 생성기이다. 2기(1994~2004)는 산업기술연수생제도가 본격적으로 실시되고 진화해 나가면서 고용허가제가 실시되기 이전까지의 시기이자 이주노동운동이 본격적으로 성장, 분화해 간 시기다. 마지막으로 3기(2004~현재)는 정책적 관심의 초점이 이주노동정책에서 결혼이주민과 '다문화가정' 자녀를 중심으로 한 이주민 통합정책으로 이동한 시기이자 이주노동운동이 분화, 제도화되어 간 시기다.

3 정책사 연구로는 최선화(2003); 심보선(2007); 이혜경(2008); 이병하(2011) 등이 있고, 운동사 연구로는 설동훈(2003); 이정환(2003); 케빈 그레이(2004); 박경태(2005); 이선옥(2005); 김남국(Kim 2012) 등이 있다.

4 그는 회고록에서 당시 "산업연수생제도 같은 편법으로 부족한 노동인력을 충당하기에는 역부족"이며 "글로벌화되어 가는 경제현실에서 언제까지 외국인노동자의 국내취업을 막을 것인지 따져보아야" 한다고 술회했다(최병렬 2011, 237쪽).

5 노동운동이 외국인 광원 도입 무산의 유일한 원인인 것은 아니었다. 정부의 의지와 역량을 함께 고려할 때 보다 총체적인 평가가 가능하다. 최 장관의 발언에 대해 노동부측은 외국인력 도입 반대가 노동부의 일관된 입장이며 광원 도입은 예외적인 조치라고 해명하기도 했다. 일부 실무자들은 외국인 광원 도입의 전제조건인 노사간 100% 완전합의가 현실성이 없기에 광원수입 허용방침이 사실상 의미가 없다고 해석하기도 했다(『동아일보』 1991. 7. 29, 5면). 더욱이 이듬해 총선과 대선을 앞둔 시점에서 정부가 외국인 광원 도입이라는 '악재'를 안고 갈 뚜렷한 이유도 없었다.

6 법무부훈령 제255호와 그 시행세칙의 내용은 송병준(1993, 99~106쪽)의 연구에서 확인할 수 있다.

7 이 지침은 같은 책(107~109쪽)에 부록으로 수록되어 있다.

8 이는 법원판결보다도 행정부처 지침이 더욱 큰 구속력을 갖는 당시의 관행을 말해 주는 것이기도 했다.

9 상공부는 1993년 3월 6일 동력자원부를 흡수하면서 상공자원부로 명칭이 바뀌었다.

10 1992년 2월 1일 기준으로 체류기간을 넘기고도 출국하지 않은 외국인 총 5만 2434명 가운데 필리핀인은 2만 2027명으로 중국교포보다 많았다(『경향신문』 1992. 2. 3, 21면).

11 사적 경험과 개인 판단 역시 빼놓을 수 없는 요인이다. 예컨대 '외국인노동자피난처'의 김재오 전도사는 배낭여행에서 만난 외국인들의 '코리안 드림'을 접한 뒤 국내 이주노동자 문제의 심각성을 예견해 활동을 시작하게 되었다(『한겨레21』 1994. 3. 24, 74, 75쪽). 희년선교회 대표인 이만열 교수는 기독교인으로서의 신념 외에도 역사학자로서 일제에

당한 설움을 또다시 타민족에게 줘서는 안 된다는 역사적 인식하에 이주노동자 지원, 선교활동을 시작하게 되었다(『한겨레』 2013. 8. 21, 23면).

12 1990년 6월 1일 일본의 개정 입관법(入管法) 시행 후 중남미로부터 일본계의 유입이 급증했다. 이들은 개정 입관법상 '정주자'나 '일본인의 배우자 등'의 지위를 부여받아 취업활동에 제한이 없었다. 이처럼 당시 일본의 주된 단순기능 외국인력 정책은 고용기회를 일본계 동포에게 우선 허용하는 '니케진'(日系人) 제도였다(노동부 1992, 17쪽; 하갑래 2002, 56쪽).

참고문헌

구해근. 2013. 『한국 노동계급의 형성』. 신광영 옮김. 창비.

『경향신문』. 1991. "불법취업외국인 처벌 미지근." 9월 16일.

_____. 1992. "외국인 불법취업 '갈수록 태산'." 2월 3일.

_____. 1992. "외국인노동자 상담 신윤환 교수 '불법취업외국인도 인권 있어요'." 10월 17일.

_____. 1993. "3D업종 인력난 비상." 9월 29일.

김세균. 2002. 「1987년 이후의 한국노동운동」. 『한국정치연구』 11권/1호.

남성일 외. 1996. 『단순기능 외국인력정책 개선방안 연구』. 한국경영자총협회.

노동부. 1992. 『외국인노동자가 노동면 등에 끼치는 영향력에 관한 연구보고서』. 노동부.

노태우. 2011. 『노태우 회고록: 전환기의 대전략』 하권. 조선뉴스프레스.

대통령비서실. 1990. 『노태우대통령연설문집』 제2권. 대통령비서실.

_____. 1992. 『노태우대통령연설문집』 제4권. 대통령비서실.

도요안·김어상·김정한·정영화·조은상·박용승·문무기·박수철·홍석진·이규용·박명진. 2008. 『서울대교구 노동사목 50년사』. 천주교 서울대교구 노동사목위원회.

『동아일보』. 1989. "'광원수입검토' 격렬규탄." 5월 19일.

_____. 1991. "외국인취업 문 열린다." 6월 28일.

_____. 1991. "알쏭달쏭한 '광원수입'." 7월 29일.

_____. 1991. "외국인력 도입 확대." 10월 10일.

메리언 커런트. 2007. 「새날이 밝았다」. 짐 스텐츨 편. 최명희 옮김. 『시대를 지킨 양심: 한국 민주화와 인권을 위해 나선 월요모임 선교사들의 이야기』. 민주화운동기념사업회.

박경태. 2005. 「이주노동자를 보는 시각과 이주노동자운동의 성격」. 『경제와사회』 통권 제67호.

박상규. 2012. 『흐르는 물에 비추지 말고 세상사람들에게 비추어보라』. 연장통.

법무부 정책홍보관리실 혁신인사기획관. 1993. 「외국인산업기술연수생사증발급등에 관한업무처리지침」 법무부훈령 제294호. 국가기록원 보존(관리번호 CA0043419).

법무부 출입국관리국 출입국관리정책연구실. 2002. 『산업연수 및 연수취업제도 연구보고서: 일본의 연수 및 기능실습 제도 분석 비교』.

서경기. 2004. 「이주노동자교회의 설립과 목회: 갈리리교회의 경우」. 기독교산업사회연구소 편집부 편. 『하나님 나라와 이주노동자 선교』. 기독교산업사회연구소.

서울고등법원 1993.11.26. 선고 93구16774 판결문.

설동훈. 2001. 「한국의 미등록 외국인노동자 실태와 대책」. 『신학사상』 113권.

_____. 2003. 「한국의 외국인 노동운동, 1993~2003년: 이주노동자의 저항의 기록」. 『진보평론』 17호.

송병준. 1993. 『산업인력의 수습원활화 방안: 외국인력을 중심으로』. 산업연구원.

심보선. 2007. 「온정주의 이주노동자 정책의 형성과 변화: 한국의 다문화정책을 위한 시론」. 『담론』 10권/2호.

안재성. 1988. 『타오르는 광산』. 돌베개.

유재무·원응호. 1991. 『석탄광업의 현실과 노동자의 상태』. 늘벗.

윤인진. 2008. 「한국적 다문화주의의 전개와 특성」. 『한국사회학』 42권/2호.

이광규. 1996. 「한국에서의 재중동포의 제문제」. 『재외한인연구』 6권/1호.

이병하. 2011. 「한국 이민관련 정책의 입법과정에 관한 연구」. 『의정연구』 17권/1호.

이선옥. 2005. 「한국 이주노동자운동의 형성과 성격변화: 고용허가제 도입시기 명동성당 농성단 사례를 중심으로」. 성공회대학교 석사학위논문.

이정환. 2003. 「외국인노동자 공동체와 관련 NGO」. 『외국인노동자의 일터와 삶』. 미래인력연구원.

이혜경. 2008. 「한국 이민정책의 수렴현상: 확대화 포섭의 방향으로」. 『한국사회학』 42집/2호.

임영일. 1998. 『한국의 노동운동과 계급정치(1987~1995): 변화를 위한 투쟁, 협상을 위한 투쟁』. 경남대학교출판부.

전국광산노동자조합연맹. 2011. 『광노62년사』. 전국광산노동자조합연맹.

전국노동조합협의회 백서발간위원회. 2003. 『전국노동조합협의회 백서: 총단결 총투쟁(1993년)』 제6권. 책동무 논장.

『조선일보』. 1990. "'기능인력난' 이대론 안된다." 7월 13일.

______. 1992. "동남아인 사증심사 강화." 4월 1일.

______. 1992. "외국인불법체류 6만천명 신고." 8월 4일.

______. 1993. "불법체류외국인 '출국유예' 논란." 5월 4일.

중소기업협동조합중앙회. 1992. 『중소기업실태 종합통계집』. 중소기업협동조합중앙회 동향분석팀.

중소기업중앙회. 2012. 『중소기업중앙회 50년사: 1962~2012』. 중소기업중앙회.

정영섭. 2012. 「한국의 노동운동과 이주노동자의 아름다운 연대는 가능한가」. *Homo Migrans* vol. 5~6.

지주형. 2011. 『한국 신자유주의의 기원과 형성』. 책세상.

최병렬. 2011. 『보수의 길, 소신의 길』. 기파랑.

최선화. 2003. 「한국의 이주노동자정책의 형성과 변화: 국가·자본·노동 간의 관계 및 부문 내적 관계를 중심으로」. 성균관대학교 석사학위논문.

최인섭·최영신. 1994. 『외국인범죄의 실태와 대책』. 한국형사정책연구원.

최장집. 1989. 『한국의 노동운동과 국가』. 열음사.

최홍엽. 1997. 『외국인근로자의 노동법상 지위에 관한 연구』. 서울대학교 박사학위논문.

케빈 그레이. 2004. 「'계급 이하의 계급'으로서 한국의 이주노동자들」. 『아세아연구』 47권/2호.

하갑래. 2002. 『외국인근로자 활용제도에 관한 입법론적 연구』. 동국대학교 박사학위논문.

하갑래·최태호. 2005. 『외국인 고용과 근로관계』. 중앙경제.

『한겨레』. 1992. "외국인 불법취업 처벌 강화." 4월 1일.

_____. 2013. "한국교회, 기득권 단맛 버리고 '자기 것' 내놓아야." 8월 21일.

『한겨레21』 1994. 「외국인 노동자의 벗 김재오 전도사, '그들의 잘린 손가락… 한국의 양심을 찌릅니다'.」 3월 24일.

한국기독교사회문제연구원. 2001. 「가톨릭 외국인노동자상담소」. 외국인 이주노동자를 위한 국제민간포럼. 서울. 12월.

Castles, Stephen. 2006. "Guestworkers in Europe: A Resurrection?" *International Migration Review* vol. 40/no. 4(Winter).

Kim, NamKook. 2012. "The Migrant Workers' Movement in the Democratic Consolidation of Korea." *Journal of Contemporary Asia* vol. 42/no. 4(November).

Seol, DongHoon and John D. Skrentny. 2004. "South Korea: Importing Undocumented Workers." Cornelius Wayne, Philip L. Martin, and James F. Hollifield eds. *Controlling Immigration: A Global Perspective*. California: Stanford University Press.

2 '95농성'과 이주노동정치 지형의 변화

1 들어가는 말

1987년 민주화로 열린 정치적 공간으로 그간 감춰졌거나 억눌려온 사회적 요구들이 분출했다. 민주노조운동, 여성운동, 성소수자운동, 장애인운동, 평화운동, 환경운동 등 다양한 운동들이 연이어 나타났다. 이처럼 다채로운 운동들은 구체적 목적과 활동방식의 차이에도 불구하고 '권리주창'이라는 공통의 특징을 지닌다. 권리주창은 단지 도덕적 요청이 아니라 정치적인 성격을 갖는다[Loughlin 2003, p. 87]. '권리'는 법적 인정과 통치를 통해서 구체화된다. 그렇기에 권리쟁취운동, 입법과정, 정책과정을 포괄하는 '권리정치'와 떼어서 생각할 수 없다. 권리정치는 사회 내 희소 가치 및 자원에 대한 접근과 그 배분, 가치관의 상충, 정치제도의 민주적 결함과 같은 현실적 제약들로 인해 종종 새로운 형태의 위계, 차별, 배제의 요소를 수반한다. 이에 더해 사회운동의 내적 편차와 갈등 그리고 변모는 권리정치를 더욱 복잡하면서도 역동적으로 만든다.

이 글은 이러한 권리정치의 맥락에서 한국사회의 이주노동자 권리 문제에 주목한다. 이주노동자들의 한국행은 1980년대 후반을 기점으로 본격화되었다. 당시에는 단순기능 외국인력의 국내취업이 법적으로 금지되고 있었기에 체류자격과 관련하여 이주노동자들의 미등록비율이 무척 높았다. 그런 가운데 이들은 민주화 이후에도 변함없는 노동 배제적인 통치하에서 분절적 노동시장의 하위에 배속되었다. 뿐만 아니라 미비한 이민행정과 문화적 차별로 인해 법형식상 인정된 권리와 일상적 경험의 간극이 컸다. 이에 더해 이주노동자들 사이에서도 혈통과 출신지에 따라 권리의 위계와 불평등이 나타났다. 이외에도 '정주화 금지'의 정책원칙은 이들에 대한, 통제와 관리를 넘어선 통합과 포용의 시도를 근본적으로 제약했다. 결국 이 모든 상황들이 이주노동자의 삶을 매우 불안정하고 유동적인 것으로 만들었다.

그렇지만 "권력이 작동하는 곳에는 늘 저항이 깃들어 있다"는 말처럼[1] 제한주의적인 이주노동행정과 권리결핍의 상황은 조직화된 권리주창 활동으로서 이주노동운동을 낳게 된다. 아울러 이로써 이주노동자의 권리와 관련된 정책의 수립과 집행을 둘러싸고 유관 행위자 내지 세력들 간에 가치정향과 힘의 충돌과 타협이, 한마디로 '이주노동정치'가 본격화되었다[한준성 2014, 54쪽]. 특히 그 과정에서 이주노동자들은 부당한 한국의 한시노동이주제도에 대한 자신들의 분노를 공개적인 집단행동의 방식으로 터뜨리기도 했는데, 이들의 농성은 때로 이주노동정치의 역사에서 중요한 변곡점이 되었다.

그간 있었던 이주노동자 농성들 가운데 이 글이 주목하는 사건은 1995년 1월에 있었던 네팔인 산업연수생들의 명동성당 농성(이하 '95농성')이다. 당시 이들의 농성은 이주노동 관련 운동사와 정책사 모두에서 중대한 분기점이 된 역사적 사건이다. 그렇지만 95농성에 관한 기존 연구를 보면, 대체로 이 사건을 사회운동사의 관점에서 전체 논의의 일부로 소략하게 설명하는 수준에 머무르고 있다. 당시 농성을 전면적으로 주제화한 연구를 찾기 어렵다. 이에 이 글은 95농성의 역사적 위상과 의미를 이주노동정치사의 맥락에서 조망해 보고자 한다.

2 '연수'라는 이름의 노동이주

95농성에 참가한 네팔인 산업연수생들은 반년 전인 1994년 6월과 7월에 입국했다. 이들은 "고국에 일자리가 없고 가난을 벗어나기 위해" 이주노동자의 삶을 선택했다[전국노동조합협의회백서발간위원회 2003b, 487쪽]. 그렇지만 '이주의 문화'를 가진 네팔사회에서 이들의 초국적 노동이주는 그리 특별한 일은 아니었다.

잠시 역사를 살펴보면, 영국의 간접통치를 받게 된 19세기 초부터 수많은 네팔인들이 '구르카'(Gurkha) 군인으로 영국군에 편입되어 해외 각지에서 근무했다. 그러다가 영국의 홍콩반환 결정으로 구르카 용병수가 급감함에 따라 1990년대 초에 구르카 용병 대량채용의 역사는 끝나게 된다. 그렇지만 홍콩을 중심으로 이들이 머물렀던 아시아태평양 지역에는 '구르카 커넥션'이라 불리는 광범위한 트랜스내셔널 정보 네트워크가 형성되었다. 이는 구르카 용병 시스템의 유산으로 타국의 이민정책과 노동시장에 관한 정보유통을 통해 네팔인의 국제노동이주를 확산시키는 기반이 되었다[Yamanaka 2000, pp. 68~70]. 특히 이러한 네팔의 이주문화와 정보 네트워크가 1980년대 중반 이후 동아시아 신흥산업국들의 급속한 경제성장 및 노동수요 증가와 결합되면서 90년대 초반을 기점으로 이 지역으로 네팔인의 노동이주가 본격화되었다. 95농성에 참가한 네팔인 연수생들 역시 이러한 흐름 속에서 한국행을 택했던 것이다.

물론 '연수생'이라는 체류자격이 말해 주듯 이들이 동아시아의 여러 국가들 가운데 한국으로의 노동이주를 택하게 된 직접적인 계기는 외국인산업기술연수제도(이하 '산업연수생제도')였다. 좀더 구체적으로 설명하면, 이들은 '불법'체류 자진신고 외국인의 출국기한을 앞둔 1993년 말에 발표된 '외국인산업기술연수사증 발급 등에 관한 업무처리지침' 개정안[법무부훈령 제294호]에 근거해 시행된 '단체추천 산업연수생제도'를 통해 입국했다. 이 제도는 이른바 '입법모델국가'인 일본의 외국인력정책을 차용한 것이었다[전윤구 2014]. 물론 차용이 단순히 모방을 뜻하는 것은 아니다. 당시 일본정부의 주된 외국인력 도입정책은 1990년 6월에 시행된 출입국관리 및 난민인정법 개정안에 따른 '니케진'(日系人) 제도였다. 이는 주로 라틴아메리카 지역의 동포후손을 활용한 노동허가제적 성격이 다분한 정책이었다. 이와 더불어 일본정부는 제한적인 수준에서 기능실습제도(연수+취업)를 실시하고 있었다.[2] 한국정부는 한편으로는 중국동포의 대거 유입에 따른 사회정책적 부담과 중국정부와의 외교적 마찰을 우려해 니케진 제도와 유사한 정책 도입을 피했고, 또 한편으로는 '단순기능 외국인력 취업 금지'의 정책원칙을 깨뜨리지 않으면서도 국내업계의 외국인력 도입 요구를 수용하기 위한 편법적 조치로 일본의 기능실습제도에서 취업부분을 뺀 산업연수생제도를 선택적으로 도입했다.

이 제도하에서 외국인 산업기술연수 대상업체는 "주무부처의 장이 지정하는 산업체 유관 공공단체의 장"이 추천할 수 있게 되었고, 이에 근거해 상공자원부가 중소기업협동조합중앙회(이하 '중기협')를 연수추천단체로 지정했다. 곧이어 중기협은 자체 운용요령에 근거해 내부에 '산업기술연수협력단'을 설치해 연수인력의 신청·추천, 관계부처 승인까지 모든 절차를 대행하도록 했다. 중기협은 이후 연수생 도입 대상국 10개국과 인력송출기관 22개 업체를 선정했다. 네팔은 산업연수생제도에 따라 선정된 송출국이었고, 95농성 참가 네팔인 연수생들은 중기협이 공식 지정한 네팔의 인력송출업체 룸비니(Lumbini)를 통해 한국에 오게 되었다. 이들은 나중에 호소문을 통해 밝혔듯이 송출업체로부터 "한국에 가면 기술을 배울 수 있"고 "한 달 임금을 최소 400~500달러를 받을 수 있다"는 말을 듣고 저마다 "가슴에 좋은 꿈을 가지고" 한국행을 택했다[전국노동조합협의회백서발간위원회 2003b, 487, 488쪽].

3 '이탈'에서 '농성'으로

초기 이주노동운동을 보면 대체로 종교단체들이 주도해 갔다. 이는 사회적 약자의 고통에 민감한 종교단체의 일반적 특징을 반영한 것으로 볼 수 있다. 그렇지만 종교단체들의 주도성은 노동계가 이주노동자의 권리 문제에 소극적이었음을 방증하는 것이기도 하다. 당시 노조단체들은 외국인력 도입에 대해 내국인노동자의 고용조건을 악화시키거나 노-노 분열지배 전략으로 악용될 것을 우려하고 있었다. 이처럼 노동계는 수세적인 입장에서 이주노동자 권리 문제를 적극적으로 끌어안지 못했다. 다시 이주노동운동으로 돌아가면, 초기에 지원단체들의 활동은 대체로 개별적인 방식으로 이루어졌다. 그러다가 1993년 11월 한 중국동포가 '불법'체류 벌금문제 등으로 비관 자살한 사건을 계기로 지원단체들 간의 첫 연대활동이 이루어졌다[설동훈 2003, 251쪽].

이어서 얼마 뒤인 1994년 1월, 경실련에서 이주노동자들이 농성(이하 '94농성')을 벌였다. 94농성은 국내 이주노동자의 실상을 본격적으로 사회공론화한 최초의 이주노동자 집단행동으로 평가받는다. 대부분 네팔과 방글라데시 출신으로 미등록상태였던 이주노동자 13명은 경실련 강당에서 산재보상문제 해결을 요구하며 점거농성에 들어갔다. 당시 농성은 2월 8일까지 약 한 달간 이어졌다. 대부분 산재로 손가락이 잘려나간 이들은 호소문을 통해 보상은커녕 치료비조차 받지 못했다며 "외국인노동자를 위해 상담하고 피난처를 제공하는 단체들과 함께 기업주를 만나고 경찰이나 노동부에 요청도 하였으나 불법취업자라는 이유 때문에 모든 보호를 거절당"해 "부득이 처우개선을 위한 행동을 하게 되었"다고 밝혔다[인권운동사랑방 1994a].

이처럼 공개적 집단행동은 이들에게 '최후의 선택'이었다. 94농성에 참가한 네팔 출신의 만조 타파(Manjo Thapa)가 말했듯이, 모국에 남아 있는 가족의 생계를 책임져야 하는 이주노동자에게 농성은 가장 두려운 '추방'을 각오해야 하는 결단이었다. "나도 너무 억울했지만… 돈 벌러 왔는데 돈은 하나도 못 벌었는데 농성을 하자고 하니까 너무 싫은 거예요. …가족을 넘어 다른 걸… 생각하는 게 쉽지 않았어요."[유해정 2009] 이런 상황에서 이주노동자들이 농성참가를 결단하는 데 있어 조력자의 역할이 긴요했다. 실제로 당시 이주노동자들을 상담해 온 '외국인노동자피난처'(이하 '피난처')의 대표인 김재오 전도사가 진력으로 이들을 설득한 것으로 알려져 있다[『한겨레21』 1994. 3. 24, 75쪽]. 이러한 조력을 매개로 94농성 참가자들은 서로의 개인적인 경험을 공유하면서 집단행동의 필요성을 자각하게 되었다. 만조 타파는 당시 상황을 이렇게 기억했다. "나만 그런 거 아니고 다른 사람들도 너무 힘들어한다는 말에 흔들렸어요. 우리가 잘하면 다른 사람들도 좋아질 수 있을 거란 말에 농성을 결심했어요."[유해정 2009]

당시만 하더라도 한국사회에서 이주노동자의 집단행동은 무척 낯선 광경이었다. 이에 수많은 언론기관들의 취재가 이어졌고, 김영삼 대통령은 1994년 1월 13일 노동부 업무보고 자리에서 "사회문제로 비화되거나 인도적 차원에서 비난을 받아 국제적인 마찰을 가져오지 않도록 적절한 방안을 강구"할 것을 지시하기까지 했다[『관보』 제12629호, 12면]. 이에 노동부는 2월 7일 '불법취업 외국인 보호를 위한 우리의 입장'을 발표하면서, 미등록 이주노동자에 대해 산재보상금을 3년 전 사고까지 소급해 지급한다는 방침을 세우고 이를 미등록 이주노동자를 포함해 5인 이상 사업장에 적용하기로 했다. 물론 이러한 방침은 노동행정에 의해 뒷받침되지 못했을 뿐더러 그 자체로도 제한적인 조처였다. 노동행정과 출입국관리행정 사이에 '방화벽'이 갖춰져 있지 않은 상황에서 강제추방의 위협은 이주노동자의 산재신청에 커다란 걸림돌이 되었다. 게다가 정작 이주노동자 고용비율이 높은 5인 미만 사업장에는 지침이 적용되지 않았고, 산업연수생은 아예 적용대상에서 제외되었다. 이에 더해 유급휴가나 퇴직금 등과 관련해 시비가 빚어질 가능성이 높다는 이유로 근로기준법 적용이 유보되었다.

그렇지만 시선을 '국가'에서 '시민사회'로 돌려보면 일정한 성취를 확인할 수 있다. 94농성은 다른 무엇보다도 이주노동자의 권리 문제에 관해서 시민단체들과 노동단체들 간의 적극적인 교류와 연대의 물꼬를 터주었다.

한편 94농성이 일어난 1994년 1월은 앞서 설명한 '단체추천 산업연수생제도'가 시행된 때이기도 했다. 준비기간을 거쳐 동년 5월 말에 단체추천 산업연수생 제1진이 입국했다. 그리고 얼마 지나지 않아 산업연수생에 대한 인권·노동권 유린이 지원단체들 사이에서 심각한 문제로 대두되기 시작했다. 이에 1994년 하반기에는 '산업연수생제도 철폐'의 구호 아래 시민사회단체들 간의 교류·연대·공동투쟁이 더욱 활성화되었다. 노조단체는 기존의 소극적인 입장에서 벗어나 이주노동자에 대한 연대를 표명하며 보다 적극적으로 대응하는 모습을 보였다[전국노동조합협의회백서발간위원회 2003a, 153, 154쪽].

그렇다면 산업연수생제도는 구체적으로 어떤 문제점들을 안고 있었던 것일까. 무엇보다도 산업연수생제도하에서 정부는 '연수'라는 행정표지(標識)를 구실로 산업연수생에게 법적 근로자지위를 인정하지 않았다. 특히 중기협의 '외국인산업기술연수협력사업운용요령'(이하 '운용요령')은 제도적 결함들의 결집소였다.[3] 이를테면 수당지급과 관련해 연수생과 송출기관 간에 별도의 계약이 있을 경우 연수업체는 이에 따른다고 한 제9조는 수당관련 폐해를 용인한 조항이다. 또한 중기협은 연수생의 사업장 이탈을 방지한다는 논리로 연수업체에 연수생의 여권을 보관하도록 권장하거나 송출기관과 협의해 필요한 조치를 요구할 수 있도록 했다[제22조]. 사실상 연수업체의 여권 강제압수를 허용한 것이다. 이 밖에도 송출기관은 계약이행보증금[제17조]을, 연수업체는 연수생의 부당행위 예방 및 관리 명목으로 연수생 1인당 30만 원[제23조]을 중기협에 예치하도록 했는데, 규정을 위반한 경우 이 돈은 중기협으로 귀속된다[제27조, 제28조]. 게다가 미반환금은 기타 연수협력사업과 관련하여 중기협 회장이 필요하다고 인정하는 비용에 사용할 수 있도록 했다[제33조 5항]. 다시 말해 사업장을 이탈한 연수생의 수가 늘수록 중기협이 보다 많은 이권을 챙길 수 있는 부조리한 구조가 형성된 셈이다. 이에 더해 중기협은 송출업체와 연수업체의 선정·평가·취소에 관한 독점적 권한을 갖는데[제2조], 이는 연수생에 대한 송출업체와 연수업체의 과잉통제 및 폭력행사의 구조적 요인이 되었다.

문제는 여기서 그치지 않았다. 상술한 제도 내적인 흠결들이 제도 외적인 부조리와 맞물리면서 연수생의 고통과 분노는 배가되었다. 대표적으로 송출 수수료로 인한 막대한 부채 발생과 미등록 이주노동자와 연수생 간의 처우차이를 꼽을 수 있다. 우선 중기협의 불합리한 제도 운영과정에서 사설 송출회사는 연수생으로부터 규정을 초과하는 거액의 송출 수수료를 받았다. 우리는 당시 주한필리핀대사관 노동관계 담당자의 솔직한 증언에서 이러한 문제가 발생한 요인을 보다 구체적으로 이해할 수 있다.

> 필리핀정부의 산업연수생 프로그램[에 대한—이하 인용자] 입장은 기본적으로 "이것은 정부 대 정부의 프로그램이어야 한다"는 것입니다. 따라서 필리핀정부는 '협약'에 따라서 한국기업을 위한 노동자들을 모집했어야 했고 그것을 '무료'로 했어야 합니다. 그렇지만 저희가 그런 제안을 했을 때 한국중소기협중앙회는 저희에게 말하기를 이것

은 사적인 문제라고 말했습니다. …그래서 최악의 상황이 시작된 것입니다. 실제 사적으로 진행하게 되면 굉장히 많은 커미션을 내야 됩니다. 실제로 필리핀 노동자가 그러한 송출기관에 가서 신청하게 되면 중소기협중앙회 로비자금도 필요하고 자기들 비용도 필요하다면서 돈을 요구하게 됩니다. …우리 민간단체(NGO) 하나를 지원한 경우가 있는데 우리 정부는 중기협중앙회가 〔이 단체를〕 공식적으로 인정하기를 바라면서 추천을 했습니다. 아마 이 〔비영리〕 민간단체가 모집했더라면 최소한의 모집비용만 받는 것으로 추진했을 텐데, 중소기협중앙회가 이를 거절했습니다. 그런 것은 불가능하다고〔말했습니다〕. 이래서 결국 영리목적의 사기업인 송출업체가 연수생 모집·송출을 맡게 된 것이고, 이 과정에서 브로커비용[모집비용] 문제가 나오게 된 것입니다. [노동정책연구소 1995, 256, 257쪽]

실제로 이후 송출 수수료 중 상당 부분이 중기협과 관련부처 인사를 대상으로 한 로비자금 또는 뇌물로 유입된 정황이 드러났다. 이처럼 송출비리와 관련해 형성된 '부패의 카르텔'은 연수생들을 막대한 부채에 속박하게 만든 구조적 요인이었다.

다음으로 미등록 이주노동자와 연수생의 처우차이를 살펴보면, 연수생이 받는 수당은 미등록 이주노동자에 비해 상당히 낮은 편이었다. 많게는 두 배 이상 차이가 나는 것으로 조사되기도 했다[중소기업협동조합중앙회 1996, 17쪽]. 게다가 94농성을 계기로 미등록 이주노동자에게 제한적이나마 산재보험이 다시 적용되고 있었다. 더욱이 미등록 이주노동자에게 '불법'체류상태는 합법적인 체류자격을 보유한 산업연수생에 비해 더 많은 사업장 이동의 기회와 일터에서의 폭력에 대한 방어수단의 의미를 담고 있었다[케빈 그레이 2004, 104쪽]. 결과적으로 산업연수생제도는 아이러니하게도 합법적 체류자격을 지닌 산업연수생들을 '불법'을 선호(?)하게 만든 원인이 되어버렸다.

결국 산업연수생제도 시행 초기부터 불거진 인권·노동권 유린 문제는 이주노동운동을 더욱 활성화시키게 된다. 포럼, 토론회, 캠페인을 비롯해 다양한 방식의 대응활동이 이어졌고, 노동단체와 시민사회단체 간의 교류와 연대의 폭도 넓어졌다. 이렇듯 이주노동자 권리 문제에 관한 한국 시민사회의 공론장이 형성되는 가운데 이주노동자들의 직접적인 권리주창 활동도 더욱 탄력을 받았다. 마침내 이러한 일련의 흐름들은 이주노동운동의 담론적 자원을 만들고 사회적 기반을 다지는 과정이었고, 95농성은 바로 이러한 흐름 속에서 터져나온 이주노동정치사의 중대 사건이었다.

95농성의 경위를 살펴보면, 먼저 산업연수생제도가 잉태한 사기, 저임, 부당노동행위, 인권유린 등에 시달린 네팔인 연수생들의 사업장 '이탈'은 운용요령에 적시된 '불법행위'[제22조]로 보기에는 너무도 예견된 일이었다. 네팔대학에서 역사학을 전공한 묵타 지엠(Mukta G. M.)은 전국노동자대회[1994. 11. 13]에 참가해 "우리를 기계보다 못하게 여기는 사람을 만났고, 이를 한국정부가 조직적으로 돕고 있다는 것도 알게" 되어 "두려움과 압박감으로 탈출을 시도"했다고 밝혔다[인권운동사랑방 1995a]. 이러한 체험과 인식은 95농성에 참가한 다른 연수생들도 공유하고 있었다. 이들은 호소문에서 "이 땅을 위해 수십억 원의 이윤을 남겨주었지만… 교회도, 시민단체도, 노동조합도, 학생도, 정부도, 아무도 우리를 위해 신원하는 자가 없"다며 그간 겪었던 고립감을 밝혔다[인권운동사랑방 1995b]. 그러나 묵타 지엠의 말처럼 이들은 애초에 "외국까지 와서 데모할 생각은 없었다"[인권운동사랑방 1995a]. 94농성 때와 마찬가지로 농성은 '추방'을 각오해야만 하는 결단이었다. 실제로 묵타 지엠과 동료들은 애초에는 송출과정에서 진 빚을 갚기 위해 사업장을 이탈해 '불법' 취업할 계획을 세웠다.

그렇다면 이들은 어떻게 해서 '이탈'이라는 소극적 저항을 넘어서 '농성'이라는 공개적 집단행동을 하게 된 것일까. 94농성을 기점으로 이주노동자 권리 문제가 사회운동의 새로운 관심사로 부상하고 있었고, 이미 피난처와 민주노총준비위원회를 중심으로 산업연수생제도 철폐투쟁을 위한 조직화 시도들이 이어져오고 있었다. 그런 가운데 피난처와 민주노총준비위원회 그리고 일부 활동가들이 네팔 연수생들과 함께 농성을 기획하고 지원했다[최정규 2007, 70쪽]. 특히 피난처는 경실련 농성 때부터 "개인적 자선에 호소하고 사례별로 처리하는 방법이 아니라 우리 사회 공동체의 윤리를 바로세우고 구조적 개선을 이루는 것이 근본적인 방법이라"는 입장을 견지해 왔다[인권운동사랑방 1994b].

이러한 외부적 지원과 함께 네팔인 연수생들의 주체적 판단 역시 중요했다. 이들 가운데 9명이 대학 출신이었고, 한국에 오기 몇 해 전 네팔에서 벌어진 대대적인 민주항쟁의 기억이 이들의 뇌리에 남아 있었다.[4] 이들은 사업장 이탈 후 피난처를 중심으로 한데 모여 경험을 나누고 대책을 논의하면서 카스트나 종족정체성에 갇히지 않고 연대의식을 형성해 갔다. 아울러 이를 토대로 심각한 제도적 결함을 지닌 산업연수생제도에 대한 비판의 날을 세웠다. 마침내 이들은 공개적으로 여론에 호소하는 방법밖에 없다고 판단하고 피난처와 민주노총준비위의 조언을 구해 1995년 1월 9일 명동성당 들머리에서 무기한 농성에 돌입했다.

4 9일간의 농성과 추방

명동성당 농성장에는 13명의 네팔인 연수생들 외에도 다른 미등록 이주노동자들 여럿이 참여했다. 1993년 2월에 결성된 네팔인 이주노동자공동체(Nepalese Consulting Committee, NCC)의 활동가들도 단식까지 하며 농성에 적극 가담했다[변현진 2004, 34쪽]. 아울러 인권·종교·노동 단체 활동가들이 이들과 연대했다. 그렇지만 무기한으로 시작된 농성은 9일 만에 종결되었다. 그렇다면 채 열흘이 되지 않은 시간 동안 어떤 일들이 벌어졌던 것일까. 우리는 당시 농성을 어떻게 기억할 수 있을까. 이하에서는 '외국인산업기술연수생인권보장을위한공동대책위원회'(이하 '공대위'), 중기협, 정부 그리고 농성참가 이주노동자들의 입장과 판단 그리고 행동을 중심으로 95 농성의 경위를 살펴본다.

먼저, 농성 4일째인 1월 12일에 공대위가 발족했다. 민주노총준비위원회, 피난처, 경제정의불교시민연합, 성남외국인노동자의집의 공동 제안으로 결성된 공대위에는 32개 시민·종교·노동 단체들이 참여했다. 이로써 농성의 보호막이 한층 두터워졌고, 제도개선투쟁을 위한 연대의 조직적 기반이 확보되었다. 공대위는 곧 다음과 같은 요구사항들을 내걸고 정부와의 교섭에 나섰다[전국노동조합협의회백서발간위원회 2003a].

① 농성중인 13명의 여권과 임금 직접지급, 적절한 사과, 신변 및 재취업 보장
② 3만여 명의 산업연수생에 대한 임금과 여권의 직접지급
③ 근로기준법상의 근로자 자격 인정 및 그에 따른 전면 재계약
④ 온갖 비리와 노예노동의 온상인 산업연수생제도 즉각 철폐
⑤ 외국인력 도입시 노조와의 사전합의 의무화 및 내국인노동자와 동등한 자격 부여

이처럼 공대위가 가세하면서 95농성은 한국사회에 이주노동자의 고통에 대한 인간적 이해와 적극적 관심을 호소하며 정부의 책임을 요구하는 수준을 넘어 제도개선투쟁의 단계로 상승해 갔다. 공대위는 95농성을 계기로 이주노동자의 실상과 산업연수생제도의 폐해를 대국민 홍보활동을 통해 전면 부각시킴으로써 제도개선투쟁의 동력을 확보하려 했다.

반면에 산업연수생제도의 설립주체인 정부와 운영주체인 중기협은 95농성의 성격 규정을 협소화하고 그 의미를 희석하고자 했다. 먼저 중기협에게 산업연수생제도는 조직과 예산을 확대할 수 있는 기회이자 큰 이권이 걸린 사업이었다. 그렇기에 중기협은 이 제도를 온존시키기 위해 농성을 빠른 시일 내에 수습해 사회적 비난을 진정시키고 개선요구를 무마시키려 했다. 농성 8일째인 1월 16일에는 박상규 중기협 회장이 직접 기자회견을 열었다. 중기협 회장선거를 앞두고 재선을 노리는 그에게 농성은 감사원 감찰 및 검찰 수사에 더해 추가적인 악재였다. 그는 이 자리에서 연수생의 기본수당 상향 조정안을 정부와 협의하고[5] 상해보상액이 산재보험 수준에 근접하도록 연수생 대상 상해보험상품 개발을 추진하겠다고 밝혔다.

그러나 이는 사태무마용 발언이자 제도 온존을 위한 항변에 불과했다. 이 점은 박 회장의 회고록에서도 확인된다. "산업연수생제도 시행과정에서 불법체류나 인권 문제가 불거져 나왔는데, 그것만 보고 산업연수생제도가 근본적으로 잘못됐다고 할 수는 없는 일이다. 산업연수생제도는 완결된 정책이 아니라 불가피하고 과도기적인 정책이었기 때문이다. 운영하면서 문제를 보완하자는 합의 속에 출발했는데, 그 후속책을 논의하지 못한 것이 문제였다."[박상규 2012, 95쪽]

정부로서도 농성은 곤혹스러운 사태였다. 하루 세 차례 명동성당 앞에서 쇠사슬로 팔을 묶고 '노예노동'에 항의하며 시위를 벌이는 이주노동자들의 모습은, 불과 며칠 전인 1월 6일 연두기자회견에서 '21세기 일류국가' 건설로 이끄는 지름길로 '세계화'를 강조하고 이를 국정목표로 제시한 대통령의 발언을 무색하게 했다. 정부는 OECD 가입과 유엔안보리 이사국 진출을 추진하고 있었고, 대통령의 유럽순방을 앞둔 시점에서 농성으로 불거진 이주노동자의 인권 문제가 국제이슈로까지 비화할 조짐을 보이자 사태를 급히 수습하려 했다. 검찰은 연수생에 대한 폭력행위자와 인력관리회사 수사에 즉각 착수하고 관련자들을 연이어 구속했다. 노동부는 자체 외국인력정책연구반에서 검토한 개선책을 공개했다[노동부 외국인력정책연구반 1994]. 노동부 직업안정국장은 직접 농성장을 방문해 체불임금 전액과 여권을 돌려주도록 하겠다면서 농성해산을 종용했다.

그러나 애초부터 정부의 선택지는 공대위의 요구사항을 수용하기에는 제한적이었다. 김영삼정부는 노동행정의 최우선적 역할을 경제선진화를 뒷받침하는 것으로 못박았고, 농성 당시에는 이러한 노동행정관에 부응하듯 경제기획원 출신 장관이 노동부를 이끌고 있었다. 이런 상황에서 농성단이 정부에 산업연수생제도의 문제점을 시인하고 사과할 것을 요구하면서 여권과 임금 수령을 거부하자, 정부는 사태를 반전시키고자 했다. 1월 15일을 전후해 그간 농성에 동정적인 시선을 보냈던 언론매체의 논조가 돌연 '농성의 변질'로 바뀌어간 가운데 정부는 일부 재야단체가 개입해 사태가 장기화되고 있다며 공세적 태도를 보였다. 또한 농성단측과 직접 교섭하는 대신 일본에 있는 네팔대리대사를 불러 농성해산을 설득하도록 했다. 정부는 협상을 통한 사태수습이 여의치 않을 경우를 대비해 농성단 강제해산까지 고려하고 있었다[인권운동사랑방 1995c].

변화된 분위기 속에서 농성에 참가한 이주노동자들은 더욱 어려운 상황에 처하게 되었다. 한편에서는 공대위의 가세 속에 높아진 투쟁의 수위와 사회적 관심이, 다른 한편에서는 중기협과 정부 그리고 자국대사의 사태수습 시도들이 이들을 동시에 압박했다. 이들의 심중에는 추방을 각오한 투쟁의 결기와 불리한 상황전개에 따른 팽팽한 긴장감이 동전의 양면처럼 붙어 있었을 것이다. 그 일면을 다음과 같이 농성 첫날 발표한 이들의 호소문 내용과 앞서 제시한 공대위 요구사항의 간극에서 짐작해 볼 수 있다.

> 첫째, 저희들을 기술연수생 비자로 데리고 왔으면 기술을 가르쳐주어야 합니다. 둘째, 기술을 안 가르쳐주고 하루에 12~13시간을 일을 시키려면 그만큼 모든 대가를 보장해 주어야 합니다. 셋째, 일방적으로 저희들의 월급을 빼앗아간 동양인력개발[중기협이 지정한 네팔 송출업체 룸비니의 한국대행사-인용자]은 우리들의 손에 직접 그동안의 월급을 돌려주어야 합니다. 넷째, 인력회사에 가서 월급을 직접 달라, 계약에 따른 보장을 하라, 공장에서 폭행이 없어야 한다고 부탁했는데도 저희들에게 오히려 수갑을 채우고 욕설과 폭행을 하는 것은 없어져야 합니다. 다섯째, 사람은 자유로워야 합니다. 그래서 저희들도 자유롭기를 원하므로 우리들의 여권을 빼앗아가서는 안 되고, 공장 밖으로 나가지 못하게 감금을 하는데 이런 일도 없어져야 합니다. 여섯째, 거짓된 약속으로 속여서 우리를 데려오지 말아야 합니다. 저희들은 비록 가난한 나라에서 왔지만, 그래서 한국에서 노예처럼 당하고 있지만 우리들의 인간존재 그 자체는 가난하지 않습니다. [전국노동조합협의회백서발간위원회 2003b, 488쪽]

공대위의 요구사항이 대체로 제도개선에 관한 것이었다면 95농성에 참가한 연수생들의 호소문은 '인간선언'에 가까웠다. 이런 점에서 이들이 노동자로서의 투철한 계급의식을 가지고 농성에 참여했다고 보는 것은 과도한 해석일 것이다. 물론 이들은 적극적이었다. 정부의 사과를 요구하고 여권과 임금 수령을 거부하는 등 강경한 태도를 보이면서 공대위를 비롯한 지원세력과의 교감과 연대를 이어갔다. 일부는 성남외국인노동자의집 김해성 목사와 함께 1월 17일 방영된 MBC <PD수첩> 프로그램에 출연해 산업연수생제도의 현장에서 벌어지는 무도한 폭력을 직접 증언하기도 했다. 그렇지만 언론매체를 통해 농성이 점차 '정치투쟁'으로 비춰지고 정부·중기협·자국대사의 설득·압박·회유가 이어지는 상황에서 농성을 지속한다는 것은 농성참가 이주노동자들과 공대위 양측 모두에게 부담이 되었다.

결국 농성단은 농성을 시작한 지 9일 만에 중기협 회장과 서약서에 서명하고 농성을 중단했다. 이로써 일거에 사회적으로 공론화되었던 이주노동자의 권리 문제가 일부 네팔인 연수생들의 개별 사안으로 축소되어 마무리되었다. 합의문은 농성참가 네팔인 연수생들에게 미지급 임금 지급, 여권반환, 근로조건 및 근로 후 자유 보장, 작업중 사고나 질병에 대한 적절한 보상, 새로운 업체 배정 등의 내용을 담았다.[6] 그러나 재배치된 업체에서도 부당노동행위와 인권침해가 있었고, 견디다 못해 또다시 사업장을 이탈하자 보복성 연행과 강제출국이 이어졌다. 결국 농성참가 네팔인 연수생들은 1년여 만에 모두 추방되었다.

5 95농성의 의의와 이후의 이주노동정치

95농성은 기만적 합의로 끝났을 뿐더러 농성참가 네팔인 연수생이 모두 '추방'되었다는 점에서 쓰라린 경험이었다. 그렇지만 이주노동정치사에서 95농성은 중대 사건이었다. 짧았던 농성의 영향은 깊고 넓었다. 우선, 95농성은 이주노동자의 권리 문제를 공론화시키고 민간영역에 위탁했던 이주노동행정을 어느 정도 공적 책임성의 영역으로 되돌리는 계기가 되었다. 대표적으로 1995년 2월 14일 '외국인산업기술연수생의 보호 및 관리지침'이 노동부예규 제258호로 제정되어 다음 달에 시행되었다. 이로써 단체추천 산업연수생은 근로기준법 일부, 최저임금법, 산업안전보건법, 산업재해보상보험법, 의료보험법의 적용대상이 되었다.

하지만 이를 과대평가해선 안 된다. 지침은 하나의 방편이었을 뿐 근본적인 해결책과는 거리가 멀었다. 무엇보다 행정지침에 불과해 법적 구속력이 약했고, 산업연수생을 노동법상 근로자로 인정한 것은 더더욱 아니었다. 뿐만 아니라 해외투자기업 산업연수생은 보호지침 대상에서 아예 제외되었다.[7] 아울러 지침은 제도개혁은커녕 산업연수생제도를 존치시키기 위한 논거가 되었으며, 정부의 이 같은 지침에 이어 나온 중기협의 대응책 또한 비판을 무마하기 위한 임기응변식 조치에 불과했다. 더욱이 2007년 헌법재판소 판결에서 확인되었듯이 노동부예규에 의해 적용이 제한되는 근로기준법상 권리들이 사실상 근로자인 산업연수생에게 적용되지 않아야 한다고 볼 만한 합리적 이유가 없었다[헌법재판소 2007.8.30자 2004헌마670 결정]. 산업연수생제도는 외국인연수생의 평등권을 침해할 소지를 안고 있는 위헌적인 제도였던 것이다.

정책영역에서 95농성이 촉발한 보다 과감한 변화의 시도는 정부의 고용허가제 입법추진이었다. 노동부는 산업연수생제도의 변형태에 불과한 '연수취업제' 도입방침을 바꾸어 그간 법적으로 금지했던 단순기능 외국인력의 국내취업을 합법화하는 '외국인력고용 및 관리에 관한 특별법'을 연내에 입법한다는 계획을 가지고 관계부처와 협의에 들어갔다.[8] 당시 노동부의 입장은 중기협을 통한 '취업 성격의 연수제도'라는 '미봉책' 대신에 "고용허가제를 도입하여 국내에서 충당할 수 없는 필요 최소한의 외국인력을 정식 '근로자'로서 도입"한다는 것이었다[김원배 1995, 28, 29쪽]. 물론 노동부의 고용허가제안은, '노동'과 '보호'가 아닌 '고용'과 '관리'가 법안명칭에 들어간 사실에서 보듯이 이주노동자의 노동권을 인정하고 인권을 보호하려는 적극적인 의지를 반영한 것은 아니었다. 오히려 조직과 예산의 확대, 부처의 위상 제고, 외국인력 증가에 따른 관할영역 밖 인력관리에 대한 부담으로 인한 업무포섭 유인 등 노동부의 이해관계가 반영된 방안으로 볼 수 있다[허승원 2006, 35쪽]. 그럼에도 불구하고 정부의 고용허가제 입법추진은 이주노동자의 권리와 관련된 입법을 정책적 의제(산업연수생제도 유지냐, 고용허가제 도입이냐)와 사회적 쟁점(고용허가제냐, 노동허가제냐)으로 부상시켰다.

시선을 시민사회로 옮겨보면, 95농성은 이주노동운동사에서 중요한 분기점이 되었다. 94농성을 기점으로 성남·부천·안산을 포함해 주로 수도권 지역에 이주노동자상담소가 들어섰다면, 95농성을 기점으로 부산·대구·광주·창원을 비롯한 비수도권 주요 도시들에서도 본격적인 이주노동자 지원활동이 이루어지기 시작했다[설동훈 2005, 76쪽].[9] 한마디로 95농성은 '이주노동운동 전국화'의 계기가 되었다. 이와 더불어 95농성의 또 다른 운동사적 성취는 이주노동운동을 위한 '연대틀의 조직화'였다. 95농성을 계기로 이주노동자 권리 문제에 대한 보다 체계적이고 조직화된 세력결집의 필요성이 제기되었고, 이러한 문제의식은 네트워크와 연대실천을 활성화시켰다[심보선 2007, 59쪽].

대표적으로 '외국인노동자대책협의회'(이하 '외노협')가 출범했다. 이주노동운동을 위한 국내 최초의 본격적인 연대틀로 평가받는 외노협은 95농성 당시 결성된 공대위를 발판으로 결성되었다. 1995년 6월 성남외국인노동자의집에서 창립총회를 열고 출범한 외노협에는 공대위에 참여한 38개 단체들 가운데 일상적인 지원활동이 가능한 단체들과 이주노동자 공동체들이 참여했다.[10] 외노협은 출범 이후 꾸준히 외연을 넓히고 산업연수생제도 철폐 및 노동허가제 도입을 골자로 한 '외국인노동자보호법' 추진 등 제도개선운동을 선도적으로 전개하며 확대일로에 있던 이주노동운동의 중심축이 되었다.

그렇지만 외연이 넓은 연대체의 내부결속을 다지는 일은 만만치 않았다. 외노협은 이내 내부로부터 불만과 비판에 직면하게 된다[강현아 1996, 28쪽; 이선옥 2005, 123, 124쪽]. 상담소와 종교단체를 중심으로 운영되면서 이주노동자의 구체적 필요와 요구를 토대로 한 활동에 일정한 한계가 있고, 소속단체들이 수도권에 편중되어 있다는 점에 대한 불만이 제기되었다. 남성대표와 성직자들이 이끌어가는 활동에 대한 비판적 문제의식도 있었다. 아울러 제도개선투쟁 과정에서 정책과 노선의 차이가 드러나면서 투쟁성이 약화되고 있다는 우려도 존재했다.[11] 이 같은 상황은, 결국 일부 소속단체들이 이탈하면서 이주노동운동의 분화로 이어졌다.

이주노동운동의 분화과정을 좀더 구체적으로 살펴보면, 2000년 겨울에 외노협 전임 회장과 당시 현직 부회장 등이 소속된 세 개 단체가 외노협을 탈퇴하고 이듬해 3월 '이주·여성인권연대'를 결성했다. 이는 이후 '이주노동자인권연대'로 재편되었다.[12] 또한 2000년 10월 3일에는 외노협 사무국 및 일부 회원단체 활동가들이 이주노동자노조 결성을 목표로 '이주노동자노동권완전쟁취와이주·취업의자유실현을위한투쟁본부'(이하 '이노투본')를 결성했다. 이노투본은 그간 외노협의 투쟁에 '동원'되고 민주노총이 '방조'하는 상황을 비판하면서 이주노동자의 주체적 투쟁의 중요성을 강조했다. 이노투본은 결성 선언문에서 "온몸을 쇠사슬로 묶고 투쟁에 나섰던 95년 네팔노동자의 투쟁이 우리의 선배"라고 밝히면서 95농성의 정신을 이어가고자 했다[이윤주 2014, 14, 15쪽]. 이후 이노투본은 2001년 5월 19일 민주노총 서울지역본부 평등노조 산하 '이주노동자지부'로 편입되면서 노조의 틀로 들어가게 되었다. 이주지부는 노동자계급 담론, 이주노동자 주체 형성, 주체의 직접적인 투쟁을 강조하면서 고용허가제 반대 및 노동허가제 쟁취 투쟁을 이어갔다[정영섭 2014, 3쪽].

다시 95농성의 운동사적 의의에 대한 설명을 이어가면, 당시 농성은 국내 노동계가 이주노동자 권리 문제를 노동운동의 관점에서 보다 적극적으로 수용하도록 만든 계기가 되었다. 95농성 당시 공대위에 결합한 전노협은 1995년 1월 정기 대의원대회에서 '외국인 취업연수제도에 관한 특별결의문'을 통해 "외국인노동자 문제가 곧 우리의 문제임을 직시하고 취업연수제도의 철폐와 인권보호, 근로조건 개선에 최선을 다해 연대투쟁한다"는 입장을 밝혔다[정영섭 2012, 69쪽]. 또한 민주노총준비위원회는 외노협 결성과정에 적극 관여했다. 민주노총준비위원회가 중심이 되어 상담소 실무자와 이주노동자 공동체 대표들이 모임을 가졌고 이후 몇 차례 회의를 거쳐 외노협이 만들어졌다. 또한 이주노동운동과 노동운동을 적극적으로 결합시킨다는 데 뜻을 모으고 외노협 사무실을 민주노총 사무실에 두었다. 이후 공동문화행사, 민주노총 산하노조와 이주노동자 공동체의 자매결연, '이주노동자의 달' 제정 등의 연대사업이 진행되었다[최정규 2007, 70, 71쪽]. 그러나 이러한 연대의 시도는 이주노동자의 노조 조직화로까지 나아가지 못했다. 민주노총은 이주노동자 노조 조직화의 지도력을 보여주지 못했고 오히려 이주노동자 독자노조 건설에 대한 우려를 내비치기도 했다[이선옥 2005, 58쪽; 정영섭 2012, 71쪽].

한편 95농성을 기점으로 이주노동운동이 전국화·조직화되고 노동부가 고용허가제 입법을 추진하자 이에 대한 반작용으로 중기협과 통상산업부를 비롯한 산업연수생제도의 운영 및 관리 기관들의 강력한 반대가 이어졌다. 이들은 95농성에 대해 일부 사례가 과대하게 알려진 것이라며 그 의미를 축소하고, 제도개선 요구에 대해서는 재야세력의 배후조종 내지는 학계 일부의 견해로 치부했다.[13] 또한 고용허가제 도입에 대해서는 문제가 있다며 시기상조론을 펼쳤다. 산업연수생제도의 주무부처인 통상산업부 기획관리실장의 발언은 이러한 입장을 압축적으로 보여준다.

> 근로기준법상 근로자로 하게 될 경우에는… 포괄적인 여러 가지 보호를 해주게 되어 있습니다. 예를 들어 퇴직금이라든지 해고제한이라든지 휴업수당 지불이라든지 또는 연월차휴가 그리고 노동조합 결성에 참여하는 문제 그리고 가족 초청하는 문제라든지 상당히 포괄적인 것이 되기 때문에 당장 근로자 신분으로 대우하는 데는 조금 문제가 아직 있습니다. [제173회 국회 제1차 통상산업위원회회의록 1995/03/17, 12~13]

이 발언내용을 보면 노조활동, 가족초청, 동일임금은 노동부의 고용허가제안에 반영되어 있지도 않은데도 문제로 삼고 있음을 알 수 있다. 이런 점에서 이 발언은 고용허가제 도입에 대한 신중한 검토라고는 하지만 사실상 산업연수생제도 존치에 대한 통상산업부의 강력한 의지를 말해 준다. 그렇지만 극력 반대했던 주체는 단연코 중기협이었다. 중기협은 고용허가제 반대탄원서 국회제출, 의원입법안에 서명한 개별 의원에 대한 압박, 외국인노동자 관련법 제정 반대시위 및 결의대회 개최 등 다양한 방식의 입법 저지 활동을 이어갔다. 2000년 3월에는 박상희 회장을 포함한 중기협 임원과 중소기업 대표들이 민주당에 집단적으로 입당하기까지 했다.

이처럼 강력한 반발로 인해 산업연수생제도(보다 정확히는 단체추천 산업연수생제도)는 시행 분야가 확대되고 연수취업제로 변형되면서 2007년까지 무려 12년간 존치되었다. 이미 시작부터 실패가 입증된 제도가 이렇듯 오랜 기간 온존한 것은 무엇보다도 '부패의 카르텔'을 기반으로 한 경제적 이익 구조가 형성된 이상 제도폐지가 매우 어려워졌기 때문이다. 더욱이 경제정책에 예속되고 노동 배제적인 노동행정과 이주노동자 권리 문제에 무관심한 의회정치하에서 고용(노동)허가제 입법은 난망한 일이었다. 물론 일부 국회의원들이 관련 법률안을 개별적인 수준에서 발의했지만 소속정당 차원에서 심도 있는 토의나 결속된 지지로 이어지지 못하고 입법이 무산되었다. 우여곡절 끝에 2003년 7월 31일 '고용허가제'(정식 명칭은 '외국인근로자의 고용 등에 관한 법률')가 국회를 통과했지만 이마저도 산업연수생제도와의 병행실시를 전제로 한 것이었다.

특히 정부는 고용허가제가 도입된 과정에서 장기체류 미등록 이주노동자를 '합법화' 대상에서 제외시키고 이들에 대한 대대적인 단속과 추방을 예고했다. 2003년 11월 17일을 기점으로 12만여 명에 이르는 것으로 추정되는 '불법'체류 외국인에 대한 정부의 대대적인 단속이 시작되었다. 이에 대해 이주노동자들은 평등노조 이주지부를 중심으로 11월 15일 명동성당에서 민주노총 및 지원단체 활동가들과 함께 농성에 돌입했다. 애초에는 민주노총이 외노협 공대위에 공동대응을 제안해 공동농성단이 구성되었다[이선옥 2005, 77, 78쪽]. 그러나 농성단의 운영체계와 임원구성을 둘러싼 시각 차이로 외노협 공대위를 중심으로 한 농성단이 이탈했다. 그 결과 명동성당에서는 이주지부를 중심으로 농성이 진행되었다. 농성단의 공식 명칭은 '민주노총 농성투쟁단'이었고, 이주지부 지부장인 네팔 출신의 서머르 타파(Samar Thapa)와 민주노총 부위원장이 공동대표를 맡았다. 서머르 타파는 1994년 5월 31일에 단체추천 산업연수생 제1진으로 입국한 인물이기도 하다. 무기한으로 시작된 농성은 2004년 11월 28일까지 무려 380일간 이어졌다.

95농성이 이주노동운동의 전국적 확산의 기폭제였다면 2003~2004 명동성당 농성(이하 '명동성당 농성')은 이주노동자 독자노조 결성과 이주노동자 독립미디어 탄생의 중요한 밑거름이 되었다. 우선 명동성당 농성은 2005년 4월 24일 '서울·경기·인천 이주노동자노동조합'(이하 '이주노조') 창립의 결정적 계기였다. 농성참가 이주노동자들은 장기간에 걸친 투쟁을 경험하면서 사실상 조직의 결성과 운영에 관한 훈련을 받았고, 노조조직화에 대한 열망을 현실화할 수 있는 자신감도 키울 수 있었다[이선옥 2005, 96쪽; 정영섭 2014, 3쪽]. 이주지부와 상급조직인 평등노조 간의 불화에 대한 기억과 이주노동자 노조조직화에 대한 민주노총 및 소속노조의 선언 수준을 넘어선 적극적 실천의지의 결핍도 한몫했다.

그러나 어렵게 탄생한 이주노조의 활동은 출발부터 순탄치 않았다. 서울지방노동청이 이주노조의 노조설립 신고를 반려하면서 법정공방이 이어졌다. 2006년 2월에 서울행정법원은 노동부의 설립신고 반려가 정당하다는 판결을 내렸다. 이에 이주노조는 항소를 제기했고, 서울고등법원은 이주노조에 승소판결을 내렸다. '불법'체류 외국인도 실제로 고용되어 일하고 있다면 노동조합을 만들고 가입할 수 있는 근로자이므로 이들의 노조설립 신청을 받아들여야 한다는 취지의 판결이 나왔다[서울고법 2007.2.1 선고 2006누6774 판결]. 그러나 노동부는 대법원에 상고했고, 대법원은 8년이 넘도록 상고심을 보류하고 있다가 2015년 6월에서야 상고를 기각했다. 대법원은 판결에서 타인에게 근로를 제공하고 그 대가로 임금 등을 받아 생활하는 사람은 노동조합법상 근로자에 해당하며, 그러한 근로자가 취업자격 없는 외국인이라고 하여 노동조합법상 근로자의 범위에 포함되지 않는다고 볼 수는 없다는 점을 분명히 했다[대법원 2015.6.25 선고 2007두4995 전원합의체 판결].

다음으로 명동성당 농성은 이주노동자의 미디어운동으로도 이어졌다. 대표적인 사례는 농성 이후 2004년 12월에 출범한 '이주노동자의 방송'(Migrant Workers Television, MWTV)이다. 장기간 이어진 농성이 주류 미디어의 관심을 받지 못한 현실에 대한 문제의식이 이주노동자 독립 대안 미디어 출범의 중요한 계기가 되었다. 이주노동자 활동가들이 주도적으로 관여해 개국한 MWTV는 2005년 4월 16일 시민방송 RTV를 통해 <이주노동자 세상>이라는 프로그램을 첫 방영한 뒤 다국어 이주노동자 뉴스를 제작했다. 또한 이주노동자 미디어활동가 양성을 위한 미디어교육 사업을 진행하고 2006년부터 매해 이주관련 영화제를 개최해 오고 있다[소모뚜 2009, 7~9쪽].

6 나가는 말

한국에서 이주노동자들은 생산성과 자본축적의 안정화를 위해 필요한, 저렴하면서도 통제가 용이한 새로운 노동공급원이 되었다. 이를 제도적으로 뒷받침한 산업연수생제도는 정부의 자본 편향성이 중기협의 이해관계와 맞물리면서 만들어진 제도로, 왜곡된 송출구조와 부당한 사후관리로 인해 '산업연수생'이라 이름 붙여진 이주노동자들에 대한 부당노동행위와 인권침해의 파종기나 마찬가지였다. 95농성은 이러한 상황에서 이주노동자들이 자신들의 기본적 권리를 보장받기 위해 스스로 정치의 공간을 창출해 낸 집단행동이었다. 95농성을 계기로 산업연수생제도 폐지, 노동허가제 입법, 이주노동자 노조조직화가 이주노동운동의 주요 과제로 부상했다. 이후 단체추천 산업연수생제도는 2007년에 폐지되었고, 입법운동은 2004년 고용허가제 시행으로 일단락되었으며, 2005년에는 이주노동자 독자노조가 출범했다. 하지만 해외투자기업 산업연수생제도는 존치하고 있고, 고용허가제 하에서 이주노동자들은 사업장 이동과 퇴직금 수령을 비롯해 다방면에서 기본권을 구조적으로 침해받고 있다. 이주노동자 조직화 시도는 한국사회와 노동시장의 신자유주의적 재편이 가속화되는 가운데 조직방식, 주체화 전략, 이주노동운동과 노동운동의 관계설정 등에 있어서 도전과제에 직면해 있다. 이주노조가 설립된 이후에는 한동안 간부에 대한 표적단속과 강제 추방이 이어지기도 했다.

좀더 시야를 넓혀서 보면, 한국사회는 이주노동정치가 전개되는 가운데 '이주의 시대'에 본격적으로 편입되었다. 논쟁적이지만 인구구조 변화와 노동시장 구조 등을 고려할 때 향후 이주노동에 대한 수요는 지속적으로 증가할 것으로 보인다. 유엔의 보고서에 따르면, 2000년에서 2025년까지 연평균 4만 1천 명이, 2025년부터 2050년까지는 연평균 21만 6천 명이 안정적 생산인구를 유지하기 위해 한국으로 오게 되고 2050년에는 이주노동자가 전체 인구의 13.9%인 640만 명에 이를 것으로 추정된다[Kim 2014, p. 55]. 이러한 전망은 이주노동자를 한국의 '경제'와 '사회'의 부속품이나 이방인이 아닌 정당한 성원들로 바라볼 필요성과 윤리적 책무를 일깨워준다.

특히 한국사회에서 이들의 존재는 중요한 정치적 의미를 갖는다. 우선, 이주노동자의 권리 문제는 지구화가 동반하는 민주주의의 새로운 도전인 동시에 가능성이다. 이주노동자의 권리 문제는 '이민사회'로 진입하고 있는 한국사회에서 개방성과 포용성의 수준을 높이면서도 '시민으로서의 평등'(civic equality)이라는 민주주의의 핵심 원리를 실현할 수 있는지 가늠할 수 있는 시험대이다. 즉 이주노동자 유입이 확대되고 장기체류자가 늘면서 머지않은 미래에 시민권, 주거, 복지, 교육, 정당과 의회 등 다양한 영역에서 뜨거운 정치적 쟁점으로 부상할 공산이 크다. 아울러 이주노동자 권리 문제는 노동이 정치적으로 대표되지 못하는 이른바 '노동 없는 민주주의'의 문제와 노동시장 및 노동계급의 분절화와 관련한 '노동민주화'의 문제를 정면으로 제기한다.

이런 점들을 잘 헤아린다면 지난 한 세대에 걸친 이주노동정치사에 대한 구체적 기억과 비판적 성찰이야말로 빠른 속도로 이주사회로 진입하고 있는 한국의 미래 정치공동체상을 구성하는 데 긴요한 부분임을 이해하는 것은 어렵지 않다. 이것은 이 글이 95농성을 구체적으로 기억하고 그 역사적 의미를 되짚어보려 한 까닭이기도 하다.

주

1 이는 미셸 푸코(Michel Foucault)가 한 말이다(Foucault 1984, p. 95).

2 보다 구체적으로 설명하면, 연수제도가 저임금노동력을 착취한다는 비난이 일자 1993년 4월부터 일정 기간 '비실무연수'를 거친 뒤 '특정 활동' 사증을 발급해 사실상 '근로자' 신분을 부여하는 '기능실습제도'로 바뀐 것이다(설동훈 1999, 436쪽).

3 운용요령 전문은 박영범(1995, 123~42쪽) 참조.

4 네팔 민주화운동에 관해서는 최재훈(2008)의 설명 참조.

5 중기협이 인력송출기관과 협약한 임금은 중국 260달러, 미얀마 230달러, 네팔 210달러, 방글라데시 200달러 등 국내 최저임금 수준에도 미치지 못했다(『노동자신문』 1994. 12. 16, 11면).

6 합의문 전문은 전국노동조합협의회백서발간위원회(2003a, 155, 156쪽)에서 확인할 수 있다.

7 단체추천 산업연수생과 달리 해외투자기업 산업연수생은 해외투자·기술제공·설비수출 관련 해외현지법인을 통해 한국에 들어온 이주노동자들이다.

8 1994년 6월 30일, 외국인 산업기술연수제도 개선방안 및 외국인력 대책마련을 위해 노동부 내에 외국인력정책연구반이 구성되었다. 노동부 직업안정국장을 연구반장으로 하여 주무부서 과장과 학계인사로 구성된 연구반은 5차례 회의를 거쳐 12월에 고용허가제도, 연수취업제도, 산업연수제도의 개선이라는 세 가지 정책대안을 담은 최종보고서를 제출했다(『노동자신문』 1995. 1. 24, 14면). 노동부는 이 가운데 연수취업제도를 우선적으로 검토했고 1995년 1월 11일에는 연수취업제도 도입방침을 밝혔다. 하지만 95농성을 계기로 산업연수생제도에 대한 근본적인 검토가 이루어지면서 고용허가제 도입을 추진하게 되었다(설동훈 1999, 455쪽).

9 한편 95농성을 계기로 교회공동체 내에서는 선교라는 지향 위에서 운동의 차원을 어느 수준까지 수용할 것인가라는 문제에 관한 접근방식의 분화가 나타나기도 했다(유해근 1997, 70, 71쪽).

10 초기 외노협의 조직구성은 강현아(1996, 27쪽)의 설명 참조.

11 이 과정에서 외노협은 1999년 총회에서 영문명칭 Joint Committee of Migrants in Korea에서 of를 for로 변경했다(이윤주 2014, 13쪽).

12 박경태에 의하면 "탈퇴한 세 단체들의 대표들이 모두 여성이었다는 점에서 외노협의 남성대표 중심주의와 지도부의 비민주성에 대한 비판이 있고, 탈퇴한 단체들 중에서 구미와 부산에 있는 단체가 있다는 점에서 서울의 정보독점에 대한 지방단체들의 소외감이 있었으며, 단체대표가 성직자가 아닌 단체들이 탈퇴했다는 점에서 성직자 중심주의에 대한 반발이 있었다고 볼 수 있다"(박경태 2005, 95쪽).

13 박재윤 통상산업부 장관은 농성을 "부분적으로 인권 차원에서 문제"가 된 '아주 특수한 케이스'로 의미를 축소하고 "이 제도 자체는 우리 산업에 도움이 되고 외국인근로자에게도 전체적으로 도움이 되고" 있다고 강변했다(『제173회 국회 제1차 통상산업위원회 회의록』 1995. 3. 17, 13, 14쪽).

참고문헌

강현아. 1996.「국가의 외국인노동자 관리정책과 관련단체의 대응」.『산업노동연구』 2권/2호.

김원배. 1995.「외국인 산업기술연수제도 평가와 노동부 입장」.

노동정책연구소. 1995.『외국인노동자 정책과 보호대책: 조사연구보고서』. 노동인권회관.

노동부 외국인력정책연구반. 1994.『단순기능 외국노동력 내국취업에 관한 정책대안』. 노동부.

대법원 2015.6.25 선고 2007두4995 전원합의체 판결.

박경태. 2005.「이주노동자를 보는 시각과 이주노동자운동의 성격」.『경제와사회』 통권 제67호.

박상규. 2012.『흐르는 물에 비추지 말고 세상사람들에게 비추어보라』. 연장통.

박영범. 1995.『비숙련 외국인력의 활용과 산업기술연수제도: 일본과 싱가포르의 외국인력정책의 경험과 시사』. 중소기업연구원.

변현진. 2004.「이주노동자 조직의 형성과 활동」. 충북대학교 석사학위논문.

서울고법 2007.2.1 선고 2006누6774 판결.

설동훈. 1999.『외국인노동자와 한국사회』. 서울대학교출판부.

_____. 2003.「한국의 외국인노동운동, 1993~2003년: 이주노동자의 저항의 기록」.『진보평론』 17호.

_____. 2005.「한국의 이주노동자운동」. 윤수종 외.『우리 시대의 소수자운동』. 이학사.

소모뚜. 2009.「이주노동자의 방송 MWTV」.『인물과사상』 통권136호.

심보선. 2007.「온정주의 이주노동자정책의 형성과 변화: 한국의 다문화정책을 위한 시론」.『담론』 10권/2호.

유해근. 1997.「국내거주 외국인근로자의 복지를 위한 교회의 역할」. 숭실대학교 석사학위논문.

유해정. 2009.「이주노동자운동의 역사를 연 94년, 95년 농성」.『프레시안』 12. 18.

이선옥. 2005.「한국 이주노동자운동의 형성과 성격변화」. 성공회대학교 석사학위논문.

이윤주. 2014.「이노투본, 평등노조 이주노동자지부 사례(~2003년 5월): 노동운동으로서의 이주노동자운동의 대두」.『이주노동자 노조조직화 사례연구』. 민주노총.

인권운동사랑방. 1994a.「인권하루소식」 제84호.

_____. 1994b.「인권하루소식」 제236호.

_____. 1995a.「인권하루소식」 제320호.

_____. 1995b.「인권하루소식」 제324호.

_____. 1995c.「인권하루소식」 제325호.

전윤구. 2014.「한국의 외국인력정책에서 일본제도의 변용과 문제점: 산업연수생제도의 도입과 운영을 중심으로」.『강원법학』 제42권.

전국노동조합협의회백서발간위원회. 2003a. 『전국노동조합협의회 백서: 최후의 승리는 우리 것(1994년)』 제7권. 책동무 난장.

_____. 2003b. 『전국노동조합협의회 백서: 노동운동 성명서, 투쟁결의문(2)』 제13권. 책동무 난장.

정영섭. 2012. 「한국의 노동운동과 이주노동자의 아름다운 연대는 가능한가」. *Homo Migrans* vol. 5~6.

_____. 2014. 「이주노동자에 대한 민주노총의 정책변화 흐름」. 『이주노동자 노조조직화 사례연구』. 민주노총.

중소기업협동조합중앙회. 1996. 『외국인산업기술연수백서』. 중소기업협동조합중앙회.

최재훈. 2008. 「민주주의와 평등의 산을 오르는 네팔의 민중들」. 박은홍 외. 『평화를 향한 아시아의 도전: 아시아 민주화운동사』. 나남.

최정규. 2007. 「한국의 진보진영에 이주노동운동을 제안한다」. 『정세와 노동』 제23호.

케빈 그레이(Kevin Gray). 2004. 「'계급 이하의 계급'으로서 한국의 이주노동자들」. 『아세아연구』 47권/2호.

허승원. 2006. 「외국인노동자정책 변화과정 분석: 정책행위자의 선호형성 및 논쟁과정을 중심으로」. 서울대학교 석사학위논문.

한준성. 2014. 「민주화 이후의 이주노동정치사: 초기(1987~1993)」. 『한국정치연구』 제23집/제2호.

함한희. 1995. 「한국의 외국인노동자 유입에 따른 인종과 계급 문제」. 『한국문화인류학』 제28집.

『관보』 제12629호.

『노동자신문』.

『한겨레21』.

『제173회 국회 제1차 통상산업위원회회의록』(1995. 3. 17).

Foucault, Michel. Robert Hurley trans. 1984. *The History of Sexuality: An Introduction*. Harmondsworth: Penguin Books.

Kim, NamKook. 2014. "Multicultural Challenges in Korea: Liberal Democracy Thesis vs. State Initiated Multiculturalism." NamKook Kim ed. *Multicultural Challenges and Redefining Identity in East Asia*. Ashgate.

Loughlin, Martin. 2003. *The Idea of Public Law*. Oxford: Oxford University Press.

Yamanaka, Keiko. 2000. "Nepalese Labour Migration to Japan: From Global Warriors to Global Workers." *Ethnic and Racial Studies* vol. 23/no. 1.

3 한국 한시이주노동제도의 변모: 고용허가제는 어떻게 도입되었는가?

1 들어가는 말

한국이 민주주의로 체제이행을 하는 시기에 당시로서는 사회적으로 큰 주목을 받지 못했지만 머지않아 한국사회의 새로운 도전과제로 부상하게 될 정치사회적 현상이 시작되고 있었다. 한국사회에서 이주노동자들이 새로운 인구집단으로 출현하기 시작했고 한국의 입지는 노동송출국에서 노동유입국으로 바뀌었다. 저개발국의 발전전략이기도 한, 정부 주도의 인력송출정책 실무를 담당했던 한국해외개발공사의 폐지[1994. 4]는 이러한 변화를 상징적으로 보여주었다.

하지만 제도가 변화된 현실을 담아내지 못했다. 무엇보다도 이주노동자의 국내취업을 뒷받침할 법률근거가 부재했다. 이에 더해 타문화에 대한 빈약한 이해와 해묵은 계급적 차별이 노동시장의 하위에 배속된 이들의 안정적인 한국사회 권리체계의 편입을 위한 제도정비를 제약했다. 이런 가운데 한국정부의 대응패턴은 <그림 1>에서 보듯이 '투 트랙 이주노동행정'으로 구조화되었다. 정부는 '생산성-치안' 중심의 통치틀 속에서 한편으로는 미등록 이주노동자에게 부과된 '불법성'(illegality)을 관리해 나가면서 또 한편으로는 산업연수생제도를 이주노동정책으로 변용하고 확대 실시하는 모습을 보였다. 특히 단체추천 산업연수생제도를 주관하는 기업단체인 중소기업협동조합중앙회와 유관 행정부처들 그리고 송출업체와 브로커 등 민간 종사자들 간의 유착관계 속에서 투 트랙 이주노동행정 구조의 온존을 바라는 강력한 기득세력이 형성되었다[Seol and Skrentny 2004].

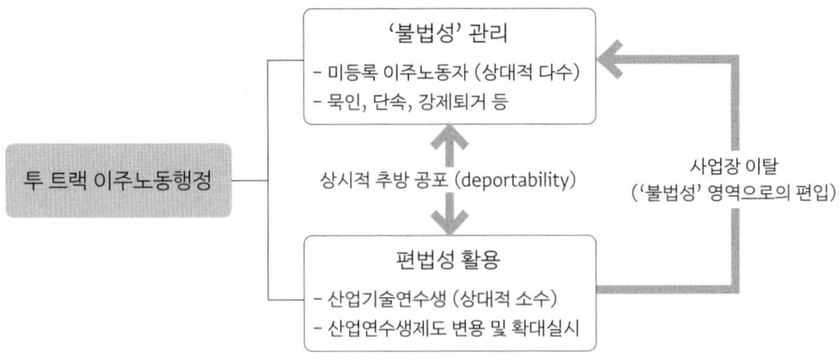

〈그림 1〉 투 트랙 이주노동행정 구조

무엇보다도 투 트랙 이주노동행정 구조는 <표 1>에서 보듯이 '한국 예외주의'라고 부를 수 있을 만큼 압도적으로 높은 이주노동자 미등록비율을 낳은 구조적 요인이었다. 뿐만 아니라 한국 내 이주노동자 미등록비율은 다른 국가들과 비교할 때도 이례적으로 높은 수준이었다. 2001년 12월 기준으로 한국의 이주노동자 미등록비율은 77.4%로 추산되었는데, 이는 싱가포르[3.2%], 대만[7.4%], 독일[6.5%]에 비해서 월등히 높을 수치이며, 미등록비율이 높은 것으로 알려진 일본[32.7%]보다도 2배 이상 높은 수준이다[『노동일보』 2002. 6. 18, 15면].

특히 '현대판 노예제'로 불린 산업연수생제도하에서 대거 사업장을 이탈한 연수생들은 '불법성'의 영역으로 편입될 수밖에 없었다. 한국 법체계에 의해 미등록 이주노동자에게 부과된 '불법'의 행정표지(標識)는 통치의 관점에서 다음과 같은 효과를 낳았다. 먼저, '생산성'의 관점에서 보면 니콜라스 데 제노바의 지적처럼 '상시적인 추방 공포'(deportability)를 통해서 이들에 대한 노동착취를 용이하게 만들었다[De Genova 2002]. 다음으로, '치안'의 측면에서 보면 필요시 단속과 강제출국 조치를 위한 명분을 제공해주는 행정기제로 기능했다. 결국 이주노동자들은 투 트랙 이주노동행정 구조하에서 '불법'과 '연수'라는 행정표지에 의해 근로자로서의 지위(status)와 권리(rights)를 법적으로 보장받지 못했다. 물론 이들의 권리를 제한적인 수준에서나마 보장하는 행정지침들이 마련되기는 했다. 그렇지만 이러한 조치들은 법적인 구속력을 가진 것이 아니었고 시혜주의 내지는 헤르베르트 마르쿠제의 표현을 빌리면 '억압적 관용'(repressive toleration)의 수준을 크게 벗어나지 못했다[Wolff et al. 1968].

〈표 1〉 연도별 미등록 이주노동자 규모 및 비율 [단위: 명(괄호 안 %)]

연월	전체 이주노동자	취업비자소지자	연수비자소지자		미등록 이주노동자
			해외투자기업 산업연수생	단체추천 산업연수생	
1987. 12	6,409 (100.0)	2,198 (34.2)	-	-	4,217 (65.8)
1988. 12	7,419 (100.0)	2,403 (32.4)	-	-	5,007 (67.6)
1989. 12	14,610 (100.0)	2,474 (16.9)	-	-	12,136 (83.1)
1990. 12	21,235 (100.0)	2,833 (13.3)	-	-	18,402 (86.7)
1991. 12	44,850 (100.0)	2,978 (6.6)	-	-	41,877 (93.4)
1992. 12	73,868 (100.0)	3,395 (4.6)	4,945 (6.7)	-	65,528 (88.7)
1993. 12	66,919 (100.0)	3,767 (5.6)	8,644 (12.9)	-	54,508 (81.5)
1994. 12	81,824 (100.0)	5,265 (6.4)	9,512 (11.6)	18,816 (23.0)	48,231 (58.9)
1995. 12	128,906 (100.0)	8,228 (6.4)	15,238 (11.8)	23,574 (18.3)	81,866 (63.5)
1996. 12	210,494 (100.0)	13,420 (6.4)	29,724 (14.1)	38,296 (18.2)	129,054 (61.3)
1997. 12	245,399 (100.0)	15,900 (6.5)	32,656 (13.3)	48,795 (19.9)	148,048 (60.3)
1998. 12	157,689 (100.0)	11,143 (7.1)	15,936 (10.1)	31,073 (19.7)	99,537 (63.1)
1999. 12	217,384 (100.0)	12,592 (5.8)	20,017 (9.2)	49,437 (22.7)	135,338 (62.3)
2000. 12	285,506 (100.0)	19,063 (6.7)	18,504 (6.5)	58,944 (20.6)	188,995 (66.2)
2001. 12	329,555 (100.0)	27,614 (8.4)	13,505 (4.1)	33,230 (10.1)	255,206 (77.4)
2002. 12	362,597 (100.0)	33,697 (9.2)	14,035 (3.9)	25,626 (7.1)	289,239 (79.8)
2003. 12	388,816 (100.0)	200,039 (51.5)	11,826 (3.0)	38,895 (10.0)	138,056 (35.5)
2004. 12	421,641 (100.0)	196,603 (46.6)	8,430 (2.0)	28,125 (6.7)	188,483 (42.7)
2005. 12	345,579 (100.0)	126,497 (36.6)	6,142 (1.8)	32,148 (9.3)	180,792 (52.3)

* 출처: 이규용 외 2007, 28쪽.

결국 안정적 권리체계 편입이 불구화된 상황에서 대다수 이주노동자들은 한국사회에 종속적인 방식으로 편입될 수밖에 없었다. 권리구제 기회 보장 수준 또한 매우 낮았고, 이주노동자의 권리와 관련한 정책결정과정에서 당사자인 이주노동자의 참여나 대표의 기회는 결핍되었다. 이에 이주노동자들은 시민사회 영역에서 다양한 결사활동을 통해 보다 안정적인 편입을 도모했다. 때로는 '추방'의 위협에도 불구하고 공개적인 집단행동을 벌이며 투 트랙 이주노동행정 구조에 직접적으로 저항했다. 이전 장에서 살펴본 것처럼 94농성과 95농성은 이주노동자들의 '정치적 주체화' 가능성을 웅변적으로 보여준 이주노동자 권리운동이었다. 특히 95농성은 이주노동운동의 전국적 확산과 연대의 제도화, 나아가 이주노동정책을 둘러싼 현상유지세력과 현상타파세력 간의 이주노동정치를 본격화시킨 중대 사건이었다.

그렇다면 이렇게 시작된 이주노동정치의 지난 30여 년의 역사를 되돌아봤을 때 가장 획기적인 사건은 무엇이었을까. 단연코 2003년 고용허가제(정식 명칭은 '외국인근로자의 고용 등에 관한 법률') 입법이었다. '획기적'이라는 말이 반드시 긍정적인 의미만을 지닌 것은 아니었지만 말이다. 고용허가제 입법은 현상타파세력이 기득세력의 완고한 벽 앞에서 좀처럼 무너뜨리지 못했던 투 트랙 이주노동행정 구조의 결정적인 와해와 한국의 한시이주노동제도의 질적인 변모를 의미했다.

이에 이 글은 고용허가제 입법이 어떻게 가능했는지를 이주노동정치의 관점에서 설명하고자 한다. 아울러 고용허가제 도입으로 변모한 한시이주노동제도의 특징과 한계를 분석할 것이다. 특히 이 과정에서 고용허가제 도입과정에 대한 기존 연구의 설명이 이주노동정치사의 맥락을 충분히 짚지 못했다는 판단하에 세력관계의 변화를 중심으로 당시의 이주노동정치사를 복원하고자 한다.

2 이주노동운동의 재편과 고용허가제 옹호연합

고용허가제 도입에 관한 기존 논의

고용허가제 도입요인에 관한 기존 연구를 보면 시민사회 역할이 강조되고 있음을 확인할 수 있다[Kim 2011; Kim 2012; Chung 2014; Yamanaka 2010, 642; 이혜진 2009; 佐野孝治 2010]. 이러한 설명은 한일 간 비교연구에서 두드러진다. 일본의 경우 시민단체의 활동 및 재정에 대한 국가, 보다 구체적으로는 자민당 일당우위체제의 통제력이 강력한 상황에서 이주노동운동이 "느슨한 네트워크적 성격을 지닌 낮은 연대활동"[이혜진 2009, 1304쪽]을 벗어나지 못한 반면에, 한국에서는 노동운동·인권운동·민주화운동에 관여한 경험을 가진 노조, 시민단체, 인권활동가 등 다양한 시민사회 주체들과 당사자인 이주노동자들이 투쟁적인 방식들을 동원해 가며 이주노동자 권리주창 활동을 전개했고, 이러한 '시민사회의 힘'(市民力)[佐野孝治 2010, p. 51]이 고용허가제 도입의 가장 중요한 원동력이 되었다는 설명이다. 그렇지만 이러한 분석은 정작 고용허가제 입법의 구체과정에 대한 분석으로는 불충분한 설명이며 이주노동운동의 내적 동학과 국가변수를 보다 적극적으로 분석할 필요성을 제기한다.

정치경제학 관점에서 고용허가제 도입과정을 분석한 연구도 있다. 대표적으로 이병하는 고용허가제 도입까지 오랜 시간이 소요되었고, 산업연수생제도와의 병행이라는 차선책으로 귀결되었다는 사실을 논거로 제임스 윌슨(James Wilson)이 분류한 정책유형에 따른 네 가지 정치패턴들[1] 가운데 하나인 '이익집단정치'의 전형적인 모습으로 설명한다[이병하 2011, 88~90쪽]. 즉 고용허가제 도입과정이, 특정 정책의 도입으로 인한 비용과 이익이 서로 다른 특정 집단들에게 집중될 때 나타나는 '이익집단정치'의 패턴을 보였다고 분석했다. 이주노동자의 권익 증진 및 보호를 추구하는 시민사회세력과 저임의 노동력을 확보하고 산업연수생제도의 독점적 운영에서 발생하는 이권을 유지하려는 중소기업협동조합중앙회를 비롯한 업계의 극심한 대립을 이익집단정치의 시각에서 읽은 것이다. 이병하의 분석에서 보듯이 정치경제학 접근은 고용허가제 도입을 둘러싼 사회세력들 간의 첨예한 갈등구도와 절충적 타협의 측면을 포착하는 데 유용하다. 그렇지만 이주노동정치의 전반적인 세력관계 재편과 국가행위자들이 자율성을 가지고 능동적으로 관여한 측면을 적극적으로 분석하기에는 불충분해 보인다.

정책 네트워크 관점에서 고용허가제 도입과정을 분석한 논의도 있다. 대표적으로 고혜원과 이철순은 국가·정치사회·시민사회의 세 영역에 걸쳐 이주노동정책과 관련해 각각 현상유지와 현상타파를 지향하는 행위자들 간의 정책공조의 지형도를 파악하고, 이러한 정책 네트워크 지형도의 시기별 변화를 통해 고용허가제 도입과정을 설명했다[고혜원·이철순 2004]. 이들의 분석은 시기구분에 따른 변동을 포착하는 데 유용하다. 그렇지만 각 세력 내부의 다양한 입장들과 이견, 갈등 그리고 변모의 구체적 과정을 충분히 반영하지 못한다는 점에서 아쉬움을 남긴다.

복합이론적 분석을 시도한 연구도 있다. 대표적으로 이혜경[2008]은 이주노동정책 과정에 대하여 보다 다면적인 접근을 시도했다. 신제도주의와 정치경제학 이론을 한국 이주노동정책 과정을 설명하는 데 복합적으로 적용했다. 그러면서도 신제도주의 접근의 설명력을 보다 강조하면서 중앙정부의 '주관적 관점'과 국가의 기능적 책무 설정방식을 강조한 크리스티나 보스웰(Christina Boswell)의 이론적 논의와 정부부처 간 경합에 주목한 지브 로젠헤크(Zeev Rosenhek)의 이론적 논의를 적용했다[Boswell 2007; Rosenhek 2000]. 이혜경은 이주노동정책 과정 분석을 위해 고객정치의 측면 외에도 국가제도들 간의 각축, 행정부처들 간의 경합, 정부의 자율성을 포괄적으로 살펴봄으로써 시민사회 역할에 주목한 논의와 정치경제학 이론을 기반으로 한 연구에 충분히 반영되지 못한 국가행위자들의 역할을 주된 분석대상으로 다루고 있다. 그렇지만 고용허가제 도입의 '지체'요인 분석에 초점을 두고 있어 정작 고용허가제가 도입된 과정에 대해 충분한 설명을 제시했다고 보기는 어렵다.

이 글은 상술한 기존 논의의 성취와 한계를 토대로 보다 총체적인 관점에서 고용허가제 도입과정을 '세력관계 변화'를 중심으로 분석한다. 이를 통해 이주노동운동사 내지는 이주노동정책사의 관점만으로는 온전히 파악할 수 없는 이주노동정치사의 관점에서 고용허가제 도입과정을 기술하고자 한다. 특히 이 장은 고용허가제 입법의 이주노동정치를 분석하기 위해서 정치경제학, 복합적 구성체로서의 국가(구체적으로는 중앙정부의 주관적 관점과 행정부처들의 각축), 사회운동 및 결사활동의 세 차원 간의 유기적 연관성을 고려한다. 다시 말해 세력관계 변화의 관점에서 세 차원이 고용허가제 도입의 이주노동정치에서 어떻게 복합적으로 발현되었는지를 살펴본다. 이 같은 접근은 통해 '아래로부터의 압박'의 중요성을 인정하면서도 그것에 대한 과도한 해석을 경계할 것이고, 사회세력들 간의 갈등구도와 타협방식을 분석하는 데 있어서 정치경제학 설명이 갖는 설득력을 인정하면서도 그것이 충분히 드러내지 못한 국가행위자의 자율적 판단과 능동적 관여의 측면을 보다 적극적으로 살펴볼 것이다.

이주노동운동의 분화와 재편

95농성을 계기로 출범한 상설연대체인 외국인노동자대책협의회(이하 '외노협')는 출범 이후 이주노동운동의 대표체로서의 위상을 갖게 되었다.[2] 외노협은 이주노동정책 개선운동을 선도했으며 이주노동자 지원단체들의 국제적 협력과 연대 활동에서 한국측의 주된 대표창구가 되었다[고유미 2004, 57~61쪽]. 1990년대 말부터는 민간과 정부 차원에서 이주노동자 지원규모가 커지면서 지원창구로도 부각되었다. 그런 가운데 외노협 회원단체 수는 빠른 속도로 늘어갔다[<표 2> 참조].

〈표 2〉 **외국인노동자대책협의회 회원단체** [2001년 11월 기준]

회원단체 이름	소재지(단체 수)		
외국인노동자의료공제회, 서울외국인노동자센터, 외국인여성노동자상담소, 외국인노동자 인권을위한모임, 조선족복지선교센터, 평화의 집	서울 (6)		수도권 (20)
외국인노동자의집/중국동포의집	성남	경기도 (12)	
외국인근로자를 위한 법률구조센타	의정부		
갈릴레아, 안산외국인노동자센터, 안산외국인노동자선교센터	안산		
부천 외국인노동자의 집	부천		
수원외국인노동자쉼터, 엠마우스	수원		
일산외국인노동자상담소	고양		
외국인노동자 샬롬의 집, 여성교회 이주노동자여성센터	남양주		
외국인노동자 인권문화센터	김포		
인천외국인노동자센터, 한국이주노동자인권센터	인천(2)		
광주외국인근로자선교회, 광주외국인노동자센터	광주(2)		비수도권 (9)
대구외국인노동자상담소	대구(1)		
부산가톨릭노동상담소	부산(1)		
양산외국인노동자의 집	양산	경남(2)	
경남외국인노동자상담소	창원		
경산외국인노동자교회	경산	경북(1)	
아산외국인노동자지원센터	아산	충남(1)	
진천 외국인형제의 집	진천	충북(1)	

* 출처: 외국인노동자대책협의회(2001, 194쪽)의 자료를 토대로 정리

그러나 이러한 양적 팽창은 이주노동운동의 지향과 방법에 대한 합의와 실천력의 약화에 대한 우려를 낳았다. 실제로 내부 이견과 불만이 커져갔다. 무엇보다도 외노협이 상담소와 종교단체가 중심이 되어 운영되다 보니 이주노동자의 실상과 요구가 충분히 반영되지 않는다는 비판의 목소리가 제기되었다.[3] 외노협 사무국장이었던 이윤주의 회고는 당시 분위기를 짐작케 한다. 이윤주는 “초기의 자발적이고 자생적이던 이주노동자운동은 이주노동자 대중투쟁이 없었던 1998년, 1999년을 거치면서 상담지원단체의 운동으로 변질”되었으며 “이는 94, 95, 96년으로 이어진 투쟁의 동력을 사장시키는 결과를 초래”했다고 평가했다[이윤주 2013, 17, 18쪽]. 케빈 그레이(Kevin Gray)의 보다 분석적인 평가에 의하면, 첫째 외노협 내에서 이주노동자들이 하위구성원이 되어감에 따라 대표성과 대표역량의 결핍이 발생했고, 둘째 상당수 소속단체들이 보이는 종교성으로 인해 운동의 투쟁성이 약화되었으며, 셋째 이주노동자와의 진정한 연대보다는 ‘온정주의’를 보였다[케빈 그레이 2004, 115~17]. 그리고 이러한 경향들은, 의도한 것은 아니지만 이주노동자의 정치적 주체화에 반하는 것이기도 했다.

외노협 내부에서 쌓인 불만은 결국 소속단체들의 이탈과 이주노동운동의 분화로 이어졌다. 구체적으로 살펴보면, 먼저 1998년에 정부합동단속 대책마련을 위해 10여 개 이주노동자 공동체 대표들이 모인 일이 있었다. 이들은 이후에도 지속적으로 모임을 갖기로 결의하고 모임이름을 ‘한국이주노동자기구’(International Migrants’ Organization in Korea, IMOK)로 정했다. 한 달 뒤에 열린 두번째 모임에는 보다 다양한 출신국의 공동체 대표들과 간부들이 참여했다. 그러나 당시 모임결성은 예기치 않은 의구심과 갈등의 도화선이 되었다. 외노협에 소속된 지원단체들을 ‘배제’한 가운데 이루어진 모임결성의 배후에 외노협 사무국장이 있다는 지적이 제기되었다. 당시 외노협 운영위원회에서는 사무국장의 정치적 의도에 대한 질타가 있었고, 일부 이주노동자 공동체 대표들은 IMOK에 불참할 것을 요구받았다. 이런 상황에서 자신들의 활동지역에서 지원단체와 네트워크를 형성하고 있던 이주노동자 공동체 대표들은 더 이상 모임을 이어가지 못했다[이윤주 2013, 17, 18쪽; 박경태 2005, 93쪽].

그렇지만 이 사건의 여파는 더 컸다. 당시 벌어진 일들은 외노협 소속 지원단체들에 대한 이주노동자 공동체 대표들의 의문과 회의를 낳았다. 아울러 외노협 내부에서는 외노협의 위상에 대한 논쟁이 있었고 1999년 총회에서 외노협의 영문명칭인 Joint Committee of Migrant in Korea에서 of를 for로 변경하면서 이주노동자 '지원'단체들의 협의체로서의 기능과 위상을 정리했다[이윤주 2013, 18쪽]. 그런 가운데 2000년 겨울에는 외노협 전임 회장과 당시 현직 부회장 등이 소속된 세 개 단체가 외노협을 탈퇴해 이듬해 3월 '이주·여성인권연대'를 결성했다. 박경태의 설명에 의하면, 탈퇴한 단체들의 대표들이 모두 비(非)성직자 여성이었고 이 단체들이 구미와 부산에 소재했다는 사실이 말해 주듯이 당시 탈퇴의 흐름은 외노협 내 남성성직자 대표 중심주의와 지방단체들의 소외감을 배경으로 한 것이었다[박경태 2005, 95쪽].[4]

이주노동운동의 분화과정에서 보다 결정적인 국면은 '이주노동자 노동권 완전쟁취와 이주·취업의 자유 실현을 위한 투쟁본부'(이하 '이노투본')의 결성이었다. 2000년 10월 3일 외노협 사무국과 일부 회원단체에서 일하던 활동가들은 사표를 낸 후 이주노동자들과 함께 민주노조운동의 틀 속에서 이주노동자 노조를 결성한다는 목표를 세우고 이노투본을 창립했다. 이노투본은 그간 외노협의 투쟁에 '동원'되고 민주노총이 '방조'하는 상황이 이어져 왔다는 문제인식을 바탕으로, 결성 선언문을 통해 "온몸을 쇠사슬로 묶고 투쟁에 나섰던 95년 네팔노동자의 투쟁이 우리의 선배"임을 강조하면서 투쟁성의 복원과 이주노동자의 주체화에 대한 결의를 보였다[박경태 2005, 95쪽; 이윤주 2013, 19, 20쪽; 정정훈 2011, 45쪽; 한도현 2010, 144쪽]. 그러면서 이노투본은 노동부와 민주당이 추진한 입법안으로 업계의 요구에 경사된 '고용허가제'(Employment Permit System, EPS)를 문제시하면서 노동3권과 정주화 경로를 보장하는 '노동허가제'(Labor Permit System, LPS)를 요구하고 나섰다.

이후 이노투본은 외환위기 국면에서 출현한 여성노동운동의 흐름과 만나면서 발전적 해체의 과정을 겪게 된다. 그 당시 여성노동자들이 취약노동계층으로서 받은 타격은 매우 컸다. 1998년에 여성 임금노동자의 68%는 임시적이거나 일용직이었고, 그런 만큼 고용 불안정성이 컸다. 특히 실직한 여성 중 가장이 많아 이들의 가족생계가 심각하게 위협받았다. 더욱이 남성은 가족의 생계를, 여성은 재생산노동을 책임진다는 해묵은 젠더인식은 여성의 해고와 실직을 압박하고 어느 정도 정당화하기까지 했다[김경희 1999, 136, 137쪽]. 상황이 이러한데도 한국의 노조운동은 여성노동자들의 권익을 대변할 수 있는 구체 패러다임을 찾지 못한 채 '대기업·정규직·남성 노동자의 집합체'에서 크게 벗어나지 못했다. 결국 여성노동자들은 "[기성] 노조 내 여성의 과소 대표성"을 극복하기 위한 길을 스스로 찾아나서기 시작했다[같은 글, 138, 139쪽].

여성노동자들의 정치적 주체화의 대표적인 사례는 1999년 1월 10일 결성된 서울지역여성노동조합(이하 '서울지역여성노조')이었다. 서울지역여성노조는 노동계급성을 강조하면서 민주노총 산하조직으로 들어갔고, 이후 수차례 활동평가를 통해 조직과 활동이 "소외받는 노동자 권리를 위한 투쟁으로 확대될 필요"가 있으며 "지역도 경인지역까지 확대해야 한다"는 결론을 내렸다[임미령 2001, 65쪽]. 이러한 확장된 인식은 2001년 3월 28일 규약개정을 거쳐 서울경인지역평등노조(이하 '평등노조')의 출범으로 이어졌다. 평등노조의 위원장이었던 임미령에 의하면, 당시 평등노조는 내국인 비정규직 노동자와 함께 이주노동자 노동권도 보장되어야 한다고 판단하고 이주노동자지부(이하 '이주지부')를 창립하기로 했다[같은 글, 71쪽].[5]

다시 이노투본에 관한 논의로 돌아가면, 이 과정에서 그간 '노조로의 전환'을 모색해 온 이노투본은 평등노조의 제안을 받아들여 이주지부를 결성하고 민주노총 서울지역본부에 속한 평등노조에 편입되었다.[6] 이로써 이주노동자들은 노동조합의 공식적인 틀 내로 진입할 수 있는 기회를 마련하게 되었다. 이주지부는 조합원들의 조합비를 통해 독립채산제로 운영되었으며 서울분회, 마석분회, 안양분회를 두었다. 각 분회는 해당 지역에서 이주노동자 공동체들과 유대관계를 맺고 있었으며, 이 공동체들로부터 이주지부의 조합원들과 이주노동자 활동가들이 배출되었다[이윤주 2013, 27, 28쪽]. 초대 지부장은 전 외노협 사무국장인 이윤주였고, 2기 지부장은 1994년 5월에 단체추천 산업연수생 제1진으로 입국한 이력을 가진 안양분회 분회장 출신의 네팔인 서머르 타파(Samar Thapa)가 맡았다.

이주지부는 상급 조직과의 실질적인 연대의 어려움, 활동가들의 이탈, 미등록상태에 따른 단속과 추방의 위협 등 다방면으로 어려움에 직면하고 있었다. 그럼에도 불구하고 이주지부는 외노협의 전반적인 노선과 일정한 거리두기를 하고 투쟁을 벌여나갔다. 이주지부는 '인권담론'과 '대리해결'보다는 '노동계급 담론'과 '주체적 투쟁'을 강조하면서 '산업연수생제도 철폐' '노동허가제 도입' '미등록 이주노동자 합법화'를 핵심 요구사항으로 내세웠다. 아울러 이주지부는 외환위기 이후 불안정 노동시장이 확대되고 고착화되어 가는 상황에서 이주노동운동의 외연을 확장시켜 노동연대를 강조했다. 이주지부 창립선언문은 이러한 지향을 고스란히 담고 있다.

> 이주노동자 지부는 한국 노동운동진영에 하나의 분수령으로 설 것이다. 이주노동자만의 결속이 아닌, 비정규직 노동자만의 연대가 아닌, 한국 노동운동만의 발전이 아닌 전세계 노동자의 계급적 단결과 전진을 향해서, 작지만 강력한 메아리가 되고자 한다. 이제 시작이다. 어쩌면 우리 조합원들은 조합활동을 한다는 이유만으로 해고당할 수 있다. 심지어 수갑을 차고 연행되어 추방되어질 수도 있다. 노동기본권을 찾고자 하는 우리의 투쟁은 한국사회의 배타적 민족주의와 노동자성 불인정이라는 장벽에 가로막혀 순탄하지는 않을 것이다. 그렇다. 우리에겐 현재 아무것도 없다. 아무것도 가진 것이 없기에, 법제도적으로 사회적으로 철저히 소외당하여 왔기에 우리는 이렇게 일어설 수 있었다. 그러나 우리에겐 많은 것이 있다. 우리 스스로 노동자라는 자부심이 있다. 피부색과 국적은 달라도 이주노동자로서 연대를 실천하는 우리 자신이 있다. 그리고 투쟁 속에 민주노조운동을 발전시켜 온 한국의 자랑스런 민주노조 동지들이 있다. 많은 동지들이 우리의 출발을 축하하고 있듯이 우리는 한국인 동지들이, "불법체류자 전원 사면, 연수제도 철폐, 노동법 완전적용" 쟁취의 그날까지 힘차게 연대할 것을 믿고 있다. 이제까지는 외로웠지만 이제부터는 함께하는 동지가 있다. [서울경인지역평등노동조합 이주노동자지부 2001]

이주지부는 이러한 결의를 바탕으로 소모임활동, 교육과 토론, 이주노동자 공동체와의 연대에서부터 현장조직화, 노사분쟁 개입, 대중집회에 이르기까지 다양한 활동을 벌여나갔다. 그렇지만 이주지부의 강경한 입장과 투쟁적인 활동은 지원단체들이 주도한 이주노동운동과 일정한 거리를 두면서 갈등으로 이어지기도 했다. 대표적으로 이주지부는 고용허가제 도입 문제와 '불법'체류 외국인 자진신고[2002. 3. 25~5. 25] 정책에 대한 입장차이로 상대적으로 현실주의적인 노선을 견지한 외노협과 갈등했다. 고용허가제에 대해서는 외노협이 대체로 '비판적 지지' 입장을 보인 반면, 이주지부는 반대 입장을 분명히 하면서 노동허가제 도입을 요구했다. 자진신고 방침에 대해서는 외노협이 현실여건을 고려해 당사자인 이주노동자의 판단을 존중하기로 한 반면, 이주지부는 강제출국 유예조치에 불과하다며 단속·추방 반대와 합법화를 강력히 요구했다. 그러면서 정부와 대립각을 세운 이주지부의 이러한 활동은 이주노동자들의 조직화와 세력화를 경계한 공안당국의 감시와 탄압의 대상이 되었다.

정리하면 투 트랙 이주노동행정 구조에 대한 현상타파세력 내 이주노동운동은, 각각 상대적으로 급진주의적인 노선과 현실주의적인 접근을 택한 양측 간의 이견·갈등·이탈·분화를 거치며 재편되어갔다. 이러한 재편과정은 외환위기를 거치고 이노투본이 여성노조운동과 만나면서 더욱 가속화되었다. 고용허가제를 반대하고 미등록 이주노동자에 대한 전면 합법화를 요구하는 세력이 독자적인 운동을 전개해 나가는 가운데 외노협은 상대적으로 현실주의적 입장을 보였다. 무엇보다도 이주노동운동이 분화와 재편의 과정을 거치면서 결과적으로 그간 대립각을 세워왔던 노동부와 외노협 간의 정책적 공조의 여건이 조성되기 시작했다.

고용허가제 옹호연합

1998년에 출범한 김대중정부는 '생산성-치안' 중심의 통치틀에 매몰되지 않고 국가의 기본적인 책무로 인권보호의 중요성을 함께 강조했다. 그러면서 시민사회와의 관계를 '갈등'에서 '공조'로 전환시키려는 의지를 보였다 [Kim 2005, pp. 405~408]. 2000년 4월에 시행된 '비영리민간단체 지원법'은 이러한 변화를 웅변적으로 보여주었다. 이 같은 위로부터의 변화의 손짓은 이주노동자들과 지원단체들 사이에 한시이주노동제도 개혁에 대한 기대감을 불러일으켰다.

그런 가운데 외노협의 핵심 인사였던 김해성 목사가 대표를 맡고 있던 '지구촌 사랑나눔'이 노동부 산하 사단법인으로 설립인가를 받고, 이희호 여사가 명예총재인 '사랑의 친구들'이 외노협 소속단체인 '성남외국인노동자의 집'의 쉼터 건립 후원행사를 개최하는 등 정부와 외노협 간에 우호적인 분위기가 조성되어 갔다. 이와 함께 외노협은 이주노동자의 법적 근로자성을 인정하고 산업연수생제도에 비해 명백히 개선된 제도라는 이유로 고용허가제에 대한 '비판적 지지'의 입장을 취했다[케빈 그레이 2004, 114, 115쪽].[7] 이후 외노협과 노동부는 불신과 갈등으로 점철되었던 관계에서 벗어나 '산업연수생제도 폐지'와 '고용허가제 도입'을 공통분모로 하여 점차 정책적 공조관계를 형성해 나갔다.

2000년 4월총선 이후 김대중 대통령은 집권당인 새천년민주당의 이해찬 정책위의장에게 고용허가제 법제정 추진을 지시했다. 이는 청와대·민주당·노동부·외노협 간의 '고용허가제 옹호연합' 형성의 본격적인 신호탄이었다. 곧이어 5월에 민주당은 외국인노동자보호대책기획단(이하 '기획단')을 구성했고, 6월에 노사정위원회는 의제검토 실무회의를 통해 '외국인근로자 대책'을 경제사회소위원회의 우선 의제로 논의하기로 했다[노사정위원회 2003, 31쪽]. 기획단은 현장을 방문하고 관계부처 및 지원단체의 의견을 수렴하는 등 총 14차례의 회의 및 조사활동을 거쳐 7월 26일에 산업연수생제도 폐지와 고용허가제 도입을 골자로 한 '외국인노동자 보호대책' 보고서를 마련했다[외국인노동자대책협의회 2001, 156쪽].

노동부는 대통령 지시를 숙원사업인 고용허가제 도입을 위한 절호의 기회로 받아들이고 이주노동자 지원단체들과 주기적으로 모임을 갖고 의견을 검토하였으며 관련 연구용역을 발주해 고용허가제안을 다듬어갔다[김성중 2004, 218쪽; 이혜경 2008, 116쪽; 노사정위원회 2003, 31쪽]. 당시 연구용역을 수행한 인사인 설동훈은 이미 외노협 추천으로 여당의 이주노동정책 관련 민간위원으로 참여하고 있었다.[8] 한편 노동부는 대리입법 방식을 전략적으로 추진해 갔다. 즉 투 트랙 이주노동행정 구조와 관련해 기득 구조를 이루고 있던 중소기업협동조합중앙회·중소기업청·산업자원부·법무부의 반대를 우회하기 위해 의원입법 방식을 활용하기로 하고 민주당과 실무협의를 거쳐 2000년 9월 고용허가제 도입 방침을 공표했다[김성중 2004, 218쪽].

상술한 것처럼 고용허가제 옹호연합은 다소 느슨한 형태이기는 했지만 고용허가제 입법을 위한 모멘텀을 제공해 주었다. 하지만 입법과정에 속도를 내지는 못했다. 김대중정부가 집권 후반기에 접어들어 레임덕을 겪게 되면서 입법동력이 크게 약화되었기 때문이다. 그렇지만 김대중정부 시기에 형성된 고용허가제 옹호연합은 2002년 대선에서 노무현 후보의 대통령당선으로 유지되었다. 뿐만 아니라 정권 초기라는 시점이 입법에 유리하게 작용했다. 게다가 이미 대선기간중에 노무현 후보측은 고용허가제를 도입하라는 시민사회의 입법요구를 수용하여 이를 공약에 포함시킨 바 있다.[9] 그런 가운데 외노협 소속단체인 '샬롬의 집'에서 성공회 신부로 이주노동 사목활동을 한 경험을 가진 민주당 이재정 의원이 국회 사회보건복지연구회 활동과 노동부 관계자들과의 협의를 거쳐 2002년 11월 '외국인근로자의고용허가및인권보장에관한법률안'을 대표발의했다.[10]

대선과정을 거치면서 고용허가제 도입에 대한 논의가 활기를 찾게 되자, 노동부는 다시금 고용허가제 입법에 적극성을 보였다. 노동부는 외국인력 관리제도 개선을 지속적으로 거론했고, 그 결과 2002년 12월에 국무총리실 내에 외국인력 제도개선기획단이 구성되었다. 총 19명으로 구성된 기획단에는 외노협 인사인 이정호('샬롬의 집' 대표)도 참여했다. 이어서 2003년 1월, 노동부는 대통령인수위원회 업무보고에서 고용허가제 도입을 강력하게 주장했다. 2월에는 고용정책실 내에 외국인고용대책단을 설치하고 세부 준비작업에 들어갔다. 당시 노동부는 '내국인고용 우선' '정주화 금지' '관리의 공공성'이라는 세 가지 핵심 원칙을 고수하되 이외의 부분에 대해서는 탄력적으로 대응하기로 했다[김성중 2004, 219, 220쪽; 최선화 2003, 80쪽].

그렇지만 고용허가제 입법의 제약구조는 여전히 강력했다. 중소기업협동조합중앙회를 비롯한 경제단체들의 조직적인 반대가 심했으며, 부처 간 각축과정에서 노동부는 여전히 힘의 열세를 직면해야 했다. 그당시 노동부에서 고용허가제 업무를 담당했던 한 관료는 필자와의 면접에서 당시의 상황을 떠올리며 "마치 1대 10으로 싸우는" 것 같았다고 기억했다. 언뜻 과장된 것으로 들리지만 꼭 그렇지만은 않은 것이, 그간 산업연수생제도하에서 연수추천단체가 추가되면서 감독부처의 수가 늘었고 이 부처들이 현상유지세력의 일부가 되었다. 그 가운데 특히 법무부가 고용허가제 입법시 외국인노동자 문제와 관련해 주무부처로서의 위상이 약화될 것을 우려했던 것으로 보인다. 이러한 역학구도 속에서 외국인력 제도개선기획단은 고용허가제 입법으로 결론을 내렸음에도 불구하고 한동안 이에 관한 공개발표를 보류했다. 이처럼 연수추천단체들을 비롯한 시장세력과 정책적 유착관계를 맺고 있던 행정영역 내에서의 폐쇄적인 협의구조가 여전히 고용허가제 입법을 제약하고 있었다.

노동부가 이를 극복하기 위해 택한 전략은 고용허가제 도입에 지지의사를 표명한 시민사회세력과의 공조를 바탕으로 행정영역에 갇힌 고용허가제 입법논의를 보다 개방적인 공론장으로 끌고 가는 것이었다. 이를 위해 노동부는 입법의 시급성에 공감한 이주노동자 지원단체들(주로 외노협 소속단체들)과 노조단체들의 지지를 행정영역 내 부처 간 역학관계에서의 열세를 돌파할 수 있는 지렛대로 삼고자 했다[심보선 2007, 57쪽]. 아울러 입법자료를 작성해 거의 모든 의원실을 찾아 설득작업을 했으며 고용허가제 도입의 윤리적·논리적 정당성에 대한 자신감을 바탕으로 언론을 활용한 공론형성에도 적극적이었다.

물론 노동부와 시민사회의 공조만으로 힘의 열세를 완전히 극복하기는 힘들었다. 현상유지세력은 여전히 완고했고, 이들의 반대를 돌파하기 위해서는 보다 유력한 주체로부터의 지지가 긴요했다. 그 주체는 청와대, 보다 구체적으로는 '빈부격차·차별시정위원회'와 '노동비서관실'이었다. 구체 행위자 요인에 초점을 둘 때 노무현 대통령의 역할이 핵심적이었다. 노 대통령은 취임 직후 법안추진이 지연되고 있는 상황에 대해 질타한 바 있었다. 이미 중소기업청 업무보고에서 한차례 질타를 했고, 2003년 봄 국무회의 자리에서는 공식안건에 없던 고용허가제 도입 문제를 언급하며 또다시 질타했다. 행정부 수반인 대통령의 적극적이고 직접적인 의사표명은 부처 간 열세를 돌파할 수 있는 모멘텀을 제공해 주었다. 이에 산업자원부 장관이 관련 경제단체들을 만나 설득을 시도하는 등 현상유지세력 내에 균열이 나타나기 시작했다.

상술한 과정을 거치며 청와대·여당·노동부·외노협 간의 고용허가제 옹호연합이 활기를 되찾으면서 보다 우호적인 입법환경이 조성되었다. 이제 입법의 결실을 맺기 위한 마지막 관문이 남았다. 구체 입법방식에 관한 '조율'이었다. 우선 노동부는 정부안을 직접 제출하는 대신 이미 발의된 이재정 의원의 법안을 활용하고자 했다[노동부 2003, 17~20쪽]. 노동부는 입법의 시급성에 공감한 이 의원의 양해를 구해[11] 수정의견을 제시하면서 정부 합의 내용을 반영했다[<표 3> 참조]. 한편 민주당에서는 당시 정세균 정책위의장이 현상유지세력의 집요한 반대를 이유로 산업연수생제도와의 병행실시를 중재안으로 제시했다. 이에 대한 노동부의 당혹과 실망은 컸다. 하지만 노

〈표 3〉 이재정 의원 발의 법안에 대한 노동부의 수정·보완 의견

항목	노동부 견해
법률안 명칭 및 목적	원활한 인력수급과 외국인 고용관리체계 구축이 법률안 명칭과 목적에 나타날 수 있도록 법안명칭을 '외국인근로자의고용허가및인권보호에관한법률'에서 이를테면 '외국인근로자고용및관리등에관한법률'로 수정·보완할 필요가 있음.
취업기간	이재정 의원 발의 법안에서는 기본 3년에 불가피한 사유가 발생한 경우 2년을 추가하여 최장 5년간 근로계약을 갱신할 수 있도록 하고 있음. 그러나 외국인근로자의 정주화 방지, 장기체류로 인한 사회적 비용 발생 최소화를 위해 취업기간을 3년으로 제한하는 것이 바람직함.
위원회 구성	이재정 의원 발의 법안에서는 외국인력 주요 사항을 심의·의결하는 외국인력고용정책심의위원회를 노동부에 두고 있음. 그러나 관계부처 간에 충분한 의견수렴이 필요한바 국무총리실에 이를 설치하고 노동부에는 외국인력제도 운영, 권익보호 사항 등을 사전에 심의하는 별도 실무위원회(노·사·정·공으로 구성)를 두는 것이 바람직함.
선정 및 도입	이재정 의원 발의 법안에서는 외국인근로자의 구직신청 절차, 방법을 모두 대통령령에 위임하고 있으나 제도설계의 핵심적 내용임을 감안해 주요 사항에 관한 법적 근거를 마련할 필요가 있음. 정부 간 또는 공공단체 간 양해각서를 체결하여 외국인구직자 명부를 작성하도록 함. 외국인구직자 명부작성 등은 산업인력공단을 활용함.
고용관리체계	원활한 고용허가제 운영을 위해서는 사업장을 출입 조사할 수 있도록 법적 근거를 마련해야 하며, 필요한 경우 노동부장관의 권한 일부를 관련 단체 및 기관 등에 위탁할 수 있도록 법적 근거를 마련할 필요가 있음. 또한 외국인상담소 등 민간단체 등에 대한 예산지원 근거도 마련하도록 함.

* 출처: 노동부(2003, 19, 20쪽)

동부는 병행 실시한다 해도 고용허가제가 산업연수생제도에 비해 우월한 제도이기에 살아남을 것이라고 판단하고 이를 수용했다.

이에 더해 야당의 동향 변화도 막판에 고용허가제 입법에 한몫했다. 고용허가제 옹호연합의 적극적인 설득작업과 미등록 이주노동자 출국유예 만료기한[8월] 도래라는 시기적 압박요인이 겹치면서 원내 제1당인 한나라당 내부에서도 환경노동위원회 소속의원들을 중심으로 고용허가제 도입에 대한 공감대가 차츰 확산되고 있었다. 이어서 한나라당 소속의원들의 자유투표가 결정되었다. 이렇게 해서 2003년 7월 31일에 열린 본회의에서 고용허가제 도입 법안(정식 명칭은 '외국인근로자의고용등에관한법률안')이 찬성 148명, 반대 88명, 기권 9명으로 국회를 통과할 수 있었다.

정리하면 이주노동운동이 재편된 이후 고용허가제 도입을 공통의 목표로 하여 청와대·여당·노동부·외노협 간에 형성된 고용허가제 옹호연합이 정권 재창출로 형성된 정치적 기회구조 속에서 투 트랙 이주노동행정 구조에 대한 현상유지세력의 반대를 극복하고 고용허가제 입법을 견인했다.

3 한국 한시이주노동제도의 변모와 권리 결핍

고용허가제가 도입되기 전까지만 하더라도 일본의 외국인력정책은 한국정부가 한시이주노동제도를 입안할 때 참조한 주요 준거점이었다. 한국정부는 여러 정책영역에서 일본의 법령과 정책을 우선적으로 참고하여 차용하는 정책관행을 보여왔다. 전윤구의 설명에 따르면, 일본은 한국이 압축적인 경제성장을 이루는 과정에서 주된 입법모델 국가로 간주되었다. 실제로 한국정부는 종종 일본식 입법모델을 따르고 그 해석까지도 차용했다[전윤구 2014]. 고용허가제가 도입되기 전까지 한국정부가 채택한 이주노동정책 역시 대체로 일본의 정책을 선별적으로 차용한 것이었고 일본과 마찬가지로

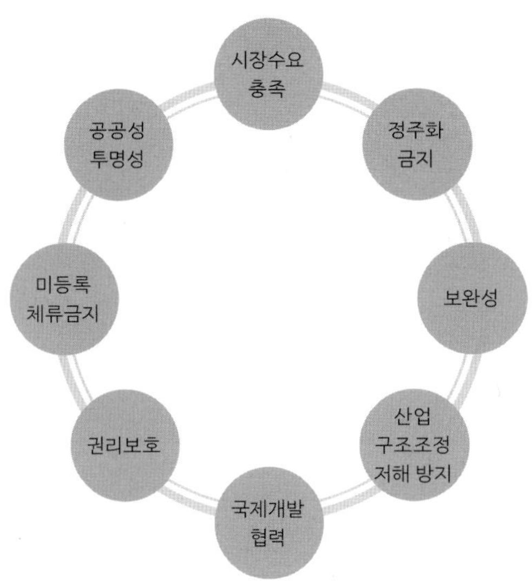

〈그림 2〉 한국 한시이주노동제도의 원칙들

주로 출입국관리법령에 근거해 설계·운용되었다. 그런 점에서 고용허가제 도입은 이러한 오랜 정책관행을 깨고 일본 외국인력정책 모델에서 이탈한 대표적 사례로서 보다 독자적인 방식으로 이주노동정책을 구상하고 입안할 수 있게 만든 계기가 되었다. 아울러 고용허가제는 일본을 비롯해 아시아의 이주노동 유입국들 사이에서 정책모델로 주목을 받게 되었다.[12]

그렇지만 고용허가제 도입의 보다 중요한 의의는 일본 모델로부터의 이탈이라는 소극적 수준을 뛰어넘는다. 무엇보다도 투 트랙 이주노동행정 구조를 와해시키고 한국 한시이주노동제도를 질적으로 변모시켰다. 그런 점에서 고용허가제 도입은 분명 한국 이주노동정치사에서 중대 사건이었다. 특히 한시이주노동제도의 기본 원칙들이 새롭게 정립되고 이러한 원칙들에 기반을 한 일련의 절차와 규칙 그리고 행정체계가 정비되었다. 주요 원칙들은 <그림 2>에서 보듯이 정주화 금지 원칙, 보완성 원칙, 시장수요 충족 원칙,

공공성·투명성 원칙, 미등록체류 금지 원칙, 권리보호 원칙, 산업구조조정 저해 방지 원칙, 국제개발협력 원칙이다[Han 2020, p. 10].

각 원칙은 다른 원칙들과 긴장관계에 놓일 수 있다. 이를테면 '정주화 금지 원칙'의 파생원칙인 '단기순환 원칙'과 '보완성 원칙'은 '시장수요 충족 원칙'과 충돌할 수 있다. 구조적 장기실업 국면에서 '보완성 원칙'을 지나치게 강조할 경우 이주노동자에게 해고·실업·빈곤의 위험성이 가중됨으로써 '권리보호 원칙', 구체적으로는 균등대우 및 차별금지 원칙에 반하게 된다. 또한 '시장수요 충족 원칙'과 관련해서는 인건비 비중이 큰 한계기업이나 영세기업의 외국인력 충원이 지속되면서 '산업구조조정 저해 방지 원칙'에 반하는 결과를 낳을 수 있다.[13]

다음으로, 고용허가제 도입 이후 공식적인 이주노동자 도입경로는 <그림 3>에서 보는 바와 같다. 크게 볼 때 고용허가제, 고용허가제와 병행 실시된 산업연수생제도 그리고 잠재적 도입경로인 재외동포법이 한국 한시이주노동 제도를 뒷받침했다. 이 가운데 재외동포법(정식 명칭은 '재외동포의 출입국과 법적 지위에 관한 법률')에 대해서 설명하면, 처음부터 한시이주노동정책으로 설계된 것은 아니었다. 두 가지 점에서 그렇다. 첫째, 애초에 재외동포법령은 중국과 구소련 동포 이주노동자들을 사실상 법적용 대상에서 배제했다. 둘째, 재외동포(F-4)의 단순노무활동은 법령상 제한되었다. 하지만 재외동포의 취업에 대한 이러한 제한은 모법의 취지에 따른 것이라고 보기는 어렵다. 실제로 재외동포법 제10조는 기본적으로 재외동포 체류자격을 부여받은 외국국적 동포의 국내취업을 자유롭게 허용한다고 명시하고 있다. 오히려 취업에 대한 제한은 재외동포법과 출입국관리법의 하위법령, 즉 행정입법의 차원에서 부과된 것이었다. 즉 이러한 제약은 굳이 법률개정을 거치지 않더라도 새로운 행정입법을 통해 완화될 수 있는 성질의 것이었다.

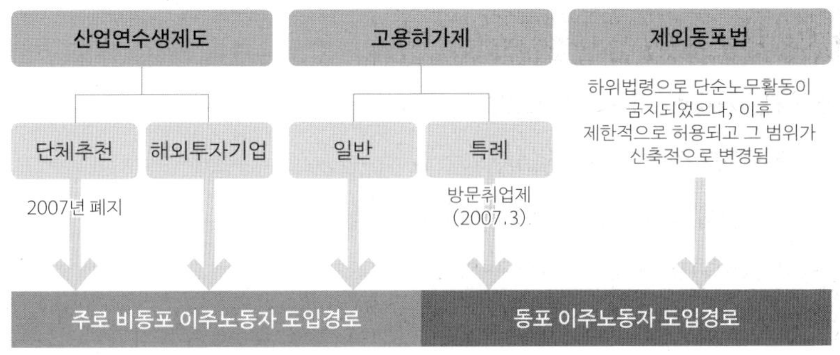

〈그림 3〉 고용허가제 이후 공식적 이주노동 유입의 주요 경로 [2007년 기준]

고용허가제 도입을 기점으로 한시이주노동제도가 변모한 만큼 이주노동정치의 특징도 점차 변화되어 갔다. 고용허가제 도입 이전의 이주노동정치가 투 트랙 이주노동행정 구조의 온존과 혁파를 둘러싼 세력 간 갈등의 특징을 보였다면 이후의 이주노동정치는 앞서 제시한 일련의 정책원칙들의 위계설정과 그것의 제도화 내지는 집행 메커니즘을 둘러싼 경합, 특히 한시이주노동제도의 권리친화성 수준을 둘러싼 세력 간 경합이 되었다. 이주노동정치에 관여하는 세력들 혹은 행위자들이 한시이주노동제도의 구성원칙들의 위계 및 최적조합에 대한 각자의 판단과 이해관계에 기초하여 이주노동자의 고용 관리 및 권리 보호와 관련된 제도설계와 집행방식을 자신들이 추구하는 방향으로 유도하기 위해서 경합하게 되었다.

그렇다면 그간 한국의 한시이주노동제도의 권리친화성은 얼마나 강화되어왔는가. 결론적으로 기존의 투 트랙 이주노동행정 구조가 와해된 이후에도 이주노동자의 한국사회 편입패턴은 '종속적 편입'에서 크게 벗어나지 못했다. 무엇보다도 '정주화 금지 원칙'이 지속 관철된 가운데 한시체류자로 간주된 이주노동자에 대한 통합 패러다임이 거의 부재했다. 아울러 고용허가제는, '권리보호 원칙'이 '시장수요 충족 원칙'과 '보완성 원칙'에 비해 주변화된 가운데 연이어 시장친화성을 강화하는 방향으로 개정되었다. 이러한 모습을 두고 한 이주노동활동가는 "산업연수생제도라는 잘못된 첫 단추가 끼워져 고용주단체가 주도적인 역할을 해온 흐름이 고용허가제하에서 다른 형태로 이어져 왔다"면서 '경로의존성'을 지적하기도 했다[정영섭 2020]. '미등록체류 금지 원칙'은 단속행정을 위주로 집행되었는데, 실효성이 없는 것으로 드러났다. 이처럼 한국 한시이주노동제도는 이전의 투 트랙 이주노동행정 시스템의 구조적인 폭력과 부패를 상당 부분 개선시켰음에도 여전히 자유주의적 기반이 취약하며 권리결핍의 문제를 안고 있다.

그렇다면 한국 한시이주노동제도의 권리친화성이 이처럼 낮은 까닭은 무엇일까. 먼저, 고용허가제 옹호연합이 고용허가제 입법의 시급성에 대한 공감대를 토대로 한 '최소주의 요구'에 입각한 세력연합이었다는 점을 꼽을 수 있다. 당시 정책영역에서는 산업연수생제도를 폐지하고 법적 근로자성을 인정한 특별법을 제정하는 데 집중한 나머지 입법내용이 이주노동자의 권리와 관련해 어떤 구체적 함의를 갖는지에 대한 충분한 토의가 이루어지지는 못한 것으로 판단된다. 그 결과 한국 한시이주노동제도에는 이주노동자를 일시적 체류를 전제로 한 '외국인력'으로 보는 기능주의적 관점을 넘어 통합의 대상이나 권리의 주체로 보는 인식이 박약했다. 이는 투 트랙 이주노동행정 구조의 특징과 겹치는 대목으로, 한시이주노동제도의 변모를 '단절'의 관점에서만 읽을 수 없는 까닭이기도 하다. 고용허가제에 주목해 보면 그 시작부터 단기순환 원칙, 사업장 이동 제한, 1년 단위의 계약갱신(사업주 권한), 노동기본권 보장 미비 등 권리친화성 수준이 낮은 편이었다. 상대적으로 급진주의적인 이주노동운동 세력이 요구한 노동3권, 사업장 자유이동, 한시-정주 연계성을 보장하는 노동허가제와 미등록 이주노동자 합법화 정책은 애초부터 정책적 고려사항에서 주변화되거나 배제되었다.

다음으로, 구체 정책영역들에서 드러난 이주노동정치의 한계를 지적할 수 있다. 먼저 합법화 정책은 '정주화 금지 원칙'에 균열을 내고 '권리보호 원칙'을 강화하는 계기가 될 수 있다. '합법'과 '불법' '한시체류'와 '정주' '정규'와 '비정규'의 경계에 대한, 즉 성원권(membership)에 관한 논의는 이주노동자의 법적 지위 및 권리보장 수준과 밀접하게 관련된다. 합법화 정책은 바로 이 경계를 의문시하고 그 외연을 넓히는 효과를 갖는다. 특히 합법화 정책은 정주화 금지 원칙에 균열을 발생시킴으로써 한시이주노동제도의 권리친화성 수준을 높일 수 있는 모멘텀을 제공해 줄 수 있다.

이런 점을 염두에 두고 당시 이주노동정치를 살펴보면, 고용허가제 시행 이후에도 미등록 이주노동자에 대한 단속 중심의 행정이 미등록 이주노동자의 규모와 비율을 감소시키는 데 뚜렷한 효과가 없음이 드러난 가운데 이주노동운동에서는 전면 합법화 요구를 보다 적극적으로 표출했다. 그런 가운데 이주노동자 권리 문제에 전향적인 태도를 지닌 정치가(노무현 대통령)와 행정가(국가인권위원회 출신의 강명득 출입국관리국장)의 등장과 2007년 2월 발생한 여수외국인보호소 화재참사는 자진출국을 전제한 전면 합법화 정책의 실현 가능성을 높였다.[14] 그렇지만 행위자 요인과 중대 사건이 기회구조를 창출하였음에도 불구하고 이주노동운동 내부갈등으로 인한 합법화 운동의 응집력 손상, 화재참사에 따른 출입국관리국장의 사임, 보수정부 출범에 따른 위로부터의 지지철회로 인해 미등록 비동포 이주노동자까지 대상으로 포괄하는 합법화 시도는 좌절되고 말았다. 한마디로 아래로부터의 힘의 분산과 위로부터의 동력상실로 실패했다.

한국 한시이주노동제도의 제도적 골간인 고용허가제의 제도설계와 운용체계 또한 이주노동자의 권리에 심대한 영향을 끼친다. 전반적으로 고용주 관점과 업계이익에 경사된 제도설계로 도입된 고용허가제는 이후 시장친화성을 유지·강화하려는 세력과 권리친화성을 반영, 제고하려는 세력이 경합하는 정책영역이 되었다.

정부는 어렵게 도입한 고용허가제의 조기안착을 위해서 한편으로는 연수추천단체들의 반대를 누그러뜨리기 위해 이들을 고용허가제 운용체계에 참여시켰고,[15] 다른 한편으로는 업계의 지지를 얻기 위해 고용허가제의 시장친화성을 강화해 나갔다. 이주노동운동 세력은 한시이주노동제도의 전반적인 '권리결핍'을 지적하면서 고용허가제의 독소조항 철폐 및 노동허가제 시행을 요구했다. 하지만 이주노동정치의 전반적인 지형을 보면, 과거 산업연수생제도에 대한 응집된 반대와 비교할 때 고용허가제에 대한 결집된 비판은 상대적으로 이완된 것이었고, 2007년 3월 동포 이주노동자에 특화된 '방문취업제'가 시행되면서 동포와 비동포를 가로지르는 연대의 기반이 약화되었다. 그런 가운데 집권세력의 교체로 이주노동운동의 정치적 기회구조가 더욱 취약해졌다. '생산성-치안' 중심의 이주노동행정이 복원·강화되었다. 그 결과 고용허가제는 한국이주노동제도의 시장친화성을 지속적으로 유지·강화하는 방향으로 개정되었다.

2000년대 중반을 기점으로 본격적으로 도입되기 시작한 이른바 '다문화'정책들도 생각해 볼 수 있다. 물론 이 정책들은 주로 결혼이주민과 그 자녀의 처우 및 권리와 관련되어 있기에 이주노동과 직접적으로 연관된 것은 아니다. 하지만 정책의 구체 설계방식이나 적용범주가 어떻게 설정되는지에 따라서 한시이주노동제도의 권리친화성을 강화시킬 수 있는 기회구조를 제공해 줄 수 있다는 점을 놓쳐선 안 된다. 그런 점에서 우리는 다문화정책을 이주노동정치의 또 다른 정책영역으로 이해할 수 있다.

이런 점에 비춰볼 때 법무부와 여성가족부 주도하에 설계·운용된 대표적인 '다문화' 법령인 '재한외국인처우기본법'과 '다문화가족지원법'을 보면 이른바 '우수인재'의 적극 유치와 결혼이주민의 사회통합을 강조한 반면에 한시이주노동제도를 통해 입국한 이주노동자에 대해서는 '정주화 금지 원칙'을 그대로 둔 채 법의 적용대상에서 제외시켰다. 특히 한국의 다문화주의는 발전주의 국가관과 결합되면서 문화다양성에 대한 심도 있는 이해를 담아내지 못한 것으로 보인다. 더욱이 다문화정책은 이주노동자의 안정적인 사회편입에 걸림돌인 반(反)다문화·반(反)이주 담론의 생산과 확산에 대한 교정·처벌의 메커니즘을 제대로 갖추지 못했다. 결국 한국의 다문화정책은 한시이주노동제도의 권리친화성 강화를 위한 기회요인이 되지 못하고 정반대로 이주노동자 권리 정치의 사회적 기반 확충을 억제하는 효과를 가진 것으로 보인다. 아울러 다문화정책은 예산배분을 통해 이주노동운동의 에너지를 '흡수'하는 새로운 통제와 규율의 기제로 작용하면서 이주노동운동의 내적 결집과 외연확장을 더욱 어렵게 만든 것으로 판단된다.

4 나가는 말

이 글은 한국의 지난 30여 년의 이주노동정치사에서 커다란 분기점이 된 고용허가제 입법의 과정을 세력관계 변화를 중심으로 분석한 뒤, 변모된 한시이주노동제도가 안고 있는 권리결핍에 대해서 살펴봤다. 특히 이 글은 고용허가제 도입과정을 크게 이주노동운동의 재편과 고용허가제 옹호연합의 형성을 중심으로 분석하고, 고용허가제 도입 전후의 단절과 지속을 함께 포착하고자 했다. 이하에서는 본문의 논의를 바탕으로 '개방적 이민정책' 논의가 한시이주노동제도와 관련하여 갖는 함의를 간략히 짚으면서 글을 맺고자 한다.

이민정책의 개방성 수준이 높아지면 한시이주노동제도의 권리친화성도 높아질까. '그렇다'고 답하기는 어렵다. 우선 문호의 '개방'이 곧장 '포용'이나 '환대'를 뜻하는 것은 아니다. 실제 개방적 이민정책 담론을 보더라도 인구학적 위기의 경제적 측면을 강조한 기능주의적 접근에 경도되어 있고, 이주노동자를 생산성 유지를 위한 정책수단의 차원을 넘어서 권리의 주체나 잠재적 통합의 대상으로 보는 인식수준은 낮은 편이다. 게다가 혈통주의 전통과 분단체제, 재벌중심체제, 저복지구조, 노동양극화와 그것의 원인이자 결과인 '노동 없는 민주주의'와 '노동민주화의 결핍', 미디어 재현의 오류와 왜곡과 같은 구조적 걸림돌이 한시이주노동제도의 권리친화성을 높이려는 시도를 제약하고 있다.

그렇지만 개방적 이민정책 논의가 민주적 공론과 적극적으로 연계된다면—반(反)이민 극우담론의 생산과 확산을 경계하고 이주노동자단체나 오랜 경험과 노하우를 축적한 지원단체의 견해를 적극 청취하는 과정이 수반되어야 한다—이주노동자에 대한 관리·통제 그리고 '불법'체류 근절을 강조하는 기존의 '생산성-치안' 중심의 이주노동행정의 기조에서 벗어나 경제적으로 생산적이면서도 보다 권리 친화적이고 문화다양성과 조화를 이루는 이주노동제도의 형성을 위한 기회가 될 수 있다. 특히 이 과정에서 이주노동자의 권리와 관련한 민주적 정당성(legitimacy)의 문제제기를 '법과 질서'로 대변되는 합법성(legality) 영역에 가둠으로써 사회적 소수의 정치적 권리 주창 활동과 사회적 정의를 위축시키지 않아야 한다.

주

1 네 가지 유형의 정치패턴은 '다수주의 정치' '혁신가정치' '고객정치' '이익집단정치'다. 더 상세한 내용은 제임스 윌슨(Wilson 1980)과 전진영(2009)의 논의 참조.

2 초기 외노협 조직은 크게 이주노동자 공동체와 지원단체로 구성되었다. 이주노동자 공동체의 경우 출신지별로 총 6개의 자체조직(방글라데시, 네팔, 필리핀, 중국, 미얀마, 파키스탄)이 참여했다. 지원단체의 경우 수원교구 외국인노동자상담소, 외국인노동자의 집, 외국인노동자마을, 외국인노동자 인권을 위한 모임, 중국노동자센타, 한국교회여성연합회, 희년선교회, 안산외국인노동자상담소가 참여했다(강현아 1996, 27쪽).

3 운동지향과 관련해서는 '계급운동'과 '인권운동' 가운데 어떤 측면을 강조해 볼 것인가에 따라 입장차이가 나타날 수 있다. 전자의 경우 계급적 비판의식의 형성과 민주적 조직의 측면이 부각되는 데 비해(케빈 그레이 2004), 후자의 경우 계급과 같은 동일한 정체성으로 환원될 수 없는 이주노동자집단의 내적 다양성을 포괄할 수 있는 보편적 권리를 강조한다(양혜우 2011). 아울러 운동방식에 대한 접근은 이주노동자가 자신의 상황에 대해서 스스로 판단하고 선택하는 것을 중시하는 입장(이란주 2002)과 개인적 접근만으로는 한계가 있다는 점에서 노조와 같은 조직의 힘이 필요하다는 입장(케빈 그레이 2004, 117, 118쪽)으로 나뉠 수 있다.

4 박경태의 이러한 설명은 이탈한 인사들의 탈퇴결정이 일정한 정당화 논거를 갖추고 있었다는 점을 짚어줌으로써 이주노동운동의 '갈등'보다 '재편'의 측면을 부각시키려는 의중을 함축한 것으로 해석된다.

5 물론 이러한 인식의 이면에는 조합원을 늘리기 위한 현실적 필요도 함께 반영되었을 것으로 보이며, 이주지부가 평등노조 내에서 상대적으로 규모가 큰 지부였다는 사실은 이를 방증하는 것이라 말할 수 있다.

6 다만 노조로의 편입을 갈구하던 흐름 속에서 내부적으로 충분히 논의되지 못한 가운데 이루어진 결정이었다는 점에 대한 지적이 제기되었다.

7 물론 외노협은 여러 소속단체들과 다양한 입장을 지닌 인사들의 연대체였던 만큼 내부 입장이 단일하지는 않았다. 필자는 당시 이주노동활동을 수행한 인사들로부터 이에 관해 들을 수 있었다. 이들의 기억에 의하면, 외노협의 전반적인 입장은 '비판적 지지'였지만 분명 견해의 편차가 존재했다. 이를테면 사업장 이동 제한이나 고용기간 제한 등을 독소소항으로 보면서 반대한 목소리도 있었다. 이처럼 당시 외노협에는 정부와의 협상에 참여하려는 인사와 더불어 고용허가제 도입을 강하게 반대하는 인사가 함께 활동하고 있었다.

8 이혜경의 설명에 따르면, 노동부 연구용역을 맡은 그의 정책적 관여로 노동부와 집권당의 정책안이 유사한 방향으로 작성될 수 있었다(이혜경 2008, 127쪽; 설동훈·임현진 2000).

9 당시 한나라당 이회창 후보는 '외국인력제도 개선'(사실상 고용허가제 도입)을, 민주노동당 권영길 후보는 '외국인노동허가제 실시'를 대선공약에 포함시켰다. 전자가 상대적으로 중소기업의 인력수급을 강조한 반면에, 후자의 경우 이주노동자의 인권을 보다 강조했

다. 노무현 후보의 고용허가제 도입 공약은 그 중간적 성격을 가졌다고 볼 수 있다(한국노동조합총연맹 2002).

10 이재정 의원은 이 과정을 다음과 같이 설명한 바 있다. "제가 국회 사회보건복지연구회에 있으면서 사회복지 차원에서 저희 연구회에 소속된 여야 의원들이 함께 외국인노동자들에 대한 문제를 검토하면서 지난 약 2년간에 걸쳐서 실제 외국인노동자를 관계하는 여러 기관들, 특히 외국공관에서 노무관계를 담당하시는 분들 그리고 우리나라의 노동관계 여러 단체들, 노동부 관계자들과 함께 여러 차례 협의와 공청회 등을 거치고 약 1년 반이라는 시간을 보내면서 이 법안을 합의해서 오늘 입법발의를 하게 되고 제안설명을 드리게 되었습니다."(국회사무처 2003, 2쪽)

11 당시 김성중 고용정책실장이 이재정 의원을 직접 만나 이 의원 대표발의 법안의 내용을 노동부의 안을 반영하여 수정·보완하여 통과시키자고 제의하여 양해를 얻었다(김성중 2004, 219쪽).

12 과거 노마 강 무이코(Norma Kang Muico) 국제엠네스티 동아시아 조사관은 이렇게 말한 바 있다. "한국은 이주노동자 채용국이다. 그만큼 책임 있는 위치에 있다. 한국이 설정한 기준이 다른 나라로 수출될 수도 있다. 실제로 아시아국가들 중엔 고용허가제가 좋은 제도라며 따라하려는 움직임을 보이는 곳도 있다."(『한겨레21』 2014. 10. 27, 35쪽)

13 참고로 국제개발협력 원칙에 관해서 설명하면 다음과 같다. 고용허가제를 통해 한국 노동시장에 유입된 이주노동자들은 단순기능직 일자리를 갖게 된다. 이 과정에서 '하향 숙련이동' 현상이 발생한다. 즉 모국에서 교사, 공무원, 변호사, 기술자 등 전문직에 종사하던 사람들이 급여가 높다는 이유만으로 한국에서 단순기능직 업무를 수행하게 되는 것이다. 이에 더해 한국의 노동시장에서 이들의 업종과 사업장 이동은 극히 제한적이다. 즉 사회적 이동성이 극히 제한적이다. 결과적으로 저개발국으로의 기술이전 효과는 제한적일 공산이 크다. 현재 산업인력공단이 주관하는 각종 훈련교육 프로그램의 경우 참가자 수가 제한적일 뿐 아니라 단기에 기초적인 수준에 머무르고 있다. 요컨대 한국 한시이주노동제도는 송금경제를 감안하더라도 국제개발협력 원칙이 충분히 발현되기 힘든 구조라고 말할 수 있다.

14 이전에 미등록 동포 이주노동자를 대상으로 한 '자진출국 및 재취업' 방식의 부분합법화 조치(2005년 3월 21일~8월 31일)가 시행된 바 있다. 이를 미등록 비동포 이주노동자에게도 적용하려 했던 것이다.

15 단체추천 산업연수생제도를 폐지하고 외국인력 도입창구를 고용허가제로 일원화하겠다는 정부의 방침이 확정된 2005년 7월 이후부터 연수추천단체들은 '반대'와 '편입'의 양면대응 전략을 구사했다. 이들은 고용허가제를 자신들의 이권을 제약하는 구조인 동시에 자신들의 이권을 새로운 방식으로 유지해 나갈 수 있는 기회구조로 보았다. 이들은 이러한 전략적 접근을 바탕으로 한편으로는 일원화에 강력 반대하면서도 다른 한편으로는 일원화를 예견하면서 이권확보를 위해 고용허가제 운용체계로의 편입을 시도했다(한준성 2017, 209~14쪽).

참고문헌

강현아. 1996. 「국가의 외국인노동자 관리정책과 관련단체의 대응」. 『산업노동연구』 2권/2호.

고유미. 2004. 「한국의 이주노동자 지원단체의 국제협력」. 고려대학교 석사학위논문.

고혜원·이철순. 2004. 「외국인 고용허가제 도입과정」. 『한국정책학회보』 13권/5호.

국회사무처. 2003. 『제236회 국회 환경노동위원회 회의록』 제1호.

김경희. 1999. 「한국 여성노동조합운동의 출현: 노동운동의 새로운 패러다임을 향하여」. 『경제와 사회』 가을호.

김성중. 2004. 『한국 고용정책의 전개』. 원광대학교 박사학위논문.

노동부. 2003. 「외국인 고용허가제 도입방안」(설명자료).

노사정위원회. 2003. 『경제사회소위원회 자료집』 제5권.

노중기. 2010. 「민주화 20년과 노동사회의 민주화」. 『기억과전망』 통권 22호.

박경태. 2005. 「이주노동자를 보는 시각과 이주노동자운동의 성격」. 『경제와 사회』 가을호.

서울경인지역평등노동조합 이주노동자지부. 2001. 「창립선언문」(5월 26일).

설동훈·임현진. 2000. 『외국인근로자 고용허가제 도입방안』 노동부 연구용역보고서.

심보선. 2007. 「온정주의 이주노동자 정책의 형성과 변화: 한국의 다문화정책을 위한 시론」. 『담론』 10권/2호.

양혜우. 2011. 「귀환이주 활동가의 사회운동과 초국적 사회자본에 관한 연구: 방글라데시 네팔 노동자를 중심으로」. 성공회대학교 석사학위논문.

외국인노동자대책협의회. 2001. 『외국인 이주노동자 인권백서』. 다산글방.

이규용·유길상·이해춘·설동훈·박성재. 2007. 『외국인력 노동시장 분석 및 중장기 관리체계 개선방향 연구』. 한국노동연구원.

이란주. 2002. 「외국인 이주노동자 지원활동 방향」. 『비정규노동』 2권/11호.

이병하. 2011. 「한국 이민관련 정책의 입법과정에 관한 연구」. 『의정연구』 17권/1호.

이윤주. 2013. 「이노투본, 평등노조 이주노동자지부 사례(~2003년 5월): 노동운동으로서의 이주노동자운동의 대두」. 『이주노동자 노조조직화 사례연구』. http://nodong.org/data_paper/6879289.

이혜경. 2008. 「한국 이민정책의 수렴현상: 확대와 포섭의 방향으로」. 『한국사회학』 42권/2호.

이혜진. 2009. 「일본의 외국인 연수·기능실습 제도와 이주노동자운동: 제도와 운동의 관계를 중심으로」. 한국사회학회 2009 국제사회학대회 자료집.

임미령. 2001. 「이주노동자 조직화를 위한 노동조합의 정책과 전망」. 외국인 이주노동자를 위한 국제민간포럼.

전윤구. 2014. 「한국의 외국인력정책에서 일본제도의 변용과 문제점: 산업연수생제도의 도입과 운영을 중심으로」. 『강원법학』 42권.

전진영. 2009. 「정책유형별 입법과정 비교분석: 정책의제의 설정 및 대안채택과정을 중심으로」. 『한국정당학회보』 8권/2호.

정영섭. 2020. 「'고용허가제 문제로 본 한국 한시노동이주제도와 자유주의적 제약' 토론문」. 2020년 비판사회학대회.

정정훈. 2011. 「이주노동자운동 혹은 국가를 가로지르는 정치적 권리 투쟁」. 『진보평론』 가을호.

최선화. 2003. 「한국의 이주노동자정책의 형성과 변화: 국가·자본·노동 간의 관계 및 부문 내적 관계를 중심으로」. 성균관대학교 석사학위논문.

케빈 그레이. 2004. 「'계급 이하의 계급'으로서 한국의 이주노동자들」. 『아세아연구』 47권/2호.

한국노동조합총연맹. 2002. 『한국노총 50년사』. 한국노동조합총연맹.

한도현. 2010. 「성남외국인노동자의집의 이주노동자 지원활동」. 한국학중앙연구원 편. 『이주노동자들의 권익과 시민공동체』. 백산서당.

한준성. 2014. 「민주화 이후의 이주농동정치사: 초기(1987~1993)」. 『한국정치연구』 23권/2호.

_____. 2015. 「1995년 이주노동자 명동성당 농성과 이주노동정치 지형의 변화」. 『역사비평』 여름호.

_____. 2017. 『한국의 이주노동정치: 이주노동 레짐의 형성과 이주노동자 편입과정 분석』. 서울대학교 박사학위논문.

『노동일보』 2002. 6. 18.

『한겨레21』 2014. 10. 27.

Boswell, Christina. 2007. "Theorizing Migration Policy: Is There a Third Way?" *International Migration Review* vol. 41/no. 1.

Chung, Erin Aeran. 2014. "Japan and South Korea: Immigration Control and Immigrant Incorporation." James Hollifield, Philip Martin, and Pia Orrenius, eds. *Controlling Immigration: A Global Perspective*. Stanford University Press.

De Genova, Nicholas P. 2002. "Migrant 'Illegality' and Deportability in Everyday Life." *Annual Review of Anthropology* vol. 31.

Han, Junsung. 2020. "KEPS' Regulation Limiting the Workplace Changes: History, Issues, and Policy Recommendation." MRTC Issue Brief No. 2020-12.

Kim, Dennis. 2011. "Promoting Migrants' Rights in South Korea: NGOs and the

Enactment of the Employment Permit System." *Asian and Pacific Migration Journal* vol. 20/no. 1.

Kim, Joon. 2005. "State, Civil Society and International Norms: Expanding the Political and Labor Rights of Foreigners in South Korea." *Asian and Pacific Migration Journal* vol. 14/no. 4.

Kim, NamKook. 2012. "The Migrant Workers' Movement in the Democratic Consolidation of Korea." *Journal of Contemporary Asia* vol. 42/no. 4.

Rosenhek, Zeev. 2000. "Migration Regimes, IntraState Conflicts, and the Politics of Exclusion and Inclusion: Migrant Workers in the Israeli Welfare State." *Social Problems* vol. 47/no. 1.

Seol, DongHoon and John Skrentny. 2004. "South Korea: Importing Undocumented Workers." Cornelius Wayne, Philip L. Martin, and James F. Hollifield eds. *Controlling Immigration: A Global Perspective*. California: Stanford University Press.

Wilson, James. 1980. "The Politics of Regulation." James Wilson ed. *The Politics of Regulation*. New York: Basic Books.

Wolff, Robert, Barrington Moore, JR., and Herbert Marcuse. 1968. *A Critique of Pure Tolerance*. Boston: Beacon Press.

Yamanaka, Keiko. 2010. "Civil Society and Social Movements for Immigrant Rights in Japan and South Korea: Convergence and Divergence in Unskilled Immigration Policy." *Korea Observer* vol. 41/no. 4.

佐野孝治. 2010. 「外国人労働者政策における'日本モデル'から'韓国モデル'への転換: 韓国における雇用許可制の評価を中心に」. 『地域創造』 22巻/1號.

4 '불법성'의 생산과 '합법화' 정책

1 들어가는 말

혈통주의 전통이 강하고 단일민족의 서사가 익숙한 사회에서 이주배경을 지닌 사람들의 수가 급증하고 이들의 정주화 추세가 나타나게 된다면, 이는 눈에 띄는 인구사회적 변화로 나타난다. 이에 국가와 시민사회는 이주민의 권리체계 편입과 관련하여 어떤 식으로든 정책적·사회적 대응을 모색하게 된다. 특히 직접적인 접촉과 미디어 재현을 통해 이주민의 존재가 사회적으로 가시화되면서 이들의 정치적 참여와 대표 그리고 이들에 대한 정부책임성을 어떻게 이해하고 제도적으로 뒷받침할 것인가라는 문제가 제기된다. 그렇지만 이 문제를 풀어가는 과정은 결코 순탄치 않다. 정반대로 뜨거운 논쟁과 첨예한 갈등을 피하기 어렵다. 특히 인정투쟁과 계급투쟁이 교차하는 지점에 자리한 이주노동자의 권리 문제는 권리쟁취운동, 입법과정, 정책과정을 포괄하는 권리정치, 즉 이주노동정치로 이어진다.

그렇다면 이주노동정치에서 가장 첨예한 논쟁을 불러일으키는 사안은 무엇일까. 저마다 생각이 다를 수 있지만 빼놓을 수 없는 것이 바로 '합법화' 정책이다. 여기서 합법화 정책은 미등록상태에 있는 이주민에게 법적 체류자격을 부여함으로써 이들의 권리체계 편입과 정치참여에 영향을 끼치는 공공정책이다.[1] 즉 일정한 자격요건을 설정하여 이를 충족한 경우 합법적 체류자격(status)과 그에 따른 법적 권리들(rights)을 부여함으로써 이들의 안정적인 사회편입을 조력하는 정책수단인 것이다. 그렇지만 합법화 정책은 노동시장, 국가안보, 사회정책, 시민권, 문화정체성과 같은 여러 이슈들과 맞물리면서 격렬한 논쟁과 갈등을 촉발할 공산이 크기에 시행이 무척 어렵다. 예컨대 미국의 경우 1986년 대규모 합법화 프로그램은 1970년대 중반 이후 무려 10여 년간의 논쟁을 거쳐 시행되었으며 이후로 대규모 합법화 조치가 단 한번도 시행되지 않았다[Baker 1997].

합법화 정책을 둘러싼 논쟁을 좀더 분석적으로 살펴보면, 먼저 합법화 정책에 대한 회의론은 크게 네 가지 입장으로 압축된다.[2] 첫째, 역설적이게도 합법화 정책이 미등록 이주민 양산의 원인이 된다는 논리다[Levinson 2005a, p. 5; Sunderhaus 2007, p. 71]. 이를테면 고용주들은 정규적인 노동이주 경로가 제한적인 가운데 합법화 조치로 줄어든 저임의 미등록 이주노동자를 다시 해외에서 충원하려 들 것이고, 합법적 체류자격을 획득한 이주민이 가족재결합이나 사회연결망을 통해 (잠재적) 미등록 이주민의 유입을 촉발시킬 것이라는 설명이다. 둘째, 출입국 관리와 관련된 법령을 위반한 '위법'에 대해서 먼저 책임을 묻지 않고 면죄부를 주는 것과 같다는 논리다. 이는 '법치'(rule of law)라기보다는 '법과 질서'(law and order)의 관점 위에 서 있는 논리에 가깝다. 치밀하게 준비되지 않은 대규모 합법화 조치는 실패할 가능성이 농후하다는 것이다[Levinson 2005a, p. 5]. 이와 관련해서는 합법화 조치로 체류자격을 갖게 된 이주민이 사후조치 미비로 미등록상태로 회귀하게 될 것이라는 부정적 전망이 두드러진다. 셋째, 정부 입장에서는 '최후의 수단'으로 간주되는 합법화 정책을 시행할 경우 그간 집행해 온 이주관리정책이 실효적이지 않았음을 자백하는 것으로 비춰 보이기에 여간해서는 합법화 정책을 채택하지 않는다는 설명도 있다[Levinson 2005a, p. 5; Castles and Miller 2009, p. 186].[3] 넷째, 합법화 정책이 논의와 시행 과정에서 거센 반대여론을 낳으면서 극우정치세력의 부상에 일조하게 된다는 우려다[Levinson 2005a, pp. 5, 9]. 이 같은 우려가 현실이 되면 양극화된 정치지형이 이민 외에 복지, 고용, 의료, 교육 등 여타 주요 공공정책 이슈에 대한 합리적 논의에도 걸림돌로 작용하게 된다.

이러한 회의론에도 불구하고 합법화 정책을 지지하는 담론과 운동 역시 줄기차게 이어져 왔다. 주요 정당화 논리는 크게 네 가지로 압축된다. 이는 다시 '행정' 중심의 논리와 '권리' 기반의 논리로 나뉜다. 먼저 '행정' 관련 정당화 논리를 살펴보면 세 가지다. 첫째, 합법화 정책은 향후 실효적인 이주민체류 관리정책의 설계를 위한, 인구학적 정보와 노동시장 참여 등에 관한 전면적인 사전 실태조사의 의미를 갖는다[Levinson 2005a, p. 5; Meissner et al. 1986, p. 426]. 둘째, 합법화 정책은 노동시장정책 내지 사회정책의 일환으로서도 유용하다. 이를테면 이주노동시장 내 '불법' 영역을 소거함으로써 지하경제를 규제하고 노동시장 투명성을 높이는 데 기여할 뿐만 아니라 추가세수를 확보하고 사회복지 재원을 확충하는 데도 도움이 된다[Levinson 2005a, pp. 5, 6; Sunderhaus 2007, p. 69]. 셋째, 국경통제에 따른 경제적·정치적·사회적 비용이 과다하게 발생하는 상황에서는 합법화 프로그램을 시행하는 것이 합리적 대응이라는 견해도 있다. 이 견해에 따르면, 비공식 이주노동시장이 양성화됨에 따라 임금과 근로조건에 있어서 선주민 근로자에 대한 불이익이 줄어든다[Ruhs and Chang 2004, p. 73].

다음으로 '권리'의 측면에 주목한 논리를 보면, 합법화 정책이 권리 기반 접근을 바탕으로 한 이주민 통합정책의 성격을 갖는다는 점이 부각된다. 즉 권리의 사각지대에 방치된 미등록 이주민을 사회적 주변화와 노동착취로부터 보호하고 권리체계 편입을 촉진시키는 사회통합정책이 된다는 것이다[Levinson 2005a, p. 5; Sunderhaus 2007, p. 70]. 이와 관련하여 조셉 캐런스(Joseph Carens)의 주장을 참고할 만하다. 그에 의하면, 일정 기간 이상 체류한 미등록 이주민에게 거주사회는 제2의 고향과도 같아서 이들을 단지 미등록상태에 있다는 이유만으로 추방하게 되면 이들의 존엄과 권리 그리고 정체성에 심각한 해악을 끼치게 될 수 있다. 이는 비유컨대 새 땅에 심어져 시간이 흘러 깊게 뿌리 내린 나무를 뿌리째 뽑아버리는 격이라고 말할 수 있다. 이런 점에서 캐런스는 이들을 정당한 성원으로 보고 체류권을 보장해 주는 것이 합당하다고 주장한다[Carens 2008, pp. 147~49].

그렇지만 합법화 정책의 긍정적인 효과에 대한 기대가 현실화되기 위해 극복해야 할 도전과제가 만만치 않다. 앞서 설명한 회의론이 힘을 얻는 상황에서 합법화 조치는 여간 어려운 일이 아니며, 설령 시행된다고 하더라도 결실을 거두기 위한 전제조건들을 충족시키는 일 또한 난제다. 이는 후발 이민유입국인 한국에서도 예외가 아니었다. 1980년대 후반에 이주노동자들의 유입이 본격화된 이래로 합법적인 채용루트가 매우 협소한 가운데 '한국 예외주의'라고 부를 수 있을 만큼 압도적으로 높은 미등록비율이 지속되었다. 그럼에도 불구하고 한시적 출국유예 조치라든지 '자진'출국을 전제로 한 재입국정책에 그쳤으며 정식 합법화 정책은 단 한 차례도 시행되지 않았다.

이러한 모습을 다른 후발 이민유입국들과 비교해 보면, 먼저 스페인을 필두로 한 남유럽국가들은 이민유입국으로 전환된 이후 이주노동행정이 미비한 가운데 합법화 정책을 출입국 및 체류 관리정책이라기보다는 인력수급 관리정책 및 사회통합정책으로 활용하곤 했다. 한국정부의 정책모델이었던 일본의 경우 대규모 합법화 프로그램을 단 한 차례도 시행하지 않았다. 일본 법무성은 대규모 합법화 프로그램이 '불법'체류의 신규발생과 정주화를 초래한다는 논리로 줄곧 회의적인 입장을 보여왔다.[4] 한국은 비록 정식 합법화 조치가 아니었을지언정 다수의 미등록 이주민을 대상으로 자진출국 후 재입국을 보장해 주는 방식의 유사 합법화 조치를 시행해 왔다는 점에서 일본과 달랐고, 그것이 '사면'이라든지 보다 안정적인 사회편입을 정책목표로 고려한 것이 아니었다는 점에서 남유럽국가들의 경우와도 달랐다.

이 글은 상술한 논의를 바탕으로 그간 한국사회에서 정식 합법화 정책이 시행되지 못한 까닭을 이주노동정치의 관점에서 살펴보고자 한다. 논의순서는 다음과 같다. 우선, '합법화'에 대한 논의는 '불법화'에 대한 이해에서 출발해야 한다는 문제의식하에 한국사회에서 미등록 이주노동자에게 부과된 행정표지(標識)인 '불법성'(illegality)의 생산 메커니즘을 분석한다. 이어서 합법화 정책을 둘러싼 이주노동정치를 살펴보고, 한국 한시 이주노동제도하에서 '생산성-치안' 중심의 이주노동행정이 지속된 가운데 합법화 정책에 대한 현상타파세력의 '정당성' 요구가 '합법성'의 행정논리에 의해 좌절되어 온 과정을 설명한다. 마지막으로는, 합법화 정책을 이민정책의 의제로 고려할 필요성을 제기한다.

2 '불법성'의 생산과 유예된 추방

특정 개인이나 집단에 대한 사회적 내지 행정적 '명명'(命名)은 단순히 그 개인이나 집단에 대한 묘사에 그치지 않는다. 이러한 명명행위는 대상 개인이나 집단에게 인위적인 표지(標識)를 부과함으로써 이들의 존재를 특정한 방식으로 규정한다[Boris 2005, p. 73]. 이처럼 명명은 정치적 의도와 사회적 효과를 갖는 행위로서 권력관계를 반영한다. 미등록 이주노동자에게 부과된 '불법'의 행정표지 역시 이에 해당된다. 이와 관련하여 정치인류학자 니콜라스 데 제노바(Nicholas De Genova)는 이들에게 부과되는 '불법성'(illegality)의 의미구성이 갖는 정치적 성격에 주목했다. 그에 따르면 이때 '불법성'은 거주국가의 법체계에 의해 구성된 것이고, 그런 점에서 '법적으로 생산된 불법성'(legal production of illegality)이라는 매우 역설적인 특징을 보인다[De Genova 2002; De Genova and Roy 2020, p. 353]. 그렇기에 한국사회에서 이른바 '불법'체류 외국인의 대거 출현을 국제노동이주의 패턴과 연관시키거나 개인 책임성의 관점에서 협애하게 바라보게 되면 문제의 핵심적인 측면을 놓치게 된다. 무엇보다 이런 접근은 '통치책임성'의 문제를 비켜간다. 실제로 이들의 '불법성'은 이들에 대한 노동수요가 증대하는 가운데 단순기능 외국인력의 국내취업을 금지하는 출입국관리법령을 비롯한 법체계에 의해 '생산된' 측면이 다분하다.

한국사회에서는 1980년대 후반을 기점으로 이주노동자의 유입이 본격화되었고, 그 수가 해매다 급격히 증가했다. 이에 행정영역에서는 새로운 '인구'(population)집단으로 출현한 이들을 어떻게 관리할 것인가라는 문제가 새로운 도전과제로 부상했다. 당시만 하더라도 이들의 합법적인 고용을 뒷받침할 법률근거가 부재했고, 출입국 행정에서 '방법론적 민족주의'의 인식이 지배적이었다. 그런 가운데 이주노동자를 한국의 권리체계로 편입시키려는 정부의 의지와 역량은 박약했다.

크리스티나 보스웰(Christina Boswell)의 표현을 빌리면[5] 한국정부가 최우선시한 국가책무는 '축적'(accumulation)과 '안전'(security)이었다. 민주화와 탈냉전 시기의 도래에도 불구하고 한반도 분단체제는 여전히 '좌-우 스펙트럼' 안에서 '진보-보수 스펙트럼'을 협소화시키는 구조로 남아 있었다. 그것은 공적 영역에서 분배·노동·인권·다양성의 이슈가 최대한 제기되고 구현되는 것을 끊임없이 억제하는 구조적 요인이었다. 실제로 노태우정부는 '민주화와 공산권 붕괴'를 '나라 안팎의 2중의 소용돌이'로 규정하면서 '안전'과 '축적'에 상응하는 '치안'과 '생산성'을 중심으로 한 통치방향을 세웠다[노태우 2011, 24쪽]. 이러한 모습은 김영삼정부 시기에도 크게 달라지지 않았다. 결국 행정의 수많은 대상들이 '생산성-치안' 중심의 통치틀 내에서 관리되었고, 이주노동문제에 대한 행정권력의 대응 역시 예외가 아니었다.

한국정부의 대응은 생산성–치안 중심의 통치기조 아래서 한편으로는 미등록 이주노동자의 '불법성'을 관리하면서 다른 한편으로는 산업연수생제도를 변용·확대하는 방식의 투 트랙 이주노동행정 구조로 틀지어졌다.

물론 정부가 처음부터 이러한 행정구조를 의도했던 것은 아니었다. 이는 국내 노동시장 내 외국인력에 대한 수요와 부적절한 정책규제의 미스매치 현상이 불거지는 가운데 산업연수생제도가 편법적인 방식으로 활용되면서 고착된 구조였다. 산업연수생제도는 연수추천단체인 중소기업협동조합중앙회를 비롯한 업계와의 안정적 연결망을 가진 행정영역에서의 폐쇄적 논의를 통해 마련된 법무부훈령을 근거로 운용되었다. 이주인권에 대한 고려가 인입될 여지는 거의 없었다. 결국 '불법성 관리'와 '편법성 활용'을 기반으로 한 투 트랙 이주노동행정 구조는 '한국 예외주의'로 부를 수 있을 만큼 압도적으로 높은 이주노동자 미등록비율의 구조적 요인이 되었다. 이런 점에서 대다수 이주노동자에게 따라붙은 '불법성'은 출입국관리법을 비롯한 관련법령과 이를 바탕으로 형성된 투 트랙 이주노동행정 구조에 의해 '생산된' 것이라고 볼 수 있다. 아울러 이런 점에 비춰볼 때 우리는 미등록 이주노동자가 '불법'을 행한 만큼, 아니 그 이상으로 '불법성'이 국내 법제도(의 미비)에 의해 초래된 것이라고 말할 수 있다.

결국 절대 다수의 이주노동자들이 행정적 시선 속에서 '불법'체류자로 명명되었다. 행정영역에서 이주인권운동의 압박은 차단당했고, 법원에 의한 사법심사의 자유주의적 통제는 미미한 수준이었으며, 정당과 의회는 이렇다 할 만한 관심과 대응을 보여주지 못했다. 그런 가운데 국가행정은 '불법성'의 표지를 근거로 미등록 이주노동자를 인구학·위생학·범죄학의 대상으로 관리하는 경향을 보였다. 행정의 시선에 포착된 이들은 출입국관리법령을 위반했다는 이유로 잠재적 범죄자처럼 간주되곤 했고, '불법성'의 행정표지는 미등록 이주노동자는 정당한 구성원이 아니기에 사회보험 수혜자격이 없다는 사회적 의미를 만들어내기도 했다. 이러한 담론효과는 특히 이주노동자 관련 범죄사건이 언론보도를 통해 사회적으로 알려질 때 더욱 증폭되었다.

이처럼 '불법'의 행정표지는, 요한 갈퉁(Johan Galtung)의 표현을 빌리면 이주노동자의 존엄·권리·정체성을 침해하는 '구조적 폭력'(structural violence)의 성격을 가지는 동시에, 그러한 구조적 폭력을 정당화하거나 부당한 이주노동행정에 대한 비판여론을 잠재우는 '문화적 폭력'(cultural violence)의 기제이기도 했다[Galtung 1969; 1990]. 특히 '불법성' 표지는, 데 제노바가 날카롭게 지적한 것처럼 '상시적 추방공포'(deportability)를 통해서 더욱 취약한 상태에 놓이게 된 미등록 이주노동자에 대한 노동착취를 용이하게 만드는 효과를 가져왔다[De Genova 2002; De Genova and Roy 2020]. 여기서 특별히 주목할 점은 '불법성'의 행정표지에 근거한 추방공포의 심리가 사실상 행정기제의 성격을 갖는다는 것이다. 이는 실제로 미등록 이주민을 강제 출국시키는 것이 정부가 의도한 주된 목표가 아니었을 것임을 암시한다. 아울러 '불법성' 규정은 이주노동자들을 외(外)집단으로 타자화함으로써 민족정체성 관념과 단일민족 신화를 유지·강화하는 부수적 효과를 낳았고, 그런 점에서 '문화다양성'의 걸림돌이 되었다.

한편 정부는 스스로 규정한 '불법성'의 비대화를 마냥 방치할 수 없었기에 어떤 식으로든 대응해야만 했다. 대표적으로 '자진신고기간'을 설정하고 출국을 한시적으로 유예하는 조치를 취하곤 했다. 하갑래와 최태호에 의하면, 정부는 1992년 6월부터 고용허가제 법안이 국회를 통과하기 얼마 전인 2003년 3월까지 자진신고정책을 총 17차례 시행했다[하갑래·최태호 2005, 394쪽]. 이와 관련해 한 가지 눈에 띄는 점은 한국정부가 이 과정에서 정식 합법화 정책을 단 한번도 시행하지 않았다는 사실이다. 이는 자진신고를 통해 미등록 이주민에게 합법적 체류자격을 부여할 뿐만 아니라 체류자격 갱신을 통해 영주권과 국적을 획득할 수 있는 길을 (적어도 형식적으로) 열어놓은 서구사회의 정책과 극명하게 대조된다. 한국의 경우 '정주화 금지 원칙'의 제약 아래 추방이 일시 유예되었을 뿐 권리체계의 폐쇄성은 변함이 없었다. 결과적으로 강제퇴거가 유예된 미등록 이주노동자들은 여전히 '불법성'의 표지에서 자유롭지 않았고 '상시적 추방공포'를 안고 살아가야만 했다.

3 합법화 정책을 둘러싼 이주노동정치

'불법성' 소거 행정의 실패(?)와 시민사회의 '합법화' 요구

'불법화' 메커니즘으로 작동한 투 트랙 이주노동행정 구조는 그에 대한 반작용으로 이주노동자의 결사활동과 권리주창 활동을 촉발시켰다. 특히 95 농성을 기점으로 이주노동정치가 본격적으로 전개되었다. 이후 고용허가제 도입을 기점으로 한국 한시이주노동제도의 구성원칙들이 새롭게 정립되었고 관련 규칙·절차·조직이 새롭게 갖춰지거나 재정비되었다. 이를 통해 투 트랙 이주노동행정 구조하에서 불거진 권리억압, 구조적 폭력, 시스템적 부패가 개선된 것은 사실이다. 그렇지만 한국 한시이주노동제도의 자유주의적 기반은 여전히 취약했다.

한편 한시이주노동제도의 재편은 이주노동정치의 양상에도 영향을 끼쳤다. 고용허가제가 도입된 이후 이주노동정치는 한시이주노동제도의 구성원칙들 간의 위계 설정 및 그것의 제도화 내지 집행방식을 둘러싸고 세력 간 경합의 모습을 보였다. 이러한 경합의 중심에 고용허가제가 있었다. 고용허가제 도입의 핵심 명분은 '미등록 체류 방지원칙'과 관련된 것이었다. 즉 고용허가제를 도입함으로써 미등록 이주노동자의 규모와 비율을 획기적으로 감소시킬 수 있다는 논리였다. 당시 정부가 이러한 정책목표를 달성하기 위해 채택한 정책수단은 크게 세 가지로 압축된다.

첫째, 단속·추방 정책이다. 정부는 합법화 정책이 결과적으로 미등록 이주민을 양산하는 원인이 된다면서 정책 선택지에서 누락시킨 채 지속적이고 강력한 단속기조를 세웠다.[6] 그런 가운데 미등록 이주민에 대한 출입국관리행정은 '단속-보호-강제퇴거'의 전과정에서 충분한 민주적 통제를 받지 못했다. 특히 조셉 캐런스의 표현을 빌리면 '방화벽(firewall) 원칙'[7]이 작동하지 않는 가운데 수많은 미등록 이주노동자들이 실질적인 권리구제 기회를 박탈당했다. 또한 정부당국은 단속행정을 구실로 눈엣가시와 같았던 이주노조 간부에 대한 표적 단속에 나서기도 했다. 이를 통해 이주노동운동을 무력화시키고자 했고, 그 과정에서 이주노동운동의 사회적 기반이기도 한 이주노동자 공동체들의 활동도 위축되었다.

둘째, 자진출국 유도정책이다. 정부는 고용허가제가 시행된 이듬해인 2005년 1월 5일~2월 10일, 10월 20일~11월 19일에 재난피해국 출신 미등록 이주민을 대상으로 귀국해서 가족의 생사를 확인하고 피해복구에 참여할 수 있도록 한다는 취지로 자진출국 유도정책을 시행했다[인권운동사랑방 2005; 법무부 2005b]. 이 조치의 적용대상에 해당하는 미등록 이주노동자들은 출국시 범칙금과 입국규제(1년 이상)를 면제받을 수 있었다. 그렇지만 정작 바라는 재입국을 보장받지는 못했다. 정부의 한시적 특별조치가 겉으로는 인도주의 조치였으나 실제로는 출입국 및 체류 관리정책의 일환이었던 셈이다.

셋째, 동포 출신 이주민을 대상으로 한 유사 합법화 조치다. 법무부는 합법화 불가방침을 세웠지만 동포 출신 미등록 체류자에 대해서는 이례적으로 재입국을 보장한 자진출국 조치를 2005년 3월 21일~8월 31일에 시행했다. 당시 법무부는 이를 두고 '특혜'조치라고 자평했다[법무부 2005a]. 지속체류를 불허하고 일단 출국을 전제로 했다는 점에서 동포에게도 '정주화 금지 원칙'이 적용되었던 것이고, 그런 점에서 '특혜'라는 표현에는 어폐가 있다. 그럼에도 불구하고 그마나 재입국보장이 이루어졌던 것은 동포(지원)단체와 정부의 비공식적 소통채널이 작동했기 때문이다. 적용대상자 10만 6천여 명 가운데 8만여 명이 자진 출국한 것으로 추산되었고, 이들 대부분은 1년 후에 재입국해 취업할 수 있었다[법무부 2005a; 『오마이뉴스』 2008. 1. 14].[8]

이 같은 조치의 근저에 깔린 정부의 의중을 살펴보면, 먼저 '미등록 체류 방지원칙'을 이행하는 데 있어서 미등록 이주민 가운데 규모가 가장 큰 중국동포의 '양성화' 방안이 효과적이라는 판단이 작용했던 것으로 보인다. 아울러 주로 중국과 구소련 지역 출신 동포 이주노동자들의 불만을 달래기 위한 조치였던 것으로도 보인다. 당시만 하더라도 재외동포법령과 출입국관리법령에 따라 단순노무활동에 종사하는 동포(주로 중국과 구소련 출신자)는 재외동포 체류자격(F-4) 취득대상에 해당되지 않았다. 그렇기에 한국정부에 대한 이들의 불만과 서운함이 무척 큰 상황이었다. 정부는 이런 상황에서 까다로운 법령개정의 방식이 아닌, 재입국을 보장하는 자진출국 조치를 통해 미등록상태에 있던 동포이주민에게서 '불법성'의 표지(낙인)를 떼어주는 행정조치를 택한 것으로 보인다.

그렇다면 상술한 세 가지 조치는 얼마나 효과적이었을까. 한 연구조사 결과에 따르면, 2005년 말 기준으로 미등록 이주노동자는 18만 792명으로 전체 이주노동자의 52.3%를 차지하는 것으로 추산되었다[이규용 외 2007,

28쪽]. 이는 정부의 감소목표치였던 16만 명을 훌쩍 넘긴 규모였고, 전년도 말[42.7%]과 대비해서도 높은 수치였다. 법무부 추산에 따르면 '불법체류자' 규모는 2004년 20만 9841명, 2005년 20만 4254명, 2006년 21만 1988명, 2007년 22만 3464명으로 고용허가제 시행 이후로도 감소추세를 보이지 않았다[법무부 출입국·외국인정책본부 2010, 762쪽]. 이처럼 정책목표와 정책결과의 간극이 벌어지면서 정부정책은 '실패'한 것으로 드러났다. 물론 앞서 설명한 데 제노바의 추방공포 심리와 노동착취에 관한 논의에 비춰본다면 실패로 단언할 수는 없어 보이지만 말이다. 어찌 되었건 고용허가제 도입 이후에도 변함없는 수많은 미등록 이주노동자의 존재는 다시금 이주인권운동에 불을 지폈다. 이주노조, 지원단체와 연대체, 노동단체, 시민단체는 고용허가제에 담긴 독소조항으로 인한 사업장 이탈과 권리침해 문제를 부각시키면서 미등록 이주노동자 전면 합법화를 요구했다.

이러한 아래로부터의 요구는 단속·추방 정책과 유사 합법화 조치에 나타난 윤리적 문제점과 정책판단의 오류에 대한 비판적 문제제기이자, 권리 친화적인 이주노동제도를 지향하는 운동의 한 흐름이었다. 일방적 단속·추방 정책의 폭력성을 경험한 이주노동자들의 잇따른 증언들은 단속·추방 정책의 윤리적 맹점을 폭로하면서 합법화 운동을 위한 담론자원과 정당화 논거를 제공해 주었다. 또한 단속·추방 정책이 매체보도와 결합되면서 이주노동자에게 범법자나 우범자 이미지를 덧씌우는 상징조작을 통해 인종차별로 이어질 수 있다는 점에서, 합법화 운동은 이를 예방하거나 교정하기 위한 반차별 인권운동이기도 했다.

아울러 '전면' 합법화 운동은 '부분' 합법화에 대한 반대를 함축한 것이었다. 동포 출신 미등록 이주노동자에 대한 정부의 '시혜'조치가 비동포 출신 미등록 이주노동자에게는 '차별'로 비춰 보였다. 특히 이 같은 차별은 유엔의 '모든 이주노동자와 그들의 가족구성원들의 보호에 관한 협약'[1990]을 비롯한 국제규범에 반하는 것이었을 뿐만 아니라 신청기간 이후 더욱 강력하고 대대적인 단속을 예고하는 것이었다[외국인이주노동자대책협의회 2005]. 이에 더해 '부분' 합법화는 동포와 비동포를 가로지르는 연대형성에도 부정적인 영향을 끼친다. 이에 대해서 한 이주노동활동가는 다음과 같이 설명한다.

> 문제는 정부가 이 두 집단을 대하는 방식이 다르다는 거예요. 정부에 공동으로 저항하면 '중국동포'에게만 양보하는 식으로 말이죠. 실제 들여다보면 많은 것을 양보하는 것도 아니에요. 그렇다 보니 특히 '중국동포'집단과 이주노동자집단 사이의 이질성이 큰 것처럼 비춰지고 여기에 민족문제가 더해지면서 그 격차는 더 두드러져 보이죠. '중국동포'들의 경우, 실질적인 문제인 한국국적의 회복이라든가, 소위 선진국동포들과는 다른 차별대우, 그에 대한 억울함과 분노가 자연스럽게 두드러지는 거라고 생각해요. 그런데 이주노동자들 입장에서는 자기들보다 조금 더 나은 처지에 있는데다가 자신들은 한국민족의 일부라고 선언하는 것처럼 보이니까 더 거리감이 느껴지는 거죠. [인권운동사랑방 2008]

앞에서 설명한 것처럼 이주노동운동은 미등록 이주민 감소를 위한 정부정책이 갖는 문제점을 '권리'와 '효과'의 양 측면에서 신랄하게 비판하면서 미등록 이주노동자에 대한 합법화 정책의 정당성을 강조했다. 뿐만 아니라 '불법성'이 법체계의 미비로 인해 발생했기에 이에 대한 정부의 책임성을 따져 물을 수 있다는 점, 한국의 경우 지리적·지정학적 특성상 밀입국방식에 의한 비정규적 유입루트가 매우 제한적이라는 점, 합법화 정책을 통해 노동시장의 투명성을 높이고 추가세원을 확보할 수 있다는 점을 또 다른 정당화 논거로 제시했다.

변화의 조짐, 꺾인 기대

합법화 정책에 대한 사회적 요구가 적극적으로 개진되었지만 주무부처인 법무부와 노동부는 이를 수용할 태세가 아니었다. 동포에 한정된 유사 합법화 조치를 넘어 보다 포용적인 정책의 시행을 위해서는 또 다른 모멘텀이 필요했다. 새로운 동력은 위로부터, 보다 정확히는 '정치가'와 '행정가'로부터 나왔다. 노무현 대통령은 '이민정책'의 시각에서 이주노동자에 대한 '정주화 금지 원칙'에 대해 보다 유연하게 접근하면서 한시이주노동제도를 개선하려는 의지를 보였다. 우리는 그의 이러한 의지를 다음의 발언에서 엿볼 수 있다.

> 합법은 아니고 불법인데, 불법이지만은 또 돌봐줘야 되고, 이런 아주 어려운 것이 외국인노동자 정책이었습니다. …여러 차례 우리가 논의를 했는데 결국 점차적으로 우리 이민법을 완화해서 **한국에 와서 오래 노동한 사람들이 한국국민으로 함께 어울려 살 수 있게 해야 되지 않느냐**, 그래서 우리 이민정책을 새로 한번 다듬어보자, 이렇게 지금 쭉 준비하고 있는데…. [강조는 인용자][9]

이러한 의지는 2005년 12월 당시 개방직이었던 법무부 출입국관리국장에 인권변호사 출신의 강명득 전(前) 국가인권위원회 인권정책국장이 임명되면서 구체화되기 시작했다. 당시 인사는 이주노동운동의 관점에서 보면 보다 포용적인 정책의 시행을 위한 기회구조를 제공해 주었다.

실제로 이후 변화의 조짐이 나타나기 시작했다. 법무부 출입국관리국은 관계기관 및 시민단체 초청 간담회와 공청회를 개최했다. 이는 정책영역 내에서의 합법화 정책에 관한 본격적인 논의의 출발점이 되었다. 무엇보다도 합법화 정책에 대한 시민사회의 요구가 개진될 수 있는 행정권력과의 소통 창구가 열리기 시작했다. 당시 정부는 실효성이 낮은 단속·추방 위주의 접근에 갇히지 않고 정책적 시야를 넓히는 가운데 합법화 방안까지 논의대상에 포함시키려 했던 것으로 보인다. 이제 합법화 정책에 대한 시민사회의 요구는 더 이상 비현실적인 구호로 들리지 않게 되었다. 그런 가운데 법무부와 노동부는 기존의 완고한 입장을 누그러뜨리고 비동포를 포함해 미등록 이주노동자에 대한 '자진출국-재취업' 정책을 검토하기 시작했다[이시우 2006]. 물론 자진출국의 전제가 붙은 정책안이었지만 이전의 완고한 입장에서 한 발 물러섰다는 점은 진일보로 평가할 수 있다.

그렇지만 상술한 과정은 한 사건이 발생하면서 반전되기 시작했다. 2007년 2월 11일 새벽 전남 여수에 소재한 외국인보호소에서 참혹한 화재사건이 발생했다. 부실한 시설관리와 미흡한 초동대응으로 보호소에 수용되어 있던 이주노동자 10명이 목숨을 잃었다.[10] 9명은 우레탄 바닥재에서 발생한 유독가스로 사망했고, 1명은 투병 끝에 세상을 떠났다. 희생자 대부분은 중국 출신 이주노동자들이었고, 그 가운데 한 중국동포는 단지 취업규칙을 위반했다는 이유로 강제퇴거 대상자로 수용되어 있었다. 우즈베키스탄 출신의 또 다른 희생자는 임금체불이 해결되지 않은 상태에서 11개월 이상이나 장기 수용되어 있다가 참사에 목숨을 잃었다[외국인이주·노동운동협의회 2007]. 이 사건은 다시금 단속·추방 정책의 타당성과 실효성에 대해 비판적 여론을 고조시켰고 합법화 운동의 또 다른 기회구조를 제공해 주는 듯 보였다. 더욱이 외국인정책에 대한 정부의 태도변경이 이루어지고 있었기에 보다 포용적인 정책시행 가능성이 높아 보였다. 실제로 강명득 출입국관리국장은 비동포까지 포함한 미등록 이주민에 대한 '자진출국-재입국' 조치를 적극 추진하겠다는 의사를 밝히기도 했다.[11]

하지만 상황은 예상치 않은 방향으로 흘러갔다. 법무부는 2007년 5월을 기점으로 단속·추방 위주의 강경 방침으로 선회했다. 합법화 정책에 대한 논의는 더 이상 진척되지 않았다. 이처럼 상황이 급반전한 이유는 크게 세 가지로 압축된다. 첫째, 중요한 매개인사가 무대에서 사라졌다. 2007년 4월 강명득 출입국관리국장이 화재사건에 대해 책임을 지고 사임한 것이다. 이주노동운동과 이주노동행정의 소통을 이끈 핵심 인사의 사임으로 합법화 논의가 중단되었다. 그의 사임결정은 '도덕적 책임'으로는 옳았을지 모르지만 '정치적 판단'으로서는 보다 전향적인 정책추진의 불씨를 꺼트렸다는 점에서 아쉬움을 남겼다. 둘째, 화재참사의 대응과정에서 운동 내 갈등이 불거지면서 합법화 운동의 응집력이 약화되었다. 정부와의 협상을 통한 문제해결을 강조한 입장과 이를 타협주의 내지 대리주의로 비판하면서 당사자의 주체성과 운동성을 강조한 입장이 부딪히면서 갈등적 상황이 전개되었다[공성식 2007]. 셋째, '정치적 시간'이 불리한 방향으로 흐르고 있었다. 화재참사가 발생한 것은 노무현정부가 집권 말기에 접어든 시점이었고, 당시에는 보수정부로의 정권교체 가능성이 매우 높아 보이는 분위기였다. 현실적으로 관료집단의 정책적 판단이 이 같은 정치권 동향과 유리되기는 어려웠다.

결국 2008년 보수정부 출범 이후 '생산성-치안' 중심의 통치틀이 복원되었다. 큰 태엽에 맞물린 작은 태엽처럼 이주노동행정은 이러한 통치틀에 구속되었다. 이명박정부는 한편으로는 '고급' 외국인력을 적극 유치하고, 다른 한편으로는 단순기능 외국인력을 제한적으로 도입하면서 '불법'체류자를 근절하겠다고 공표했다. 결국 이러한 정책기조하에서 한시이주노동제도의 구성원칙들 가운데 '권리보호 원칙'을 손상시키는 조치가 연이어 시행된 반면 '정주화 금지 원칙' '시장수요 충족 원칙' '미등록체류 방지 원칙'은 더욱 강조되었다. 다시 말해서 이주노동행정은 이주노동자를 '한시체류자'로 고착된 시선으로 바라보는 가운데 '생산성'과 '치안'에 경사되어 갔다. 그러다 보니 이주노동자를 고유한 문화정체성을 지닌 권리의 주체로 보는 관점은 박약할 수밖에 없었다. 이명박정부와 박근혜정부는 '불법'체류율 10% 미만 달성을 목표로 하여 상시적이고 강력한 단속·추방 정책을 이어갔다.

그런데 이 지점에서 한 가지 생각해 볼 점은, '미등록체류 방지 원칙'을 실현할 수 있는 정책수단이 반드시 단속·추방 행정 위주여야 할 필연적인 이유는 없다는 것이다. 실제로 이 원칙을 뒷받침할 수 있는 정책수단과 그 조합방식은 다양하다. 이를테면 앞서 설명한 '자진출국-재입국 보장'을 비롯해 '불법' 고용업체 처벌 강화, 귀국지원 프로그램, 한시-정주 체류자격 연계성 강화 등 여러 방안을 고려할 수 있다. 이처럼 정책선택지를 확장시켜 보면 단속·추방 조치는 하나의 정책수단일 뿐이다. 그리고 합법화 정책 역시 또 다른 정책수단으로 고려될 수 있다. 그렇지만 '생산성-치안' 중심의 통치틀에 구속된 이주노동행정에서 합법화 방안은 애초부터 정책선택지에서 제외되어 버렸다.

물론 보수정부가 미등록 이주노동자 감소를 위한 정책수단으로 단속·추방 정책에 완전히 함몰된 것은 아니었다. 보수정부 또한 노무현정부와 마찬가지로 자진출국 유도정책과 동포이주민을 대상으로 한 자진출국-재입국 조치를 시행했다[법무부 2008; 2010; 2016]. 하지만 이러한 조치는 강력한 단속·추방 정책을 동반한 것이었다. 무엇보다도 참여정부 시기에 나타난 미등록 이주민 문제에 대한 정책전환의 흐름이 보수정부 출범 이후 단절되었다는 점이 뼈아팠다. 그렇지만 참여정부 시기의 정책흐름을 과도하게 해석해서도 안 된다. 우선 참여정부 시기에도 권리친화성 수준이 낮고 '정주화 금지 원칙'에 갇힌 한시이주노동제도가 합법화 정책 추진의 구조적 제약요인으로 작용했다. 비동포 미등록 이주민을 대상으로 한 일보 개선된 정책안조차도 '자진출국'을 전제로 할 수밖에 없었다는 사실이 이를 말해 준다. 이러한 한계로부터 짐작할 수 있듯이 이주노동자의 권리와 관련된 행정권력의 작동을 단순히 '진보'와 '보수'의 구도에서 평가해선 안 된다. 정작 이주노동자에게 한국정치권의 '진보-보수' 프레임은 와닿지 않는 구도였다. 국회의 영문명(National Assembly)은 이러한 정치현실을 상징적으로 보여주는 듯했다.

결국 단속·추방 위주의 이주노동행정이 지속·강화되었는데 이것이 갖는 의미는 다층적이었다. 첫째, 실효성이 떨어짐에도 불구하고 추진되는 대대적인 단속·추방 정책은 "이민은 통제될 수 있다"는 '국가주권의 신화'를 위한 상징정치의 행정수단이었는지도 모른다. 둘째, '치안'의 논리에 경사된 이주노동행정은 '추방'에 대한 이주노동자의 공포심리를 악화시킴으로써 노동착취의 위험성을 배가시켰다. 합법적 체류자격을 지닌 고용허가제(E-9) 이주노동자의 경우에도 단속이 심한 상황에서는 미등록상태가 되지 않기 위해 근로여건이 열악한 사업장을 떠나지 못한 채 버텨내야만 했다. 이는 사업장 이동이 법적으로 제한되었기에 더욱 그러했다. 셋째, 국가의 단속·추방행정은 이주노동자의 공공기관에 대한 불신을 키워 이들의 공적 제도를 통한 권리구제를 포기하게 만들기도 했다. 아울러 그 결과 기본권 보호에 대한 공적 책무가 더욱더 민간영역으로 전가되는 부수적 결과가 나타나기도 했다. 넷째, 단속·추방 정책은 한시이주노동제도의 재편과 개선을 위한 투쟁을 이어온 현상타파세력에 대한 행정권력의 대응이기도 했다. 특히 연이은 이주노동자 활동가와 이주노조 간부의 표적 단속과 추방은 이주노동자의 주체적이고 긍정적인 모습을 대중의 시선에서 소거하고 이주노동운동 리더십의 재생산을 불구화하려는 시도로 읽힌다. 다섯째, 단속 중심의 접근은 이주노동자에 대한 부정적 미디어 재현과 결합되면서 인종 차별과 혐오를 조장하게 된다.

그렇지만 또 다른 각도에서 보면 '치안'의 논리에 경사된 이주노동행정은 역설적이게도 그에 대한 조직적 반대와 저항, 나아가 합법화 운동을 위한 기회구조가 될 수도 있다. 하지만 법무부는 국가의 책무에 대한 '정당성'(legitimacy) 요구에 대해서 법령과 지침 등을 근거로 '합법성'(legality) 논리로 대응했다. 이에 더해 보수정부는 이른바 '다문화정책'을 추진해 가면서 다문화예산 배분의 행정을 통해 이주노동운동의 응집력을 이완시키거나 일정 부분 흡수해 갔다. 그런 가운데 국회와 정당은 여전히 이주노동자 권리 문제에 적극적 관심을 보이지 않았고 합법화 정책 추진의 모멘텀을 제공해 줄 수 있는 정치가나 행정가도 더 이상 보이지 않게 되었다.

이렇듯 합법화 정책 추진을 위한 위로부터의 동력의 상실과 아래로부터의 힘의 분산으로 합법화 이슈에 관한 공론의 장은 크게 위축되어 갔다. 물론 이주인권운동에서는 합법화 요구를 지속적으로 이어갔지만 정작 이러한 목소리가 정책영역에 인입되지는 못했다. 그런 가운데 2016년 3월에는 설상가상으로 '테러방지법'(정식 명칭은 '국민보호와 공공안전을 위한 테러방지법')이 제정되었다. 이 법은 행정권력에 의한 자의적인 법해석의 여지가 커서 자칫 이주노동자에 대한 차별과 혐오를 조장할 우려가 있다. 더욱이 이는 합법화 정책에 대한 상상력의 빈곤화를 더욱 부추길 수 있고, 나아가 한시 이주노동제도 개혁을 위한 사회적 지지기반을 더욱 위축시킬 수 있다.

4 나가는 말

현재 한국사회는 빠르게 '초고령사회'로 진입하고 있으며 생산가능 인구가 감소하는 추세를 보이기 시작했다. 이런 상황에서 정부는 2008년 이래로 5년 단위의 '외국인정책 기본계획'을 통해 줄곧 개방적 이민정책을 강조해 왔다. 그렇지만 여기서 '개방'이 곧 '포용'을 뜻하는 것은 아니다. 그간 개방적 이민정책에 관한 논의는 사회적·문화적·정치적 측면을 동시에 내포한 인구학적 위기의 경제적 측면을 지나치게 부각시켜 온 것으로 보인다. 한마디로 기능주의적 접근에 경도되어 온 것이다. 그러다 보니 (주로 저개발국 출신의) 이주노동자는 생산성 유지를 위한 도구의 차원을 넘어서 존엄과 권리 그리고 고유한 문화정체성을 지닌 존재로 제대로 인정받지 못했다. 그래서인지는 몰라도 이주민에 대한 '사회통합' 접근은 유독 이주노동자를 비켜갔다.

이런 점에 비춰볼 때, 진정으로 '이민사회'를 대비하고자 한다면 정책적 태도변경이 시급해 보인다. 즉 포괄적인 정책적 시야 속에서 인구, 경제, 사회, 권리, 교육, 문화, 안전 등 제반 정책영역들의 관계를 설정한 바탕 위에 이민정책의 추진체계를 정비해 가야 한다[설동훈 2017]. 무엇보다도 이민정책과 관련한 국가의 책무를 '생산성-치안'에 가두지 않아야 한다.

2017년 5월 출범한 문재인정부는 제3차 외국인정책 기본계획을 채택하는 과정에서 '외국인정책'이 '이민정책'을 의미한다는 점을 공식적으로 밝히면서 "국민이 공감하는 인권과 다양성이 존중되는 대한민국"의 비전을 제시했다[법무부 2017]. '생산성-치안' 중심의 인습적인 정책패턴에 함몰되지 않고 이주민의 권리 보호와 문화다양성 증진을 반영하려 했다는 점은 긍정적이다. 그렇지만 '불법체류 근절 등 이민관련 법질서 확립'이 중점 과제들 가운데 하나로 제시된 사실에서 보듯이 여전히 합법화에 대한 정책적 상상력은 닫혀 있는 듯하다. 코로나 팬데믹의 비상한 상황에서도 획기적인 변화의 조짐은 보이지 않았다. 여전히 '자진출국-재입국 보장' 수준을 넘어서지 못하고 있다.

지금까지 살펴본 것처럼 정책영역에서는 미등록 이주민 대상 합법화 정책이 정권의 이념지향과는 무관하게 한국 한시이주노동제도의 핵심 원칙인 '정주화 금지 원칙'을 손상시키는 것으로 간주되어 왔다. 특히 이 원칙은 이주노동행정에서는 '불문율'과도 같아 합법화 정책에 대한 합리적 논의와 검토를 제약했다. 합법화 정책의 시행 여부를 논하기 이전에 합법화 정책에 대한 논의 자체가 막히는 상황이 이어져온 것이다. 이런 점에 비춰볼 때 향후 이민정책에 관한 공적 논의에서는 합법화 정책에 대한 보다 개방적인 태도가 필요하다. 물론 합법화 정책에 대한 건설적인 '논의'가 이루어진다고 해서 곧장 '시행'으로 이어지는 것은 아니다. 시행된다고 하더라도 현실여건과 사회여론 그리고 유관주체들의 견해를 종합적으로 고려하여 체류기간, 고용상태, 범죄이력, 사회통합 수준, 거주국 내 가족존재 등과 관련하여 일정한 자격요건이 설정될 것이다.

핵심은 합법화 정책에 관한 보다 진지한 공적 논의가 필요하다는 것이다. 이것은 '정주화 금지 원칙'과 이 원칙에 근거한 기존 '성원권 레짐'에 대한 근본적인 성찰, 나아가 '법과 정의'에 관한 비판적 사유로 숙성되어야 한다. 특히 이 과정에서 '불법성'(illegality) 생산 메커니즘에 대한 구체적 이해를 공유하려는 노력이 중요하다. '불법화'(illegalization)에 대한 지식기반을 구축하는 작업은 합법화 정책의 정당성을 높이고 그 방향과 수준을, 이를테면 합법화 대상자들에게 어떠한 법적 지위와 권리를 인정할 것인지를 합리적으로 판단하는 데 큰 도움이 되기 때문이다. 아울러 논의과정에서 법무부를 필두로 한 유관 정부부처들과 이주인권단체들 간의 합법화 정책에 대한 상반된 의미화의 간극을 줄여나가야 한다. 합법화에 대해서 이주인권단체는 '인권정책'으로 바라보고, 정부는 '출입국 및 체류 관리 정책'으로 간주하고 있기에 논의과정에서 인내를 가지고 심도 있는 토의를 진행해 가야 한다.

이 밖에도 논의과정에서 이주민이 밀집한 지역 단위에서, 즉 지자체 수준에서 시행하는 '사실상의'(de facto) 합법화 프로그램을 생각해 볼 수도 있다. 이를테면 로컬 단위에서 등록 여부가 아닌 주민권의 관점에서 바우처를 제공한다든지 공공서비스나 공공시설에 대한 접근성을 보장할 수 있다. 물론 중앙정부에 대한 지자체의 재정의존도가 높다는 점에서 이러한 정책 자율성이 얼마나 확보될 수 있는지에 대한 의문이 제기될 수 있겠으나 충분히 논의해 볼 만한 아이디어다. 그외에도 여러 아이디어들을 생각해 볼 수 있겠으나, 결국 이 모든 논의를 관통하는 핵심은 다음과 같은 물음에 있지 않을까 싶다.

공동체 수준에서 미등록 이주민에게 따라붙는 '불법'과 '미등록'의 행정적·사회적 표지(標識) 뒤에 있는 사람의 얼굴과 노동의 가치를 얼마나 잘 읽어낼 수 있는가?

주

1 서구사회에서 이러한 의미에서의 '합법화' 정책을 지칭하는 표현들은 다양하다. 대표적인 용어들로는 Regularization, Legalization, Normalization, Amnesty 등이 있다. 그런 만큼 이 정책을 한국어로 표현할 때 반드시 '합법화'를 택해야 하는 것은 아니다. '합법화'라는 표현은 미등록 이주민에 따라붙는 '불법성'을 전제로 한다는 점에서 불편하게 들리기도 한다. 그럼에도 불구하고 이 글에서 '합법화'라는 표현을 사용하는 까닭은 실제로 지난 이주노동정치에서 시민사회와 정부에서 이 용어를 사용하였기에 이러한 역사적 사실을 반영하는 것이 좋겠다고 판단했기 때문이다. 다만 만일 차후 구체적인 정책논의가 이루어진다면 보다 합당한 정책명칭에 대한 논의가 필요하다는 점을 밝혀둔다. .

2 이하에서 설명하는 회의론을 단순히 합법화에 대한 반대논리로만 이해해선 안 되며 오히려 합법화의 '조건성'에 관한 비판적인 물음제기로 이해될 필요가 있다는 점을 밝혀둔다.

3 그렇기에 합법화 조치가 시행되더라도 대대적인 단속이라든지 미등록 이주민 고용주 처벌방침을 세우는 등 강력한 통제조치를 병행 실시함으로써 정책적 무능의 이미지를 상쇄하려는 경향이 나타난다(Baker 1997, p. 7).

4 일본에서 미등록 이주민이 법제도를 통해 합법적 체류자격을 획득할 수 있는 유일한 길은 법무대신의 재량권에 속한 '재류특별허가'(在留特別許可)이다. 그렇지만 이 제도는 자이니치, 일본인의 외국적 배우자, 일본국적 아동 양육 외국인을 대상으로 한 것이지 미등록 이주민을 우선적으로 염두에 둔 것이 아니었다(최서리 외 2014, 136~40쪽).

5 보스웰에 의하면, 정부는 사회 내 다양한 이익집단의 요구를 조절하거나 강력한 기업집단의 이익을 대리하는 식으로 사회적 요구에 피동적으로 반응하는 수준을 넘어 정책영역에서 국가 정당성을 능동적으로 구현하고자 한다. 이 과정에서 정부는 자신의 '주관적 관점'을 바탕으로 다양한 요구를 가진 사회집단들의 이해를 선별적으로 수용하면서 '안전' '축적' '공평'(사회보호), '제도적 정당성'(기본권 보호)의 네 가지 기능적 책무들을 전략적으로 추구한다. 상세한 내용은 보스웰(Boswell 2007)과 이병하(Lee 2009)의 설명 참조.

6 법무부와 고용노동부의 합동 보도자료(2019. 12. 10)에 의하면, 정부의 합법화 정책 수용 불가론의 이유는 크게 두 가지다. 첫째 합법화 정책이 "과거 사례를 비추어볼 때 수치상 일시적인 해소효과는 있으나 일정 기간 후 다시 불법체류로 전락하는 근본적인 한계"가 있고, 둘째 "고용허가제·계절근로자제도 등 합법 인력제도가 시행되고 있는 시점에서 불법체류 외국인을 일괄 합법화할 경우 현행 합법 인력제도의 근간을 해치는 결과를 초래"할 수 있다는 것이다.

7 캐런스에 의하면, 이주민은 비록 그가 미등록상태에 있다고 하더라도 거주국 관할권 내에 존재한다는 사실만으로도 일련의 광범위한 법적 권리에 대한 자격을 보장받아야 한다. 이런 관점에서 그는 미등록 이주민에 대한 거주국 정부의 '보호집행'과 '이민법 집행' 사이에 '방화벽'이 세워져야 한다고 주장했다. 이를테면 미등록 이주민의 기본적 권리를

보호할 책무를 지닌 공무원이 권리보호를 신청한 미등록 이주민으로부터 획득한 정보가 단속기관으로 넘어가 활용되어서는 안 된다는 것이다(Carens 2008, pp. 132~35).

8 이후 2006년 4월 24일~8월 31일에 같은 조치가 한차례 더 이루어졌다(법무부 2006).

9 이는 노 대통령이 2006년 5월 25일 충북 청원군 현도면 주민한마당 행사에 참석해 한 발언이다(e영상기록관 홈페이지).

10 극단 샐러드는 〈여수 처음 중간 끝〉이라는 실험극을 통해 당시 참사에 대한 문화예술적 접근을 시도하기도 했다. 참사가 발생한 이후 직접 현장을 취재했던 박경주 대표가 연출과 극본을 맡았다.

11 『재외동포신문』 2007. 4. 6.

참고문헌

공성식. 2007. 「과거를 딛고 내일을 향해 쏴라: 여수 외국인보호소 화재참사 이후 40여 일간의 투쟁을 돌아본다」. 『사회운동』 73.

노태우. 2011. 『노태우 회고록: 전환기의 대전략』 하권. 조선뉴스프레스.

법무부. 2005a. 「자진귀국 중국국적 동포 등에 대한 특혜 부여」(보도자료 3월 14일).

_____. 2005b. 「지진피해국 불법체류자, 마음 놓고 고국 다녀오세요」(보도자료 10월 19일).

_____. 2006. 「자진 출국하면 1년 후 재입국·취업 보장」(보도자료 4월 14일).

_____. 2008. 「지진 등 피해국가 국민, 마음 놓고 고국 다녀오세요」(보도자료 5월 16일).

_____. 2010. 「불법체류 외국인 '출국지원 프로그램' 시행」(보도자료 5월 4일).

_____. 2016. 「자진출국 불법체류 외국인 입국금지 면제」(보도자료 3월 28일).

_____. 2017. 「외국인정책 기본계획, 수요자 의견으로 만든다」(보도자료 9월 28일).

법무부 출입국·외국인정책본부. 2010. 『2009 출입국·외국인정책통계연보』. 법무부 출입국·외국인정책본부 정보팀.

법무부·고용노동부. 2019. 「체류질서 확립 및 선순환의 인적 교류 활성화를 위한 '불법체류 외국인 관리대책' 발표」(보도자료 12월 10일).

설동훈. 2017. 「한국의 이민자수용과 이민행정조직의 정비」. 『문화와정치』 4/3.

외국인이주노동자대책협의회. 2005. 「재외동포와 이주노동자들에 대한 합리적 대책을 촉구하는 기자회견문」(보도자료 3월 29일).

외국인이주·노동운동협의회. 2007. 「여수 외국인보호소 화재참사는 총체적 인권유린의 결과이다!」(성명서 3월 20일).

이규용·유길상·이해춘·설동훈·박성재. 2007. 『외국인력 노동시장 분석 및 중장기 관리체계 개선방향 연구』. 한국노동연구원.

이시우. 2006. 「외국인 불법체류자 양성화 검토」. 『경남도민일보』 8월 10일.

인권운동사랑방. 2005. 『인권하루소식』 제2732호.

_____. 2008. 『인권오름』 제99호.

최서리·이창원·김웅기·정혜진. 2014. 『국제비교를 통한 국내 외국인 불법체류 관리정책 개선방안 연구』. IOM이민정책연구원 연구보고서.

하갑래·최태호. 2005. 『외국인 고용과 근로관계』. 중앙경제.

한준성. 2014. 「민주화 이후의 이주노동정치사: 초기(1987~1993)」. 『한국정치연구』 23/2.

_____. 2015. 「1995년 이주노동자 명동성당 농성과 이주노동정치 지형의 변화」. 『역사비평』 111.

_____. 2017a. 『한국의 이주노동정치: 이주노동레짐의 형성과 이주노동자 편입과정 분석』. 서울대학교 박사학위논문.

_____. 2017b. 「한국 이주노동레짐의 형성과 권리 결핍」. 『한국정치연구』 26/3.

『오마이뉴스』. http://www.ohmynews.com/NWS_Web/Mobile/ at_pg.aspx?CNTN_CD=A0000811662#cb.

『재외동포신문』. http://www.dongponews.net/news/articleView. html?idxno=9994.

e영상기록관 홈페이지, 「노무현 대통령, 외국인정책 재검토」. http://www.ehistory.go.kr.

Baker, Susan. 1997. "The 'Amnesty' Aftermath: Current Policy Issues Stemming from the Legalization Programs of the 1986 Immigration Reform and Control Act." *International Migration Review* 31/1.

Boris, Eileen. 2005. "On the Importance of Naming: Gender, Race, and the Writing of Policy History." *Journal of Policy History* 17/1.

Boswell, Christina. 2007. "Theorizing Migration Policy: Is There a Third Way?" *International Migration Review* 41/1.

Carens, Joseph. 2008. "The Rights of Irregular Migrants." *Ethics & International Affairs* 22/2.

Castles, Stephen and Mark Miller. 2009. *The Age of Migration* 4th edition. New York: Palgrave Macmillan.

De Genova, Nicholas. 2002. "Migrant 'Illegality' and Deportability in Everyday Life." *Annual Review of Anthropology* 31.

De Genova, Nicholas and Anaya Roy. 2020. "Practices of Illegalisation." *Antipode* vol. 52/no. 2.

Galtung, Johan. 1969. "Violence, Peace, and Peace Research." *Journal of Peace Research* vol. 6/no. 3.

_____. 1990. "Cultural Peace." *Journal of Peace Research* vol. 27/ no. 3.

Hazán, Miryam. 2014. "Spain: The Uneasy Transition from Labor Exporter to Labor Importer and the New Emigration Challenge." James F. Hollifield, Philip L. Martin, and Pia M. Orrenius eds. *Controlling Immigration: A Global Perspective*. Stanford University Press.

Kraler, Albert and David Reichel. 2009. "Sweden." BaldwinEdwards and Martin and Albert Kraler eds. *Regularisations in Europe*. Amsterdam: Amsterdam University Press.

Lee, Byoungha. 2009. "The Development of Korea's Immigration Policies: Security, Accumulation, Fairness, and Institutional Legitimacy." *Korea Observer* 40/4.

Levinson, Amanda. 2005a. *The Regularisation of Unauthorized Migrants:*

Literature Survey and Country Case Studies. Oxford: Centre on Migration, Policy and Society.

_____. 2005b. "Why Countries Continue to Consider Regularization." http://www.migrationinformation.org/Feature/print.cfm?ID=330.

Maas, Willem. 2006. "The Politics of Immigration, Employment, and Amnesty in Spain." http://www.yorku.ca/maas/Maas2006.pdf.

Meissner, Doris, David North and Demetrios Papademetriou. 1986. "Legalization of Undocumented Aliens: Lessons from Other Countries." *International Migration Review* 21/2.

Ruhs, Martin and HaJoon Chang. 2004. "The Ethics of Labor Immigration Policy." *International Organizations* 58.

Sunderhaus, Sebastian. 2007. "Regularization Programs for Undocumented Migrants." *Migration Letters* 4/1.

2부

유럽에서의 이주민통합의 정치

1 이주민통합의 주류화(mainstreaming): 유럽의 추세와 덴마크 사례

"벽이 우리를 보호하고 있는지 반대로 우리가
삶에 다가갈 수 없도록 가로막고 있는지 헷갈렸다."
[킴 투이 2019, 148쪽]

1 들어가는 말

유럽은 이중의 통합과제를 안고 있다. 하나는 민족국가의 경계 짓기를 극복하면서 유럽이라는 가치와 이익의 공동체를 존립시켜야 하는 '지역통합'(regional integration)의 과제고, 또 하나는 다양한 사회문화적 배경과 체류자격을 지닌 이주민에 대한 사회적 주변화와 배제의 함정에서 벗어나 이들과 더불어 공동체적 삶을 영위할 수 있는 길을 모색해야 하는 '사회통합'(social integration)의 과제다. 유럽사회는 서로 긴밀하게 관련된 두 가지 통합의 과제들을 풀어가는 과정에서 여러 난관을 헤쳐가야만 했다. 특히 이주민통합의 과제가 만만치 않다. 오늘날 유럽은 세계경제 위기의 여파 속에서 연이어 발생한 소요사태·테러·방화와 같은 비극적 사건들, 다문화주의 철회 서사의 생산 및 확산, 대량 난민유입에 따른 국경통제의 강화, 극우 포퓰리즘의 부상을 비롯해 중층적인 어려움에 직면하고 있다. 그런 가운데 유럽연합과 회원국들은 이러한 일련의 상황들이 빚어낸 위기의식을 바탕으로 대안적·보완적 이주민통합 방안을 모색해 왔다.

이 과정에서 한때 이주민 사회통합의 이념과 정책으로 각광을 받았던 '다문화주의'는 뜨거운 논쟁의 대상이 되었고, 회의론이 고개를 크게 치켜들었다. 다문화주의의 가치를 내건 기존 이주민통합 프레임의 실효성에 강한 의문이 제기된 것이다. 구체 맥락을 살펴보면 크게 세 가지로 압축된다. 첫째, 다양성의 심화다. 유럽국가들은 사회 내 종족문화적 다양성이 심화되고 이민경로가 다변화됨에 따라 기존 이민정책을 재검토하고 새로운 이주민통합 전략을 모색하고 있다. 스티븐 버토벡(Steven Vertovec)의 표현을 빌리면 '초다양성'(superdiversity)의 시대가 도래하면서 다문화주의 접근의 현실적합성에 강한 의문이 제기되었다[Vertovec 2010]. 즉 이주민 특정적 접근을 기반으로 한 다문화주의가 종족문화적 다양성 심화에 따른 정책적 수요의 다변화와 증대를 감당하기에는 역부족이라는 인식이 확산되었다.

두번째 맥락은 고용위기다. 전반적으로 볼 때 세계경제 위기의 여파 속에서 선주민과 이주민 가운데 더 큰 타격을 입은 사람들은 이주민이었다. 노동시장에서 밀려난 비율이 선주민보다 이주민이 더 높았다. 이에 더해 이주민 (재)취업을 위한 정부의 의지와 역량은 미약했다. 그런 가운데 이주민에 대한 사회적 배제와 이들의 통합 결핍이 사회적 문제로 대두되었다. 이를 두고 랜돌 핸슨(Randall Hansen)은 유럽 다문화사회가 처한 위기의 본질이 문화적인 것이라기보다는 경제적인 것임을 강조하기도 했다[Hansen 2012]. 즉 문제의 핵심은 이민, 다문화주의 그리고 온갖 유형의 극단주의와 관련된 것이 아니라 고용위기에 있다는 것이다. 실제로 유럽의 많은 정책결정자들이 이러한 문제인식을 공유했다[Jørgensen 2014, p. 7; Hansen 2012, p. 9]. 특히 이들은 이주민의 노동시장통합을 위한 교육의 필요성을 전제로 '교육-고용연계 접근'을 강조했다. 교육에서는 이주사회의 언어습득이 핵심이었다. 독일의 경우 이주민 대상 교육 프로그램에서 총 945시간 가운데 900시간이 언어교육에 배정된 바 있다[Hansen 2012, p. 8]. 아울러 이러한 추세 속에서 유럽국가들은 어떻게 하면 재정부담을 적정 수준에서 유지하면서도 이주민통합 정책의 효과를 높일 수 있을지를 고민했다[Collett 2011,

p. 19]. 이 같은 고민의 밑바닥에는, 이주민통합을 지원하기 위한 재정여력이 충분치 않은 상황에서 이주민의 더 큰 '책임'과 '자조'(自助)에 대한 바람이 깔려 있었다.

세번째 맥락은 극우민족주의의 부상이다. 홍태영에 의하면, 오늘날 극우민족주의는 특정 '인구'집단 대신 특정 '문화'를 공존이 어려운 대상으로 정형화함으로써 이 문화권에 속한 것으로 간주된 집단을 배제하려는 '문화적 인종주의'로 표출되고 있다. 극우민족주의자들은 이러한 방식으로 '민족'으로부터 누구를 포섭하고 배제할 것인지에 관한 기준을 세우고 이를 통해 민족 관념을 재구성하려 든다[홍태영 2017, 20~26쪽]. 또한 이 같은 극우민족주의의 발호는 극우정당의 부상으로 이어진다. 여기서 극우정당은 대중의 '반(反)이민'과 '반(反)유럽' 정서를 파고들고, 또 자극하면서 앞서 설명한 유럽의 두 가지 통합의 기반을 모두 침식시킨다[최진우 2015, 220쪽]. 특히 이러한 흐름 속에서 공포와 혐오의 확산, 문화적 갈등과 정체성의 정치, 이민정책의 안보화가 발생할 공산이 매우 크다.

결국 상술한 상황 속에서 유럽국가들은 '인정'의 원리에 기반을 둔 다문화주의 접근의 한계를 지적하면서 새로운 통합접근을 강구하기 시작했다. 그렇게 해서 도출된 두 가지 대표적 정책 패러다임이 바로 '시민통합'(civic integration, CI)과 '이주민통합의 주류화'(mainstreaming)다. 먼저, 유럽국가들은 '책임'의 원리를 앞세운 CI정책을 추진하기 시작했다. CI정책은 무엇보다도 통합에 대한 이주민의 '개인 책임성'을 강조하면서 이들의 이주사회에 대한 소속감과 국민정체성으로의 지향을 요구하는 방식이다[Joppke 2007; 홍태영 2017, 9쪽]. 이처럼 CI접근은 차이에 대한 존중과 인정의 원리를 기반으로 한 다문화주의와 뚜렷이 구별된다. 뿐만 아니라 사회통합 수준에 대한 평가를 영주자격이나 국적취득과 연계시킴으로써 '이주민통합'

과 '이민통제'의 경계를 더욱 불분명하게 만들었다[설동훈·이병하 2013].

다음으로, CI접근과 함께 혹은 그 연장선상에서 새로운 이주민통합 패러다임으로 주류화 접근이 부상했다. 당시 주류화는 젠더연구에 본격적으로 적용된 이후 장애와 환경 등 다른 이슈들로 확대 적용되고 있었다[정인경 2012]. 바로 이러한 흐름 속에서, 새로운 이주민통합 접근에 목말라 있던 유럽사회의 확장된 정책적 시야 속으로 주류화가 포착된 것이다. 그렇다면 정책과정에서 이주민통합을 '주류화'한다는 것은 무슨 뜻일까. 이는 이주배경을 가진 사회구성원들을 대상으로 한 별도의 정책을 추진하기보다는 이주민에 대한 정책을, 이들을 포함한 일반 인구집단을 대상으로 한 공공정책들을 통해 추진하는 것을 일컫는다[Jørgensen 2014, p. 5; Bendel 2014, p. 4]. 다시 말해서 이주민통합의 주류화는 이주민통합의 과제를 독립된 정책영역을 통해서 풀어가려는 이주민 특정적 접근과 달리 이주민통합을 일반 공공정책의 사안으로 재정의하는 접근이다[Desiderio and Weinar 2014, p. 6].

이 글은 앞에서 서술한 두 가지 정책 패러다임 가운데 이주민통합의 주류화에 초점을 두고, 그 배경과 특징, 가능성과 도전과제를 이해하는 것을 목적으로 한다. 아울러 좀더 구체적인 이해를 위해서 덴마크 사례에 주목했다. 이는 두 가지 점을 고려한 것이다. 첫째, 덴마크는 중앙정부에서 이주민통합의 주류화 정책을 공표하지는 않았지만 실제로 유럽에서 가장 적극적으로 주류화를 추진한 국가들 가운데 하나다. 둘째, 코펜하겐시(Copenhagen)와 오르후스시(Aarhus)를 필두로 이주민 집주 도시들이 '다양성'과 '포용'의 기치를 내걸고 그 지향 아래 이주민의 통합을 적극적으로 주류화하는 모습을 보여주었다. 이런 점에서 덴마크는 유럽에서 진행된 이주민통합 주류화 정책을 국가 단위와 더불어 로컬 단위에서도 함께 살펴볼 수 있는 좋은 사례다.

글의 구성은 다음과 같다. 우선, 유럽의 이주민통합 주류화를 이론·추세·지향의 세 측면에서 설명한다. 이어서 덴마크의 이주민통합 주류화를 국가와 도시 단위로 나누어 살펴본다. 이를 통해 이주민통합의 주류화의 구체적인 실천방식과 양 수준에서 나타나는 정책의 미묘한 차이를 확인한다. 마지막으로는, 이주민통합 주류화의 가능성과 도전과제를 짚어본다.

2 유럽사회의 이주민통합 주류화: 이론, 추세, 지향

21세기에 접어들면서 유럽연합 회원국들 사이에서 이주민통합의 과제를 일반 공공정책의 틀 안에서 그리고 국가와 시민사회를 아우르는 다양한 행위자들의 관여 속에서 추진하는 정책실험들이 본격적으로 나타났다. 특히 2010년대 전후에는 이 같은 정책시도가 집중적으로 이루어졌다. 이 같은 새로운 정책현상의 부상과 확산은 곧 이를 분석적으로 포착하려는 연구로 이어졌다. 대표적으로 유럽이주정책연구소(Migration Policy Institute Europe)와 연구프로젝트 UPSTREAM이 '주류화'를 탐색적 개념으로 적용하여 상술한 새로운 이주민통합 정책실험들을 분석한 연구보고서를 연이어 출간했다[Collett 2011; Bendel 2014; Benton et al. 2014; Collett and Petrovic 2014; Desiderio and Weinar 2014; Jørgensen 2014; Jensen and Gidley 2014; Brey 2015; Breugel et al. 2015; Collett et al. 2015; Simon and Beaujeu 2015]. 특히 피터 숄텐(Peter Scholten)이 그간의 논의를 모으고 체계화하는 작업을 주도했다. 숄텐은 2018년에 일로나 반 브뢰겔(Ilona van Breugel)과 공동 편집인으로 참여해 이주민통합 주류화의 이론과 사례에 관한 연구성과를 모은 단행본(*Mainstreaming Integration Governance: New Trends in Migrant Integration Policies in Europe*)을 발간했다[Scholten and van Breugel 2018]. 이하에서는 이상의 기존 연구를 토대로 이주민통합 주류화를 이론적 측면에서 설명하고, 이어서 유럽연합과 회원국들이 시도한 이주민통합 주류화 추세를 개괄적으로 살펴본 뒤에 이러한 시도의 기저에 깔린 지향을 짚어본다.

이론

숄텐과 그의 동료들의 설명에 따르면 이주민통합의 주류화 정책이 지닌 특징은 크게 '정책의 초점'과 '정책 거버넌스'의 두 측면에서 이해할 수 있다[Scholten et al. 2016]. 우선, 전자의 관점에서 볼 때 이주민통합의 주류화는 일반 공공정책에서 이주민이 놓인 특수한 상황과 이들의 권익을 고려하는 접근이다. 그렇기에 이주민의 이주사회로의 통합과제를 독립된 정책영역으로 구분하는 이주민 특정적 접근과는 구별된다. 즉 이주민통합의 주류화는 이주민을 대상으로 한 별도의 정책을 추진하기보다는 이주민의 통합을 이들을 포함한 보다 포괄적인 인구집단을 대상으로 한 일반 공공정책을 통해서 추진하는 것을 일컫는다[한준성 2017, 25쪽]. 다시 말해서 고용, 교육, 복지 등 일반 공공정책 영역들에서 시행되는 다양한 사업 프로그램과 정책수단을 활용하여 이주민통합을 조력하는 것이다.

이처럼 이주민통합의 주류화는 이주민통합의 관점을 일반 공공정책 영역에 통합시키는 '통합의 통합'이라고 말할 수 있다. 이 과정에 필수적인 것은 고용, 교육, 복지 등 주요 일반 공공정책을 담당하는 행정부처와 담당 공무원이 이주민통합의 중요성을 잘 인지하고 이를 정책의 입안·시행·평가에 반영하는 것이다[Joppke 2017, p. 45]. 그렇다면 주류화 접근은 이주민에게 어떠한 영향을 끼치는가. 이주민은 더 이상 이주배경을 가졌다는 이유만으로 정책적 수혜대상이 되지는 못한다. 그렇지만 이들은 이주민통합의 문제의식이 반영된 일반 공공정책 영역에서 시행되는 다양한 프로그램들이 제시하는 공통 기준에 따라 정책의 수혜대상이 될 가능성이 선주민집단에 비해서 높다. 주류화 접근은 이처럼 이주민통합의 과제를 일반 공공정책 영역으로 상당 부분 흡수함으로써 시민(선주민)과 비시민(이주민) 사이에 그어진 경계선을 공존지대 내지는 어울림의 공간으로 바꾸어나갈 수 있는 단초를 제공해 준다.

다음으로, 정책 거버넌스의 측면을 보면 이주민통합의 주류화는 '다중다층적 거버넌스'의 특징을 보인다. 이는 이주민통합 정책의 입안부터 시행까지의 전과정에 걸쳐서 다양한 층위와 영역의 행위자들이 공동으로 관여함을 일컫는다. 이러한 거버넌스 접근은 이주민통합이 너무나도 중요한 정책적 과제여서 중앙정부나 일부 행정부처에만 맡겨둘 수 없다는 문제인식이 반영된 것이다.

그런 점에서 주류화 접근은 다중적(polycentric) 접근으로서 국가가 주도하는(statecentric) 정책과정과 뚜렷하게 구분된다. 국가 주도적 방식은 특정 중앙행정부처에 이주민통합 관련업무의 주도권을 부여하고 해당 부처의 지시를 지방정부나 지자체로 하달하는 하향식 접근의 특징을 보인다. 주류화는 이 같은 접근과 대조적이다. 주류화 접근은 수평적으로는 부처들 간 업무조정에서 이주민통합에 대한 국가책무의 '집중'이 아닌 '분담'을 지향한다[Jørgensen 2014, p. 7; Scholten et al. 2016]. 즉 노동, 교육, 복지 등 각 공공정책 영역을 주관하는 복수의 행정부처가 책임분담과 업무조정을 통해 다중적으로 관여하는 것이다. 이러한 방식은 각 부처가 자신의 고유한 정책영역에서 쌓아온 전문성과 역량을 바탕으로 타 부처들과 협력하면서 이주민통합을 성공적으로 추진할 수 있는 정책적 경쟁력을 갖추고 있음을 전제로 한다. 한편 주류화 접근은 수직적으로는 중앙정부, 지방정부와 지자체, 시민사회를 아우르는 포괄적이고 다층적인 협력구조를 추구한다.

추세

유럽의 이주민통합 주류화 추세를 살펴보면, 먼저 유럽연합 집행위원회가 이에 대한 지향을 명확히 밝혔다. 이는 2004년에 채택된 이주민통합 정책의 '공통 기본원칙'(Common Basic Principles, CBPs)에 반영되었으며, 잇따른 공식문건들을 통해 지속적으로 확인되었다[Benton et al. 2014, p. 5; Scholten et al. 2016, p. 2]. 아울러 집행위원회는 선언 수준에 머무르지 않고 기금, 지침, 법안 제안 등을 통해 유럽연합 회원국들의 이주민통합 주류화 정책을 조력했다[Benton et al. 2014, p. 4]. 구체 사례들을 보면, 먼저 유럽연합은 '유럽사회기금'(European Social Fund)을 회원국 취약계층의 사회적 포용을 위해, 특히 이들의 노동시장 참여를 촉진하는 사업에 집중적으로 사용했다.[1] 이것은 이주민통합을 염두에 둔 일반 정책접근으로서 주류화 조치의 성격을 가졌다. 실제로 이주민의 수혜비율이 높게 나타났다. 예컨대 2007~13년에 전체 기금수혜자의 8.7%에 해당하는 119만여 명의 이주 및 소수 배경 인구가 유럽사회기금의 지원을 받았다[Benton et al. 2014, p. 11; Hansen 2012, p. 9].

이 밖에도 유럽연합은 취약계층 집주지역의 사회경제적 박탈 수준이 높다는 사실을 인지하고 이들의 사회적 포용을 위해 '지역기반 접근'(area-based approach)을 적용했다[Benton et al. 2014, p. 29]. 이 접근은 사회적 포용을 고용 위주로 협애하게 접근했다는 점에서 비판을 받기도 했다. 그렇지만 취약계층 집주지역의 이주민 비율이 전국 평균에 비해 상당히 높다는 점에서 결과적으로 이주민의 사회통합을 촉진하는 효과를 갖는다는 점이 더욱 부각되었다[같은 책, pp. 28~30].

유럽연합은 교육분야에서도 이주민통합의 주류화를 강조했다. 예를 들어 '유아 교육 및 보육'(Early Childhood Education and Care) 정책은 포용적이고 보편적인 정책 프레임 속에서 이주민공동체의 필요를 반영했다. 거버넌스 차원에서는 유럽연합 집행위원회의 여러 총국들이 각각의 전문성을 바탕으로 교육정책에 공동으로 관여하면서 수평적 분권과 협력의 모습을 보였다[같은 책, pp. 38~40].

회원국들 사이에서도 이주민통합의 주류화 정책실험이 연이어 나타났다. 특히 2010년대 들어서 여러 회원국들은 기존의 이주민통합 전담부처를 해체하고 이주민통합의 과제를 전정부적 차원에서 접근하기 시작했다[Desiderio and Weinar 2014, pp. 8~10; Joppke 2017, p. 45].

독일의 경우 '국가통합행동계획'(National Action Plan on Integration)이 대표적이다. 독일은 이를 통해 이주민통합이 단지 이주민 특정의 사안이 아니라 독일사회의 운명과 직결되어 있다는 전제하에 '대화'(dialogue)의 원칙을 바탕으로 정부와 시민사회의 다양한 주체들이 긴밀한 네트워크를 형성하고 정책과정에 적극 참여토록 했다. 또한 독일의 모든 주(州)정부는 이주배경과 무관하게 초등교육 진입을 앞둔 모든 아동을 대상으로 언어시험을 의무화했는데, 이 역시 주류화 접근의 문제의식을 반영한 결정이었다[Scholten et al. 2016, p. 11]. 공식적으로 이주배경 여부를 묻지는 않지만 실제로 이주배경 아동의 권익을 고려한 접근이었던 것이다.

프랑스의 경우 총리를 위원장으로 한 부처 간 통합위원회가 유관부처들 간의 수평적 책임분담과 업무협조를 이끌었다. 구체 정책을 보면, 이주배경 유무를 기준으로 삼는 대신 '커뮤니티' 단위에서 공통 기준에 따른 교육정책을 추진했다. 이 같은 교육정책을 비롯해 프랑스정부는 이주민 집주지역과 상당 부분 중첩되는 빈곤·취약 지역에 대한 지원사업을 수행하는 방식으로 이주민통합의 주류화 정책을 추진했다. 그리고 이 과정에서 유럽연합에서 배분받은 유럽사회기금을 활용했다[Benton et al. 2014, p. 15; Desiderio and Weinar 2014, p. 9; Scholten et al. 2016]. 영국의 경우 새로 신규 이주민의 사회통합을 지원하기 위한 목적의 '소수종족성취기금'(Ethnic Minority Achievement Grant)이 일반 교육예산 배분 프레임으로 흡수된 바 있다. 다만 이는 지역사회 학교의 언어지원 인력이 감축되는 가운데 이뤄진 조치로 긴축정책의 성격을 가졌고, 그런 점에서 주류화 접근에 대한 고민을 낳기도 했다[Collett 2011, p. 19].

스웨덴은 고용위기 속에서 이주민통합의 성패가 노동시장 참여와 직결된다는 인식을 바탕으로 2010년에 '통합과젠더평등부'(Ministry of Integration and Gender Equality)를 해체하고 고용부에 유관부처들 간의 이주민통합 정책을 조정하는 역할을 맡겼다. 이처럼 스웨덴의 경우 고용 중심의 주류화 접근이 특징적이었다. 네덜란드에서도 2010~11년에 이주민통합 정책의 주무부처가 내무부에서 사회고용부로 바뀌었고, 여러 부처들이 각자가 담당하는 분야의 일반 공공정책을 통해 이주민통합 정책에 함께 관여했다[Desiderio and Weinar 2014, p. 8].

지향

이제 유럽 이주민통합의 주류화 기저에 흐르는 지향을 살펴보자. 핵심적인 가치지향은 사회 내 다양한 집단들 간의 상호 접촉과 이해의 증진 그리고 동등한 기회의 촉진이다[Scholten et al. 2016]. '인정'의 원리에 기반을 한 이주민 특정적 접근인 기존의 다문화주의 접근은 시민(선주민)과 비시민(이주민) 사이에 그어진 경계와 이로부터 파생된 정체성의 정치에 대한 근본적인 비판으로 이어지기 어렵다. 무엇보다도 인정의 원리는 상황변화에 따라 언제든지 철회될 가능성이 있다는 점에서 근본적인 한계를 갖는다[최진우 2017, 16쪽]. 이와는 대조적으로 주류화 접근은 위계적이고 이분법적인 성원권 정치를 문제시하고, 보다 일반적인 정책적 시야 속에서 이주민의 안정적인 지역사회 편입을 조력하며, 이주민이 이주사회에 소속감을 가지고 이주민과 선주민을 가로지르는 공통의 연대감을 갖도록 하는 대안적인 정치적 실험이라고 말할 수 있다. 물론 그 도전과제가 만만치 않은 것 또한 사실이지만 말이다. 이에 관해서는 후술한다.

이주민통합의 주류화 접근에 담겨 있는 이와 같은 지향성은 '간문화주의'(interculturalism)와도 공명한다. 다시 말해 이주민통합의 주류화는 어느 정도 간문화주의의 원리와 이념을 이주민통합 정책영역에 적용시킨 것으로 이해할 수 있다[Scholten et al. 2016; Benton et al. 2014, p. 37]. 간문화주의는 특정 인구집단에 초점을 두기보다는 다양한 구성을 가진 인구 전체를 아우르는 접근으로서 다양성에 대한 이해에서 본질주의적인 접근을 경계한다. 다시 말해 다양성을 출신, 민족, 문화로 환원시켜 이해하려는 경향을 배격한다[ZapataBarrero 2015, p. 5]. 간문화주의는 이러한 접근을 바탕으로 이주민이 지닌 특수한 사회문화적 배경이 아니라 커뮤니티와 그 구성원 필요에 주목한다. 즉 간문화주의는 종족적·민족적·문화적 요소에 호소하는 구별과 배제의 '정체성 정치'를 문제시하면서 동등한 기회, 상호접촉, 공통 소속감을 추구하는 이념 지향이자 실천이다. 유럽에서는 간문화주의의 이러한 이념을 구체적으로 실천하기 위해 '문화소통도시'(intercultural city) 만들기 실험이 이어져오고 있다.[2] 이처럼 이주민통합의 주류화는 간문화주의와의 관련성이 높은 정책적 접근이다.

3 덴마크의 이주민통합 주류화

역사

덴마크는 다른 유럽국가들과 비교해 상대적으로 뒤늦게 이민유입국으로 전환했다. 덴마크사회는 20세기 전반기까지만 하더라도 종족문화적으로 상당히 동질적인 사회였다. 하지만 전후(戰後) 덴마크는 더 이상 '이주의 시대'의 예외지대로 남아 있을 수 없었다. 노르딕과 서유럽 지역 밖으로부터의 이주민유입이 본격화되면서 다문화사회로 변모해 갔다[StokesDuPass 2015, p. 6]. 1960년대 후반부터 70년대 초까지 주로 터키·파키스탄·유고슬라비아에서 '초청노동자들'이 유입되었고(1차 물결), 1973년 초청노동자 도입 중단 조치 이후로는 가족재결합과 비호신청 형태의 이민물결이 일었다(2차 물결). 한시체류자로 간주되었던 초청노동자들 가운데 상당수가 정주자가 되었고 가족재결합 이민의 규모는 지속적으로 증대했다. 이러한 흐름을 배경으로 80년대 들어서면서 '이주민통합'이 정치적 이슈로 부상하기 시작했고, 이는 90년대 중반을 경유하면서 정당정치와 공직선거에서 주요 쟁점이 되었다[Mouritsen and Jensen 2014, p. 7].

이 같은 상황 속에서 덴마크는 유럽국가들 가운데 선도적으로 이주민통합법(Integration Act of 1998, 이하 '통합법')을 시행했다. 이 법의 기본 목표는 정치, 경제, 고용, 사회, 종교, 문화 등 제반 영역에서 이주민이 덴마크시민과 동등하게 참여하게 만들고, 이들의 경제적 자립역량을 높이는 것이었다. 이와 더불어 통합법은 덴마크사회의 기본적인 가치와 규범에 대한 이주민의 이해도를 높이려는 의중을 반영했는데, 이는 상당 부분 이주민이 겪는 노동시장통합과 가치통합의 어려움에 대한 덴마크사회의 우려에 기인한 것이었다. 특히 이 같은 우려의 근저에는 무슬림문화가 복지국가를 지탱하는 사회적 결속과 연대의 기반을 침식시킬 수 있다는 인식이 함께 깔려 있었다. 이는 그만큼 덴마크사회에서 아직까지 문화적 동질성의 유지에 대한 집착이 컸음을 방증하는 것이기도 하다[Mouritsen and Jensen 2014, pp. 8~10; Borevi et al. 2017, p. 7]. 실제로 이러한 인식은 우파 정치엘리트와 주류 미디어에 의해 주조되고 확산되었다.

2001년에는 극우성향을 보인 덴마크국민당(Dansk Folkeparti, 이하 '국민당')의 지지에 힘입어 자유당과 보수당이 총선에서 승리를 거두었다. 우파연합의 승리로 출범한 연립정부는 우선 난민이주민통합부(Ministry of Refugees, Immigrants, and Integration, 이하 '통합부')를 신설해 이주민통합정책의 총괄 조정역할을 부여했다[Jørgensen 2014, pp. 1, 2]. 이는 선거캠페인에서 약속했던 강경 이민정책 추진의 신호탄이었다[Mouritsen and Jensen 2014, p. 10]. 통합부는 기존에 8개 부처에서 다루던 업무들을 총괄적으로 관리해 가면서 우수사례를 발굴해 공유하고 지식기반을 구축하였으며 로컬정부에 이주민통합에 관한 자문을 제공했다[Jørgensen 2014, p. 6].

다음으로, 통합법 시행 이후 2000년대에 걸쳐 덴마크의 이민정책은 줄곧 제한주의적인 특징을 보였다. 특히 이주민의 개인 책임성과 자립역량을 강조한 '시민통합'(CI)의 정책논리가 힘을 얻었다[같은 책, p. 2]. 이 같은 정책기조의 저변에는 다음과 같은 계산적 합리성과 두려움이 깔려 있었다. 한편으로는 사회경제적으로 주변화된 이주배경 인구는 통합이 어려울 뿐만 아니라 복지와 재정부담을 가중시키기에 신규 이주민 유입을 제한해야 한다는 인식이 자리하고 있었다. 다른 한편에서는 덴마크의 고유한 문화정체성이 이주민(특히 무슬림)의 유입과 정주 그리고 다문화주의 이념과 정책으로 손상될지도 모른다는 두려움도 컸다[Stokes-DuPass 2015, p. 81]. 국민당은 이러한 사회분위기에 편승하는 동시에 이민에 대해 부정적인 여론형성을 주도해 나갔다. 그러면서 집권연장을 위해 원내 다수 의석의 확보가 필요했던 보수당-자유당 연정의 파트너로서 2001년부터 2011년까지 이민정책에 실질적인 영향력을 행사했다[Borevi et al. 2017, p. 8].

이처럼 보수당-자유당-국민당의 삼각동맹은 보수매체의 영향력까지 등에 업고 이민관련 법제의 통제적·규율적 요소를 강화시켰다. 특히 이 과정에서 정치적 삼각동맹은 통합법과 시민법 등 유관 법령의 개정을 통해 '인종화된 타자'(racialize other)와 함께 그 대척점에 놓인 '덴마크적인 것'(Danishness)을 동시에 주조해 냈다[Stokes-DuPass 2015, pp. 27, 30]. 이는 입법이라는 권력의 기술을 활용해서 차별과 배제의 요소가 농후한 정체성의 정치를 의도적으로 조장한 것으로 평가할 수 있는 대목이다.

이러한 문화정치의 맥락에서 덴마크정부는 '기여자'로 간주되는 전문인력과 유학생의 유입에 대해서는 환대와 관대의 태도를 보인 반면, 가족재결합과 비호신청을 통한 이주민유입에 대해서는 '덴마크적인 것'에 대한 잠재적 위협으로 보면서 더욱 제한적인 태세를 취했다. 이들은 덴마크어와 덴마크 사회·문화·역사 교육을 포함한 통합 프로그램을 의무적으로 이수해야만 했다. 이는 정작 그린카드 소지자와 동반가족, 노르딕국가와 유럽연합 회원국 시민에게는 적용되지 않았다는 점에서 차별적 요소를 지닌 조치였다[Mouritsen and Jensen 2014, p. 11; Stokes-DuPass 2015, p. 7]. 이에 더해 덴마크정부는 노동시장 참가를 이주민통합의 가장 효과적인 수단으로 보고 이들의 자립에 도움이 된다는 논리를 내세우며 노동시장 참가를 압박했다. 이 밖에도 덴마크정부는 통합 수준을 측정하는 시험의 결과를 영주자격 및 국적 취득조건과 결부시켰는데, 이는 결과적으로 '이주민통합'과 '이민통제'의 경계를 더욱 모호하게 만들었다.

이후 2011년 10월 총선에서 사회민주당·사회자유당·사회국민당의 좌파연합이 신승을 거두었다. 이로써 10년 만에 정권교체가 이루어졌다. 이는 덴마크의 현대 이민정책사에서도 중요한 분기점이었다. 무엇보다도 이주민통합 거버넌스에 중대한 변화가 나타났다. 중앙집중식 관리·조정 방식이 분권화된 거버넌스로 바뀐 것이다. 통합부가 해체되면서 사회부와 합쳐져 출범한 '사회통합부'(Ministry of Social Affairs, Children, and Integration)가 정책 전반을 총괄하게 된 가운데 이주민통합의 책임과 기능이 여러 행정부처로 분산되었다. 법무부는 이민서비스·망명·귀화 등을, 고용부는 난민과 이주민의 노동시장통합을, 아동교육부는 이주배경 아동의 학교시스템 내로의 통합을 담당하게 되었다. 또한 유관 행정부처들 간의 책임분담과 역할조정을 위해 9개 부처가 참여하는 정부위원회가 신설되었다. 이로써 이주민통합 정책에 관한 전(全)정부적 관여와 조정기능이 한층 더 강화되었다 [Desiderio and Weinar 2014, p. 9].

마틴 요르겐슨(Martin Bak Jørgensen)에 따르면, 이처럼 덴마크정부가 전담부처를 없애고 이주민통합 행정을 다중화한 이유는 다음과 같다 [Jørgensen 2014, pp. 5, 6]. 우선 지난 10년간 이어진 우파 집권세력의 이민정책의 기조를 바꾸고자 한 좌파연립정부의 눈에 통합부는 제한주의적인 이민정책을 상징하는 것으로 비춰졌다. 물론 통합부 해체를 두고서 상징정치의 일환으로만 본다면 단견이다. 당시 정부조직 개편의 이면에는 이주민통합 전담부처의 역할과 권한이 강화될 경우 오히려 이주민통합 행정 거버넌스의 범위가 축소될 수 있다는 정책적 판단이 함께 작용했다.

한편 전담부처 해체와 이주민통합 행정의 다중화는 사실상 교육, 고용, 복지 등 일반 공공정책 영역으로 이주민통합을 주류화하기로 방침을 정했음을 의미하는 것이었다. 물론 덴마크정부가 '주류화'라는 용어를 정책표어로 밝힌 것은 아니었지만 말이다. 과거 통합부가 추진한 구상들이 이주배경 인구를 대상으로 한 이주민 특정적 프로젝트였다면, 이제는 이주민통합의 과제를 복수의 공공정책 영역에 포함시키는 방식으로 정책접근을 달리하기 시작한 것이다.

그렇다면 덴마크정부가 이주민통합의 주류화를 본격적으로 추진한 까닭은 무엇일까. 이 물음에 대한 답은 크게 네 가지로 압축된다. 첫째, 덴마크에 거주하는 이주배경 인구의 규모가 이주민 특정적 접근만으로 감당할 수 없는 수준에 이르렀다는 정책적 판단이 작용했다. 2012년 1월 기준 이주배경 주민은 58만 461명으로 전체 인구의 10.4%를 차지하는 것으로 나타났다. 특히 이 가운데 30%는 대도시인 코펜하겐시와 오르후스시에 거주하는 등 이주민 집주도시들이 정책적 관심대상으로 부상했다[같은 책, p. 1]. 코펜하겐시의 경우 10년 사이 이주배경 주민 비율이 11.5%에서 22.2%로 두 배나 늘었다[City of Copenhagen 2011]. 덴마크에서 이 같은 이주배경 인구의 증대와 다양성 심화는 이주민 집주도시들을 중심으로 새로운 이주민통합 정책 패러다임에 대한 수요를 낳았고, 그런 가운데 이주민통합이 고용·교육·문화·복지 등을 아우르는 다면적 과제라는 인식이 주류화 접근을 뒷받침했다[Jørgensen 2014, p. 20].

둘째, 정책입안가들은 이주민통합의 다면성에 대한 이해를 바탕으로 유관 행정부처들과 공공기관들의 전문성과 자원을 포괄적으로 활용할 필요성을 느꼈다. 다시 말해서 덴마크정부의 주류화 접근의 기저에는 고용·교육·복지 등 공공정책 영역에서 일반인구를 대상으로 유사한 이슈를 다루어본 행정부처들의 대응역량이 이주민통합 거버넌스에 효과적으로 쓰일 수 있다는 인식 그리고 각 행정부처가 자신이 관할하는 정책영역에서 최고 수준의 전문성과 역량을 바탕으로 이주민통합에 기여할 수 있다는 전제가 깔려 있었다[같은 책, pp. 5, 7].

셋째, 특정 사회집단에 대한 통합정책과 포용사회의 기반구축은 보다 일반적인 정책 프레임에서 더 잘 이루어질 수 있다는 인식이 이주민통합 주류화의 토대원리로 작용했다고 볼 수 있다[같은 책, p. 11]. 이를테면 교육정책에서 이주민통합 주류화는 모든 아동이 기초교육에 동등하게 참여할 수 있는 기회를 누려야 한다는 원칙을 기반으로 한다. 이처럼 주류화 접근은 이주민에 대한 경계심·차별·낙인을 줄이고 종족문화적 표지(標識)들을 가로지르는 공동체적 사고와 연대의식을 형성하는 데 있어 이주민 특정적 접근에 비해 보다 효과적이라는 인식에 기반을 한 것이었다[같은 책, p. 6].

넷째, 이주민통합 주류화는 경제적 필요를 반영한 정책적 접근이기도 했다. 긴축재정 국면에서 이주민 특정적 접근은 이주민 대상의 별도의 예산과 자원을 필요로 하기에 경제적 비용절감 차원에서 정책선택지에서 주변화되거나 제외되는 경향이 나타난다[같은 책, p. 9]. 덴마크정부 역시 이런 점에서 이주민통합 과제를 일반정책 프레임으로 흡수하여 비용을 절감하고자 했던 것으로 보인다. 실제로 덴마크정부가 이주민통합 주류화 정책을 본격적으로 추진한 시점은 2008년 세계경제 위기의 여파가 거셌을 때였다.

사례

덴마크에서 시도된 이주민통합 주류화의 구체 사례들을 살펴보면, 우선 중앙정부가 이주민의 노동시장 통합을 강조하면서 일련의 일반교육 프로그램들을 통해 이를 뒷받침하고자 했다. 몇 가지 대표적인 사례를 보면, 먼저 '95% 중등교육이수 정책'의 경우 모든 아동을 대상으로 95%가 중등교육을 이수하도록 하는 정책이다[같은 책, p. 13]. 이 정책은 구조적 실업과 불평등 문제에 대한 대응책인 동시에 사회보장 수혜규모를 줄이려는 의도가 내포해 있었다. 특히 이 정책은 이주배경 아동을 정책의 적용대상으로 특정한 것은 아니었지만 실제로 이들이 수혜할 공산이 컸다. 실제로 많은 이주배경 아동이 이주민 집주지역과 상당 부분 중첩되는 취약지역에 적용된 '종일학교'(all day schools)라는 일반교육 프로그램의 혜택을 누릴 수 있었다[Scholten et al. 2016, p. 12]. 다음으로, 미취업 및 실직 상태에 있는 30세 이하 청년을 대상으로 한 사회보호 개혁은 적용대상군에 이주배경 청년이 과대대표된 것으로 나타난 바 있다. 사실상 이주민통합의 효과를 함께 겨냥한 정책으로 볼 수 있는 대목이다. 이와 유사한 정책으로, 40세 미만을 대상으로 조기퇴직 대상자가 되기 전에 자신의 능력과 자격에 맞는 교육 프로그램에 의무 참석토록 한 조기퇴직-유연직업 연계 프로그램도 이주민통합 주류화의 또 다른 사례였다[Jørgensen 2014, p. 17].

눈길을 끄는 또 하나의 사례는, 2011년 총선 이후 출범한 연립정부가 이듬해 공표한 '통합 바로미터'(integration barometer)다. 이는 국가 통합 바로미터와 로컬 단위의 98개 통합 바로미터를 포괄하며, 이주민통합의 다중다층적 거버넌스에 대한 지향을 잘 보여준다[Ministry of Culture 2019, p. 16]. 구체적으로 중앙정부는 9개의 측정항목별로 진척상황을 파악한다. '노동시장 참가' '교육수준' '덴마크어 능력' '능동적 시민성' '동등대우' '자율적인 삶' '복지의존' '취약지역' '범죄'로 구성된 측정체계는 이주민통합의 다면적 성격을 전제로 한 것이다.[3] 아울러 '노동시장 참가'가 첫번째로 제시된 사실은 이주민통합에서 노동시장 통합이 특별히 강조되고 있음을 말해준다. 한편 로컬정부는 '노동시장 참가' '교육수준' '덴마크어 능력' '복지의존' '취약지역' '범죄'의 6개 공통 영역을 바탕으로 이주민통합의 진척상황을 측정한다. 6개 항목은 2013년에 사회통합부 내에 설치된 '통합T/F'가 로컬 단위의 이주민통합 상황을 파악하기 위해 국가 통합 바로미터에서 로컬 단위 평가에 적합한 항목들을 선별한 것이다[Jørgensen 2014, p. 14].

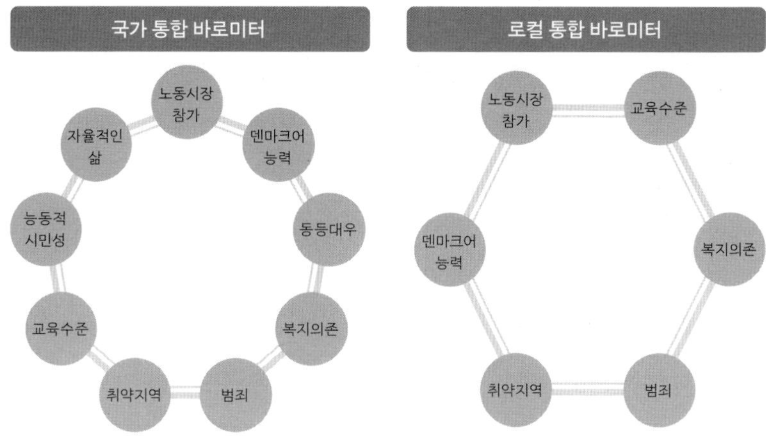

〈그림〉 덴마크 통합 바로미터

중앙행정과 지역행정을 거버넌스 차원에서 연계하려는 시도들도 눈에 띈다[같은 책, p. 4]. 대표적으로 사회통합부의 재정적인 지원하에 사회통합부와 로컬정부 및 시민사회단체가 참여하는 회의가 매년 세 차례 열렸다. 또한 지자체·민간부문·NGO 출신의 위원 6명을 포함하는 사회통합부의 통합T/F는 이주민통합 우수사례를 발굴해 공유했다.

이상에서 보듯이 2011 총선을 기점으로 덴마크정부의 이주민통합 정책은 국가 주도성이 완화되고 분권화되는 추세를 보였다. 특히 이 같은 분권화의 흐름 속에서 이주민통합의 주류화 실험이 가장 두드러지게 나타난 곳은 이주민 집주도시들이었다. 이는 중앙정부가 세운 정책의 구체 시행이 로컬 단위에서 이루어질 수밖에 없다는 점에서 당연해 보인다[Nielsen et al. 2017, p. 49]. 그렇지만 보다 핵심적인 이유는 다른 데 있었다. 실제로 이주민 집주도시는 다면적 특성을 가진 이주민통합 과제를 시급히 풀어야 할 당면 과제로 떠안고 있었기에 더더욱 주류화 접근에 적극성을 보일 수밖에 없었다[Jørgensen 2014, p. 20]. 그렇다면 덴마크의 이주민 집주도시에서 이주민통합의 주류화는 어떻게 이루어져 왔을까. 여기서는 코펜하겐시와 오르후스시의 사례에 주목한다.

코펜하겐시: '모두 함께 만들어가는 코펜하겐시'

먼저, 코펜하겐시는 '다양성'(diversity)을 주요 시정목표로 채택하여 도시의 국제경쟁력을 높이는 동시에 시민의 사회적 결속을 증진시키고자 했다[Nielsen et al. 2017, pp. 51~53]. 여기서 다양성 개념은 다원주의와 간문화주의 지향을 내포했고, 그런 점에서 2000년대 걸쳐 이어진 중앙정부의 제한주의 이민정책의 접근과 선명하게 대조되었다. 무엇보다도 코펜하겐시의 다양성 증진 정책은 사실상 주류화 접근을 기반으로 한 것이었다. 다양성 증진을 시의 모든 부서의 책임으로 만들었고, 서로 다른 사회문화적 배경을 가로질러 모든 시민의 적극적인 참여를 이끌어내고자 했다.

코펜하겐시의 이주민통합 정책은 이처럼 주류화 접근에 기반을 한 시의 다양성 전략 속에서 추진되었다. 특히 이는 중앙정부 수준에서의 정권교체에 의해 더욱 탄력을 받은 것으로 보인다. 먼저 코펜하겐시는 '신통합정책'(2011~14)을 실시했다. "모두 함께 만들어가는 코펜하겐시"(Engage in CPH)라는 구호를 내건 신통합정책은 2015년까지 시를 유럽에서 가장 포용적인 도시로 만드는 것을 목표로 했다. 정책 추진과정에서 코펜하겐시가 가장 중시한 것은 모든 시민의 동등한 기회를 촉진시키는 것이었고, 이를 위해 시정부는 전영역에 걸쳐 모든 이해당사자들의 적극적인 관심과 참여를 독려했다[Jørgensen 2014, p. 8].

대표적으로 '다양성 헌장'(Diversity Charter)은 코펜하겐시의 이 같은 지향과 의지를 명징하게 보여주었다. 헌장에 서명하는 모든 주체는 다음 세

가지 원칙을 승인하게 된다. 첫째, 다양성이 힘이다. 둘째, 시의 모든 구성원에게 참여의 기회가 보장되어야 한다. 셋째, 시민권은 특권이 아니라 모두를 위한 것이다. 다시 말해 법형식상 혹은 사회적 차별로 인해 비시민으로 여겨진 주민을 동등한 시민으로 포용하는 것이야말로 모두의 관심사가 되어야 한다는 뜻이다.[4] 코펜하겐시는 다양성 헌장에 새겨진 이 같은 정신을 바탕으로 자민족 중심주의 색채를 띤 '동화'를 연상시키는 '통합' 개념 대신 '다양성'과 '포용' 개념을 내걸고 이주민 통합을 추진했다[Nielsen et al. 2017, p. 50]. 일례로 코펜하겐시는 '통합 바로미터'를 '포용(inklusion) 바로미터'로 재명명하면서 이 지향을 전면화했다. 특히 이는 노동시장 통합을 중심으로 경제적 측면을 최우선시하는 경향을 보인 중앙정부의 이주민통합 주류화 접근과는 사뭇 다른 모습이었다[Jørgensen 2014. pp. 7~9].

그렇지만 중앙정부와 마찬가지로 코펜하겐시 역시 이주민통합의 관점·지향·목표·과제를 시의 일반 공공정책으로 주류화해 나갔다. 특히 교육과 고용 분야에서 정책 추진속도에 탄력이 붙었다. 이는 이주민통합과 관련해 두 정책분야가 서로 관련되어 있기에 더욱 그러했다. 코펜하겐시의 이주민 통합 정책은 초등교육 이수에서 시작되어 중등교육을 거쳐 고용을 통한 노동시장 통합으로 이어지는 일련의 '과정'을 염두에 둔 것이었다. 예컨대 코펜하겐시의 아동청년부(Children and Youth Administration)의 일반 행동계획은 모든 아동과 청년을 대상으로 종족문화적 배경과 무관하게 초등교육 이수를 시작으로 일련의 교육과정을 마친 뒤 노동시장에 참가할 수 있게 만든다는 목표를 내걸었다. 이는 교육과 고용을 연계하는 일반 공공정책이지만 그 안에는 이주민통합의 관점이 반영되어 있었다. 2011~12년 행동계획의 목표들 가운데 비서구 출신의 이주민과 그 후손의 실업규모를 줄인다는 목표는 다른 목표들과 함께 시의 일반 고용정책으로 흡수되었다[같은 책, pp. 7, 8].

정책 거버넌스의 관점에서 보면 코펜하겐시에서 다양성 관련정책을 책임지는 행정조직은 고용통합부(Employment & Integration Administration), 보다 구체적으로는 그 안에 설치된 포용고용센터(Centre for Inclusion & Employment)였다. 고용통합부는 시의 여러 행정기관이 수행하고 있는 이주민통합 관련업무를 조정하면서 종족문화적 소수에 속하는 주민의 포용, 더 구체적으로는 이들의 노동시장 통합, 동등대우, 반(反)차별 등을 책임지고 로컬 단위에서 이주민통합의 주류화를 선도했다[같은 곳; Nielsen et al. 2017, p. 50].

오르후스시: "우리는 모두 오르후스 시민이다"

다음으로 오르후스시 사례를 살펴보자. 오르후스시는 1996년부터 이주민통합 정책을 선도적으로 발전시켜 왔다. 특히 이주민통합의 과제를 포용적 시민권과 반차별, 교육, 고용, 주거를 비롯해 주요 일반 공공정책 프레임 속으로 주류화해 왔다. 오르후스시는 이러한 경험을 토대로 2007년에는 모든 시민을 위한 동등한 기회를 창출한다는 목표하에 이주민통합의 과제를 일반 공공정책에 반영하는 주류화 접근을 이주민통합의 새로운 정책 프레임으로 공식 채택했다[Jørgensen 2014, p. 10]. 시정부는 이주민통합을 시 전체가 관여해야 할 협동과제로 보고 '주류화' 개념을 명시적으로 언급하면서 이주민통합을 시의 다양한 부처들과 소속직원들이 고려해야 할 주요 사안으로 만들고자 했다. 이는 성공적인 이주민통합은 전부처의 관여 없이는 달성하기 어렵다는 인식을 반영한 것이었다[같은 책, p. 9].

실제로 오르후스시는 시 안의 모든 종족문화적 소수집단을 포용하는 일련의 통합목표들을 담은 지침을 제시하고 이를 모든 부처의 일상업무에 반영하도록 했다[Mouritsen and Jensen 2014, p. 12]. 아울러 이주민통합 정책 추진에서 주류화 정책의 기조하에 사회적 결속 강화를 주요 목표로 내걸고 이주배경 주민을 포함한 모든 구성원의 적극적 참여를 독려했다. 오르후스시는 시 공식 홈페이지에서 다음과 같은 표어를 제시하기도 했다. "우리는 모두 오르후스 시민이다"(We are All Aarhusians).[5] 시정부의 이러한 행보는, 공동체의 모든 구성원은 자신의 삶에 중대한 영향을 끼치는 모든 정책결정 과정에 관여할 수 있어야 한다는 민주주의 원칙을 반영한 것이기도 했다.

좀더 구체적으로 보면, 오르후스시가 추진한 대표적 이주민통합 주류화 정책은 '맞춤형 공공서비스'(service differentiation)였다. 이는 시정부가 이주민통합을 위해 제시한 일반 공공정책 프레임이다[Jørgensen 2014, pp. 9, 10]. 기본적인 내용은 다음과 같다. 시 안에서 다양한 집단들은 저마다 다른 필요와 특수한 요구를 갖고 있다. 그렇기에 이런 상황에서 동등한 기회의 정책목표를 달성하기 위해서는 이들의 다양한 정책적 수요를 시 정책에 효과적으로 반영해야 한다. 다시 말해서 시 안에 거주하는 다양한 집단들에 제공되는 공공서비스가 각 집단의 특수한 여건과 요구를 잘 반영해야만 한다. 이때 핵심은 집단별로 같은 공공서비스의 '수준'을 다르게 적용하는 것이 아니라 공공서비스의 '성격'을 대상집단의 특수한 상황과 요구에 맞춰 차별화하는 것이다. 이는 도시 내 집단들 간에 존재하는 차이와 불평등을 인정하고 궁극적으로 동등대우와 동등한 기회를 보장하기 위한 조치다.

결국 맞춤형 공공서비스 정책의 성패를 가르는 핵심은 각 집단의 특수한 사정을 얼마나 정확하게 파악할 수 있는가에 있다. 각 집단의 특수한 상황과 필요를 확인하기 위해서는 이들의 참여, 즉 이들과 시당국 간 대화의 제도적 기반이 갖춰져 있어야 한다. 이에 오르후스시는 맞춤형 공공서비스 정책의 입안과 시행 과정에서 다양한 주민집단의 참여를 환영하고 독려했다. 오르후스시는 이 같은 방식을 통해 이주배경 주민의 특수한 여건과 요구를 고려한 통합정책을 추진해 갔다. 이처럼 맞춤형 공공서비스 정책은 시민 간 동등한 기회를 지향점으로 삼고 이주배경 주민의 특수한 필요와 요구를 일반정책 프레임으로 통합시켰다. 그런 점에서 이 정책은 일반 공공정책 프레임 안에서 이주민 특정적 접근을 심화시킨, 가교적인 형태의 정책실험이었다고도 말할 수 있다.

오르후스시의 '지역기반 접근'은 이주민통합 주류화 정책의 또 다른 사례이다. 당시 오르후스시 내의 빈곤지역에는 취약계층이 밀집해 거주하고 있었는데 이는 시정부가 풀어야 할 주요 현안이었다. 오르후스시는 이 문제를 풀기 위해 시민의 능동적 참여를 핵심으로 하는 '오르후스 도심 프로그램'(2002~2007)을 가동시켰다. 총예산은 8600만 덴마크크라운이었는데 유럽연합 집행위원회가 이 가운데 4천만 덴마크크라운을 지원했다 [Winkel 2012]. 지역기반 접근에 기초한 이 프로그램은 긍정적인 결과를 만들어냈다. 2000~2004년에 16~66세 이주민 및 난민의 고용률이 29%에서 31.2%로 증가했고, 2000~2005년에 걸쳐 범죄율이 현격하게 낮아졌으며, 문화여가 활동에서도 이주배경 주민과 여타 주민이 비슷한 수준의 참여도를 보인 것으로 나타났다.[6]

교육분야에서도 이주민통합 주류화 정책의 사례를 찾을 수 있다. 2005년 시의회는 덴마크어 집중교육이 필요한 아동을 시에 소재한 다른 학교로 전학시키는 내용을 담은 결의안을 통과시켰다. 덴마크어가 모어가 아닌 이주배경 학생의 비율이 가파르게 상승하는 가운데(1989년 6%→2010년대 초반 20%) 이들이 시 안의 특정 지역들에 소재한 학교에 몰리고 평균 학업성취도가 현격하게 떨어지는 데 따른 대응책이었다. 이후 각 학교는 사회문화적 배경과 무관하게 덴마크어 교육 지원이 필요한 아동을 전체 재학생의 20%까지만 수용할 수 있게 되었는데, 이 20% 안에 상당수의 이주배경 학생이 포함될 것으로 예상되었다. 또한 전학에 따른 교통불편을 해소하기 위해 해당 학교가 소재한 시내 관할 지자체는 전학아동을 위해 통학용 교통 서비스를 제공했다[Froy and Pyne 2011, p. 23].

이상에서 살펴보았듯이 두 도시에서는 이주민통합과 관련하여 서로 밀접하게 관련된 고용정책과 교육정책에서 주류화 접근을 시도했고, 이는 중앙정부의 주류화 추진방향과도 대체로 일치했다. 그렇지만 중앙정부와 이주민 집주도시가 추진한 주류화 접근의 기저에 깔린 지향은 미묘한 차이를 보였다. 국가 수준에서는 이주민통합의 경제적 측면에 관심이 컸지만 오르후스시와 코펜하겐시는 교육-고용 연계성을 중시하면서도 그 바탕으로 '다양성'과 '포용'의 가치지향을 분명히 했다. 두 도시는 주류화 접근을 바탕으로 한편으로는 '동등한 기회' 증진과 '사회적 결속' 강화를 통해 갈등을 예방·관리하고, 다른 한편으로는 '다양성'과 '포용'의 가치를 전면화하여 도시 브랜드 구축을 통해 시의 발전을 도모하고자 했다. 그런 가운데 두 도시는 주류화 추진방식에서 미묘한 차이를 보였다. 코펜하겐시가 이주민을 '포용'의 대상으로 간주하는 경향을 보였다면, 오르후스시는 이들의 적극적 '참여'를 특별히 강조했다. 이처럼 덴마크는 국가 단위와 로컬 단위 간에 그리고 이주민 집주도시들 간에 미묘한 차이를 보이며 이주민통합의 주류화를 추진해 왔다.

그렇다면 이러한 시도들이 다문화사회의 위기를 극복하기 위한 처방책으로서 갖는 효과를 어떻게 평가할 수 있는가? 우선, 새로운 정책에 대한 총체적 평가는 그것의 중장기적 효과까지 포괄해야 한다는 점에서 확정적인 평가를 내리기는 아직 이르다. 더욱이 2015년 총선에서 우파 정치세력으로 정권교체가 이루어졌는데 이는 정책효과를 더욱 불확실하게 만들었다.[7] 물론 주류화 정책의 효과가 불확실한 원인이 정당정치에만 있는 것은 아니다. 그전에 이주민통합 주류화 정책의 효과를 객관적으로 평가하는 것 자체가 까다로운 일이다. 이는 프로젝트 단위의 이주민 특정적 접근과 달리 주류화 접근은 대체로 일반 공공정책 프레임과 부처 간 조정과정을 거쳐 추진되고 다양한 행위자들이 관여하기에 원인분석, 예산책정, 책임소재, 결과평가에 모호한 측면이 있기 때문이다[Nielsen et al. 2017, pp. 59~61]. 그렇기에 오르후스시의 경우에는 주류화 정책에 대한 이해도 제고와 평가를 위해 우수사례를 발굴해 공유하는 방식을 활용하기도 했다[Jørgensen 2014, p. 21]. 요컨대 주류화 접근의 효과를 검토하기 위해서는 주류화 정책 프레임에 적합한 객관적 평가 기준과 방식을 마련해야 한다.

한편 덴마크가 이주민통합 주류화 과정에서 극복해야 할 보다 근본적인 도전과제가 남아 있다[Nielsen et al. 2017, pp. 60, 61; Jørgensen 2014, pp. 4~11]. 이는 다른 이민국가들에도 해당된다는 점에서 덴마크에 특수한 과제가 아닌 공통 과제라 말할 수 있다. 중앙과 지방을 불문하고 이주민통합 과제에 충분히 주의를 기울이면서 지속적으로 이주민통합 정책을 조정해 나가는 일은 난제다. 여러 주체들이 역할과 책임을 효과적으로 분담하고 시너지를 높이기 위해서는 조정기능을 강화해야 하는데 이는 만만치 않은 과제다. 그것은 이주민통합의 시도들이 일반 공공정책 프레임 속으로 주류화되는 경우에 궁극적으로 '누가' 이주민통합 정책에 대해 '어느 정도'의 책임을 져야 하는지가 불분명해지기에 더욱 그러하다.

다음으로, 주류화의 다중다층적 거버넌스 구조는 자칫 이주민통합에 대한 정부책임성과 각 주체의 적극적 관여를 약화시키는 구실이 될 수 있다. 즉 거버넌스 구조하에서 이루어지는 분권화가 책임회피나 책임전가라는 의

도치 않은 결과를 낳을 수 있다는 말이다. 이 밖에도 주류화 접근과 특정적 접근의 균형점을 찾아야 하는데 이 역시 쉽지 않은 과제다. 이를테면 주류화 접근만으로는 대처하기 어려운, 즉 일반 공공정책이 미처 아우르지 못하는 사안들이 있을 수 있다. 이 경우 이주민의 필요와 요구가 명백하고 합당할 경우 주류화 접근은 이주민 특정적 접근에 의해 보완되어야 한다. 그런 점에서 특정적 접근을 배제한 주류화 접근 일변도의 정책은 오히려 이주민에 대한 차별·소외·배제를 방관하게 만들 수 있다는 점도 잊어선 안 된다.

4 나가는 말

통합은 갈등을 문제적 상황으로 전제하되 갈등의 완전한 소거를 목표로 하지 않는다. 이는 갈등이 정치의 내재적 본성이라는 점에서 그렇다. 결국 갈등조정으로서의 통합은 정치의 영원한 과제일 수밖에 없다. 이주민통합도 마찬가지다. 이주민통합은 이주민 규모와 종족문화적 다양성의 증대에 따른 새로운 갈등조정 방식에 대한 끊임없는 요청이다. 이에 비춰볼 때 유럽사회에서 지역·국가·로컬 단위에서 동시에 추진되고 있는 이주민통합 주류화는 이민사회의 갈등조정을 위한 정치적 실험이다.

이 글에서 살펴본 것처럼 이주민통합의 주류화는 이주민 특정적 접근과 달리 일반 공공정책 전반에 걸쳐 이주민의 여건과 권익을 고려하는 접근으로, 전체 정부 차원에서 행정조직들 간의 다중적인 역할조정과 책임분담 그리고 중앙정부·지방정부·지역사회·시민단체를 아우르는 다층적인 협조를 기반으로 한 '다중다층적 거버넌스'의 구축 및 추진이다. 특히 주류화 접근은 타자에 배타적인 위계적 성원권 정치를 넘어설 수 있는 하나의 관점을 제공해 준다. 즉 주류화 접근은 이문화 배제적인 정체성의 정치를 지양하고 이주민에게 동등한 기회를 촉진함으로써 공통의 소속감을 높이는 데 기여할 수 있다. 아울러 주류화 접근은 그간 이주민통합의 사안과 무관하거나 관련성이 높지 않았던 것으로 간주되어 온 (중앙정부와 로컬정부의) 행정영역들이 갖는 의미와 가능성을 이주민통합의 관점에서 재해석한다. 이런 점에서 이주민통합의 주류화는 각 행정조직의 경험과 전문성을 전정부적 관점에서 포괄적이면서도 유기적으로 활용한다. 한마디로 이주민통합을 위한 행정 거버넌스의 범위를 확장시킨다.

그렇지만 이주민통합의 주류화는 구체 맥락과 추진방식에 따라 그 효과가 다르게 나타난다. 무엇보다도 주류화 접근이 성공을 거두기 위한 조건들을 충족시키는 일이 만만치 않다. 우선 별도의 전담부처를 두지 않은 가운데 여러 행정부처들 간에 그리고 중앙정부와 지방정부 간에 책임분담과 상호협력을 위한 효과적인 조정 메커니즘을 확보해야 한다. 그렇지 못할 경우 주류화는 오히려 정책의 일관성을 훼손하고 이주민통합에 대한 행정부처들의 책임성을 약화시키며 나아가 부처들이 서로 책임을 떠넘기는 결과를 낳을 수 있다[Scholten et al. 2016, p. 6; Jørgensen 2014, pp. 7~9]. 조정 메커니즘을 잘 갖추었다고 해서 문제가 다 해결되는 것은 아니다. 공식적인 제도화의 수준을 적절히 조절하는 것도 못지않게 중요한 과제다. 이를테면 조정 메커니즘이 지나치게 촘촘하게 법제화되면 재량영역이 협소해져서 이주민통합과 관련된 새로운 정책수요에 유연하게 대응하기 어렵다[Collect and Petrovic 2014, p. 15]. 이주민통합과 관련해서는 주류화 접근이 미처 포괄하지 못하는, 이주민이 처한 특수한 조건과 맥락을 고려해야만 하는 상황이 있다는 점도 반드시 염두에 두어야 한다. 이 경우 주류화 접근은 특정적 접근에 의해 보완되어야 한다. 이 밖에도 부처 간 협의체나 사무국을 둔 위원회와 같은 부처 간 책임조정 메커니즘의 효과적 운영을 뒷받침할 수 있는 정치지도력이 요구되며, 각 행정부처(의 담당부서)는 관할 정책영역에서 '이주민통합 감수성'을 지니고 있어야 한다[한준성 2017, 26쪽]. 정치엘리트와 관료엘리트가 이주민통합의 관점이 박약한 경우 주류화 접근은 동화정책으로 귀결될 공산이 크다.

특히 이주민통합의 주류화는 하나의 정책 프레임으로서 만일 시민평등 원칙 및 문화다양성 가치와 적극적으로 결합되지 못하면 신자유주의적 거버넌스로 포섭될 수 있다. 이는 정책과정에서 이주민의 참여나 대표의 기회가 제한적인 경우에 더욱 그러하다. 이주민통합의 주류화 정책이 민주적 토의과정을 건너뛴 채 긴축재정 정책의 틀 속에서 추진되면 경제효율성 논리에 매몰되어 이주민이 처한 구조적 불평등이 더욱 교묘하게 은폐될 수 있다. 더욱이 신자유주의 통치틀에 갇힌 주류화 접근은 이주민 권리 주창활동, 특히 미등록 이주민의 권익 옹호활동에 힘을 쏟아온 이주인권단체들의 영향력을 약화시키기 위해 이들에 대한 예산배분을 삭감하는 방식으로 악용될 수도 있다[Collett 2011, p. 14]. 이는 이 단체들이 대체로 이주민 특정적 접근을 기반으로 한 지원사업들을 수행해 왔다는 점에서 주류화 접근을 보완할 특정적 접근의 중요한 자원의 소실을 야기할 수도 있다. 그렇지만 과도한 회의론의 함정에 빠져선 안 된다. 이주민통합 주류화의 정치적 실험은 그 도전과제가 만만치 않지만 제대로 작동한기만 한다면 갈등조정이라는 소극적 차원을 넘어 다양성에 기초한 국가(도시) 발전에 모멘텀을 제공해 줄 수 있기 때문이다. 물론 이를 위해서는 이주민통합 주류화 정책 프레임이 트랜스내셔널하고 간문화적인 관점과 잘 맞물려 작동해야 하지만 말이다.

주

1 일례로 네덜란드는 매해 배분받는 유럽사회기금 가운데 대부분(7200만 유로 가운데 5천~5500만 유로)을 이주배경 청년의 노동시장 통합을 염두에 둔 일반 공공정책에 사용하였다(Benton et al. 2014, p. 15).

2 야마와키 케이조(山脇啓造)에 따르면 유럽발 프로젝트인 '문화소통도시'는 "이민으로 촉발된 다양성을 위협이 아닌 긍정적인 기회로 간주하고 도시의 활력 및 혁신, 창조, 성장의 원천으로 활용하는 새로운 도시 이념 및 정책"이다(야마와키 케이조 2017, 1쪽).

3 항목별 측정지표는 덴마크 국가통합 바로미터 홈페이지(https://integrationsbarometer.dk)에서 확인할 수 있다.

4 코펜하겐시 홈페이지(http://citiesofmigration.ca/good_idea/engaging-in-copenhagen. 검색일 2017. 6. 19).

5 오르후스시 홈페이지(https://www.aarhus.dk/sitecore/content/Subsites/CityOfAarhus/Home/activityareas/Inclusion.aspx?sc_lang=da. 검색일 2017. 8. 23).

6 유럽연합 집행위원회 홈페이지(https://ec.europa.eu/migrant-integration/intpract/aarhus-urban-programme?pdf=1. 검색일 2017. 8. 23).

7 당시 총선에서 이민 이슈는 중요한 쟁점이었고 덴마크국민당은 20%의 득표율을 얻었다. 정권교체 이후 덴마크의회는 2016년 1월 난민신청자에게 난민 신청절차 및 정착 관련비용 충당을 이유로 1340유로를 넘어가는 귀중품을 압수하고 난민신청자들이 3년(이전에는 1년) 이내에 가족과 재결합을 신청할 수 없도록 하는 법안을 통과시켰다(Kvist 2016).

참고문헌

설동훈·이병하. 2013. 「다문화주의에서 시민통합으로: 네덜란드의 이민자통합 정책」. 『한국정치외교사논총』 35/18.

야마와키 케이조(山脇啓造). 2017. 「이민통합을 위한 새로운 비전: 인터컬츄럴리즘과 다문화 공생 2.0.」. 『다문화사회에서 이민사회로: 한일 양국의 비전과 제도의 모색』 한일이민정책심포지엄 자료집.

정인경. 2012. 「젠더 주류화와 여성의 시민권」. 『한국정치학회보』 46/4.

최진우. 2015. 「유럽 다문화사회의 위기와 유럽통합」. 최진우 엮음. 『민족주의와 문화정치』. 한울.

_____. 2017. 「환대의 윤리와 평화」. *OUGHTOPIA* 32/1.

킴 투이(Kim Thúy). 2019. 『루』. 윤진 옮김. 문학과 지성사.

한준성. 2010. 「다문화주의 논쟁: 브라이언 배리와 윌 킴리카의 비교를 중심으로」. 『한국정치연구』 19/1.

_____. 2017. 「'다문화'정책에서 이민정책으로: 한국의 이민정책 컨트롤 타워와 이주노동레짐의 성격」. 『다문화사회에서 이민사회로: 한일 양국의 비전과 제도의 모색』 2017 한일이민정책심포지엄 자료집.

홍태영. 2017. 「국민국가의 민족주의에서 '민족' 없는 민족주의로: 21세기 유럽 극우민족주의에 대한 이해를 위하여」. 『다문화사회연구』 10/1.

Aarhus Kommune. "We are All Aarhusians." https://www.aarhus.dk/sitecore/content/Subsites/CityOfAarhus/Home/activityareas/Inclusion.aspx?sc_lang=da. (검색일: 2017. 8. 24.)

Bendel, Petra. 2014. *Coordinating Immigrant Integration in Germany: Mainstreaming at the Federal and Local Levels*. Brussels: Migration Policy Institute.

Benton, Meghan, Elizabeth Collett, and Helen McCarthy. 2014. *The Practice of Mainstreaming: Immigrant Integration Policies at European Level* UPSTREAM Work Package 4, June.

Borevi, Karin, Kristian Kriegbaum Jensen, and Per Mouritsen. 2017. "The Civic Turn of Immigrant Integration in the Scandinavian Welfare States." *Comparative Migration Studies* 5/9. https://link.springer.com/content/pdf/10.1186%2Fs40878-017-0052-4.pdf.

Breugel, Ilona van, Xandra Maan, and Peter Scholten. 2015. *Mainstreaming in Practice: The Efficiencies and Deficiencies of Mainstreaming in the Netherlands* UPSTREAM Work package 4.

Brey, Elisa. 2015. *The Politics of Mainstreaming Immigrant Integration Policies: Case Study of Spain* UPSTREAM Work package 3.

City of Copenhagen. 2011. "Engaging in Copenhagen." http://citiesofmigration.ca/good_idea/engaging-in-copenhagen. (검색일: 2017. 6. 19.)

Collett, Elizabeth. 2011. *Immigrant Integration in Europe in a Time of Austerity*. Washington DC: Migration Policy Institute.

Collett, Elizabeth and Milica Petrovic. 2014. *The Future of Immigrant Integration in Europe: Mainstreaming Approaches for Inclusion*. Migration Policy Institute Europe.

Collett, Elizabeth, Meghan Benton, and Helen McCarthy. 2015. *Into the Mainstream: Rethinking Public Services for Diverse and Mobile Populations* UPSTREAM Policy Brief no. 3.

Desiderio, Maria Vincenza and Agnieszka Weinar. 2014. *Supporting Immigrant Integration in Europe?: Developing the Governance for Diaspora Engagement*. Migration Policy Institute Europe.

European Commission. "Aarhus Urban Programme." https://ec.europa.eu/migrant-integration/intpract/aarhus-urban-programme?pdf=1. (검색일: 2017. 8. 23.)

Froy, Francesca and Lucy Pyne. 2011. "Ensuring Labour Market Success for Ethnic Minority and Immigrant Youth." OECD Local Economic and Employment Development(LEED) Working Papers, 2011. 09. OECD Publishing. http://dx.doi.org/10.1787/5kg8g210547b-en.

Hansen, Randall. 2012. *The Centrality of Employment in Immigrant Integration in Europe*. Migration Policy Institute Europe.

Jensen, Ole and Ben Gidley. 2014. *The Politics of Mainstreaming Immigrant Integration Policies: Case Study of the United Kingdom* UPSTREAM Work package 3.

Joppke, Christian. 2007. "Beyond National Models: Civic Integration Policies for Immigrants in Western Europe." *West European Politics* 30/1.

______. 2017. "The Future of Social Integration: The European Experience and Lessons for Korea." Seoul: The Global Symposium on Immigrant Policy.

Jørgensen, Martin Bak. 2014. *Decentralising Immigrant Integration: Denmark's Mainstreaming Initiatives in Employment, Education, and Social Affairs*. Migration Policy Institute Europe.

Kvist, Jon. 2016. "Recent Danish Migration and Integration Policies." The European Social Policy Network Flash Report.

Ministry of Culture. 2019. "Denmark's Fifth Report under the Council of Europe's Framework Convention for the Protection of National Minorities." https://rm.coe.int/5th-state-report-denmark-english-language-version/168093c73c.

Mouritsen, Per and Christine Hovmark Jensen. 2014. *Integration Policies in Denmark*. INTERACT Research Report.

Nielsen, Rikke Skovgaard, Anne Winther Beckman, Vigdis Blach, and Hans Thor Andersen. 2017. *Diversities: Dealing with Urban Diversity: The Case of Copenhagen*. http://sbi.dk/Assets/DIVERCITIES-Dealing-with-Urban-Diversity/Divercities-Copenhagen_1.pdf.

Scholten, Peter, Elizabeth Collett, Milica Petrovic. 2016. "Mainstreaming Migrant Integration? A Critical Analysis of A New Trend in Integration Governance." *International Review of Administrative Sciences* 83/2.

Scholten, Peter and Ilona van Breugel eds. 2018. *Mainstreaming Integration Governance: New Trends in Migrant Integration Policies in Europe*. Palgrave Macmillan.

Simon, Patrick and Mélodie Beaujeu. 2015. *Mainstreaming in Practice: Advantages and Disadvantages of Mainstreaming in France* UPSTREAM Work package 4.

Stokes-DuPass, Nicole. 2015. *Integration and New Limits on Citizenship Rights: Denmark and beyond*. New York: Palgrave Macmillan.

Vertovec, Steven. 2010. "Super Diversity and Its Implications." Steven Vertovec ed. *Anthropology of Migration and Multiculturalism*. London: Routledge.

Winkel, Elizabeth. 2012. "The Inclusion of the Suburban Area of Aarhus." http://www.eukn.eu/e-library/project/bericht/detail/the-inclusion-of-the-suburban-area-of-aarhuss.

ZapataBarrero, Ricard. 2015. "Interculturalism: Main Hypothesis, Theories, and Strands." Ricard ZapataBarrero ed. *Interculturalism in Cities: Concept, Policy, and Implementation.* Cheltenham, UK: Edward Elgar Publishing.

2 유럽의 이주민 '시민통합' 정책: 내적 긴장성, 제한주의 통치 그리고 포용적 선회 가능성

1 들어가는 말

'시민통합'(civic integration, CI)은 21세기에 접어들면서 서유럽을 중심으로 부상한 이주민통합에 대한 새로운 정책적 발상이다.[1] 네덜란드에서 시작되어 유럽 전역으로 확산된 CI정책은 국가 간에 편차를 보이면서도 공통된 사고를 기반으로 한다. 이주민의 안정적인 사회통합을 위해서는 거주사회에 대한 지식, 거주국 언어 능력 그리고 자유주의 가치에 대한 확고한 의지가 필수적이라는 사고다. 이는 '다문화주의 실패'로 표상되는 통합위기 담론을 배경으로 한다.

CI정책은 다양성 심화, 고용위기, 극우민족주의 부상이 겹치면서 기존 이주민통합 패러다임의 실효성에 날선 비판이 제기되는 가운데 부상한 유럽의 새로운 이주민통합 정책이었다. 특히 CI정책은 대다수 시행국가에서 최초의 일관된 전국 단위의 이민정책이었는데, 이는 이주민통합이 중앙정부의 주요 책무가 되었음을 뜻한다.

CI정책의 부상은 곧 이에 관한 학계의 논의를 촉발시켰다. 이를 정리하면 첫째, CI정책의 유형을 구분한 연구들로 대체로 시민권 담론의 맥락에서 '자유주의-제한주의' 구도를 바탕으로 CI정책을 평가했다[Goodman 2010; Joppke 2007; 2017]. 둘째, 정당정치, 유럽연합 공동 이민정책, 사법기관의 자유주의적 제약 등 CI정책에 영향을 끼치는 변인을 규명한 연구다[Bonjour 2010]. 셋째, '민족모델'의 지속과 단절에 관한 논쟁이다. 이것은 각국의 전통적 성원권 모델에 대한 경로의존성이 유지되는가, 아니면 그것의 고유한 특성이 희석되면서 유사한 정책패턴으로 수렴되는가에 관한 논쟁이다[Joppke 2007; Mouritsen 2012; Borevi, Jensen and Mouritsen 2017]. 넷째, CI모델과 다문화주의의 관계에 대한 논의로 대체가설과 보완가설이 맞섰다[Kostakopoulou 2010; Gebhardt 2016]. 이 논의와 관련해서는 중앙정부의 CI정책이 이주민 집주도시의 정책적 자율성에 걸림돌이 된다는 비판이 제기되기도 했다. 다섯째, CI정책에 관한 규범 논쟁으로 비판적 평가가 주를 이룬다. CI정책은 이주민에게 통합의무와 가치수용을 과도하게 요구한다는 이유로 '동화주의로의 회귀' '억압적 자유주의' '민족정치의 산물'과 같은 오명을 얻기도 했다[Joppke 2007; Kostakopoulou 2010; Orgad 2015; Kymlicka 2015].

이처럼 유럽 CI정책에 관한 기존 연구는 다양한 갈래를 보이면서도 대체로 공통된 인식을 기저에 깔고 있다. 전반적으로 볼 때 유럽 CI정책은 비자유주의적이고 이민 통제적인 성격이 농후하다는 것이다. 이 글은 이 같은 인식에 대한 비판적 문제의식에서 출발한다. 유럽 CI정책이 제한주의 경향을 보이는 것이 사실이라고 하더라도 그것의 비자유주의적이고 제한주의적인 특성을 과도하게 부각시킬 경우 본질주의적 해석으로 귀결될 수 있다. 특히 이러한 해석은 CI정책이 기본적으로 '포용'과 '제한'의 양가성과 긴장성을 내장하고 있다는 점에서 합당하지 않다. 현실에서 드러난 CI정책의 제한적 요소와 통제적 효과만으로 그것의 근본적 성격을 단정하게 되면 CI정책의 긍정적 기능과 새로운 가능성을 정책적 시야에서 놓치게 된다.

이에 이 글은 다음 두 가지 질문에 답하고자 한다. 첫째, 유럽연합 회원국들 사이에서 양가적 가능성을 내포한 CI정책이 어떻게 제한주의로 경사되어 왔는가? 둘째, 제한주의로 경사되어 온 유럽 CI정책의 기저에 깔린 통치의 성격을 어떻게 이해할 것인가?

우선 첫번째 질문에 답하기 위해서 서유럽의 오랜 이민수용국이면서도 서로 대별되는 성원권 레짐을 지닌 것으로 간주되는 네덜란드·프랑스·독일의 사례를 검토한다. 특히 분석적 설명을 위해 유럽연합의 '공통 기본원칙'(common basic principles, CBP)에서 도출한 다섯 요소를 평가의 준거로 적용할 것이다. 이로써 삼국의 CI정책에 내장된 내적 긴장성이 어떻게 제한주의로 경사되어 왔는지를 설명한다.

두번째 질문과 관련해서는 삼국 사례 검토를 바탕으로 유럽 CI정책의 통치특성을 추정하고 이어서 CI정책에 관한 규범 논쟁을 살펴볼 것이다. 먼저 통치의 특성에 관해서는 '연대가치의 결핍' '기능주의적 접근' '참여·대표의 결핍과 규율성' '로컬 자율성 제약'의 네 가지를 중심으로 설명한다. 다음으로, CI정책에 대한 규범 논의의 논쟁적 성격을 드러낼 것이다. 이것은 CI정책의 통치특성에서 나타난 문제점을 극복하기 위해 CI정책에 대한 일방향적 규범평가를 탈피하여 그것이 지닌 내적 균형성 내지는 자유주의적 복원력의 회복이 필요하기 때문이다. 결론적으로는 CI정책을 '정치적 선택'의 산물로 보는 관점의 중요성을 강조한다. 무엇보다도 CI정책을 둘러싼 자유주의 논쟁을 규범 담론에 함몰시키지 말고 정치적 실천론으로 숙성시켜야 한다고 주장한다.

이상의 논의를 바탕으로 결론부에서는 CI정책의 자유주의적 복원력을 회복시키기 위한 정치적 힘의 창출 가능성과 그러한 가능성의 구조적 기회·제약 요인을 함께 파악해야 한다고 주장하고, '이주민통합 거버넌스'와 '유럽 복지정치'라는 두 가지 구조적 맥락과 CI정책을 연계하여 분석할 필요성을 제기할 것이다.

2 공통 기본원칙(GBP)과 유럽 CI정책의 제한주의 경향

CBP에 담긴 '포용'과 '제한'의 내적 긴장성

유럽연합은 2004년 이주민통합 정책에 관한 11개 '공통 기본원칙'(CBP)을 채택했다. 여기서 다섯 요소를 도출하여 유럽연합 회원국의 CI정책을 분석할 준거로 삼고자 한다. 이는 세 가지를 고려한 것이다. 첫째, CBP는 이주민통합 정책에 관한 유럽연합의 공통 지침이기에 21세기 유럽의 대표적 이주민통합 정책 프레임인 CI정책을 검토하기 위한 준거로서 적합성이 높다. 둘째, CBP는 자유주의 원리를 기반으로 하면서도 '포용'과 '제한'의 경향을 동시에 지니고 있어 유사한 내적 긴장성을 지닌 CI정책의 추이와 특징을 포착하는 데 유용하다. 셋째, 구체 분석에서 11개 원칙을 개별적으로 적용하는 것보다 이를 다섯 요소로 추린 뒤에 적용하는 것이 보다 효과적이다.

다섯 요소를 설명하기에 앞서 CBP 채택과정을 간략히 설명하면 다음과 같다. 이민정책은 주권국가의 고유한 관할권에 속한 것으로 간주된다. 그렇지만 유럽연합이라는 초국적 지역 단위에서 이루어지는 지역협력의 차원에서 회원국들은 이민정책에 관한 서로의 주권적 결정을 어느 정도 '조율'(harmonization)할 수 있다. 실제로 유럽연합은 출범 이후 줄곧 공동 이민정책의 프레임을 마련하기 위해 노력해 왔다. 이 같은 시도는 마침내 1999년 탐페레 회의에서 이주민통합 정책 프레임의 공식화로 결실을 맺었다. 핵심은 '통합'과 '사회결속'이었다[Soysal 2012, p. 11]. 그리고 이러한 흐름의 연장선상에서 2004년 11월 19일 유럽연합 사법내무이사회(Justice and Home Affairs Council)의 결정에 의거해 CBP가 채택된 것이다. 이로써 비록 법적 구속력을 지니지는 않았지만 유럽연합 회원국들 사이에 이주민통합 정책에 관한 공동 지침이 마련되었다. 아울러 유럽연합 집행위원회는 통합포럼, 유럽통합기금, 통합 웹사이트 등 CBP의 이행을 뒷받침하기 위한 제도적 기반을 구축해 갔다.

CBP는 유럽연합 회원국 관계장관들에 의해 합의된 만큼 각 회원국의 정책선호가 반영된 합의였으나 유럽이라는 초국적 지역 단위에서 이주민통합 정책의 전반적인 방향에 합의했다는 점에서 지역주의(regionalism) 실천이기도 했다. 또한 CBP는 한편으로는 1980년대 이래로 유럽국가들이 공동 이주관리정책을 추진해 온 과정에서 보여주었던 '제3국'으로부터의 이민에 대한 제한주의 추세[Huysmans 2000, pp. 753~56]의 연장선상에 있으면서도 다른 한편으로는 국제인권 담론과 국제인권법의 영향을 반영하면서 이주민통합 정책의 포용성 수준을 높이는 데 기여했다.

필자는 이처럼 내적 긴장성을 지닌 CBP를 삼국 사례에 대한 분석의 준거로 활용하기 위해 다섯 요소들의 복합구성으로 재구성했다[<표> 참조]. 다섯 요소는 '쌍방향성과 어울림' '반차별' '유럽연합 기본가치' '고용' '거주국 사회 이해'다.[2] 각각을 설명하면 첫째, 이주민통합을 이주민과 선주민의 상호수용을 기반으로 한 쌍방향의 장기지속적인 역동으로 보았다. 이는 '동화'가 이주민통합의 적합한 패러다임이 될 수 없으며 문화 간 대화, 어울림, 상호이해에 대한 지향을 분명히 해야 한다는 뜻이다. 특히 이는 '참여' 없이는 달성될 수 없다. 그런 점에서 첫번째 요소는 경제, 사회, 문화, 정치 등 다방면에서 이주민과 그 후손의 참여를 중시한다.

둘째, 차별을 방치하거나 조장하면서 이주민통합을 논할 수 없음을 분명히 했다. 특히 제도적 차별을 경계하면서 이주민에게 공적 제도, 공공재화, 공공서비스에 대한 동등한 접근권을 보장해야 한다는 점을 강조했다. 이런 점에서 반차별 요소는 이주민통합 정책 추진과정에서 나타나는 과도한 통제와 규율에 대한 자유주의적 제한을 의미한다.

〈표〉 유럽 이주민통합 정책의 공통 기본원칙과 다섯 요소

이주민통합 정책의 공통 기본원칙(CBP)	다섯 요소
[CBP 1] 이주민통합은 회원국에서 이주민을 포함한 모든 거주민이 함께 참여하는 역동적인 쌍방향의 상호수용 과정이다.	1. 쌍방향성과 어울림
[CBP 7] 이주민과 선주민의 잦은 만남과 교류야말로 이주민통합의 핵심적인 방법이다.	
[CBP 8] 다양한 문화와 종교의 실천은 유럽사회의 기본권 내지 자연법에 저촉되지 않는 한 보호되어야 한다.	
[CBP 9] (특히 로컬 단위에서) 민주적 의사결정과정 및 이주민통합과 관련된 정책의 입안과정에 이주민의 참여는 이들의 통합을 돕는다.	
[CBP 6] 좀더 나은 통합을 위해서는 이주민에게 각종 제도 및 공적·사적 재화와 서비스에 대해서 차별적이지 않은 방식으로 선주민과 동등한 접근권을 보장하는 것이 매우 중요하다.	2. 반차별
[CBP 2] 통합은 유럽연합의 기본가치들에 대한 존중을 함축한다.	3. 유럽연합 기본가치
[CBP 3] 고용은 통합과정의 핵심적인 부분이며 이주민의 참여, 거주사회에 대한 이주민의 기여, 이주민 기여의 가시화에서 중추를 이룬다.	4. 고용 (노동시장 참가)
[CBP 4] 거주국 사회의 언어·역사·제도에 대한 기본지식을 갖추는 것은 성공적인 통합의 필수조건이다.	5. 거주국 사회 이해
[CBP 5] 이주민(의 후손)이 거주사회에서 좀더 성공적이고 능동적인 참여자가 되기 위해서는 교육에 힘을 쏟아야 한다.	
[CBP 10] 모든 유관한 정책영역과 모든 수준의 정부 및 공적 서비스에 걸쳐서 이주민통합을 '주류화'하는 방안을 공공정책의 입안 및 시행 과정에서 중요하게 고려한다.	
[CBP 11] 명확한 목표·지표·평가방법을 개발하여 정책을 조정하고, 이주민통합의 진척상황을 평가하고, 좀더 효과적인 정보교환을 도모한다.	

셋째, 이주민통합은 유럽연합과 거주 회원국의 기본가치에 대한 존중을 바탕으로 해야 함을 분명히 했다. 여기서 기본가치는 인권과 기본 자유에 대한 존중, 민주주의, 법치와 같은 '정치적 가치'다. CBP를 살펴보면 이주민과 그 후손의 언어와 문화에 대한 온전한 존중을 언급함으로써 문화적 권리와 문화다양성 가치를 인정하고 있으나 언명 수준을 크게 넘어서지 못한 채 유럽적 가치의 우선성을 부각하고 있는 것으로 보인다. 이러한 모습은 문화라든지 삶의 방식은 국가가 직접 개입할 수 있는 사안이 아니라는 인식을 드러내 보이는 듯하다. 하지만 시선을 달리하면 '문화적 인정'에 대한 적극적인 태도가 그만큼 약화되었다고 볼 수도 있는 대목이다. 이 경우 첫 번째 요소인 '쌍방향성과 어울림'과도 배치된다.

넷째, 고용 내지 노동시장 참가를 이주민통합의 핵심 요소로 보았다. 이 역시 그 의미가 중의적으로 읽힌다. 긍정적 시선에서 보면 이주민의 경제적 자립을 위한 지원으로 풀이된다. 즉 이주민의 사회경제적 통합을 위해 이들의 자립도와 자율성 수준을 끌어올리겠다는 의지를 반영한 것으로 볼 수 있다. 그렇지만 비판적 견지에서 보면 사회적응의 부담과 사회통합의 비용을 이주민 개인에게 전가하려는 정책적 의도로도 읽힐 수 있다.

다섯째, 거주 회원국의 언어·역사·제도 등에 관한 기본 지식과 이해가 이주민통합을 위해 필수 불가결하다는 점을 분명히 했다. 이것은 CI정책과 가장 직접적으로 관련된 요소이기도 하다. 물론 이 역시 그 의미가 양가적이다. 긍정적으로 보면 이주민이 새로운 사회에 안정적으로 편입할 수 있도록 조력해야 한다는 뜻을 함축한다. 그렇지만 통합교육이나 통합시험에 관한 의무화 조치는 특정 문화권 출신 이주민(의 가족)의 유입과 정주를 제한하는 방식으로 전용될 수도 있다. 한마디로 '이주민통합' 정책이 '이민통제' 수단으로 운용되는 셈이다.

다섯 요소에 대한 설명에서 짐작할 수 있듯이, CBP는 자유주의 원리를 바탕으로 하면서도 '포용'과 '제한'의 상반된 경향을 함께 내포한다. 아울러 이것은 CBP에 합의한 회원국들이 CI정책을 추진할 때 자국의 가치지향과 처해진 여건을 고려해 다섯 요소를 유사하거나 상이한 방식으로 조합해 적용할 수 있음을 뜻한다. 특히 CI정책은 '국가 주도성'의 특징을 보이기에 유럽연합 회원국 중앙정부가 어떠한 구체 지향을 바탕으로 통치의 정당성을 추구하는가에 따라서, 이를테면 안전, 권리, 경제 등 상충될 수도 있는 국가책무들의 우선순위와 조합방식을 어떻게 설정하는가에 따라서 상이한 효과를 발하게 된다.

네덜란드·프랑스·독일의 CI정책: 제한주의로의 경사

여기서는 유럽의 CI정책을 CBP에서 도출한 다섯 요소를 중심으로 검토하고 제한주의 경향을 분석한다. 구체적으로는 네덜란드·프랑스·독일의 삼국 사례에 주목한다. 그 이유는 다음과 같다. 첫째, 각각 다문화모델·동화모델·차별배제모델의 대표 격으로 표상되고[Joppke 2007; 고상두 2012, 242쪽] 전통적 성원권 레짐의 차이를 보인다는 점에서[Soysal 1994, pp. 36~41] 삼국의 비교분석이 유럽 CI정책의 제한주의 추세를 추정하는 데 효과적일 것으로 판단했다. 둘째, 모두 오랜 이민수용의 역사를 지닌 서유럽 자유주의 국가로 이민에 관한 사회적 담론과 정책적 실험이 풍부하게 축적되어 있다는 점도 고려했다.

(1) 네덜란드 CI정책

네덜란드 CI정책의 출발점은 1998년의 이주민통합법(Wet Inburgering Nieuwkomers)이다. 당시 입법은 다문화모델의 대명사로 알려진 네덜란드[3]

의 이주민통합 정책사에서 변곡점이었다. 이주민통합 정책의 기조가 '집단 기반 접근'[4]에 기반을 둔 다문화주의 패러다임에서 '개인 중심 접근'을 특징으로 하는 CI 패러다임으로 선회한 것이다. 이것은 이주민통합 정책과정에서 중앙정부의 적극적 관여가 시작되었음을 의미한다. 입법배경을 보면 전반적으로 낮은 수준의 이주민 사회경제적 통합에 대한 정치엘리트의 경각심이 발동했다. 몇 가지 사회지표를 보자. 제3국 출신 이주민 실업률은 자국민에 비해 3배 이상 높게 나타났는데 이 격차는 1999년에 5.4배로 치솟았다. 유럽의 평균 격차(2배)에 비춰볼 때 더욱 우려할 만한 결과였다. 또한 같은 해 제3국 출신 이주민의 33.7%만 임노동을 하고 있었다. 이는 다수가 노동시장에 참가하지 않거나 사회복지에 의존하는 것으로 추정할 수 있는 대목이다[Joppke 2007, p. 6]. 이러한 모습에 대한 정치엘리트 집단의 경각심은 이내 이주민통합 과제를 국가의 책무로 부상시켰다.

이주민통합법은 다문화모델에 균열을 냈지만 처음부터 제한주의적 의도에 기반을 두고 시행된 것은 아니었다. 오히려 이주민을 노동시장을 비롯해 주류 제도권으로 적극 통합시킴으로써 이들의 자립도와 자율성을 높이려는 정책적 의도를 기반으로 한 것이었다. 이를테면 통합교육에 관한 의무화 조치는 제한주의 접근의 발로라기보다는 이주민이 통합정책의 수혜자가 되기를 바라는 '선의'(善意)를 반영하고 있었다. 그렇지만 이 같은 선의가 지속되기에는 정당정치와 선거정치의 벽이 만만치 않았다. 2002년에 중도우파 세력으로 정권이 교체된 이후 CBP에 반영된 '포용'과 '제한'의 긴장과 균형은 제한주의로 경사되어 갔다. 당시 극우정치의 아이콘 핌 포르퇴인(Pim Fortuyn) 살해사건이 여론흐름과 선거결과에 큰 영향을 끼쳤다.[5]

새로운 내각은 이민통제를 강화하는 방향으로 통합법을 개정하겠다고 선언했고 CI정책의 초점은 '조력'에서 '제한'으로 옮겨갔다[같은 글, p. 7; 설동훈·이병하 2013, 217쪽]. 신정부는 이주민통합 정책에 대한 주무 관할권을 내무부에서 법무부로 옮김으로써 질서와 안정을 부각시켰다. 이후 제한주의 경향이 지속되면서 "안정적인 체류자격이 이주민의 사회통합을 촉진한다"는 포용적 발상이 크게 위축되었다.

이제 상술한 내용을 바탕으로 네덜란드 CI정책을 CBP의 다섯 요소를 적용해 살펴보자. 첫째, '거주국 사회 이해'의 측면이다. 제3국 출신 신규이주민은 1년에 걸친 통합교육과정에 참석해야 한다. 통합교육 프로그램은 크게 네덜란드어 교육, 네덜란드 사회 이해교육, 노동시장 참가준비로 구성된다. 영주자격 및 국적 취득을 위해서는 필히 네덜란드어와 시민정향 시험을 통과해야 한다[Joppke 2007, p. 6]. 그렇다면 난민의 경우는 어떨까. 상황은 별반 다르지 않았다. 네덜란드에서는 일반 신규이주민을 대상으로 한 통합교육 프로그램과 통합시험이 난민에게 동일하게 적용되었다.[6]

교육과 시험에 대해 좀더 들여다보면 먼저 중앙정부의 보조금이 시험합격자 수에 연동되는 가운데 정작 교육의 질에 대한 고려가 불충분했다. 그래서인지는 몰라도 통합교육 참가자의 시험합격률은 높은 편이었다. 2010년 조사결과에 따르면 목표치[55%]를 훨씬 상회하는 합격률[74%]을 보였다. 한편 교육 프로그램을 성실하게 이수하지 못한 경우 벌금이 부과되었으나 지자체가 책정한 벌금액수가 적었기에 실제 효과는 제한적이었다[Garibay and De Cuyper 2013]. 그렇지만 정책 추진과정에서 국가의 존재는 더욱 선명해졌다. 대표적으로 영주자격 취득을 시험합격과 연계시킴으로써 이전까지만 하더라도 서로 구분되었던 '이민통제'와 '이주민통합'이 결부되었다. 다시 말해 이주민통합이 '국가주권'의 사안이 된 셈이다.

둘째, '쌍방향성과 어울림'의 측면이다. 결론적으로 말해 제한주의 접근을 채택한 중앙정부의 CI정책에 문화다양성, 문화 간 대화, 참여와 어울림의 공간 창출에 대한 고려는 빈약할 수밖에 없었다. 사회통합에 대한 이주민의 '개인책임성'이 강조되면서 CI정책 논의과정에 상호주의 요소가 인입될 여지는 더욱 줄어들었다. 정부는 통합교육을 민간단체에 위탁하고 통합교과 수업료 전액을 이주민 본인이 지불하도록 했다. 다만 최종시험만은 정부가 주관하기로 했다. 이에 더해 2013년에는 이주민통합 교육에 대한 재정지원을 중단하기로 했다[Gebhardt 2016, pp. 747, 748]. 이처럼 네덜란드 정부는 직접적인 관여와 행정비용을 줄이기 위해 '자율'과 '자족'의 명분을 앞세워 민간영역과 이주민에게 통합의 책임을 상당 부분 전가했다.

셋째, '반차별' 요소와 관련해서는 이른바 '원치 않는'(unwanted) 이주민의 유입을 통제하려는 모습이 두드러졌다. 네덜란드 정부는 가족이민 신청자 다수가 주로 터키와 모로코 출신의 무슬림이라는 사실을 달가워하지 않았다. 이러한 태도의 근저에는 족내혼 풍습 등 이질적인 문화적 관행으로 인해 사회통합이 어렵고 부양가족의 유입으로 복지 의존도가 높아질 뿐만 아니라 이민2세마저 종족집단의 폐쇄적 문화관습에 매몰될 것이라는 불안이 짙게 깔려 있었다. 이러한 인식이 반영된 대표적 정책은 2006년 3월에 시행된 '입국 전 통합'(integration from abroad) 프로그램이다. 그렇지만 네덜란드 정부는 통합시험 대비용 교재를 마련했을 뿐 정작 잠재적 시민인 이주민이 출국 전 자신의 모국에서 참가할 수 있는 교육 프로그램을 운영하지는 않았다.

넷째, '정치적 가치'의 측면이다. 정부는 이주민에게 네덜란드 사회에 대한 지식과 이해를 요구하는 수준을 넘어 네덜란드 사회의 가치와 규범을 인지하고 존중할 것을 요구하기 시작했다. 이는 이전까지 일관되게 견지해 온 '다양성 존중'의 입장과 사뭇 달라진 모습이었다. 문제는 통합 교육과 시험에서 자유주의 원리에 기반을 둔 정치문화의 중립적인 성격을 강조하더라도 일방향적인 교육과정에서 정작 당사자인 이주민은 공정하지 않다고 느낄 수 있다는 점이다. 이는 네덜란드 정부가 '다양성 존중'의 기존의 정치적 수사와 거리를 둔만큼 문화적 권리에 대한 적극적 인정이 약화되었기에 더욱 그러하다고 볼 수 있다.

마지막으로, '고용'의 차원에서 보자. OECD 통계에 따르면 2000~2009년에 국내출생자에 비해 해외출생자의 실업률은 평균 2.4배 높은 것으로 나타났고, 이 격차는 2010~18년에 평균 2.1배로 줄었다[OECD Data https://data.oecd.org]. 그렇지만 이러한 격차완화는 상당 부분 국내출생자의 실업률이 높아진 결과였기에 이주민의 노동시장 통합에서 뚜렷한 진전이 있었다고 단언하기는 어렵다. 특히 CI정책이 이주민의 노동시장 통합에 끼친 영향을 판단하기 위해서는 통합교육 프로그램의 이수자와 비이수자에 대한 비교조사가 이루어질 필요가 있다. 그렇지만 그간 해외출생자 실업률에 일관되고 지속적인 개선이 발견되지 않고 있다는 점에서 CI정책의 고용연계성을 높이기 위한 정책개선의 필요성을 제기하는 것이 무리는 아닐 것이다.

(2) 프랑스 CI정책

프랑스 CI정책의 출발점은 2003년 7월 도입되어 이듬해 7월 시행된 '수용 및 통합 계약'(Contrat d'Accueil et d'Intégration, CAI)이다. CAI는 12개 행정구역에서 시범 실시된 후 프랑스 전역으로 확산되었으며 2016년 입법 이후 '공화주의 통합 계약'(Contrat d'Intégration Républicaine, CIR)으로 개명되었다. 현재 '이주통합사무소'(Office Francais de l'Immigration et de l'Intergraion, OFII)가 전반적인 업무를 관할하고 있다. 신규이주민은 프랑스 정부와 '공화주의 통합계약'을 맺고 이주통합사무소와 합의한 통합 프로그램에 참여하게 되는데[European Migration Network 2018] 이는 이주민과 수용국 간의 계약으로서 상호책무를 전제로 한다. 즉 이주민은 프랑스 법률과 가치를 존중하고 프랑스어와 프랑스 사회에 대한 교육을 받고, 프랑스 정부는 이들의 교육 프로그램 접근권을 보장하고 기본적 권리를 보호한다는 것이다[OECD 2006, p. 180].

CAI는 시행 초기부터 논쟁의 대상이 되었다. 사회당을 필두로 한 야권은 보수정부 시기에 추진된 CAI에 대해 개인의 자발적 동의를 기반으로 한 '사회계약'의 전통에서 벗어나 '강제계약'(contrat léonin)이 될 소지가 있다며 날서게 비판했다. 곧 설명하겠지만 실제로 CAI를 비롯한 프랑스 CI정책의 제한적 요소는 점차 강화되었다.

그렇지만 프랑스 CI정책의 제한주의 경향은 좌우대립보다 범우파 내부의 동학과 더욱 긴밀하게 관련된 것이었다. 보수정부는 반(反)이민정서가 확산되는 가운데 유권자 표심이 극우정당인 국민전선(Front National)으로 향할까 봐 촉각을 바짝 곤두세우고 있었다. 실제로 9·11테러로 이민이슈의 안보화가 추동되어 가는 가운데 치러진 2002년 대선 1차 투표에서 국민전선은 17%를 획득해 2위를 차지하기도 했다[Hollifield 2014, p. 179]. 보수정부는 강경한 이민정책(의 제스처)을 통해 보수 성향의 유권자들이 극우정당으로 이탈하는 것을 막고자 했다[Joppke 2007, pp. 11, 12]. 그럼에도 프랑스 CI정책의 제한주의 경향의 원인을 선거정치로 다 환원시켜 설명할 수는 없다. 프랑스 CI정책은 비유럽 출신, 특히 이슬람 등 특정 문화권 출신 이주민을 겨냥한 문화정치의 정책적 표현이기도 했다.

이제 CBP의 다섯 요소를 적용하여 프랑스 CI정책의 경향과 특징을 보다 분석적으로 살펴보자. 우선 '거주국 사회 이해'의 측면이다. 애초에 통합계약은 자발적인 것이었는데 이는 어느 정도 식민주의 역사의 유산과 관련된 것이기도 했다[Soysal 1994, pp. 58~61; Joppke 2007, p. 9]. 이를테면 애초에는 프랑스어 교육을 의무화하지 않고 필요한 경우에 이수하도록 했는데 이것은 신규이주민 상당수가 구(舊)식민지 출신으로 이미 프랑스어를 어느 정도 구사할 수 있었기 때문이다. 이러한 모습은 신규이주민의 언어교육이 시급한 과제였던 네덜란드나 독일과는 차별화된 프랑스만의 통합자산이었다. 그렇지만 이후 프랑스 CI정책에 나타난 이주민통합의 조건성은 점차 강화되었다[OECD 2006, p. 180; Joppke 2007, p. 10; Orgad 2015, pp. 5, 6].

2003년 11월 채택된 이른바 '제1차 사르코지 법'을 기점으로 신규이주민이 10년 거주증을 발급받으려면 '공화주의 통합'을 입증해야만 했다. 가족결합을 목적으로 한 이민의 경우에는 기존의 거주허가 자동발급제도를 중단하고 우선 1년 기한의 한시체류 자격을 부여한 뒤 2년이 지나고 나서야 10년 거주증 발급을 신청할 수 있게 했다. 이에 더해 외국인 배우자가 프랑스 국적을 취득하려면 최소 2년간(기존 1년) 혼인상태를 유지해야 하고 프랑스어 능력과 프랑스 가치에 대한 지식을 입증해야만 했다.

이후 2006년 '이민통합법'을 기점으로 신규이주민의 통합계약 서명이 의무화되었다. 아울러 이민정책의 선별적 특성도 강화되었다. 이는 전문인력과 유학생의 체류요건이 완화된 반면, 제3국 출신자의 가족결합이민 및 비호신청에 대한 진입장벽은 더 높아지는 상황을 일컫는다. 특히 프랑스 시민의 비(非)프랑스계 배우자(주로 무슬림)에 대한 장기체류 및 국적취득 요건이 더욱 까다로워졌다. 구체적으로는 10년 거주증을 취득하기 위한 최소 체류기간이 3년으로, 국적취득을 위한 최소 동거기간이 4년으로 늘어났다.

상술한 프랑스의 이주민통합 정책패턴은 이후로도 큰 변화 없이 이어져 왔다. 다만 난민인정자를 비롯해 국제보호 대상자에 대해서는 상대적으로 포용적인 정책을 택하고 있다. 프랑스 정부는 일반 신규이주민과 달리 이들에게는 공화주의 통합계약 서명 여부와 무관하게 거주허가를 발급해 주고 프랑스 국민과 동등한 사회적 권리(노동시장 접근, 공공주택 신청 등)를 인정해 준다. 아울러 통합계약에 서명한 경우에는 추가지원을 제공한다[European Migration Network 2018].

다음으로, '쌍방향성과 어울림'의 측면이다. 이와 관련하여 당시 내무부 장관으로 프랑스 이민정책을 주도했던 니콜라 사르코지(Nicolas Sarkozy)는 이렇게 말한 바 있다. "'통합'은 당신의 있는 그대로의 모습을 공화주의 공간 안으로 환영하는 것인 반면 '동화'는 당신을 사라지게 만드는 것과 같다."[Joppke 2007, p. 2에서 재인용]

이 언명은 프랑스 이주민통합 정책이 지닌 특징과 모순을 압축적으로 담고 있는 듯하다. 분명 '공화주의 통합'은 '문화 동화주의'에 대한 거부에 기초한 정책지향이다. 그렇지만 심층적으로 보면 긴장과 모순이 읽힌다. 사르코지의 표현을 빌리면 '공화주의 공간 안으로 환영'하겠다는 것과 '당신의 있는 그대로의 모습'을 인정하겠다는 것은 상충될 수 있다.[7] 실제로 프랑스 내 무슬림 이주민에게 공화주의 원칙, 그 가운데 특히 '라이시테' 원칙은 중립적이라기보다 편향적이고 차별적인 것으로 간주되곤 한다[박단 2018, 72쪽]. 이는 그만큼 프랑스라는 '공화주의 공간'에서 '문화다양성'이나 '문화 간 대화'가 발현될 여지는 적었음을 말해 주는 것이기도 하다. 2005년 방리유 사태가 웅변적으로 보여주었듯이 이주민과 프랑스 사회의 소통과 어울림을 위한 사회적 공간을 창출하려는 중앙정부 수준의 적극적인 노력은 결핍되어 있었다.

이어서 '반차별' 측면을 들여다보자. 프랑스 CI정책의 외연을 넓혀서 보면 '공화주의 통합 계약'과 '반(反)차별정책'이 두 축을 이룬다. 이해를 위해 다소 거칠게 구분해 보면, 전자는 상대적으로 이주민 사회통합 과정의 초반부에 집중 적용되고 후자는 후반부에 보다 강조된다[Joppke 2007, p. 10]. 물론 반차별 접근을 채택했다고 해서 차별적 요소가 없어지는 것은 아니다. 예컨대 유럽연합 외 지역 출신 이주민을 대상으로 2008년에 시행된 '입국 전 통합' 정책을 보자. 이들은 출국 전 자신의 모국에서 '공화국의 언어와 가치'에 대한 역량과 숙지 정도를 평가받고, 만일 부족한 것으로 판명될 경우 프랑스어 수업과 시민교육 과정에 의무적으로 참여해야만 했다[Bonjour 2010, p. 303]. 특히 통합교육 내용에서 '평등'의 가치가 '젠더평등'이나 '여성인권'으로 규정되는 경향이 문제시되었다. 물론 '여성인권'에 대한 감수성과 존중은 더 말할 나위 없이 중요하지만 교육과정에서 보인 이 같은 경향이 무슬림 이민자에 대한 편향과 차별적 시선을 드러내 보인다는 비판이 제기되었다[Morgan 2017].

'정치적 가치'의 관점에서 보면 공화주의 이념에 기초한 프랑스의 정치문화가 정치적 가치와 정치제도에 대한 이주민의 지식과 이해를 목표로 하는 CI정책 프레임을 채택하는 데 유리한 환경을 제공했다고 볼 수 있다. 그렇지만 공화주의 이념은 문화 간 대화와 교류에 대한 적극적 사유와 실천으로 숙성되지 못한 채 '관용'의 수준에 머무른 것으로 보인다. 더욱이 보편적인 정치적 가치인 '평등'이 '젠더평등' 위주로 다소 협소하게 해석됨으로써 무슬림 이주민에 대한 정책적 편향과 사회적 차별의 우려를 낳았다.

마지막으로, CI정책과 '고용'의 연계성을 살펴보면 이를 실증적으로 규명한 조사결과를 찾기는 어렵다. 다만 OECD 통계자료에 나타난 실업률을 보면 2000~18년 해외출생자의 실업률은 평균 15%로 비교적 높은 수준에서 뚜렷한 증감 추세를 보이지 않았다. 또한 국내출생자 대비 해외출생자 실업률 격차도 1.7~1.9배 사이에서 매해 눈에 띄는 변화를 보이지 않았다. 물론 더 정밀한 검토가 필요하겠지만 이러한 사실은 이주민의 노동시장 통합과 관련한 CI정책의 효과와 그 걸림돌 요인을 심층적으로 분석할 필요성을 제기한다.

(3) 독일 CI정책

독일에서 CI정책이 본격화된 것은 2005년 이민법 도입을 계기로 연방정부의 주관하에 이주민통합 과정(Integrationskurse)이 시행되면서부터였다. 이로써 이주민은 통합교육 프로그램(당시 독일어 교육 600시간과 시민정향 교육 30시간)에 참여하게 되었다. 현재 연방이민난민청(BAMF)이 이를 전반적으로 관할하고 있다[Gebhardt 2016, p. 748; Joppke 2007, p. 12].

독일 CI정책은 네덜란드발 정책의 초국적 확산의 산물로만 볼 수 없다. 오히려 독일의 특수한 맥락이 두드러졌다. 이는 크게 '정책영역 간 전이'와 '역사적 반추'로 나누어 살펴볼 수 있다. 먼저 외국적 재외동포를 대상으로 한 통합 프로그램이 비동포 출신 이주민을 대상으로 한 통합정책으로 전이된 것으로 볼 수 있다. 즉 디아스포라 정책이 이민정책으로 전이된 셈이다.

독일은 이미 1990년대부터 동유럽과 러시아에 거주하고 있던 동포 가운데 잠재적인 독일이주민을 대상으로 독일어 교육기회를 제공해 오고 있었다. 독일이민을 위한 자격시험에 대비할 수 있도록 도와주려 했던 것이다. 이에 더해 독일에 성공적으로 입국한 동포를 위해 독일어 교육과 시민정향 교육을 포함한 6개월 교육 프로그램을 마련해 두었다. 독일 CI정책은 이 같은 동포 출신 이주민 통합교육 프로그램을 제3국 출신의 비독일계 이주민에게 확대 적용한 정책이었다[Joppke 2007, p. 12]. 다만 동포의 시선에서는 이러한 확대적용 조치가 심상한 일이기도 했다. 이들은 자신들의 위상이 일반 '외국인'과 다르지 않게 되었다고 느꼈고, 기존의 동포대상 통합 프로그램이 더 이상 '귀환' 프로그램으로 간주되지 않는다고 보았다.

다음으로, 독일 CI정책은 전후(戰後) 초청노동자 프로그램에 대한 '반추'의 산물이기도 했다[Süssmuth 2009, p. 5]. 단기순환 원칙을 기반으로 한 초청노동자 프로그램에는 사회통합에 대한 고려가 결핍되어 있었다. 독일로 건너온 초청노동자들은 한시체류자로 언젠가 모국으로 귀환할 것이라고 판단해 독일어 교육을 포함한 문화통합 정책을 실시하지 않았다. 그렇지만 상당수가 정주했고 교육과 취업 등에서 이주민과 선주민 간의 격차와 불평등이 확대되었으며 게토화 현상 등 사회문제가 불거졌다. CI정책은 이러한 역사적 전철을 밟지 않겠다는 의지의 표출이었다.

이처럼 독일 CI정책은 '선의'와 '반성'의 산물이었던 만큼 처음부터 제재 중심 접근에 기반을 두지 않았다. 제재는 엄격하게 적용되지 않았고 형식적인 것에 가까웠다. 오히려 통합교과를 성공적으로 이수한 이주민에게는 국적취득을 위한 거주 자격요건을 8년에서 7년으로 줄여주는 등 인센티브를 적용했다[Joppke 2007, p. 13]. 하지만 네덜란드와 마찬가지로 CI정책에 대한 정책입안가의 '선의'가 정치논쟁을 피해 가지는 못했다. 제재효과와 비용부담에 관한 문제를 둘러싸고 진보진영(사회민주당과 녹색당)과 보수진영(기독민주당과 기독사회당)이 서로 대립각을 세웠다.[8]

그런 가운데 발생한 두 사건이 언론을 타고 독일사회 전역에 알려지면서 논쟁은 더욱 가열되었다. 하나는 2005년 독일 내 터키공동체에서 발생한 '명예살인' 사건이었고, 또 하나는 베를린시 공립학교 이주배경 학생들의 폭력적인 행위였다. 후자의 경우 정치엘리트와 주류 미디어는 학생들의 폭력적 행위가 '사회통합의 문제'이기에 앞서 '사회구조적 문제'임을 제대로 짚지 않으면서 책임을 이주배경 학생들과 부모에게 전가하는 모습을 보였다[Heuser 2006]. 결국 독일 CI정책 역시 제한주의 추세에서 자유롭지 않았고 통합의 조건성이 강화되어 갔다.

이제 독일 CI정책을 CBP의 다섯 요소를 적용해 보다 면밀하게 살펴보자. 먼저, '거주국 사회 이해'의 측면을 보면 제한주의 요소가 강화되어 갔다. 우선 독일정부는 통합교육에 출석하지 않거나 통합시험에 통과하지 못한 이주민에게 사회혜택을 삭감하거나 거주연장을 불허할 수 있다[Gebhardt 2016, p. 748]. 2007년에는 이민 관련법 개정으로 제3국 출신 배우자에게 입국 전에 기본적인 독일어 능력을 입증하도록 했다. 다만 네덜란드와는 달리 시민정향 테스트를 통합시험에서 제외했다. 이외에도 영주자격을 취득하기 위해서는 통합시험에 합격해야만 했는데 이는 이민정책에서 '이민통제'와 '이주민통합'의 경계를 어느 정도 희석시키는 효과를 가졌다.

물론 이러한 정책이 비호신청자와 난민인정자에게까지 동일하게 적용되지는 않았다. 독일정부는 이들에게 통합교육에 참석할 것을 요구하면서도 일정한 성취를 거둘 것을 요구하지는 않았다. 또한 생계를 정부보조금에 의존하는 경우 통합교육은 무료였다. 이 밖에도 정부는 2015년 전후로 난민이 대거 유입되자 2016 통합법(Integrationsgesetz)을 비롯한 관련 입법을 통해 독일어 교육 접근성을 높이고 직업훈련을 제공하였으며 노동시장에 대한 법적 진입장벽도 낮췄다. 취업을 위해 B1 수준(CEFR)의 독일어 능력을 획득하는 것이 권장되었으나 의무사항은 아니었다. 물론 제한적 요소가 없었던 것은 아니다. 통합에 대한 기대를 충족하지 못한 경우 거주허가가 단 한차례 6개월간만 연장되었고, 영주자격 취득을 위해서는 3년 내지 5년 이상의 체류사실, 독일어 능력, 생계유지 능력을 입증해야 했다[European Migration Network 2018].

'쌍방향성과 어울림'의 차원에서 보면 독일정부는 그간 '문화 간 대화'의 중요성을 꾸준히 강조해 왔다. 이는 '국가통합행동계획'(National Action Plan on Integration) 및 관련 문건들에서도 잘 드러난다. 실제로 이 문건들에는 intercultural이라는 단어가 빈번하게 등장한다. 그렇지만 앞서 살펴본 두 나라와 마찬가지로 독일 CI정책에도 정작 이주민과 선주민의 구분을 가로지르는 교류나 어울림을 위한 적극적인 정책적 고려는 찾기 어려웠다. 이러한 모습은 어느 정도 CI정책의 기본 설계방식과 관련된 것으로 보인다. CI정책은 통상적으로 이주민을 대상으로 한 일방향적인 하향식 정책설계를 기반으로 하고 있기에 애초부터 쌍방향성과 어울림의 발현을 기대하기가 어려운 측면이 있다. 결국 이 같은 정책적 공백은 CI정책이 또 다른 정책적 접근에 의해 보완되어야 할 필요성을 시사한다. 이 점에서 유럽의 또 다른 이주민통합 접근인 주류화(mainstreaming) 정책의 가능성을 살펴볼 수 있는데 이에 관해서는 다음 장과 결론에서 상세히 설명할 것이다.

한편 독일 CI정책은 '반차별'의 측면에서만큼은 상당히 앞서가는 모습을 보여준다. 예컨대 가족이민 신청자의 경우 제3국 출신이라고 하더라도 독일 기본법의 영향으로 이민통제 정책에서 보다 자유로웠다. 이는 가족결합을 인간의 기본적 권리로 인정했기 때문이다.[9] 이 밖에도 공식적으로 통합교육 이수를 의무화했지만 강제적인 방식으로 진행되지는 않았다. 오히려 통합교육에 대한 이주민의 권한이 부각되었다. 이는 2005년 독일 이민법의 기저 아이디어를 담은 문건이기도 한 2001년 쥐스무트위원회(Süssmuth Commission) 보고서에도 명확하게 드러나 있다[Joppke 2007, p. 13].

이어서 '정치적 가치'의 측면을 보면 독일은 혈통주의 전통이 강한 것으로 알려져 있지만 CI정책은 종족문화적이라기보다는 자유주의적이고, 독일적이라기보다는 유럽적인 정치적 가치와 헌법원칙에 기반을 둔 사회결속을 특별히 강조했다. 물론 이 같은 모습은 나치역사에 대한 자기비판의 전통을 반영한 것이기도 했다.

마지막으로, '고용'의 측면이다. 고용연계성은 독일 CI정책의 또 다른 중요한 특징이다.[10] '국가통합행동계획'에 따르면 노동시장 통합은 독일어 능력 및 교육적 성취와 더불어 통합의 핵심 축을 이룬다. 그만큼 이주민의 자립과 자조 그리고 노동유연성이 강조된 것이다[Mouritsen 2012, pp. 91, 92]. 또한 독일정부는 이주민이 해외에서 취득한 각종 자격에 대한 공인제도를 마련함으로써 역량과 일자리의 부조화를 줄이고 보다 능동적인 노동시장 참가에 조력하고자 했다[OECD 2012, p. 232]. 고용관련 통계를 보면 독일에서 해외출생자의 실업률은 2000년대에 줄곧 10%를 상회하다가(2001년 9.8% 제외), 2010년대에는 10% 미만을 유지하면서 지속적으로 낮아지고 있다(2011년 8.9%에서 2018년 6.0% [OECD Data, https://data.oecd.org]). 뿐만 아니라 CI 통합 프로그램 참가자와 비참가자를 비교한 2007년 조사결과에 따르면 비참가자에 비해 참가자의 고용증가율이 더 높은 것(12% 대 29%)으로 나타났다. 물론 추가분석이 필요하겠지만 이러한 조사결과는 CI정책의 효과를 가늠할 수 있는 근거로 볼 수 있다.

앞서 살펴본 삼국 CI정책의 사례를 정리하면, 먼저 네덜란드에서는 CI정책 추진과정에서 '다양성'과 '포용'의 가치를 기반으로 한 다문화주의가 후퇴했다. 특히 네덜란드 CI정책은 중앙정부의 '비관여적 개입'에 의해 세 나라 가운데 가장 제한적인 성격을 보이게 되었다. 프랑스에서는 CI정책 추진과정에서 공화주의 전통이 통치세력에 의해 보수적으로 전유되었다. '공화주의 통합'의 명분 아래 이주민통합의 조건성이 강화된 것이다. 독일 CI정책 역시 제한주의 추세에서 자유롭지 않았으나 기억문화와 기본법에 따른 자유주의적 제약으로 인해 상대적으로 온건한 양상을 보였다. 이처럼 삼국의 CI정책은 일정한 차이 속에서도 공히 '제한주의로의 경사'의 특징을 보였다.

그렇다면 이러한 제한주의로의 경사를 추동한 요인은 무엇일까? 앞서 설명한 내용에서 짐작할 수 있듯이 정치행위자 요인이 결정적이었다. 즉 정당정치와 선거정치의 맥락에서 정치엘리트의 판단과 결정이 핵심적이었다. 이는 CI정책이 중앙정부가 주도하는 하향식 정책이었다는 점에서 더욱 그러했다. 한마디로 집권세력이 누구인지가 결정적이다. 물론 로컬 정부와 시민사회의 역할을 논외로 할 수 없다. 그렇지만 CI정책이 제한주의로 경사되어 온 추세를 역진시킬 만큼 강력한 '아래로부터의 압박'의 근거를 찾기는 어려워 보인다. 삼국의 사례에서 보듯이 오히려 이민과 관련된 특정 사건(네덜란드 유력 극우정치가와 영화감독 암살, 프랑스 방리유 사태, 독일의 명예살인 사건과 공립학교 내 폭력발생 등)을 계기로 이민이슈가 과도하게 정치화되거나 안보화되면서 CI정책의 포용적 선회에 걸림돌로 작용했다.

상술한 논의는 결국 다음과 같은 근본적인 물음을 낳는다. "과연 제한주의로 경사된 CI정책이 21세기 유럽의 지속 가능한 이주민통합 모델로 자리 잡을 수 있을 것인가?" 이 물음은 다시금 CI정책과 관련하여 유럽이 마주한 도전과제에 관한 질문으로 이어진다. "CBP가 함축한 내적 긴장과 균형 혹은 자유주의적 복원력을 어떻게 회복시킬 것인가?" 이 글은 이러한 문제의식을 바탕으로 이어지는 절에서 CI정책에 관한 논쟁을 합리적 공적 토의로 상승시키기 위해 살펴봐야 할, 서로 연관된 두 차원을 논의할 것이다. 하나는 제한주의로 경사된 유럽 CI정책의 심층에 깔린 국가통치의 특징이고, 또 하나는 CI정책에 대한 규범 논쟁이다.

3 CI정책의 통치성격과 규범논쟁

여기서는 서유럽 삼국의 CI정책에서 나타난 제한주의로의 경사에 관한 논의를 바탕으로 유럽 CI정책의 심층에 깔린 통치의 특징과 문제점을 추론해 보고자 한다.[11] 이는 유럽 CI정책의 내적 균형과 자유주의적 복원력을 회복시키기 위해서 주목해야 할 지점들을 밝히는 데 도움이 될 것이다. 이어서 유럽 CI정책에 관한 규범논쟁을 설명할 것이다. 이는 CI정책의 자유주의적 복원력을 회복시키기 위해서는 CI정책의 비자유주의적 성격에 대한 과대해석을 경계할 필요가 있다고 판단했기 때문이다. 실제로 CI정책에 관한 규범논의를 보면 부정평가가 주를 이룬다. 이에 이 글은 CI정책에 관한 규범평가의 '논쟁성'을 부각시킨다. 이로써 CI정책의 이념지향에 대한 본질주의적 해석이나 고착된 평가를 경계하고 CI정책에 관한 규범논쟁이 지닌 정책적 함의를 탐문하고자 한다. 아울러 특수한 정치적 환경 속에서 정치행위자들의 가치관·신념·선택에 따라 CI정책의 지향점과 내용이 달라질 수 있음을 강조할 것이다.

CI정책의 통치성격과 도전과제

유럽에서 CI정책은 삼국 사례에서 보았듯이 국가마다 특수한 맥락과 맞물려 상이한 양태를 보이면서도 매우 유사한 정책패턴을 보인 것으로 추정된다. CI정책은 용어에서도 짐작할 수 있듯이 신규이주민에게 '시민적 자질'을 갖추게 하겠다는 발상에 기초했다. 즉 이질적인 사회문화적 배경을 지닌 이주민에게 '시민'으로서의 기본 소양과 자립역량을 갖추도록 조력하는 지원정책을 표방했다. 특히 이주민이 소속 종족공동체에 매몰되거나 사회경제적으로 소외되지 않도록 이들을 주류 제도로 적극 통합시키고자 했다.

CI정책하에서 이주민은 통합교육 참가와 통합시험 통과를 포함해 통합의 책무를 이행할 것을 요구받았고 일부 회원국들에서는 '통합계약'에 서명해야 했다. 교육과 시험 내용에는 인지적 측면이 부각되었다. 이주민 개개인에게 수용국의 언어와 역사, 정치제도와 정치적 가치를 '숙지'할 것을 요구했다[Joppke 2007, p. 15; 2017, pp. 1155, 1156]. 이로써 이주민 사회통합

정책의 강조점은 다문화주의로 표방되었던 '집단-권리' 기반 접근으로부터 '개인-의무' 중심의 접근으로 옮겨갔다. 이 같은 정책 패러다임 전환의 근저에는 이주민의 '자립'과 '자율' 수준을 높임으로써 사회결속을 증진시키고 안보위협을 줄이겠다는 목표가 깔려 있었다.

그렇지만 유럽 CI정책의 심층에 깔린 통치의 성격을 들여다보면, 과연 여태껏 설명한 CI정책 프레임이 지속 가능한 이주민통합 모델로 기능할 수 있을지 의문이 제기된다. 이는 무엇보다도 CI정책의 이면에서 작동하는 '소속의 정치'(politics of belonging)와 관련된다. CI정책은 이민정책으로서 이주민에게 법적 지위와 권리를 할당하거나 박탈하는 효과를 지닌다. 아울러 이주민에 대한 사회적 시선에도 영향을 끼친다. 즉 국가의 시선이 정책영역을 매개로 사회적 시선으로 전이될 수 있다는 뜻이다. 이런 점에 비춰볼 때 CI정책이 보이는 통치특성과 문제점은 크게 네 가지로 압축된다.

첫째, CI정책 프레임 속에는 '연대'(solidarity)가치에 대한 고려가 주변화되어 있거나 결핍되어 있다. CI정책을 지탱하는 소속의 정치에는 '연대의 소속감'이 인입될 수 있는 여지가 극히 제한적이었다. CI정책은 대체로 이주민통합의 위기, 극우민족주의 부상, 정체성의 정치에 대한 수세적인 방식의 정책적 대응이었으며 정책입안자들은 문화다양성 가치를 기반으로 한 정치공동체에 대한 비전을 제시하지 못했다. 다양성은 창의·혁신·연대의 원천으로 인식되지 못한 채 위협이나 걸림돌로 간주되곤 했다. 이에 더해 CI정책은 이민이슈의 정치화·안보화 과정에서 선거정치의 전략 내지는 통치의 방편으로 전용되기도 했다. 그런 가운데 CI정책은 입국 전, 거주, 국적취득의 모든 단계에 걸쳐 더욱더 제한주의로 경사되었다.

둘째, CI정책은 '기능적 사고'가 특징적이었는데 이는 결과적으로 '타자화의 덫'이 되었다. 유럽에서 CI정책은 긴축정책이 지속되는 가운데 이주민의 통합 결핍이 야기할 사회적 비용을 사전에 줄이겠다는 행정적 의도를 내포했다. 그렇지만 이는 '사회통합'의 의미 외연을 협소하게 이해한 것이다. '이주민통합' 개념에 대한 이해는 거주국의 언어·역사·제도·가치에 대한 지식이나 고용으로 환원될 수 없고 그래서도 안 된다. 거주국 사회의 제도적·문화적 환경을 함께 고려해야 한다. 기능주의 접근에 경사된 이주민통합 정책은 기대한 효과를 거두기 어렵다. 정반대로 '타자화의 함정'이 될 수 있다. 문화다양성과 문화 간 대화에 소홀한 상태에서 이주민에게 장기체류 자격 획득과 권리향유의 조건성을 강화하게 되면 두 가지 문제가 발생한다. 우선, 권리가 포용의 수단이 아니라 국민의 특권이 되어버린다. 다시 말해 권리는 '향유'할 수 있는 그 무엇이 아니라 이주민이 개인적 고투를 통해 '전취'(戰取)해야 하는 대상으로 간주된다. 다음으로, 유럽연합 외 지역 출신 이주민(특히 무슬림)을 '시민성이 결핍된 존재'로 대상화하는 국가의 시선이 사회적 차별로 이어질 수 있다.

셋째, 참여·대표의 결핍과 규율적 통치성이다. 우선 CI정책에는 쌍방향성과 상호주의가 결여되어 있다. 물론 CI정책은 이주민에게 거주국의 언어·제도·가치에 대한 지식을 요구했다는 점에서 문화적 동화주의와는 거리를 두었다. 그렇지만 이주민의 고유한 문화정체성을 '용인'하는 수준을 넘어서지 못했다. 무엇보다도 정책영역에서 '문화다양성 존중'과 '문화 간 대화'의 실천과 제도화를 요구하는 목소리가 침묵되었다. 참여와 대표의 결핍은 이러한 침묵의 핵심을 찌른다. 정책의 직접적인 영향을 받는 당사자인 이주민의 목소리가 정책결정과정에 인입될 수 있는 공식창구는 부재했다. 게다가 이주민 개인과 거주국 정부 간의 '계약'을 기반으로 한 CI 프레임 속에는 노동단체, 비정부기구, 고용주단체, 종교단체 등 그 사이에 자리한 다양한 이해관계자들의 목소리도 침묵되었다.

결국 이러한 정책적 환경 속에서 입안되고 집행되는 CI정책은 타자와 이방인을 관리하는 '통치기술'의 성격이 농후했다. 하향식의 통합 프로그램이 이주민에게 요구하는 재사회화는 종종 이들의 구체적인 필요와 괴리되었을 뿐만 아니라 제재와 처벌적 요소에 기반을 한 '강제적이고 규율적인 정치기획'[Kostakopoulou 2010, p. 955]으로 비판받았다. 실제로 의무사항을 성실히 이행하지 않을 경우 입국불허, 사회혜택 상실, 거주자격 박탈 등과 같은 불이익이 가해졌으며 영주자격이나 국적 취득을 위한 자격요건이 강화되었다. 게다가 '자립'과 '자율'의 미명하에 부각된 '개인 책임성' 논리는 거주국에서 이주민이 처한 불평등한 구조에 대한 문제의식을 무디게 만드는 효과를 낳는다. 이 밖에도 네덜란드의 입국 전 통합 프로그램에서 보았듯이 겉으로는 '이주민통합'을 위한 CI정책이 실상 원치 않는 이주민에 대한 '이민통제' 수단으로 전용되기도 했다. 이처럼 서로 모순되어 보이는 '통합'과 '통제'를 연계시킨 점을 두고 욥케는 냉소적 어조로 '진정으로 유럽적인 발명'(real European innovation)이라 부르기도 했다[Joppke 2017, p. 1153].

넷째, 중앙정부의 하향식 CI정책이 로컬정부의 정책적 자율성을 제약할 수 있다. 이는 중앙정부에 대한 재정의존도가 높은 지역일수록 더욱 그러하다. 이주민통합 정책과 관련해서 이주민 집주도시가 국가의 영향으로부터 일정한 자율성을 토대로 정책을 추진해 간다는 아이디어는 이민연구의 주요 주제들 가운데 하나다. 아울러 도시정부의 정책자율성(municipal autonomy)은 '좋은 거버넌스' 관점에서 긍정적으로 평가되어 왔다.

그렇다면 중앙정부가 주도하는 CI정책은 이러한 로컬 자율성을 어떤 방식으로 제약하게 되는가. 무엇보다도 이주민통합 방식에 대한 중앙정부의 기준이나 지침이 로컬 단위의 자율적인 이주민통합 정책실험을 제약하거나 축소할 수 있다[Gebhardt 2016]. 이를테면 실제 CI정책이 지닌 이민 통제적인 요소들을 하향식으로 관철하려는 중앙정부의 시도가 다양성과 포용의 기치를 내건 이주민 집주도시의 '주류화' 정책추진에 걸림돌이 될 수 있다.[12] 이는 지역사회에서 이주민통합과 관련하여 제기되는 구체적인 필요에 대한 대응역량의 손실로 이어지게 된다.

물론 CI정책을 채택한 모든 유럽연합 회원국들이 상술한 문제점을 안고 있다는 뜻은 아니다. 이는 스웨덴을 보면 알 수 있다[Wiesbrock 2011, pp. 49~51; Joppke 2017, p. 1161; Gebhardt 2016, p. 749; European Migration Network 2018]. 스웨덴의 CI정책은 다른 회원국들의 경우와 달리 이주민 특정적 정책과 거리가 있었다. 예컨대 통합교육의 기회는 이주민을 포함해 스웨덴어를 구사하지 못하는 모든 사회구성원에게 제공되었다. 다만 보완적 차원에서 모어교육의 기회를 제공하고 종족공동체를 지원해 준다. CI정책의 지향점도 달랐다. 스웨덴은 이주민을 '보편적 복지국가'의 일원으로 통합시키고자 했으며 1980년대 이래로 이주민 규모가 급증했음에도 불구하고 통합조건을 까다롭게 한 다른 유럽국가들과 달리 다문화주의와 다양성 원칙을 지켜나갔다.[13] 스웨덴 CI정책의 목표는 이러한 원칙을 바탕으로 이주민의 사회경제적 포용과 독립, 특히 난민과 그 가족의 노동시장 통합을 진작시키는 것이었다.

다른 한편으로 CI정책 시행 초기에 각국 정치엘리트 집단이 보여준 '선의'도 떠올릴 수 있다. 네덜란드에서 본격화된 CI정책이 빠른 속도로 다른 유럽국가들로 확산될 수 있었던 바탕에는, 상호주의에 대한 적극성이 결여되었을지언정 선의가 깔려 있었다. 이주민이 거주국에서 기본권을 보호받으면서 선주민과 동등하게 거주사회에 참여할 수 있도록 조력하려 했던 것이다. 그럼에도 불구하고 스웨덴의 경우는 예외적인 사례에, 정치가와 정책가의 선의가 관철되었던 CI정책의 초기단계는 예외적인 시간에 가까워 보인다.

그렇지만 CI정책의 '실패'를 이야기하기는 아직 이르다. CI정책을 비자유주의적 성격이 짙은 정책이라고 손쉽게 단정해서도 안 된다. CI정책을 단순히 민족주의나 인종주의의 재발호로 본다면 더더욱 무리한 해석이 될 것이다. 그렇지만 한 가지 확실한 점은 제한주의 요소가 지속적으로 강화되어 왔다는 것이다. 결국 앞서 설명한 네 가지 도전과제는 CI정책을 다원주의 원리를 바탕으로 재전유할 필요성을 강하게 시사한다.

자유주의 논쟁과 정치적 선택

제한주의로 경사되어 온 유럽 CI정책에 대한 규범적 평가는 대체로 부정적이었다. 그렇지만 CI정책은 기본적으로 포용과 제한의 양가적 가능성을 지니고 있다. 따라서 CI정책의 자유주의적 복원력을 회복하기 위해서는 무엇보다도 CI정책의 비자유주의적 성격에 대한 과대해석이나 본질주의적 접근을 경계할 필요가 있다. 이에 이하에서는 CI정책에 관한 규범적 논의의 논쟁적 성격을 드러내고자 한다.

우선 CI정책의 비자유주의적 성격에 대한 비판은 크게 세 가지 방향에서 제기된다. 첫째, CI정책의 강제적 요소가 자유주의 원칙과 양립하기 어려우며 결국 '통합에서 동화로의 후퇴' 내지는 '동화주의로의 회귀'로 귀결될 것이라는 견해다[Orgad 2015; Kymlicka 2015; Scholten 2016]. 특히 통합시험과 관련하여 도덕적 심문으로 읽힐 수 있는 문항들은 이 같은 비판론을 강화했다[Joppke 2007, p. 15; 2017, p. 1167]. 예컨대 2005년 독일 바덴뷔템베르크 주정부의 국적취득시험 대비 면접지침서에 담긴 예시문항을 보자. "당신은 2001년 9월 11일 뉴욕에서, 2004년 3월 마드리드에서 발생한 공격사건에 대해 들었습니다. 당신의 눈에 공격한 자들은 테러리스트입니까, 아니면 자유투사들입니까?" 한 국적취득 시험지에는 이런 질문도 들어가 있었다. “성인이 된 아들이 당신에게 와서 자신이 동성애자이고 다른 남성과 함께 살고 싶다고 밝힌다면 어떻게 대응할 건가요?” 이 문항들은 실상 무슬림을 겨냥한 이항대립적인 질문으로 무슬림의 문화적 가치를 자유민주주의 질서의 대척점에 있는 것으로 해석하도록 유도한다. 결국 당시 국적취득시험은 ‘무슬림 테스트’로 알려져 공분을 샀고 이내 철회되었다.[14]

물론 일부 사례만을 근거로 CI정책의 비자유주의적 특징을 강변한다면 오류를 범하는 것일 수 있다. 그렇지만 루트 코프만스(Ruud Koopmans)는 수용국이 이주민에게 자국의 언어 능력을 증명해 보이고 자국의 역사와 가치를 숙지하도록 요구한다면, 그것이 아무리 인지적 측면에 한정된 것이고 종족문화적 특수주의와 구분된다고 하더라도 결국 ‘민족 특수주의’(national particularism)와 다름이 없다고 지적한다[Koopmans 2012, p. 28]. 리아브 오르가드(Liav Orgad)도 CI정책에서 강조된 인지적 요소가 겉말이라면 그 속뜻은 다수집단의 문화 수호라고 주장했다[Orgad 2015, p. 5]. 다시 말해서 통합교육과 통합시험에는 주류사회의 기호와 선호가 뚜렷하게 반영되어 있고 그 근저에는 민족문화·민족정체성·민족특성의 형식과 표현을 수호하려는 목표가 깔려 있다는 것이다. 더욱이 시민정향 테스트에서 가장 큰 비중을 차지하는 항목인 ‘정치, 역사, 주권’에서 유럽연합에 관한 질문비중은 매우 제한적이었다[Michalowski 2011]. 이런 점에서 오르가드는 CI정책을 두고서 ‘문화수호정책’(cultural defense policies)이라고 부르기까지 했다.

두번째 비판은 CI정책이 자유주의 가치 수호를 명분으로 하면서도 실상 특정 집단(주로 무슬림)을 차별하고 배제하는 ‘비자유주의적 도구’로 악용되었다는 것이다[Orgad 2015]. 실제로 CI정책은 입국 전 단계에서 저개발국이나 이슬람권 출신의 ‘원하지 않는’ 가족이민을 겨냥했다는 지적을 받아

왔다. 물론 1970년대 들어서 초청노동자 프로그램이 중단된 이래로 가족이민자와 비호신청자가 신규이주민의 다수를 차지했기에 이들을 대상으로 한 통합정책을 마련하는 것은 필요한 일이었다. 하지만 CI정책이 OECD 회원국 출신 이주민에 대해서는 적용되지 않았다는 점에서 아무리 일반적인 선별수용 원칙에 기반을 두었다고 하더라도 차별적인 성격을 부인할 수는 없다. 네덜란드 정부는 입국 전 통합 정책이 선별적인 조치임을 공공연하게 인정했을 뿐 아니라 CI정책으로 북아프리카와 터키를 비롯한 이슬람권 출신 가족이민의 규모가 감소한 것을 두고 '환영할 만한 부작용'으로 간주하기도 했다[Joppke 2017, p. 1155].

세번째 비판은 CI정책이 애초에 기대했던 효과를 거두기 어려울 만큼 비생산적이라는 지적이다. 윌 킴리카(Will Kymlicka)에 의하면 실제 CI정책의 밑바탕에는 다음과 같은 가정이 깔려 있다. "의무화 조치나 강제적인 요소 없이 이주민이 자발적으로 거주국 사회에 적극적으로 참여하거나 기여하기는 어렵다." 그가 보기에 이 같은 가정이 문제인 것은 일반시민에게 이주민에 대한 부정적인 이미지를 각인시킴으로써 이들의 성공적인 노동시장 편입과 사회참여에 걸림돌이 되기 때문이다[Kymlicka 2015]. 네덜란드에서는 자국의 규범과 가치에 익숙해지거나 적어도 그러한 문화적 차원을 인지하도록 하는 '문화 중심 접근'이 과도하게 강조되다 보니 정작 이주민의 자립도를 높이는 것(=복지의존도 감소)을 목표로 하는 '경제 중심 접근'이 약화되었다는 평가도 있다[Joppke 2017, p. 1164].

상술한 비판론과는 달리 CI정책이 자유주의 요소를 내장하고 있기에 일부 이탈적 경향이 나타날 수는 있지만 궁극적으로 정치적 자유주의의 틀에서 벗어날 수 없다는 견해도 있다. 야스민 소이잘(Yasemin Soysal)에 따르면 CI정책은 기본적으로 '개인'의 역량과 노력에 초점을 둔 정책이기에 '민족' 중심적인 시민권 기획으로의 단순 회귀일 수 없다[Soysal 2012, pp. 52, 53].

크리스티안 욥케 역시 CI정책을 비판했던 자신의 기존 입장에서 물러나 CI정책이 기본적으로 자유주의의 틀 안에서 작동하고 있기에 '동화주의 모델로의 회귀'로 단정하는 것은 억측에 불과하다고 말한다. 우선 그는 법의 강제성이 그 자체로 자유주의에 반하지 않듯이 의무화 조치만을 두고서 자유주의에 반한다고 단정할 수 없다고 설명한다. 아울러 이주민에게 거주국의 문화를 '주입'하는 측면이 없지는 않으나 '인지'를 요구하는 측면이 지배적임을 강조한다. 한마디로 이주민의 윤리와 도덕을 개조하는 것이 CI정책의 목적은 아니라는 것이다[Joppke 2017, pp. 1167~69]. 이런 점에서 욥케는 오르가드가 CI정책의 일부 비자유주의 요소를 부각시키고 있을 뿐 정작 CI정책에 담긴 자유주의 요소 내지는 자유주의적 복원력에 대해서는 침묵했다는 점을 지적한다. 그러면서 CI정책이 자유주의에 반하기는커녕 오히려 자유주의 요소를 뚜렷이 내장하고 있다는 점을 분명히 한다. 이를테면 공화주의와 세속주의를 공식 천명하면서 자국이 '문화공동체'이기에 앞서 '정치공동체'임을 분명히 밝힌 프랑스의 CI정책이 무슬림 이주민을 위한 자리를 마련해 주지 못할 필연적 이유가 없다는 것이다[같은 글, pp. 1168, 1169].

물론 유럽에서 확산되어 온 CI정책에서 엿보이는 민족문화 수호의 경향을 경계하는 시각이 있다. 그렇지만 욥케는 그조차도 정치엘리트 집단이 이민에 대한 대중적 우려와 불만에 대응하기 위해 택한 '상징정치'의 모습일 가능성이 높다고 본다. 즉 보수성향의 집권당이 '살아 있는 주권'의 신화를 유지하는 상징정치를 통해서 지지자 표심이 극우정당으로 이탈하는 것을 방지하려 한다는 것이다. 이에 더해서 그는 이민이슈에 대해 강경한 입장을

지닌 국가로 알려진 오스트리아의 CI정책에서도 '이민통제'가 핵심이 아니었음을 부각시켰다.[15]

이상의 논의에서 보듯이 CI정책은 논쟁적인 사안이다. CI정책에 관한 규범논쟁에서 어느 한쪽의 입장이 CI정책의 윤리적 성격에 대한 총체적 이해를 독점할 수 없다. CI정책의 자유주의 성격에 대한 옹호론이 CI정책의 프레임에 보다 주목하고 있다면, 비판론은 CI정책의 구체적인 내용과 효과에 집중하는 경향을 보인다. 이런 모습에 비춰볼 때 정작 중요한 것은 유럽 CI정책의 자유주의 성격을 둘러싼 논의의 외연을 이민정치의 현실에 대한 진단과 처방에 관한 실천 담론으로 확장시키는 것이다. 이를 위해서는 CI정책에 대한 '연속체적 사고'가 유용하다. 이것은 포용주의와 제한주의 요소가 가장 강한 양극을 상정하고 그 사이에 있는 다양한 정치적 선택지를 염두에 두면서 실제 CI정책의 설계방식과 제도효과를 검토하는 방식이다.

이런 시각에서 보면 앞절에서 설명한 유럽 CI정책의 통치 특성 역시 CI정책의 본질적 특성이라기보다는 정치적 선택의 효과로 이해된다. 아울러 이러한 접근방식에 기초한 연구는 CI정책 패턴과 현실정치의 함수관계를 규명하는 작업이 될 것이다. 이를테면 정당정치, 정치리더십, 사회운동과 같은 다양한 정치적 변수들이 CI정책의 설계와 집행방식의 (비)자유주의적 효과에 어떻게 영향을 끼치는지 그리고 정반대로 신제도주의 시각에서 CI정책이 '제도'로서 이주민, 시민사회, 지자체, 관료, 정치엘리트 등 관련 행위자들의 판단과 행위에 어떤 환류효과를 갖는지를 분석할 수 있다.

4 나가는 말

유럽 CI정책의 시행 초기단계에서 정책입안자들이 품었던 포용적 이주민통합에 대한 '선의'는 오래 가지 못했다. CI정책은 이민이슈가 정치화·안보화되면서 차츰 선별적이고 배제적인 성원권 정치에 포획되어 갔다.[16] 그렇지만 제한주의로 경사된 CI정책이 자유주의적 복원력을 상실한 것은 아니다. CI정책은 '포용'과 '배제'의 양가적 요소를 내장한 정책프레임이다. 그렇기에 CI정책의 지향점과 구체 내용은 정치적 선택에 따라 달라질 수 있다. 물론 여기서 '정치적 선택'에 대한 과대해석은 경계해야 한다. 그러한 선택이 정치적 진공상태에서 이루어지지는 않기 때문이다. 이에 우리는 CI정책이 배태된 이민정치의 구조적 맥락, 즉 정치적 기회·제약 요인을 함께 살펴야 한다. 이에 이하에서는 CI정책을 '이주민통합 거버넌스'와 '복지정치'의 두 가지 구조적 맥락과 연계시켜 분석할 필요성을 제기하며 글을 끝맺도록 한다.

우선, 거버넌스 측면을 보면 오늘날 유럽 이주민통합 모델은 크게 두 가지 축으로 작동하고 있다. 하나는 이 글의 핵심 연구대상인 CI정책이고, 또 하나는 CBP의 열번째 원칙이기도 한 이주민통합의 주류화(main-streaming) 정책이다. 이주민통합의 주류화는 일반 공공정책 전반에 걸쳐 이주민의 권익을 고려하는 접근으로 다중다층적 거버넌스의 특징을 보인다. 이주민에 대한 부정적 정형화를 극복하고 거주국 사회에 대한 이들의 소속감을 높이는 데 기여할 수 있지만 행정부처 간의 책임분담과 상호협력, 이주민통합에 대한 부처 담당공무원의 정책감수성 등 충족시켜야 할 전제조건이 까다롭고 자칫 신자유주의 통치수단으로 전용될 위험성을 안고 있다[Scholten, Collett and Petrovic 2016].

그렇다면 CI정책과 주류화의 차이점은 무엇일까? 첫째, CI정책은 이주민을 정책 적용대상으로 특정한 정책인 반면에 주류화 정책은 이주민을 포함한 전체 인구(내지는 주민)를 대상으로 한 공공정책을 통해 이주민통합을 달성하려 한다는 점에서 정책 적용대상의 일반성이 두드러진다. 둘째, CI정책의 경우 중앙정부가 '이주민통합'을 국가의 주요 책무로 설정한 바탕 위에서 추진되었다는 점에서 국가 주도의 하향식 접근의 특징을 보인 반면 주류화는 이주민통합이 너무나도 중요한 과제여서 국가(전담부처)에만 맡겨 두어선 안 된다는 인식하에 다양한 영역과 층위의 복수의 행위자들이 함께 관여하는 모습이 두드러진다. 셋째, CI정책이 상대적으로 '이민통제'의 성격을 보여왔다면 이주민통합 주류화 접근은 '다양성'과 '포용'의 지향을 보다 분명히 한다.

이처럼 CI정책과 주류화는 21세기 이주민통합의 도전과제에 대한 대응모색이라는 공통된 문제의식을 바탕으로 하면서도 상이한 정책지향과 접근방식을 보여준다. 그런 점에서 '이주민통합 거버넌스'라는 포괄적인 틀 내에서 두 방식을 조화시키면서 양자의 긴장성을 대립과 충돌이 아닌 상보적 관계로 상승시킬 수 있는 방안이 모색되어야 한다.

다음으로, CI정책은 단지 이민정책이 아니라 사회정책 내지 정치경제 시스템과 긴밀하게 연계되어 있다. 특히 CI정책은 그간 유럽 전역으로 확산되어 온 만큼 유럽연합 회원국 이민정책의 '유럽화'(Europeanization)를 보여주는 사례로 볼 수 있고, 그런 점에서 유럽 CI정책의 동향은 유럽 복지국가의 전망과도 맞물려 있다고 말할 수 있다.[17] 이런 점에서 유럽 CI정책을 유럽 복지정치의 맥락과 결부시켜서 살펴볼 필요가 있다. 유럽에서는 1970년대 초 경기불황과 고용위기를 기점으로 복지 쇼비니즘이 불거졌고 90년대 들어 복지국가 모델이 본격적으로 재편되기 시작했다. 유럽연합은 2000년 리스본 합의를 통해 세계에서 가장 역동적인 '지식기반 경제'를 만든다는 목표를 세우고 노동유연화, 개인역량 강화, 노동시장 활성화, 사회안전망 투자를 강조했다. 그런 가운데 복지국가 담론에서 강조점은 복지에 대한 권리에서 인적 자본에 대한 사회투자로 옮겨갔다.

이러한 변화 속에서 '노동'의 의미도 함께 변했다. 이전에는 일을 한다는 것이 공동체의 일원이 됨을 의미했지만 이제는 '인적 자본'과 관련되어 노동시장 내 기능적 역할로 간주되었다. 그러면서 '유연성' '위험성' '불안정성'이 일하는 삶을 규정하는 새로운 요소들로 자리 잡았다[Soysal 2012, pp. 1~5]. 그런 가운데 기존 유럽 복지국가 모델에서는 통합적으로 사고되었던 '사회정의'와 '사회결속'이 분절되기 시작했다[같은 글]. 그 결과 '사회이동성'이나 '사회정의'가 아닌 개개인의 자질과 역량이 '사회결속'의 핵심 요소로 간주되었다. 이제 사회정책의 목표는 세계화에 잘 적응하면서 사회에 기여할 수 있는 능동적이고 역량을 갖춘 '좋은 유럽시민'의 양성이 되었다.

이처럼 사회보호에 대한 국가의 책무에 앞서 개인 책임성이 강조되었다. 복지국가의 토대인 사회결속이 개인의 책무로 간주되었던 것이다. 이러한 시선에서는 크게 두 집단이 '불편한 존재'로 간주된다. 첫번째는 유럽시민이지만 일하며 납세하는 '좋은 시민' 상에 부합하지 않는 이른바 '유럽인답지 않은 유럽인들'(lesser Europeans)이다. 두번째 집단은 '좋은 시민' 내지는 '우수인재'의 이미지와는 거리가 먼 존재로 각인된 비유럽 저개발국 출신 이주민이다. 이들 가운데 다수는 가족결합과 비호신청을 목적으로 입국해 거주하는 사람들이다.

CI정책은 애초에 포용과 선의를 바탕으로 시작되었으나 결국 상술한 유럽의 전반적인 복지정치 및 사회정책의 패턴에 결속되었다. 이주민을 사회의 주류 제도로 온전히 편입시키려는 정부정책의 기저에는 복지비용을 절감하려는 의도가 깔려 있었다. 실상 CI정책은 근로연계 복지 정책과 크게 다르지 않았다. 이처럼 CI정책은 개인 책임성 논리를 기반으로 한 근로연계 복지를 앞세운 신자유주의 복지정치의 연장선상에서 추진되는 경향을 보였다. 더욱이 이주민은 거주국에 자신의 잠재력과 가치를 증명해야만 한다. 핵심은 취업이다. 일자리는 사회적 배제의 위험에서 벗어나 안정된 삶을 영위하기 위한 필요조건이다. 하지만 양극화된 경제시스템하에서 취업은 여의치 않았고 구조적 실업이 더 많은 이주민을 사회의 주변부로 밀어냈다. 설령 취업하더라도 노동시장 하층부에 배속된 이들에게는 사회이동성이 제약되어 있기에 좀처럼 계층상승의 사다리를 확보할 수 없었다.[18]

이상의 내용에서 보듯이 CI정책의 한계와 가능성은 그것이 놓인 보다 포괄적이고 거시적인 사회구조와의 연관 속에서 더 잘 이해될 수 있다. 더불어 우리는 이러한 연관관계에 대한 구체적 이해를 바탕으로 지속 가능한 이민정책을 위해 정치엘리트와 정당, 시민사회와 사회운동이 수행할 수 있는 역할들을 좀더 입체적으로 파악할 수 있다.

주

1 civic integration은 국적취득, 적응 등을 뜻하는 네덜란드어 inburgering를 영역한 것이다. inburgering은 유럽 최초의 CI법률인 네덜란드의 1998년 신규이주민통합법에서 법률용어로 채택되었고, 네덜란드 정부와 벨기에 플랑드르 지방정부는 영문 홈페이지에서 이를 civic integration으로 번역했다. 이를 계기로 civic integration 용어가 널리 사용되기 시작했다(Joppke 2007, p. 1154).

2 11개 원칙에 대한 상세한 정보는 European Council(2005, pp. 4, 5); Joppke(2007, pp. 3~5) 참조.

3 1970년대 후반 이래로 네덜란드의 신규이주민 가운데 다수는 가족이민과 비호신청을 목적으로 입국했다. 그런 가운데 네덜란드의 적극적 다문화주의 정책(소수종족의 모국어 교육, 학교 설립, 병원 건립, 미디어 등에 대한 국고지원 등)은 이들의 유입을 촉진시킨 흡입요인으로 작동했다(설동훈·이병하 2013, 216쪽).

4 네덜란드에서 기존의 이주민통합 정책은 전통적인 조합주의 성원권 시스템의 연장선상에서 시행되었다. 대표적으로 신규이주민은 정부의 지원을 받는 이주민결사체에 회원으로 참여하는 방식으로 네덜란드 사회에 편입되었다. 이주민결사체는 이주민의 권익을 대변하는 조직으로서 정부와의 협상창구 역할을 수행했다(Soysal 1994, pp. 48~51, 94~100).

5 포르퇴인은 네덜란드 정치에서는 최초로 반(反)이슬람 정서를 공공연하게 표현한 정치인이었다. 그는 자신의 저작 『우리 문화의 이슬람화를 반대한다』에서 네덜란드에 거주하는 무슬림들을 네덜란드 사회의 위협으로 그려내기도 했다(Monshippouri 2009, p. 227).

6 난민 역시 3년 이내에 시민통합 자격을 취득해야만 한다. 그렇지 못한 경우 교육행정청이 벌금을 부과하고 교육기간이 재설정된다. 영주자격과 국적 취득도 불가하다. 그렇지만 난민에게 인정되는 특별한 지원책이 없지는 않았다. 대표적으로 정부는 시민통합 자격을 취득해야 하는 모든 신규이주민에게 '사회대출'을 제공하는데 난민에게는 소득과 무관하게 최대치(1만 유로)를 보장해 준다. 그렇지만 통합요건을 충족시키지 못한 경우 다른 신규이주민과 마찬가지로 대출을 갚아야 한다(European Migration Network 2018).

7 이런 점에서 사르코지의 발언은 전략적 애매모호함을 담은 정치적 수사로도 읽힌다.

8 두 논쟁점 가운데 비용부담에 관해서는 타협이 이루어졌다. 비용의 상당 부분은 연방정부가 부담하기로 했고 이주민에게는 소정의 비용(1시간 1유로)을 지불하도록 했다(Joppke 2007, p. 13).

9 국제인권규범에서도 가족은 자연스러운 사회적 단위로 간주된다.

10 특히 터키계의 사회경제적 통합 수준이 현저하게 낮게 나타났다(고상두·하명신 2012, 242~45쪽).

11 이하에서 제시하는 유럽 CI정책의 통치 특징에 관한 설명은 삼국의 사례 분석을 바탕으

로 도출한 가설적 주장이기에 다른 유럽연합 회원국들의 CI정책에 대한 경험연구를 통해 검증되어야 하는 과제가 남아 있음을 밝혀둔다.

12 여기서 주류화는 이주민통합을 독립된 정책영역으로 설정하는 이주민 특정적 접근과 달리 이주민통합의 문제를 교육, 고용, 복지 등 일반 정책영역의 문제로 (재)정의하는 접근이다. 주류화는 일반 공공정책 전반에 걸쳐, 즉 범정부 차원에서 이주민의 권익을 고려하는 접근으로서 행정부처들 간의 다중적인 역할 분담·조정과 중앙정부-지방정부-시민단체-지역사회를 아우르는 다층적 협력을 기반으로 한 '다중다층적 거버넌스'를 지향한다. 이 접근은 이주민에 대한 시혜주의나 부정적 정형화를 극복할 수 있는 인식틀을 바탕으로 이들의 안정적인 사회편입에 조력하고 거주사회에 대한 소속감을 높이는 데 기여할 수 있다(Scholten, Collett and Petrovic 2016).

13 물론 최근 반이민정서의 확산과 극우성향의 스웨덴민주당의 부상 등 도전과제에 직면해 있는 것 또한 사실이지만 말이다.

14 이후 인지 중심의 시험이 시행되었고 수험자들 가운데 대다수가 이 시험에 통과했다.

15 Joppke 2017, p. 1160. 2003년 도입된 CI정책하에서 '오스트리아통합기금'은 의무화된 통합교육의 목적에 대해서 이주민의 사회통합이 중요하지만 이주민의 고유한 정체성을 훼손해서는 안 된다는 점을 강조했다. 교육과정은 이주민에 대한 배려와 현장성을 중시했고 가능한 가치판단을 요하는 질문들을 피하고 일상의 주제들을 제시하고자 했다. 이에 더해 자격요건은 대체로 느슨한 편이었으며 그러한 요건마저 충족하지 못해 강제퇴거의 위협을 받은 이주민 규모는 2003~10년에 고작 3명에 불과했다.

16 그런데 이러한 결과는 단지 이민정치의 자유주의적 기반을 약화하는 것에 그치지 않는다. 이민이슈를 둘러싼 정치적 양극화는 복지·산업·생태·문화 정책 등 다른 중요한 공적 사안들에 관한 합리적 공론 형성에도 부정적인 영향을 끼치게 된다.

17 Huysmans 2000, p. 769. 참고로 게리 프리만(Gary Freeman)은 '복지'를 '국가' '시장' '문화'와 더불어 이주민의 편입패턴에 영향을 끼치는 네 가지 제도적 규제영역들 가운데 하나로 꼽은 바 있다(Freeman 2004).

18 Soysal 2012, pp. 6~9. 2000년과 비교할 때 2007년 유럽연합의 실업률은 8.6%에서 7.1%로 낮아진 반면에 고용률은 62.2%에서 65.9%로 상승했다. 언뜻 긍정적인 결과로 읽히지만 실상은 그렇지 않다. 계층상승의 전망이 어두운 불안정 고용영역이 비대해진 것이다. 그런 가운데 여성, 청년, 고령의 저숙련 내국인과 더불어 이주민은 계속해서 노동시장의 주변부로 밀려나게 되었다.

참고문헌

강동관·김원숙·민지원·박성일·양윤희·이상지·현채민. 2017. 『주요 국가의 이민정책 추진체계 및 이민법』. IOM이민정책연구원.

고상두. 2012. 「이주자 사회통합모델의 비교분석: 네덜란드, 독일, 한국의 사례」. 『한국정치학회보』 제46집/2호.

고상두·하명신. 2012. 「독일 거주 이주민의 사회통합 유형: 터키, 이탈리아, 그리스 출신 이주민집단의 비교분석」. 『국제정치논총』 제52집/5호.

박단. 2018. 「'히잡 착용 금지 논쟁'과 무슬림이민자 통합 문제: 식민주의와 공화주의의 공동유산」. 『프랑스사 연구』 제38호.

설동훈·이병하. 2013. 「다문화주의에서 시민통합으로: 네덜란드의 이민자통합 정책」. 『한국정치외교사논총』 제35집/1호.

한준성. 2017. 「유럽 이주민통합 정책의 주류화: 덴마크 사례를 중심으로」. 『담론201』 제20권/3호.

Bonjour, Saskia. 2010. "Between Integration Provision and Selection Mechanism. Party Politics, Judicial Constraints, and the Making of French and Dutch Policies of Civic Integration Abroad." *European Journal of Migration and Law* 12.

Borevi, Karin, Kristian Jensen, and Per Mouritsen. 2017. "The Civic Turn of Immigrant Integration Policies in the Scandinavian Welfare States." *Comparative Migration Studies* 5/9.

Boswell, Christina. 2007. "Theorizing Migration Policy: Is There a Third Way?" *International Migration Review* 41/1.

Brubaker, Rogers. 2009. *Citizenship and Nationhood in France and Germany*. Cambridge: Harvard University Press.

European Council. 2005. "The Hague Programme: Strengthening Freedom, Security and Justice in the European Union." OJ C 2005/C 53/01.

European Migration Network. 2018. "AdHoc Query on Civic Integration Policy in Relation to Recognised Refugees." https://ec.europa.eu/home-affairs/sites/homeaffairs/files/2018.1341_-_civic_integration_policy_in_relation_to_recognised_refugees.pdf. (검색일: 2019. 10. 28.)

Freeman, Gary. 2004. "Immigrant Incorporation in Western Democracies." *International Migration Review* 38/3.

Garibay, Montserrat González and Peter De Cuyper. 2013 "The Evaluation of Integration Policies across the OECD: A Review." https://ec.europa.eu/

migrant-integration/librarydoc/the-evaluation-of-integration-policies-across-the-oecd-a-review. (검색일: 2020. 5. 1.)

Gebhardt, Dirk. 2016. "When the State Takes over: Civic Integration Programmes and the Role of Cities in Immigrant Integration." *Journal of Ethnic and Migration Studies* 42/5.

Goodman, Sara. 2010. "Integration Requirements for Integration's Sake? Identifying, Categorising and Comparing Civic Integration Policies." *Journal of Ethnic and Migration Studies* 36/5.

Hansen, Randall. 2012. *The Centrality of Employment in Immigrant Integration in Europe*. Migration Policy Institute Europe.

Heuser, Marius. 2006. "German Politicians Propagate Xenophobia in Reaction to Berlin School Violence." https://www.wsws.org/en/articles/2006/04/berl-a12.html. (검색일: 2020. 3. 19.)

Hollifield, James. 2014. "France: Immigration and the Republican Tradition in France." J. Hollifield, P. Martin, and P. Orrenius eds. *Controlling Immigration: A Global Perspective*. Stanford University Press.

Huysmans, Jef. 2000. "The European Union and the Securitization of Migration." *Journal of Common Market Studies* 38/5.

Joppke, Christian. 2007. "Beyond National Models: Civic Integration Policies for Immigrants in Western Europe." *West European Politics* 30/1.

______. 2017. "Civic Integration in Western Europe: Three Debates." *West European Politics* 40/6.

Koopmans, Ruud. 2012. "The Post-nationalization of Immigrant Rights: A Theory in Search of Evidence." *The British Journal of Sociology* 63/1.

Kostakopoulou, Dora. 2010. "The Anatomy of Civic Integration." *The Modern Law Review* 73/6.

Kymlicka, Will. 2015. "Solidarity in Diverse Societies: Beyond Neoliberal Multiculturalism and Welfare Chauvinism." *Comparative Migration Studies* 3/17.

Michalowski, Ines. 2011. "Required to Assimilate? The Content of Citizenship Tests in Five Countries." *Citizenship Studies* 15/6~7.

Monshippouri, Mahmood. 2009. *Muslims in Global Politics: Identities, Interests, and Human Rights*. University of Pennsylvania Press.

Morgan, Kimberly. 2017. "Gender, RightWing Populism, and Immigrant Integration Policies in France, 1989~2012." *West European Politics* 40/4.

Mouritsen, Per. 2012. "The Resilience of Citizenship Traditions: Civic Integration in Germany, Great Britain and Denmark." *Ethnicities* 13/1.

OECD. 2006. *International Migration Outlook 2006*. OECD.

_____. 2008. *International Migration Outlook 2008*. OECD.

_____. 2012. *International Migration Outlook 2012*. OECD.

Orgad, Liav. 2015. *The Cultural Defense of Nations: A Liberal Theory of Majority Rights*. Oxford: Oxford University Press.

Sassen, Saskia. 1996. "Immigration: A Civil Rights Issue for the Americas in the 21st Century." *Social Justice* 23/3.

Scholten, Peter. 2016. "Between National Models and MultiLevel Decoupling." *Journal of International Migration and Integration* 17/4.

Scholten, Peter, Elizabeth Collett and Milica Petrovic. 2016. "Mainstreaming Migrant integration? A Critical Analysis of a New Trend in Integration Governance." *International Review of Administrative Sciences* 83/2.

Soysal, Yasemin. 1994. *Limits of Citizenship: Migrants and Postnational Membership in Europe*. University of Chicago Press.

_____. 2012. "Citizenship, Immigration, and the European Social Project." *The British Journal of Sociology* 63/1.

Süssmuth, Rita. 2009. *The Future of Migration and Integration Policy in Germany*. Migration Policy Institute.

Wiesbrock, Anja. 2011. "The Integration of Immigrants in Sweden: A Model for the European Union?" *International Migration* 49/4.

Wimmer, Andreas and Nina Glick Schiller. 2003. "Methodological Nationalism, the Social Sciences, and the Study of Migration: An Essay in Historical Epistemology." *The International Migration Review* 37/3.

3 스페인의 2005 합법화 정책

1 들어가는 말

2005년 2월 스페인에서는 미등록이주민을 대상으로 한 유럽 사상 최대 규모의 합법화(Normalización) 프로그램이 단행되었다. 이것은 스페인에서 채택된 마지막 대규모 특별 합법화 조치이기도 했다. 이때 합법화 정책은 미등록이주민에게 "법적 체류 자격을 부여 내지는 조정"함으로써 이들의 "권리체계 편입과 정치참여에 영향을 미치는 공공정책"이다[한준성 2018, 44쪽]. 이는 미등록이주민에 대한 전면 실태조사, 지하경제 양성화, 이주민 인권 보호 및 사회통합 등 다방면의 긍정적 효과를 가지고 있음에도 불구하고 이민정치에서 가장 첨예한 논쟁을 야기하는 정책수단이기에 그 시행이 여의치 않다.

이런 점에서 57만이 넘는 이주민에게 거주·취업 자격을 부여한 2005년 스페인의 합법화 사례는 비록 체류이주민의 높은(큰) 미등록비율(규모)을 감안한다고 하더라도 이례적인 사건이었다. 이는 미등록이주민 규모의 증가가 '치안'과 '정체성'에 끼치는 부정적 영향을 우려하면서 초국적 공동 대응책을 모색하고 있던[1] 유럽연합의 이민통제 기조에 비춰볼 때 더욱 그러했다. 또한 스페인은 이민행정체계가 미비했던 여타 남유럽국가들과 마찬가지로 합법화 프로그램을 사실상의 이주노동정책으로 비교적 빈번하게 단행해 왔지만 2005년 합법화 정책은 거주·취업 허가가 갱신이 되지 않거나 신청자격 요건이 까다로운 여타 남유럽국가들의 사례들 및 스페인에서 이전에 시행되었던 합법화 조치들과도 결을 달리했다[Ruspini 2009; Dzhengozova 2009]. 이런 점에서 이 글은 유럽 역사상 최대 규모이자 스페인에서는 마지막이었던 대규모 특별 합법화 조치가 단행될 수 있었던 맥락과 핵심 요인을 규명하고자 한다.

스페인의 미등록이주민 대상 합법화 정책을 다룬 기존 연구를 살펴보면 대체로 이를 스페인 이민정치사에서 나타난 하나의 사건으로 기술하는 경향을 보인다[Cornelius 2004, pp. 386~429; Bruquetas-Callejo et al. 2008; Kleiner-Liebau 2009, pp. 79~102; González-Enríquez 2010; Mass 2010]. 좀더 구체적으로 보면 2005년 이전의 연구는 합법화 정책을 이민통제의 여러 정책수단 가운데 하나로 간주하면서 그 배경과 내용 및 결과를 간략히 기술하였고, 이후의 연구들은 정책설계 방식과 관련하여 합법화 정책들의 공통점과 차이점을 설명하거나 합법화 조치의 효과에 대한 실증적 분석을 시도했다. 그렇다고 이 연구들이 스페인 합법화 조치의 사회적 배경(이주노동시장, 미디어, 사회담론 등)과 정치적 맥락(정당·시민사회·유럽연합과의 관계 등)을 짚지 않았다는 뜻은 아니다. 하지만 기존 연구는 이를 구체적인 정치동학에 대한 분석으로까지 발전시키지는 못했다. 한편 본 연구의 주된 연구대상인 2005 합법화 정책에 주목한 기존 연구를 보면 대체로 '통제'의 관점보다는 '통합'의 시각에서 분석하고 있으며, 정책설계와 집행방식을 집중적으로 기술하거나 결과에 대한 통계분석과 추적조사를 수행하고 있다[Arango and Finotelli 2009; Mass 2010, pp. 244~47; Sabater and Domingo 2012]. 그렇지만 2005 합법화의 정치동학에 대한 분석은 이전의 합법화 정책들에 대한 연구와 마찬가지로 상대적으로 미약한 편이다.

이런 점에서 이 글은 스페인 이민정치사의 맥락 속에서 2005 합법화 정책을 추동시킨 정치적 동학, 더 구체적으로는 정치리더십과 사회적 대화를 위한 제도적 배열이라는 두 요인을 분석함으로써 기존 연구의 공백을 메우려는 시도라 할 수 있다. 미등록이주민 대상 합법화가 대개의 경우 밑으로부터의 요구와 압박의 산물로 간주된다는 점에서 이러한 접근은 그간 합법화 연구에서 충분히 조명되지 못했던 통치의 차원을 규명할 수 있을 것이다. 이를 위해 이 글은 호세 사파테로(José Luis Rodríguez Zapatero) 정부의 통치철학 및 사회개혁에 관한 연구성과[Mathieson 2007; Martí and Pettit 2010]와 스페인 사회협약정치 전통을 뒷받침하는 조합주의 협상틀에 주목한 연구내용[선학태 2007; Hazán 2014; Pasetti 2014]을 2005 합법화 정책 연구에 접목시켰다.

글의 구성은 다음과 같다. 우선, '합법화'에 대한 논의는 '불법화'에 대한 이해에서 출발해야 한다는 문제인식[2]을 토대로 스페인 이민정치에서 나타난 '불법성'(illegality) 생산 메커니즘의 다양한 맥락과 복합적 작동방식을 분석한다. 이어서 스페인에서 국민당(Partido Popular, PP) 집권기인 2000년 전후로 '이민'이 본격적으로 정치화된 경위를 살펴보고, 사회주의노동당(Partido Socialista Obrero Español, PSOE)으로의 정권교체 이후 단행된 유럽 사상 최대 규모의 미등록이주민 합법화의 정치동학과 특징을 정부의 리더십(정치가와 통치철학)과 제도적 배열(조합주의적인 정책협의 양식)을 중심으로 규명할 것이다. 마지막으로, 2005 합법화 정책이 거둔 성취와 한계를 평가하면서 글을 맺도록 한다.

2 불법화의 복합적 맥락

스페인에서 합법적 체류자격을 갖지 못한 이주민의 규모와 비율은 유럽 내 다른 이민수용국들보다 상당히 높은 편이었다. 1993년에 약 20만~30만이었던 미등록이주민의 규모는 10년이 지난 2003년에 60만 이상으로 증대했다[Cornelius 2004, p. 393]. 2004년에는 100만 명가량의 미등록이주민이 스페인에 체류하는 것으로 추산되었는데, 이는 전체 체류이주민의 42%에 이르는 규모였다[González-Enríquez 2010, p. 5]. 스페인이 이민수용국으로 전환된 이래로 이처럼 높은 이주민 미등록비율은 이례적이라기보다는 만성적인 현상이었다. 그렇다면 무엇이 이처럼 많은 이주민을 합법적 체류 자격을 갖지 못한 상태에서 체류하게 만들었는가? 스페인 이민정치에서 '불법화'(illegalization)의 맥락과 작동방식은 어떻게 설명될 수 있는가?

우선, 지하경제 비중이 큰 노동시장 구조가 가파른 경제성장 국면과 맞물리면서 미등록이주민의 규모를 증대시켰다. 경제가 지속적으로 성장하면서 농업·가사노동·관광업·건설업을 중심으로 이주노동자에 대한 광범위한 노동수요가 존재했다. 자국민이 기피하는 일자리를 채워주는 미등록이주민은 사회적 문제로 간주되기보다는 경제적으로 필요한 존재로 인식되었다[Sabater and Domingo 2012, p. 216]. 이런 분위기 속에서 1998년부터 2007년까지 10년 동안 창출된 700만여 개의 일자리 가운데 절반을 이주민이 채웠고 2000년부터 2005년까지 GDP 성장의 50% 이상이 이들의 기여로 분석될 정도로 스페인경제의 이주노동 의존도는 매우 높았다[Arango and Jachimowicz 2005; Hazán 2014, pp. 379, 380]. 아울러 이들 가운데 상당수는 비공식경제 부문에 배속되어 있었다.

유럽연합 회원국들 가운데 스페인은 GDP의 20%를 상회할 정도로 지하경제 비중이 큰 국가들 가운데 하나였다[Arango and Jachimowicz 2005; González-Enríquez 2010, p. 1]. 이는 스페인에서 이주노동자들이 비합법적으로 취업할 수 있는 노동시장의 규모가 비대했음을 뜻한다. 이민행정의 시선에서 보면 상당수 이주노동자들이 '불법성'의 영역으로 편입된 것이다.

시선을 좀더 확장시켜 보면, 이러한 모습은 유럽공동체(EC) 회원국들의 전반적인 이민정책 기조와 남유럽국가들이 처한 현실의 간극과 관련된다. 1970년대 중반을 기점으로 경제적 목적의 이민 유입을 차단하고자 한 서유럽과 북유럽 국가들은 유럽경제공동체에 가입하려는 남유럽국가들에 이러한 노력에 적극 동참할 것을 요구했다. 하지만 이민통제 요구는 신생 이민유입국인 남유럽국가들의 현실과 잘 맞지 않았다[Mata-Codesal 2007, p. 15]. 특히 스페인은 외국인력에 대한 노동시장 수요를 충족시키기 위해 이주노동자 채용루트를 확대해야 할 필요성을 느끼고 있었다. 그렇지만 당시 유럽공동체 가입을 원했기에 이민통제 요청을 무시할 수 없었던 스페인 정부의 입장에서는 국내기업들의 이주노동에 대한 수요를 충족시키기에는 협애한 수준의 합법적 진입루트만 허가할 수밖에 없었다[같은 글, pp. 16, 17]. 대표적으로 1985년의 '외국인의 권리와 자유에 관한 법'은 법명에서 풍기는 인상과 달리 유럽공동체의 이민통제 방침에 영향을 받은 입법[3]으로, 이주노동자 취업의 정식 루트를 제한적으로 허용함으로써 '불법'고용 증대요인이 되었다[같은 글, pp. 9, 10]. 즉 제한적인 도입쿼터를 통해서는 이주노동자를 정식 채용하기 어려웠던 것이다. 이처럼 비유럽 출신 이주민을 합법적으로 채용하기가 어려운 가운데 고용주들 사이에서는 이미 스페인에 체류중인 미등록이주민을 저임으로 고용하려는 동인이 강했다[같은 글, p. 13]. 더욱이 고용주는 이주노동자 채용을 위해 먼저 내국인 구인이 어려움을 입증해야 했지만 정작 입증과 관련된 표준절차가 마련되어 있지도 않았다. 정리하면, 노동시장 내 인력수요와 부적절한 정책규제로 인한 미스매치가 스페인사회 내 미등록이주민 규모의 증대를 가속화시켰다[Arango and Finotelli 2009, p. 443].

스페인의 정치문화와 라틴아메리카와의 역사문화적 관계는 '불법화' 현상을 이해하기 위해 살펴야 할 또 다른 맥락들이다. 먼저 정치문화 측면에서 보면, 다른 유럽연합 회원국들에 비해 이주민에 대한 스페인 시민의 태도는 상당히 우호적인 편인데, 이는 이민이슈의 과도한 정치화를 억제하는 배경

요인이었다. 스페인에서는 이주민의 대거 유입과 높은 '불법'체류 비율이 좀처럼 강한 반대여론이나 거센 정치적 반발을 초래하지 않았다. 이러한 모습은 포스트 프랑코 시대에 접어든 이후 민주주의의 보편적 가치에 대한 일반의지가 시민들 사이에 확고하게 뿌리 내렸기에 가능했다[Arango 2013, pp. 10, 11]. 1978년에 수행된 한 여론조사 결과에 의하면 스페인 시민 가운데 77%가 민주주의를 자국의 최선의 정치체제로 꼽았고 권위주의 체제에 대한 선호를 보인 비율은 15%에 불과했다[Encarnación 2001, p. 37]. 이렇듯 민주주의 규범과 체제에 대한 높은 사회적 수용도가 미등록이주민에 대한 혐오 불용과 관용적 태도의 기저에 깔려 있었던 것이다.

이어서 라틴아메리카와의 역사문화적 관계가 지닌 영향을 살펴보자[González-Enríquez 2010, pp. 6~8; Bruquetas-Callejo et al. 2008, p. 9; 임상래 2010, 329, 336, 337쪽]. 스페인의 미등록이주민 가운데 가장 큰 비중을 차지하는 사람들은 라틴아메리카 출신자들이었다.[4] 공통의 언어 구사력은 이들의 유입을 촉진시켰는데 이는 과거 식민주의 유산과 관련된다. 임상래의 표현을 빌리면 스페인에게 라틴아메리카 출신 이주민은 "바다 너머 '타자'가 아니라 돌아온 '자아'"로 비춰 보이기도 했다[임상래 2010, 344쪽]. 그런 점에서 이들은 타지역 출신 미등록이주민에 비해 좀더 관대한 법적 혜택을 누릴 수 있었다. 국적제도가 대표적이다. 이들은 2년간 합법적으로 체류하고 나면 스페인 시민권을 획득할 수 있었는데 이는 타지역 출신 이주민에게 적용된 기준인 10년과 비교할 때 '우대' 조치였다. 게다가 라틴아메리카 출신 미등록이주민에 대한 스페인 정부의 이민통제는 보다 느슨했다. 관광 등 단기방문 형태로 입국한 뒤 장기체류하는 라틴아메리카 출신 체류기간 도과자(度過者) 수가 급증했음에도 불구하고 스페인 정부는 라틴아메리카와의 우호관계 유지를 의식해서 무비자정책을 철회하지 못했다. 이에 더해 9·11 이후 미국의 이민통제가 강화되면서 많은 중남미인들이 미국 대신 스페인을 목적국으로 선택하면서 중남미로부터 이민유입이 더욱 가속화되었다.

스페인의 정치문화 및 라틴아메리카와의 역사문화적 관계의 연장선상에서 살펴볼 수 있는 또 다른 맥락은 '파드론 시스템'(Padrón Municipal de Habitantes)이다. 이는 스페인에 거주하는 이주민의 지자체 인구등록 시스템으로 중앙정부의 이민정책과 연계되어 이들의 권리체계 편입에 영향을 끼친다. 2000년에 '거주 외국인의 권리와 자유 및 사회통합에 관한 법률'(Ley Orgánica 4/2000, 이하 '외국인법')이 시행되면서 이주민은 체류자격의 합법성 여부를 불문하고 자신의 거주지를 관할하는 지자체의 인구센서스인 파드론에 등록하는 조건으로 스페인 시민 내지 합법적 체류자격을 가진 이주민과 동등한 조건으로 공공 의료 및 교육(3~16세)에 대한 접근성을 보장받게 되었다[González-Enríquez 2010: 1; Bruquetas-Callejo et al. 2008, p. 12]. 특히 파드론 시스템은 등록절차가 까다롭지 않았다. 이는 등록주민수가 많을수록 중앙정부로부터 받는 교부금 규모가 커지는 스페인 재정구조로 인해 더욱 그러했다. 이런 구조 속에서 미등록이주민은 어렵지 않게 파드론에 등록할 수 있었다. 이를테면 전기, 가스, 통신, 수도 등 각종 공과금 고지서나 임차계약서만으로도 등록이 가능했다. 동거인이 신청자와 함께 거주한다는 사실을 증언한 문서도 증빙자료로 인정되었다. 심지어 증빙문서를 요구하지 않고 구두로만 신청을 받는 지자체도 있었고, 인터넷으로 신청을 받는 지자체도 있었다[González-Enríquez 2010, p. 4]. 이처럼 파드론 시스템은 이주민 사회통합과 관련된 스페인의 독특한 제도운영 방식으로 '불법'체류에 따르는 불이익을 상대적으로 완화시켜 줌으로써 사실상 '불법화' 메커니즘의 일부로 기능하게 되었다.

중앙정부의 미비한 이민행정 시스템은 만성적인 '불법화' 현상의 또 다른 요인이었다. 스페인은 1980년대 후반을 기점으로 이민유출국에서 이민유입국으로 입지가 바뀌었지만 이민행정의 기반을 제대로 갖추지 못한 상태에 있었다. 이후로도 2000년대 이전까지 스페인은 체계적인 이민통제 시스템을 갖추지 못했다[Mata-Codesal 2007, p. 9; González-Enríquez 2010, p. 11]. 그러다 보니 행정인력 부족과 느린 행정으로 인해 합법화 프로그램을 통해 거주·취업 자격을 획득한 이주민이 체류자격을 갱신하지 못해 미등록상태로 회귀하기도 했다[Cornelius 2004, p. 393]. 또한 미등록이주민을 고용한 업체에 대한 처벌이 제대로 이루어지지 않았기에 '불법'고용은 더욱 만성적일 수밖에 없었다. 실제로 미등록이주민을 채용한 고용주에게 벌금이나 과태료를 부과하는 경우는 드물었고,[5] 제재를 부과하더라도 미등록이주민 고용을 억제할 만큼 강력하지도 않았다. 이에 더해 노동현장에 대한 당국의 감시와 통제도 느슨했다[Mata-Codesal 2007, pp. 13, 14]. 상황이 이렇다 보니 고용주는 고용 유연성을 확보하고 사회보험비용 부담을 줄이기 위해서 미등록상태에 있는 이주민 고용을 더욱 선호하게 되었다[Cornelius 2004, pp. 393, 399].

마지막으로, 미등록 이주노동자의 인식과 행위능동성 측면도 살펴볼 수 있다. 이들 가운데 상당수는 상술한 요인들이 복합적으로 작용한 가운데 어느 정도 시간이 지나면 합법화 프로그램을 통해 거주·취업 자격을 얻을 것이라고 보고 우선 관광 등 단기방문 형태로 입국해 비공식경제 부문에 취업했다[González-Enríquez, 2010, p. 10]. 이런 탓에 스페인을 찾은 난민 가운데 일부는 까다로운 난민인정 심사를 받는 대신 미등록상태에서 '불법'취업하는 것을 선호했다[같은 글, p. 2]. 합법화 프로그램을 통해 합법적 체류자격을 획득한 이주민 가운데 일부는 조세정책의 사각지대에서 더

많은 급여를 받을 수 있는 지하경제로 되돌아가기도 했다[Mata-Codesal 2007, p. 14]. 또한 스페인 노동시장 구조를 보면 사회보험 적용대상이 되기 어려운 단기계약직이 차지하는 비중(스페인 전체 노동자 가운데 대략 1/3)이 큰 편인데, 이 역시 이주노동자들이 '불법'취업을 선호하게 만든 또 다른 맥락이었다[Cornelius 2004, p. 399; Martí and Pettit 2010, p. 80]. 이처럼 '불법성'은 아이러니하게도 미등록이주민 눈에는 더 강한 인센티브 구조로 비춰 보였다.

3 이민이슈의 정치화

스페인 정부는 합법화 정책[6]이 예외적인 상황에 적용되는 비상조치임을 강조해 왔다. 하지만 실제 모습은 달랐다. 스페인에서 합법화 정책은 사실상 주요 이주관리정책이었다. 스페인 정부는 집권세력의 정치이념을 불문하고 미등록이주민 규모와 비율을 줄이기 위한 정책수단으로 합법화 프로그램을 비교적 빈번하게 단행했다. 스페인에서는 2000년대 중반까지 총 여섯 차례 특별 합법화 프로그램이 시행되었는데 대체로 거주외국인 관련법을 제정하거나 개정할 때 그 후속조치로 단행되었다. 1986년, 1991년, 1996년 합법화 조치가 상대적으로 소규모로 이루어진 반면 2000년, 2001년, 2005년에는 대규모 합법화 프로그램이 시행되었다. 여섯 차례의 합법화 프로그램을 통해 110만여 명의 미등록이주민이 합법적인 체류자격을 획득했다[González-Enríquez 2010, pp. 10, 11]. 이처럼 스페인 정부가 미등록이주민의 규모를 줄이기 위한 여러 정책수단들 가운데 합법화 프로그램을 비교적 적극적으로 활용한 것은 기본적으로 스페인이 후발 이민유입국으로서 이민행정과 관련된 법제와 행정역량을 충분히 갖추지 못했기 때문이라고 볼 수 있다[Maas 2010, p. 238].

한편 스페인에서 이민이슈의 정치화를 추동시킨 주요 계기는 1990년대 말에 '외국인의 권리와 자유에 관한 법'[1985]의 대체법률로 제안된 '거주 외국인의 권리와 자유 및 사회통합에 관한 법률안'을 둘러싼 논쟁이었다 [Pasetti 2014, p. 8]. 이 논쟁은 이민이슈를 정치적으로 쟁점화하지 않겠다는 정당들 간의 암묵적 합의에 커다란 균열이 발생했음을 의미한다. 당시 여당이었던 국민당은 거세게 비판하며 논쟁의 수위를 끌어올렸다. 그렇지만 의회 내에서는 이미 대체법률안에 관한 광범위한 정치적 합의가 존재하고 있었고, 2000년 1월 11일 대체법인 '외국인법'(Organic Law 4/2000)이 제정되었다. 이 법은 무엇보다도 그간 '이민통제'의 그늘 속에 가려져 있던 '이주민통합'의 측면을 부각시켰다. 다시 말해 국경통제와 체류질서 관리의 논리에 경사되지 않고 이주민의 사회통합으로까지 핵심 정책의제에 관한 사고의 외연을 넓힌 것이다. 또한 이는 그만큼 다층적이고 다중적인 거버넌스의 필요성이 높아졌음을 의미하는 것이기도 했다. 아울러 외국인법은 비유럽 출신 이주민의 정치적 권리와 사회적 권리를 확대할 수 있는 요소를 담고 있었다. 하지만 입법승리는 선거패배로 이어지고 말았다. 2000년 총선에서는 이민이슈가 스페인 선거사상 최초로 주요 쟁점으로 부상했고, 국민당이 44.5%의 득표율로 350개 의석 가운데 무려 183석을 확보하며 대승을 거두었다[Maas 2010, p. 243].

국민당은 집권 후 곧바로 이민정책을 제한주의 방향으로 선회시켰다. 국민당은 외국인법에 대해서 이민수용성이 과도하고, 유럽연합이 정한 이주관리 방침에 반하며, 기존 정책이 급증하는 미등록이주민 문제를 다루는데 효과적이지 않다며 비판의 날을 세웠다. 아울러 이러한 수사적 공세를 바탕으로 외국인법을 개정(Organic Law 8/2000)했다. 개정법은 이전까지만 하더라도 스페인 영토 내에서 합법적으로 체류하는 모든 외국인에게 부여되었던 권리들 가운데 의료보험, 자녀교육, 장학금 지원 등 일부 항목들을 제한했다[Kleiner-Liebau 2009, p. 87]. 특히 '불법'체류 이주민에게는 집회와 결사의 자유 및 노조를 결성할 권리를 인정하지 않고 강제퇴거정책을 추진했다. 이에 더해 국민당은 공동 국경관리를 강조한 유럽연합의 이민정책 기조에 따라 국가의 기능적 책무로 안보를 강조하면서 이민행정의 주무부처를 노동부에서 내무부로 옮겼다. 이러한 제한주의로의 선회는 사회주의노동당을 필두로 한 야당들, NGO, 이주민단체의 거센 반발을 낳았다[Hazán 2014, p. 387; Mata-Codesal 2007, p. 10].

국민당 집권기에 시행된 첫 대규모 합법화 조치는 바로 이러한 이민정책 흐름의 변화의 연장선상에서 시행되었다. 국민당정부는 정식 외국인력 채용 루트를 확대할 의사가 없음을 분명히 하면서 '불법이주와의 전쟁'이라는 기치하에 증가일로의 미등록이주민 인구규모를 획기적으로 줄이기 위한 임시방편으로 대규모 특별 합법화 프로그램[2000]을 시행했다. 총 24만 7598명이 신청했고 15만 3463명이 체류자격을 획득했다[Maas 2010, p. 244]. 탈락자 가운데 3만 6천여 명은 재심을 통해 체류자격을 획득할 수 있었다[González-Enríquez 2010, p. 10]. 그렇지만 당시 합법화 프로그램의 주된 목적은 미등록이주민의 권리 보호와 사회통합이 아닌 '불법성' 영역의 소거에 있었다.

국민당정부는 이듬해 연이어 추가 합법화 조치를 시행했다[같은 곳]. 우선, 에콰도르 출신 미등록이주민을 대상으로 한 합법화 조치로 2만 4천여 명이 체류자격을 획득했다. 다음으로, 신청자의 '지역사회 통합 수준'을 반영한 합법화 프로그램도 시행되었는데 31만 5천여 명이 신청했고 21만 5천여 명이 합법적 체류자격을 획득했다. 탈락자는 상시적 합법화 프로그램을 통해 5년 이상 지속 체류한 사실을 증명하면 체류자격을 얻을 수 있었다.

그렇지만 국민당 지도부는 추가적·보완적 차원에서 시행한 2001년 합법화 조치에서 더 많은 신청자들이 나타난 사실에 크게 놀랐다[같은 곳]. 불과 1년 사이에 미등록이주민 수가 또다시 급증한 것으로 드러났다. 이에 국민당 지도부는 합법화 프로그램에 대한 정책 효능감을 잃었다. 결국 국민당 정부는 2002년 1월에 비상시적 특별 합법화 프로그램의 종식을 선언하고 비유럽연합 지역으로부터의 신규이민을 더욱 제한하기로 했다. 이때를 기점으로 스페인 정치에서 '이민'이슈는 정당정치에서 가장 첨예한 쟁점들 가운데 하나로 부상했다[같은 글, p. 13].

보수 정치엘리트와 주류 미디어는 국제 인신매매 마피아조직의 위험성을 강조하는 내러티브 속에서 미등록이주민의 희생자 이미지를 부각시켰다. 국민당정부는 이러한 '수사(修辭)의 정치'로 미등록이주민에 대한 스페인국민의 동정적인 여론을 등에 업고 이들의 스페인행을 돕는 단체나 조직을 범죄시하고 이민통제를 강화했다. 대표적으로 국민당정부는 경찰청 산하에 '불법이민 네트워크 및 위조문서 중앙단속반'(UCRIF)을 창설했다[같은 글, pp. 12, 13]. 이러한 분위기 속에서 미등록이주민은 능동적 주체성이 희석된 채 국제범죄의 희생자 내지는 범죄학이나 위생학의 대상으로 정형화되곤 했다.

이에 사회주의노동당, 노조, 진보사회단체, NGO는 국민당정부가 강경한 이민정책을 추진하는 듯 보이면서도 실제로는 지하경제를 통해 저임의 외국인력을 활용할 수 있도록 미등록이주민의 유입을 암묵적으로 허용하고 있다며 비판의 날을 세웠다[같은 글, p. 13]. 정부의 제한주의적인 이민정책 기조에도 불구하고 당시 스페인은 경제성장기를 구가하고 있었기에 이주노동 흡입요인이 여전히 강력했다. 그래서 관련법 개정으로 경찰이 파드론에 등록된 '불법'체류 이주민 정보를 열람할 수 있게 되었음에도 불구하고 실제 강제퇴거 조치건수는 뚜렷하게 증가하지 않았다[Mata-Codesal 2007, pp. 10, 11]. 결과적으로 미등록이주민 규모는 지속적으로 증대했고 2004년 12월에는 무려 120만여 명의 미등록이주민이 체류하는 것으로 추산되었다[Arango and Jachimowicz 2005].

이런 상황에서 진보진영은 미등록이주민 이슈와 관련하여 '수'(數)의 문제로 경사되지 않도록 신중을 기했다. 이는 그럴 경우 증가일로의 미등록이주민 규모를 감안할 때 오히려 정치적 패착이 될 수 있었기 때문이다. 그렇기에 이들은 미등록이주민 이슈를 통계 시각이 아닌 인도주의 관점을 중심으로 접근하고자 했다[González-Enríquez 2010, p. 13]. 하지만 당시 주류 미디어의 미등록이주민 재현방식은 대체로 국민당의 이민정책 노선을 뒷받침하는 효과를 가졌다. 앞서 말했듯이 이들은 종종 인신매매 조직의 희생자로 재현되었다. 스페인 사회에서 자신의 삶을 능동적으로 개척하고 성공을 거둔 미등록이주민의 모습은 거의 다뤄지지 않았다[같은 곳].

4 2005 합법화의 정치: 정치리더십과 사회협약의 제도

앞에서 보았듯이 이민이슈가 이미 정당정치의 주요 갈등선으로 부상했고 강경 이민정책 노선이 탄력을 받고 있는 상황에서 대규모 합법화 프로그램을 시행하는 것은 상상하기 어려운 일로 보였다. 이것이 어떻게 해서 가능했는지를 이해하기 위해서는 우선 2004년 3월 14일 총선에서 호세 사파테로가 이끄는 사회주의노동당이 거둔 뜻밖의(?) 승리에 주목할 필요가 있다. 사전 여론조사에서는 줄곧 국민당이 앞선 것으로 나타났다. 하지만 164석을 확보한 사회주의노동당이 148석을 차지한 국민당에 승리했다. 이러한 결과는 선거를 불과 3일 앞두고 사망자 191명(1/3가량은 이주민)과 부상자 1500여

명을 낳은 마드리드 테러사건이 발생하여 안보이슈가 불거졌기에 더욱 예상치 못했던 승리였다.

당시 호세 아스나르(José María Aznar)가 이끄는 국민당정부는 테러사건을 계기로 안보위협을 부각시키면서 지지를 호소했다. 하지만 이러한 시도는 좌절되었다. 참혹한 테러사건이 이민정책의 '안보화'로 이어지지 않은 것이다. 이는 미국이나 다른 유럽연합 회원국들과 비교할 때 상당히 이례적인 모습이었다[Arango 2013, p. 11]. 당시 사회주의노동당의 승리는 사회주의노동당에 대한 시민들의 적극적인 지지가 표출된 결과였다기보다는 좌파정당과 군소정당 지지자들이 국민당 재집권을 막기 위해 사회주의노동당으로 표를 몰아준 결과였다[Maas 2010, p. 245]. 특히 뚜렷한 근거 없이 테러사건의 배후로 바스크 분리주의 세력을 비난한 아스나르의 성급함과 테러발생이 스페인의 이라크전쟁 개입과 연관되어 있을 것이라는 사회적 인식이 아스나르가 이끄는 국민당정부에 대한 반감을 증폭시켰다[Hazán 2014, p. 389].

사회주의노동당 정부는 이라크 파병군대 철수를 시작으로 동성혼 인정, 최저임금 인상, 젠더평등법 등 일련의 사회개혁 프로그램들을 추진했다. 당선된 이듬해인 2005년에는 미등록이주민을 대상으로 유럽 사상 최대 규모의 합법화 프로그램[신청기간 2005. 2. 7~5. 7]을 단행했다. 이 역시 사회주의노동당 정부의 사회개혁 기조하에 추진되었다. 그 경위를 간략히 살펴보면, 사회주의노동당 정부는 2004년 말에 기업단체, 노조, 지방자치정부, 지자체연합과의 협의를 거쳐 합법화 프로그램 시행을 위한 법령(Royal Decree 2393/2004)을 채택했다[Miguélez Lobo 2005]. 사회주의노동당 정부는 이처럼 행정입법을 통해 이전 정부의 이민정책 기조에서 제한주의 요소를 일정 부분 걷어내고 자유주의 색채를 입히고자 했다[Kleiner-Liebau 2009,

p. 87]. 이러한 변화의 시도는 합법화 프로그램의 공식 명칭에서부터 확인된다. 직역하면 '정상화'를 뜻하는 Normalización이 공식 명칭이었다. 자세한 내용은 후술하겠지만 Normalización은 '법질서' '권리' '재정'의 세 가지 측면을 아우르는 용어였다고 볼 수 있다. 즉 '불법성'의 소거라는 소극적 의미에 그치는 것이 아니라 미등록이주민의 권리를 보호하고 나아가 이들의 정식고용을 통해 세수기반을 확충하려는 복합적 의중이 반영된 것이었다.

그렇지만 2005 합법화 정책을 '단절'의 관점에서만 봐선 안 된다. '계승'의 측면을 함께 살펴봐야 한다. 앞서 설명했던 외국인법(Organic Law 4/2000)을 잠시 다시 떠올려보자. 이 법은 스페인 이민정치사에서 중요한 분기점이었다[Hazán 2014, p. 387; Bruquetas-Callejo et al. 2008, p. 12]. 그 의의를 설명하면, 이민을 일시적 현상이 아닌 지속되는 현실로 인정함으로써 이민정책의 초점을 '통제'보다는 '통합'에 두어야 한다는 인식전환을 촉진시켰다. 바로 이러한 변화의 흐름이 이어져오다 사회주의노동당 집권기에 이민정책 개혁으로 표출되었고, 2005 합법화 프로그램은 이러한 개혁정책의 일환으로 추진되었다고 볼 수 있다.

한편 상술한 단절과 계승은 누군가 그러한 단절과 계승을 추진해야만 가능한 것이었다. 이 지점에서 우리는 한 정치가의 역할에 주목해야 한다. 바로 호세 사파테로다. 그의 통치철학과 그가 이끈 사회주의노동당 정부의 통치기조가 대규모 합법화 정책 시행을 가능하게 했다. 총선승리 후 사파테로 총리는 공화주의 이론가 필립 페팃(Philip Pettit)을 초청해 대규모 포럼을 개최하고 신정부가 추진할 사회개혁 정책들이 공화주의 이념에 기반을 두고 있음을 밝혔다[Wu 2016]. 특정 정치이론가의 이론에 입각한 통치기조였지만 그것은 사파테로 자신의 매우 주도면밀한 선택이었다. 그는 정치가로서 자신의 신념과 비전을, 시민과 소통할 수 있는 이념적 표현을 '비지배로서의 자유'(freedom as nondomination) 관념을 핵심으로 한 시민공화주의에서 발견했다. 이 점을 이해하기 위해서는 다시 2000년 사회주의노동당의 총선참패로 거슬러 올라가야 한다.

당시 국민당에 참패를 당한 사회주의노동당에서 신임 당수가 된 사파테로는 '새로운 길'을 찾아나섰다. 그 와중에 참모 추천으로 알게 된 페팃의 저서 『공화주의: 자유와 통치의 이론』을 접하게 된다. 그는 시민적 공화주의야말로 자신의 정치적 비전과 공명하는 정치이념이고, 스페인의 정치문화와도 친화성을 가지고 있으며, 사회주의노동당의 구(舊) 노선과 보수집권당인 국민당의 통치스타일 모두와 차별화된 통치이념으로서도 유용하다는 점을 간파했다. 이에 그는 확신을 가지고 시민공화주의를 자신의 정치적 비전과 당의 새로운 노선으로 채택하기로 했다. 집권 후 젠더폭력, 동성혼, 양성평등, 장애인 처우, 언론, 정부 책임성 등 여러 분야에서 추진된 개혁정책들의 근저에는 이러한 통치이념이 깔려 있었다. 2005 합법화 프로그램도 마찬가지로 공화주의 사회개혁의 일환으로 단행되었다고 볼 수 있다[Martí and Pettit 2010].

우선, 사회주의노동당은 총선승리 후 곧장 무슬림과 이주민에 대한 차별과 혐오에 분명한 선긋기를 했다. 아울러 이러한 태도정립을 바탕으로 이민이슈를 '안보'와 '치안' 위주로 바라보지 않고 '경제'와 '노동'의 문제로 재규정했다. 이에 따라 이민정책 주무 관할권도 내무부에서 노동부로 재이전시키고 노동부 내에 이주관련 사안을 담당하는 조직을 신설했다[Hazán 2014, p. 389]. 2005 합법화 프로그램은 이러한 이민정책 프레임 변화와 긴밀하게 관련되어 있었다. 사회주의노동당 정부는 합법화 정책을 노동시장정책의 일환으로 규정하고 '지하경제 양성화'를 목표로 내세우면서 합법화 정책의 정당성을 이해당사자들과 시민에게 설득해 나갔다. 이전 합법화 정책들과 달리 2005 합법화 정책은 '불법'고용 대처를 부각시킨 모습에서 알 수 있듯이 노동시장정책의 성격이 다분했다[Arango and Finotelli 2009, p. 445].

이는 일종의 '학습효과'이기도 했다. 그간 시행된 수차례 합법화 조치 이후에도 미등록이주민 인구는 줄기는커녕 증가일로였다. 이러한 경험을 통해 진정으로 미등록이주민 규모와 비율을 감소시키려고 한다면 이민정책이 이민문제만이 아님을 이해해야 한다는 점이 분명해졌다. 무엇보다도 비공식 경제 부문을 줄이지 않고서 문제해결이 어렵다는 점이 확실해졌다. 이것은 2005 합법화 정책의 밑바탕에 '최선의 이주정책은 좋은 노동시장정책'이라는 전제가 깔려 있었던 까닭이라고 했다[Mata-Codesal 2007, p. 15].

보다 심층적으로 보면, 사회주의노동당 정부는 적용대상을 근로관계를 입증할 수 있는 미등록이주민에 한정했는데 이는 합법화 정책을 미등록이주민의 경제사회적 통합의 관점에서 접근했음을 뜻한다[Arango and Finotelli 2009, p. 445]. 이주민의 안정적 사회통합의 핵심을 고용에서 찾은 것이다. 즉 정부는 합법화 프로그램을 통해 미등록이주민을 공식 사회보장체계에 편입시킴으로써 이들의 사회적 권리를 보호하고자 했다. 뿐만 아니라 정부는 세부 기반확충을 함께 기대했다. 이와 관련하여 당시 헤수스 칼데라(Jesús Caldera) 노동부장관은 체류자격을 얻은 미등록이주민의 절대 다수가 취업자들이라면서 이들을 사회보장체계로 편입시킴으로써 첫 해에만 약 15억 유로를 충당할 수 있고, 연금기반을 확충함으로써 스페인 사회보장체계가 처한 재정적인 어려움을 극복하는 데 기여할 수 있을 것이라고 밝혔다.

2005 합법화 정책을 가능케 한 또 다른 요인은 사회협약의 제도적 틀이

었다. 이는 사회경제적 이해관계가 조합주의적인 대표 방식에 의해 조율되는 스페인의 협의 메커니즘이다. 스페인에는 정부, 노동계(양대 노총), 업계(기업집단) 사이에 사회경제정책에 대한 합의형성의 전통이 제도화되어 있다[Hazán 2014]. 1994년 말에 내각이 승인한 '이주민 사회통합 계획'을 토대로 출범한 '이민자 사회통합 포럼'(Foro para la Integración Social de los Inmigrantes)도 이러한 사회협약정치[7]의 전통과 맥을 같이한다. 포럼은 비정부단체, 이민자결사체, 고용주단체, 노조단체, 지방자치정부, 시정부, 유관 중앙행정부처가 참여하는 다자협의체로 기능했다. 이민 및 통합과 관련된 법안이 정부에 의해 채택되거나 의회로 발송되기 전에 그 의견이 청취되어야 했다[Arango 2013, p. 5]. 사회주의노동당 정부는 이러한 다자협의의 틀을 활용해 업계, 노동계, 이주민단체 그리고 국민당을 제외한 다른 정당들과의 협의를 거쳐 마침내 2005 합법화 프로그램을 단행할 수 있었다.

물론 이 과정에서 이견과 논쟁이 없지는 않았다. 사회주의노동당 정부가 경제적 이익과 사회적 정의를 강조하며 합법화를 추진하자 국민당과 주류 보수언론매체를 비롯한 보수진영에서는 대규모 합법화가 오히려 스페인 사회의 통합과 질서를 저해할 뿐 아니라 유럽연합의 전반적인 이민정책 기조에도 반하는 것이라며 비판의 날을 세웠다. 특히 유럽연합 회원국들이 공동 이주관리에 스페인 정부가 동참할 것을 요청하면서 대규모 합법화 조치에 반대입장을 보였음에도 불구하고, 사회주의노동당 정부는 이를 단행했다[Hazán 2014, pp. 385~88]. 이는 경제성장 국면에서 유럽연합의 영향력으로부터 상대적으로 자율적인 상태에서 정책을 추진할 수 있었기에 가능했다. 더욱이 이민정책은 기본적으로 개별 회원국의 고유한 권한으로 간주되었기에 유럽연합이 반대입장을 공표하기도 어려웠다.

한편 노조들은 2000~2001년에 시행된 대규모 합법화 조치로 정식 고용된 이주노동자 규모가 급증하자 대규모 합법화 조치가 임금하락 요인이 될 수 있다며 우려 섞인 시선을 보냈다[같은 글, p. 386]. 업계에서는 분야마다 이해관계가 달랐는데, 특히 기업집단의 규율에서 상대적으로 자유로웠던 건설업·농업·호텔업·요식업에서 합법화 정책에 대한 지지를 이끌어내는 일이 만만치 않았다. 이 밖에도 가사도우미 고용주들은 '불법'고용할 때 지불한 액수 이상 줄 수는 없다는 입장이었다. 더욱이 이들은 이미 '가정'이라는 공간이 근로감독 대상이 되기 어렵다는 사실을 잘 알고 있었다 [Miguélez 2005].

그렇지만 이견과 논쟁이 곧장 합법화 정책에 관한 광범위한 공론을 뜻하는 것은 아니다. 이민이 지속적인 현상이기에 이주민통합 방안에 대한 논의가 필요하다는 것은 이미 공감대가 형성되어 있었다. 사회주의노동당 정부는 이러한 인식을 바탕으로 비록 이견과 논쟁이 없지 않았지만 상술한 다자간 협의의 틀 안에서 노동계와 업계의 불안을 줄여가면서 합법화 정책의 필요성을 설득할 수 있었다. 특히 사회주의노동당 정부는 논의과정에 신중을 기해 합법화 정책의 공론화에 불을 지피기보다는 정부, 양대 노총, 기업집단과의 비공개회의를 적극적으로 활용하고 행정입법의 방식을 활용함으로써 마침내 대규모 합법화 프로그램을 시행할 수 있었다. 특히 업계의 지지를 이끌어내는 과정에서는, 고용주가 직접 신청하도록 한 정책설계 방식이 사실상 '불법'고용에 대한 '사면'조치의 성격을 지녔다는 점이 도움이 되었다 [Hazán 2014, p. 388; Sabater and Domingo 2012, p. 193].

5 2005 합법화 프로그램의 설계와 집행

비판이론 시각에서 볼 때 합법화 프로그램에 적용되는 심사기준은 인종주의, 민족주의, 민족공동체의 순수성 담론 등을 반영하는 동시에 이러한 담론을 생산하는 효과를 가진다. 진 맥도날드(Jean McDonald)는 이런 시각에서 대표적인 심사기준으로 범죄이력, 건상상태, 고용상태, 거주기간, 거주국 내 가족존재, 사회통합 수준을 꼽으면서 이러한 기준들이 '좋은 시민'에 관한 특정 관념을 만들어냄으로써 합법적 체류자격을 확보하지 못한 이주배경 인구를 특정 방식으로 통치하는 효과를 창출한다는 점을 지적했다. 즉 합법화 프로그램은 민족공동체에 적합하지 않거나 위험한 존재로 간주되는 이주민과 영주자격이나 국적을 취득할 기회를 가진 수용 가능한 이주민을 구별하고 '불법성'의 영역에 남은 이들에 대한 구금과 추방을 정당화하는 통치양식 내지 규율장치로 기능할 수 있다는 것이다[McDonald 2009, pp. 68, 71].

이런 측면에서 볼 때 2005 합법화 정책은 어떻게 평가될 수 있는가. 우선 스페인 정부가 설정한 자격요건을 보자. 세 가지가 핵심이다[Arango and Jachimowicz 2005; Bruquetas-Callejo et al. 2008, p. 17]. 첫째는 거주기간이다. 합법화 정책 발효 전 최소 6개월간 스페인에 체류한 경우 신청할 수 있다. 국가 충성도나 소속감 증명을 위해 무리하게 길게 설정하지 않았음을 알 수 있다. 신청자는 2004년 8월 8일 이전에 파드론 시스템에 등록되었음을 입증해야 했다. 그렇지만 이를 증명할 수 없는 경우 건강기록, 퇴거명령, 등록 불인정, 망명신청 등 여타 공식자료도 인정해 주었다. 둘째, 신청자는 모국과 스페인에서 범죄기록이 없어야 하고 이를 위한 공증절차가 요구되었다. 셋째, 신청자는 기본적으로 6개월 이상의 근로계약을 증명해야 했다. 다만 분야별 특수한 환경을 고려하여 농업·건설업·호텔업에는 기간설정을 달리 적용했다. 스페인 정부는 이 세 가지 외에 건강상태, 스페인 내 가족존재, 사회통합 수준을 신청 자격요건으로 제시하지 않았다. 이런 점에서 2005 합법화 정책의 조건성은 비교적 낮은 수준이었다고 볼 수 있다. 이는 앞서 '불법화' 메커니즘의 맥락들로 살펴보았던 스페인의 정치문화와 라틴아메리카와의 역사문화적 관계를 어느 정도 반영한 것이기도 했다. 이처럼 2005 합법화 정책은 규율·통제 장치로서의 특징보다는 통합기제로서의 성격이 두드러졌다.[8]

이와 더불어 이전의 합법화 정책들과 비교할 때 2005 합법화 정책이 지닌 차별성을 가장 뚜렷하게 보여준 것은 '고용연계성'을 최우선적으로 강조한 점이다. 2005 합법화 프로그램은 근로계약을 가장 핵심적인 신청조건으로 설정하고 고용주가 자신이 채용한 미등록이주민을 대신해 직접 신청하도록 했다[Arango and Finotelli 2009, pp. 444, 445].[9] 아울러 고용주가 정식채용으로 전환시킨 이주노동자의 첫 달치 사회보장세를 납부하고 근로계약 사실이 당국에 의해 최종 확인되면 즉시 1년짜리 거주·취업 허가가 주어졌다. 스페인 정부가 얼마나 고용연계성을 강조했는지는 취업연계성을 뒷받침하기 위해서 가사도우미, 요리사, 트럭운전사, 웨이터 등 자국민이 선호하지 않는 직업들을 담은 고용목록집을 제작한 사실에서도 확인된다. 이 목록집은 주(州) 단위로 작성되어 3개월마다 갱신되었다[Arango and Jachimowicz 2005].

이러한 모습은 무엇보다도 스페인 경제의 고질적인 문제인 지하경제를 공식경제로 전환시키려는 정부의 정책적 의중이 강하게 반영된 것이었다. 사파테로 정부는 2005 합법화 조치를 통해 경제주체들 간의 공정경쟁과 세수기반 확충을 꾀했다. 이처럼 2005 합법화 프로그램은 경제정책 및 노동정책과 긴밀하게 관련된 연계형 이민정책이었다고 말할 수 있다[Arango and Finotelli 2009, p. 445]. 물론 합법화를 통한 지하경제 양성화가 갖는 함의를 '노동'과 '경제' 차원으로만 한정해선 안 된다. 그럴 경우 2005 합법화 정책이 사파테로 정부의 공화주의 통치철학을 반영한 조치였다는 점을 간과하게 된다. 2005 합법화 프로그램은 미등록이주민을 공식 사회보장체계에 편입시킴으로써 이들의 예속상태와 노동착취를 방지하고 정당한 구성원으로서 사회통합을 촉진시키기 위한 사회개혁 프로그램이었다[Maas 2010, p. 246].

한편 이러한 정책의도를 구현하기 위해서는 다른 무엇보다도 합법화 조치 이후 '불법성' 영역으로의 회귀현상을 막아야만 했다. 이를 위해 스페인 정부는 장기체류와 영주자격 취득이 가능하도록 거주·취업 허가갱신의 길을 열어두었다[Arango and Jachimowicz 2005; Sabater and Domingo 2012, p. 199]. 즉 미등록이주민에게 부여된 거주·취업 허가는 고용관계 등 일정 요건을 충족하면 갱신이 가능했다. 첫 1년이 지나 체류 허가를 갱신[2006년]하고, 이후에는 2년 단위로 체류허가를 갱신[2008년, 2010년]할 수 있도록 했다. 이렇게 해서 5년간 합법적으로 체류한 이주민은 영주자격 취득의 기회를 갖게 되었다.

2005 합법화 정책의 또 다른 특징은 행정과 거버넌스에서 찾을 수 있다. 스페인은 후발 이민유입국으로서 서구의 다른 이민수용국들과 비교할 때 이민행정이 그리 발달해 있지 않았다. 그렇기에 합법화 정책의 효과를 높이기 위해서는 이 같은 행정공백을 단기간에 메워야만 했다. 이에 사파테로 정부는 행정역량을 확보하기 위해 힘을 쏟았다. 우선 노조, 이주민단체, 사회보장청, 내무부 외국인부서 사무실 등을 포함해 전국적으로 총 742개의 정보소를 설치해 광범위한 홍보 네트워크를 만들었다. 뿐만 아니라 이를 뒷받침하기 위해 1700여 명의 행정요원을 충원하고 통역원을 모집했다[Arango and Finotelli 2009, p. 446].

유관 행정부처들 간의 협조체계 구축에도 신경을 썼다. 대표적으로 부처 간 DB공유를 통해 신청사기를 방지하고자 했다. 이는 신청정보에 대한 교차확인 메커니즘이 구비되지 않아 신청사기를 제대로 거르지 못한 이전 합법화 프로그램과 달라진 모습이었다[Arango and Jachimowicz 2005]. 오랜 대기와 행정체증을 줄이기 위한 분업체계도 갖추었다. 사회보장청이 신청을 접수한 뒤 내무부 내 담당부서가 심사를 진행했다. 노동부는 내무부와 함께 거주·취업 허가갱신을 위한 전자시스템을 구축했다[Arango and Finotelli 2009, p. 446].

이 밖에도 정부는 신청기간 이후 12월 31일까지 약 8개월간 50만여 건의 근로현장 감독이 필요할 것으로 보고 대응책 마련에 나섰다[Arango and Jachimowicz 2005]. 하지만 근로감독관노조는 정부의 근로감독 확대실시 방침에 대해 인력부족으로 인한 과로 등의 위험성을 지적하면서 반발했다. 이에 정부는 근로감독관 급여총액을 증액하고, 신형 컴퓨터 시스템에 투자하고, 근로감독 예산을 두 배로 늘리는 등 적극적으로 대응하면서 합법화 정책 추진의 모멘텀을 유지해 나갔다[Maas 2010, p. 246].

2005 합법화 정책에 소요된 총비용을 정리하면 노동부 정보국 82만 6006유로, 공공행정부의 임시근로자 고용 565만 7894유로, 법무부직원의 추가근로 7만 5천 유로, 통역관 고용 364만 2640유로, 사회보장청의 인력관리비용 303만 2443유로를 포함해 총 1269만 3983유로가 투입되었다[Arango and Finotelli 2009, p. 446]. 아울러 정부는 지방정부와 지자체를 대상으로 이주민 사회통합을 위한 기금을 조성하고 2005년에 1억 2천만 유로, 2006년에 1억 8200만 유로를 책정했다[Kleiner-Liebau 2009, p. 88].

6 나가는 말

사파테로 총리가 이끈 사회주의노동당 정부는 '시민공화주의' 이념에 기반을 한 통치철학을 바탕으로 추진한 사회개혁의 일환으로 Normalización 이라는 이름의 대규모 합법화 프로그램을 단행했다. 통상적으로 합법화 정책이 이민정치에서 격렬한 논쟁을 야기하는 사안임에 비추어볼 때 2005 합법화 정책은 비교적 순조롭게 시행되었다고 볼 수 있다. 특히 정권교체 이후 집권 초기에 시행되었다는 점에서, 다른 정책들이 실패한 끝에 택하는 최후의 수단으로 간주되기보다는 이주민의 사회통합을 위한 조치로서의 의미가 부각될 수 있었다. 이에 더해 스페인의 정치문화와 라틴아메리카와의 역사문화적 관계는 합법화 정책을 둘러싼 정치담론의 과도한 양극화를 방지해 주었으며 '통제'보다는 '통합'에 방점을 둔 섬세한 정책설계와 적극적인 행정인프라 구축을 통해 실패 가능성을 낮추었다.

결과를 보면, 우선 총 69만 1655명이 신청했고 이 가운데 83.62%인 57만 8375명이 거주·취업 자격을 획득했다. 미승인건은 1만 7362건으로 2.5%에 불과했다[Arango and Finotelli 2009, p. 447]. 이러한 결과는 2005 특별 합법화 조치가 미등록이주민을 사회적 배제와 노동착취로부터 보호하고 보다 안정적인 스페인 사회 편입을 촉진시키는 데 기여했음을 뜻한다.[10] 또한 수많은 이주민의 참여와 높은 승인율은 2005 합법화 정책이 향후 스페인의 실효적인 이주민 체류관리정책 설계를 위한 사전 실태조사로서도 상당히 성공적이었음을 의미한다. 실제로 출신지, 성, 연령 등 다양한 인구학적 변수들에 대한 분석을 통해 미등록이주민의 체류실태와 스페인 시민권 정치의 특징을 분석할 수 있었다.

특히 2005 합법화 정책은 라틴아메리카 출신의 신청자에 대한 호의적 성격이 두드러졌다. 예컨대 바르셀로나주의 미승인율을 보면 사하라 이남 아프리카와 아시아 출신자의 경우 각각 9.4%와 21.4%로 나타난 반면 라틴아메리카 출신자의 경우 2.7%에 불과했다. 역사문화적 요인을 반영한

〈표〉 2005 합법화 프로그램의 결과 [단위: 명]

신청자 국적	신청	승인	승인율 (%)	철회	미승인	소송	대기
불가리아	25,598	22,239	86.88	1,442	482	1,414	21
루마니아	118,546	100,128	84.46	7,501	2,788	8,048	81
우크라이나	22,247	19,466	87.50	988	414	1363	16
모로코	86,806	68,727	79.17	6,887	2,217	8,813	162
말리	7,205	6,249	86.73	271	194	475	32
세네갈	10,100	7,265	71.93	1,371	349	1,083	16
에콰도르	140,020	127,925	91.36	4,842	584	6,621	48
콜롬비아	56,760	50,417	88.82	2,806	361	3,138	38
도미니카공화국	3,994	3,212	80.42	307	124	348	3
페루	3,605	2,950	81.83	283	87	279	6
볼리비아	47,325	39,773	84.04	2,889	1,630	2,974	59
파키스탄	15,782	8,602	54.51	2,292	2,315	2,286	287
중국	13,416	8,159	60.82	2,143	1,127	1,932	55
합계	691,655	578,375	83.62	44,457	17,362	50,356	1,105

* 자료: Arango and Finotelli 2009, p. 447.

스페인의 시민권 전통을 확인시켜 주는 대목이라 할 수 있다[Sabater and Domingo 2012, p. 202, 203]. 이 밖에도 신청자의 절반가량이 여성이었는데 대다수가 가사노동자인 것으로 확인되었다[Arango and Finotelli 2009, p. 448].

다음으로, 사페테로 정부는 과감한 합법화 조치를 통해 지하경제를 규제하고 노동시장의 투명성을 높임으로써 세수기반과 사회복지 재원을 확충할 수 있었다. 구체적으로 살펴보면, 합법화 이후 사회보장체계에 편입된 이주민은 총 140만 4449명으로 2004년 말과 비교해서 57만 8313명이 늘었다. 노동부 추산에 따르면 2005 합법화로 발생한 추가세수와 사회보장 분담액은 각각 9285만 9672유로와 9334만 5503유로이고, 이를 토대로 2005년 말 사회보장 분담금 총액은 사상 최초로 8억 유로를 넘어섰다[같은 글, p. 450].

2005 합법화 정책에 대한 평가에서 미등록상태, 즉 '불법성' 영역으로의 회귀현상에 대한 분석도 빼놓을 수 없다. 이민사회에서 합법화 정책이 뜨거운 논란의 대상이 되는 이유들 가운데 하나는 사후조치 미비 등으로 인해 미등록상태로 회귀할 것이라는 회의론이다. 이런 우려에 비춰볼 때 2005 합법화 프로그램의 실효성은 상당히 높았다. 1년이 경과한 2006년 10월 기준으로 2005 합법화 조치로 사회보장체계에 편입된 이주민 가운데 약 80%인 46만 1319명이 여전히 고용된 상태에서 합법적으로 체류하고 있는 것으로 확인되었다[같은 글, pp. 450, 451]. 바르셀로나주를 대상으로 한 조사결과에서도 체류자격 갱신비율이 높게 나타났다. 거주·취업 허가를 획득한 신청자들 가운데 무려 95% 이상의 절대 다수가 1년 뒤 체류자격을 갱신했다. 이후 2년 단위로 체류자격을 갱신해야 하는데 이때에도 대략 80% 이상의 생존율을 보였다[Sabater and Domingo 2012]. 뿐만 아니라 체류자격 갱신에 실패한 이주민은 2006년 이후 시행된 두 가지 유형의 상시적 합법화 프로그램인 '노동정착'(Labour Settment)과 '사회정착'(Social Settlement) 프로그램에 신청할 수 있었다.[11]

이처럼 2005 합법화 정책은 비교적 성공적으로 집행되었다고 볼 수 있지만 우려할 점이 없었던 것은 아니다. 우선 제조업 부문에서는 실질임금이 증가한 반면 건설 및 서비스 부문에서는 감소했다는 분석이 나왔는데, 이러한 결과는 합법화 정책이 임금 및 고용에 끼치는 부정적 효과를 최소화하기 위해 외국인력 비중이 상대적으로 큰 건설과 서비스 부문에서 노조의 역할이 중요함을 말해 준다[Arango and Finotelli 2009, p. 451]. 이 밖에도 유럽연합의 전반적인 이민통제 기조에 역행하는 과감한 합법화 조치가 프랑스, 독일, 이탈리아 등 다른 회원국에 체류하는 (미등록)이주민의 스페인행을 유도한다는 지적도 있다[Tremlett 2005].

그렇지만 보다 근본적인 문제는 스페인 경제의 전반적인 상황과 관련된다. 경제가 불황일 경우 이주민의 고용기회는 크게 줄 수밖에 없다. 그렇기에 체류자격 획득 및 갱신 가능성을 고용상태와 연계한 합법화 조치에 따른 기대효과의 불확실성이 클 수밖에 없다. 실제로 2008년을 전후로 스페인 경제는 하강 국면으로 접어들었다. 이에 스페인 정부는 비(非)유럽연합 지역 출신 이주민을 대상으로 귀국비용, 실업수당, 재정착지원금 등을 포함한 자발적 귀환 프로그램을 시행했다[López-Sala 2013, pp. 57~60]. 하지만 라틴아메리카 출신자들을 중심으로 제한된 수의 이주민만이 모국으로 돌아갔을 뿐 다수는 여전히 스페인에 거주하고 있었다[Sabater and Domingo 2012, pp. 214, 215]. 이러한 모습은 합법화 정책의 실효성을 높이기 위해서는 자발적 귀환 및 재통합 정책을 비롯해 여타 이주정책과의 연계효과를 세심하게 고려해야 함을 일깨워준다.

마지막으로, 지금까지 살펴본 내용을 바탕으로 스페인 2005 합법화 사례가 우리에게 주는 시사점을 짚어보자. 물론 역사경험, 정치문화, 제도설계 등에서 차이를 보이는 스페인과 한국의 이민정치를 등가적인 수준에서 비교하기는 어렵다. 그렇기에 스페인 사례가 한국에 주는 정책적 함의를 과도하게 해석해선 안 된다. 그럼에도 불구하고 스페인 사례에 대한 구체적 이해를 통해 도출할 수 있는 두 가지 시사점을 정리하면 다음과 같다.

우선, 그간 한국정부가 시행해 왔던 '자진출국-재입국' 수준을 넘어 보다 과감한 합법화 정책을 시행하기 위해서는 '불법화'의 다양하고 복잡한 동기·맥락·경로에 대한 지식기반 마련이 선행되어야 한다. 다음으로, '통제'보다 '통합'의 관점에서 합법화 정책을 추진하고자 한다면 합법화 정책의 사회개혁성을 부각할 수 있는 정치가의 비전과 역량 그리고 사회적 대화와 합의형성을 촉진할 수 있는 세심한 제도설계가 중요하다. 이런 점에서 Normalización이라는 이름으로 시행된 스페인의 2005 합법화 정책이 세 가지 측면에서 정당성과 설득력을 확보해 간 모습은 인상적이었다. '불법성' 소거라는 소극적 의미에서의 이민정책을 넘어서 지하경제 양성화를 통해 비공식 노동시장에서 미등록이주민에 대한 노동착취와 인권유린에 대처하는 동시에 이들의 공식 사회보장체계 편입을 촉진시키고, 나아가 정식채용을 통해 사회복지 재원의 기반을 확충하고자 했던 것이다.

주

1 예컨대 2004년 11월에 유럽연합 정상회의가 결의한 '헤이그 프로그램'(Hague Program)의 중요한 내용 중 하나는 유럽연합과 25개 회원국이 이주흐름을 함께 관리하고 유럽연합의 외부국경을 통제하는 것이었다. '합법적 이주 및 불법고용 방지'는 이러한 '요새(fortress) 유럽'의 기획 속에서 제시된 세부 추진항목들 가운데 하나였다(Selm 2005).

2 니콜라드 데 제노바(Nicholas De Genova)는 미등록이주민에게 부과되는 사회적 표지(標識)인 '불법성'이 실은 이주사회의 법과 행정에 의해 만들어진 것이라는 역설적 특징을 가진다는 점을 예리하게 지적한 바 있다(De Genova 2002). 또한 사회 내 특정 집단에 대한 이러한 '명명'(naming)은 정치적 권력관계를 반영하면서 단순한 묘사의 수준을 넘어 미등록이주민을 '타자화'한다(Boris 2005, p. 73). 이 글은 이러한 문제의식을 공유하면서 불법성 '생산'의 맥락과 과정을 먼저 살펴야 한다고 주장한다. 이유는 크게 두 가지이다(한준성 2018, 47, 64쪽). 첫째, 이는 합법화 정책에 관한 충돌과 타협에 관여하는 행위자들의 인식과 (상호)대응을 이해하는 데 필요한 맥락을 알게 해준다. 둘째, 불법성 창출과정의 다양성과 복합성을 잘 이해하고 이에 관한 정보를 축적함으로써 향후 추진될 합법화 정책의 정당성을 높이면서 그 방향과 수준을 합리적으로 결정하는 데 도움을 준다.

3 이민유입국으로의 전환기에 있으면서 동시에 유럽경제공동체 가입(1986)을 한 해 앞둔 시점에서 제정된 법률로, 안보 패러다임을 기반으로 한 제한주의적 이민정책으로 평가된다(Carrera 2009, pp. 241, 242).

4 식민주의 유산과 지리적 인접성으로 인해 마그레브 지역 출신의 많은 이주민도 미등록상태로 체류하고 있었다. 하지만 그 규모는 라틴아메리카 출신자들에 비해 제한적인 편이었다. 이 절에서는 '불법성' 생산의 주요 맥락들에 초점을 맞추었기에 말그레브 지역 출신 미등록이주민의 유입과 체류에 관해서는 상세히 논의하지 않았음을 밝혀둔다.

5 유럽이주네트워크가 2017년에 발간한 한 조사보고서는 최근 스페인에서 적용되고 있는 처벌기준에 관한 정보를 담고 있다. 우선, 미등록이주민을 불법 고용한 경우 당국은 고용주에게 경중을 따져 1인당 1만~10만 유로의 벌금을 부과한다. 뿐만 아니라 미등록이주민을 불법 고용한 경우 6개월에서 6년까지 금고형이 적용되는데 많은 수를 고용할수록 기간이 늘어난다. 미성년자를 불법 고용하거나 미등록이주민을 지속적으로 불법 고용한 경우 3~18개월 금고형이 부과되는데, 죄질이 나쁜 경우 최장 6년까지 늘어난다. 조직적인 불법고용이 이루어진 경우에는 2~5년의 금고형이 부과된다(European Migration Network 2017, pp. 79, 80).

6 스페인에서는 상시적 합법화 프로그램이 함께 운용되어 왔지만 이 연구의 주요 대상은 단발성 합법화 프로그램이기에 상시적 합법화 프로그램은 논의대상에 제외했다는 점을 밝혀둔다. 덧붙여 설명하면, 공식 합법화 정책은 아니지만 사실상 합법화 조치의 성격을 지닌 정책도 있었다. 외국인력 도입할당제가 이에 해당한다. 특징적인 점은 이미 스페인에 거주하고 있는 미등록이주민에게도 적용되었다는 사실이다. 다만 그 쿼터규모는 제한적

인 편이었다. 이를테면 1993년에 도입한 외국인력 채용 할당규모는 연 2만여 명에 불과했다(Arango and Jachimowicz 2005; Mata-Codesal 2007, p. 10).

7 스페인에서 민주화 이후 사회협약의 정치가 형성·발전되어 온 과정에 관해서는 선학태(2007, 237~44쪽)의 설명을 참조.

8 물론 2005 합법화 정책이 가진 포용적 성격에 대한 과도한 해석은 경계해야 한다. 통치성의 관점에서 볼 때 합법화 정책은 '불법화' 현상의 근본적인 원인들(이를테면 노동시장 구조)에 대한 해법으로서는 한계를 안고 있었고 여전히 특정 기준에 입각한 합법/불법 경계설정을 바탕으로 한 '불법성'에 대한 통제 및 규율 장치로 기능했기 때문이다.

9 다만 두 가정 이상에서 근로하는 가사노동자의 경우 본인 신청이 가능했다.

10 합법화 조치를 통한 미등록이주민의 안정적 사회통합은 내수 증대로도 이어질 수 있다. 논리는 이렇다. 즉 합법적으로 장기체류할 수 있는 전망을 가진 이주민은 벌어들인 돈의 거의 대부분을 모국에 송금하는 대신 거주국에서 보다 많은 돈을 소비하는 경향을 보인다는 것이다(Arango and Finotelli 2009, p. 451).

11 두 프로그램은 상대적으로 '사면'(amnesty) 조치의 성격을 가진 단발성 대규모 특별 합법화 조치와 달리 '정착'(settlement)이라는 아이디어에 기반을 두고 있다. 즉 미등록 이주민이 지역사회에서 얼마나 정착하였는가를 중요한 기준으로 삼은 것이다. '노동정착'의 경우 2년 이상 체류한 자여야 하고 최소 1년의 근로계약을 맺고 있음을 입증해야 한다. 이때 근로계약 입증과 관련해서는 사전에 노조의 지원과 확인이 필요하다. '사회정착'의 경우 신청자는 3년 이상 체류한 자여야 하고, 신청 접수시점에 최소 1년의 근로계약을 맺고 있음을 입증해야 하며, 스페인에 가족이 있거나 지역공동체와 긴밀한 유대 관계를 형성하고 있음을 밝혀야 한다(Sabater and Domingo 2021, pp. 194~195).

참고문헌

선학태. 2007. 「사회협약정치와 민주주의 공고화: 스페인과 한국의 비교연구」. 『민주주의와인권』 7/2.

임상래. 2010. 「스페인 국제인민의 특성과 조건: 스페인의 '라틴아메리카화'(Latinoamericanización)의 현재적 의의」. 『이베로아메리카』 12/1.

한준성. 2018. 「'불법'의 생산과 합법화 정책: 한국 이주노동정치의 사례」. 『민주주의와인권』 18/1.

Arango, Joaquin. 2013. *Exceptional in Europe? Spain's Experience with Immigration and Integration*. Migration Policy Institute.

Arango, Joaquin and Claudia Finotelli. 2009. "Spain." Martin Baldwin-Edwards and Albert Kraler eds. *Regularisations in Europe*. Amsterdam, NLD: Amsterdam University Press.

Arango, Joaquin and Maia Jachimowicz. 2005. "Regulating Immigrants in Spain: A New Approach." https://www.migrationpolicy.org/article/regularizing-immigrants-spain-new-approach.

Boris, Eileen. 2005. "On the Importance of Naming: Gender, Race, and the Writing of Policy History." *Journal of Policy History* 17/1.

Bruquetas-Callejo, María, Blanca Garcés-Mascareñas, Ricard Morén-Alegret, Rinus Penninx and Eduardo Ruiz-Vieytez. 2008. "Immigration and integration policymaking in Spain." IMISCOE Working Paper.

Carrera, Sergio. 2009. *In Search of the Perfect Citizen? The Intersection between Integration, Immigration and Nationality in the EU*. Leiden: Martinus Nihoff Publishers.

Cornelius, Wayne A. 2004. "Spain: The Uneasy Transition from Labor Exporter to Labor Importer." W. A. Cornelius, T. Tsuda, P. L. Martin, and J. F. Hollifield eds. *Controlling Immigration: A Global Perspective* 2nd edition. Stanford University Press.

De Genova, Nicholas P. 2002. "Migrant 'Illegality' and Deportability in Everyday Life." *Annual Review of Anthropology* 31.

Dzhengozova, Mariya. 2009. "Portugal." Martin Baldwin-Edwards and Albert Kraler eds. *Regularisations in Europe*. Amsterdam, NLD: Amsterdam University Press.

Encarnación, Omar G. 2001. "Spain after Franco: Lessons in Democratization." *World Policy Journal* Winter.

European Migration Network. 2017. "Illegal Employment of Third-Country Nationals in the European Union." EMN Synthesis Report.

González-Enríquez, Carmen. 2010. "Spain: Irregularity as a Rule." https://www.researchgate.net/profile/Carmen_Enriquez2/publication/291855368_Spain_Irregularity_as_a_rule/links/56fa4e8d08ae7c1fda319f91.pdf.

Hazán, Miryam. 2014. "Spain: The Uneasy Transition from Labor Exporter to Labor Importer and the New Emigration Challenge." James F. Hollifield, Philip L. Martin, and Pia M. Orrenius eds. *Controlling Immigration: A Global Perspective* 3rd edition. Stanford University Press.

Kleiner-Liebau, Désirée. 2009. *Migration and the Constitution of National Identity in Spain*. Iberoamericana Editorial.

López-Sala, Ana. 2013. "Managing Uncertainty: Immigration Policies in Spain during Economic Recession(2008~2011)." *Migraciones Internacionales* 7/2.

Maas, Willem. 2010. "Unauthorized Migration and the Politics of Regularization, Legalization, and Amnesty." George Menz and Alexander Caviedes eds. *Labour Migration in Europe*. Palgrave Macmillan.

Martí, José Luis and Philip Pettit. 2010. *A Political Philosophy in Public Life: Civic Republicanism in Zapatero's Spain*. Princeton University Press.

Mata-Codesal, Diana. 2007. "Regularisation Programmes in Spain, the Account of a Failure?" http://migrationist.com/images/Mata-Codesal(LegalisationsinSpain).pdf.

Mathieson, David. 2007. *Spanish Steps: Zapatero and the Second Transition in Spain*. London: Policy Network.

McDonald, Jean. 2009. "Migrant Illegality, Nation-Building, and the Politics of Regularization in Canada." *Refuge: Canada's Journal on Refugees* 26/2.

Miguélez Lobo, Fausto. 2005. "Spain: The Normalisation of Immigrants in 2005." https://www.eurofound.europa.eu/publications/article/2005/spain-the-normalisation-of-immigrants-in-2005.

Pasetti, Francesco. 2014. *Country Report: Integration Policies in Spain* INTERACT Research Report 2014/30.

Pettit, Philip. 1997. *Republicanism: A Theory of Freedom and Government*. Oxford University Press.

Ruspini, Paolo. 2009. "Italy." Martin Baldwin-Edwards and Albert Kraler eds. *Regularisations in Europe*. Amsterdam, NLD: Amsterdam University Press.

Sabater, Albert and Andreu Domingo. 2012. "A New Immigration Regularization Policy: The Settlement Program in Spain." *International Migration Review* 46/1.

Selm, Joanne Van. 2005. *The Hague Program Reflects New European Realities*. Migration Policy Institute.

Tremlett, Giles. 2005. "Spain Grants Amnesty to 700,000 Migrants." https://www.theguardian.com/world/2005/may/09/spain.gilestremlett.

Wu, Patrick. 2016. "A Philosopher in Spain: Philip Pettit as a National Advisor." http://www.foxhedgehog.com/2016/04/a-philosopher-in-spain-philip-pettit-as-a-national-advisor/.

3부

제3세계의 난민정치

1 아프리카 지역난민레짐의 탄생: 1969 OAU 난민협약

1 들어가는 말

아프리카의 신생독립국 가나의 수상으로 아프리카의 정치적 통합을 주창한 카사블랑카 그룹[1]을 이끌었던 콰메 은크루마(Kwame Nkrumah)는 1958년 미 외교협회에서의 연설에서 반제국주의와 더불어 아프리카가 추구해야 할 두 가지 목표를 제시했다[Latham 2010, p. 258]. 하나는 비동맹노선이었고 또 하나는 빠른 발전이었다. 즉 반(反)제국주의 비동맹 노선을 바탕으로 지역협력을 통해 경제발전을 도모하겠다는 구상이었다. 은크루마의 이러한 비전은 아프리카 탈식민 독립국들의 정치지도자들이 함께 품었던 열망이었다. 당시 아프리카국가들 간의 회의나 합의문서에는 '통합'과 '연대'가 중요한 가치와 구호로 빈번하게 언급되었는데, 그 기저에는 냉전질서의 양대 블록과 구분되는 독자적 지역공동체를 형성하겠다는 의중이 깔려 있었다.

하지만 냉전구도 속에서 미국, 소련, 중국 등 새로운 열강이 관여하기 시작하고 해방 이후 국가형성 과정에서 참혹한 내전과 분쟁이 이어지면서 신생독립국들의 야심찬 구상에 먹구름이 짙게 드리워졌다. 특히 그 와중에 발생한 대규모 강제이주 사태가 지역의 안보와 발전에 커다란 위협요인으로 부상하면서 아프리카 국가들의 연대와 평화의 중요한 시험대가 되었다. 일거에 대량으로 발생한 초국적 강제이주의 흐름은 인접국가들로 몰리게 된다. 그 결과 서로 연접한 발생국과 수용국들을 비롯한 지역 일대는 경제·정치·안보의 측면에서 큰 타격을 받게 된다. 난민발생국에 인접한 국가에서 난민문제가 국내정치적으로 매우 민감한 사안이 될 수밖에 없는 까닭이 여기에 있다. 더욱이 식민통치의 수탈경제에서 갓 벗어난 신생독립국들의 사회경제적 여건은 열악했고, 그렇기에 난민수용국들이 일국적 차원에서 난민위기에 효과적으로 대응하기를 기대하는 것은 난망한 일이었다.

2019년 '세계 난민의 날'을 앞두고 유엔난민기구 사무총장 필리포 그란디(Filippo Grandi)는 국제사회 모두가 난민위기에 연루되어 있다고 역설하면서 '이해'(understanding), '공감'(compassion), '정치적 의지'(political will)를 사태해결을 위한 세 가지 필수요건으로 제시한 바 있다[UN News 2016]. 그의 3항론(三項論)은 '이해'와 '공감'은 필수적이지만 난민위기에 대한 실질적인 대책을 마련하려는 유관주체들의 '정치적 의지'와 결합되지 않는다면 무용하다는 뜻으로 읽힌다. 무엇보다도 대량 난민이 발생한 경우에는 수용국들이 일국적 차원에서 감당하기 어려운 국제보호의 과제를 지역협력으로 풀어가려는 정치적 의지의 형성이 절실하게 요구된다. 물론 지역협력이 잘 이루어진다고 해서 난민과 수용국 모두에게 좋은 결과가 보장되는 것은 아니다. 그렇지만 한 가지는 확실하다. 역내국가들 간의 책임분담을 조율하고 국제사회의 체계적이고 적극적인 협력과 지원을 견인하려면 공동대응을 위한 지역협력이 필수적이라는 것이다.

이러한 맥락에서 이 글은 대량 난민사태에 대한 지역주의 대응의 대표적인 역사적 사례인, 아프리카단결기구(Organization of African Unity, OAU)의 1969년 "아프리카 난민 문제의 특수한 측면들에 관한 협약"(OAU Convention Governing the Specific Aspects of Refugee Problems in Africa, 이하 OAU협약)에 주목한다. 코로나 팬데믹이 발생하기 전해인 2019년에 채택 50주년을 맞은 OAU협약은 여전히 아프리카 난민 레짐의 핵심축으로 평가받고 있다. 그런 만큼 OAU협약을 역사적 사건으로 기억하고 평가하는 작업은 제3세계 지역난민레짐의 발전사를 이해하는 데 있어서 빼놓을 수 없는 부분이다. 이에 더해 OAU협약에 대한 심도 있는 이해는 글로벌 난민위기에 대한 국제사회의 실효적인 책임분담과 미래구상에 관한 논의를 위해서도 중요하다. 뿐만 아니라 이 글은 지난 2018년 한국사회에서 안 그래도 무더운 여름을 더욱 뜨겁게 달군 이른바 '난민논란'을 계기로 이주와 난민 문제에 관한 사회적 관심이 커진 가운데 글로벌 난민위기에 관한 사고의 지평을 넓히는 데도 작으나마 도움이 될 수 있을 것이다.

OAU협약에 관한 기존 연구를 살펴보면, 탈식민 해방운동과 난민위기의 역사적 맥락을 살펴본 뒤 협약의 주요 내용과 의미를 해설하는 내용을 담고 있는 연구가 주를 이루고 있다[Adepoju 1982, pp. 21~35; Rwelamira 1989, pp 557~61; Okoth-Obbo 2001, pp. 79~138; Okello 2014, pp. 70~73]. 이와 더불어 '지역 간 비교'의 시각에서 OAU협약을 라틴아메리카의 "1984 카르타헤나 난민선언"(Cartagena Declaration on Refugees)을 포함해 제3세계 내 다른 지역의 유사한 사례들과 비교분석한 연구들도 있다[UNHCR 1992; Arboleda 1995, pp. 87~101]. 이 같은 비교의 관점은 아프리카와 타지역 간의 공통점과 차이점을 체계적으로 분석함으로써 OAU협약의 특성을 보다 명료하게 이해하는 데 도움을 주며, 나아가 '지역 간 전이'의 차원으로 연구적 관심을 확장시키기 위한 토대연구라 할 수 있다. 그렇지만 1960년대 아프리카 난민위기에 대한 지역협력의 제도화를 가능케 한 정치동학을 주제화한 연구를 찾기는 어렵다. 물론 OAU협약 채택의 구체적 과정에 주목한 연구가 없는 것은 아니다. 예컨대 마리나 샤프(Marina Sharpe)는 총 다섯 차례의 입안과정을 비교적 상세히 소개한 바 있다. 하지만 이 역시 연대기적 서사를 넘어 정치과정을 전면적으로 주제화한 연구라고 보기는 어렵다[Sharpe 2013; 2018, pp. 22~33].

요컨대 OAU협약에 관한 기존 연구는 역사적 맥락과 제도 분석에 집중한 나머지 정작 입안과정이나 정치동학에 대해서는 상대적으로 소홀한 것으로 보인다. 분명 OAU협약은 역내국가들이 공통의 가치지향이나 정체성을 토대로 예측 가능한 행동패턴을 보이는 초국적인 사회적 공간으로서의 지역(region)을 형성하려는 지역주의(regionalism) 구상의 빛나는 결실이었다.[2] 그런 만큼 OAU협약이 채택되기까지의 과정은 지역 내외의 다양한 행위자들이 관여하는 복잡하고 역동적인 과정이었다. 이에 이 글은 OAU협약 채택의 정치적 과정을 OAU 회원국들 간의 '내적 합의'와 유엔난민기구와의 '외적 조율'이라는 두 측면의 복합적 전개과정으로 분석한다. 아울러 이러한 분석을 바탕으로 OAU협약의 역사적 성취와 한계 그리고 미래가치를 살펴볼 것이다.

2 1960년대 아프리카 난민위기와 지역적 대응

아프리카에서 발생한 난민의 규모는 1964년에 40만여 명에서 1968년 초에 80만여 명으로 급증했고 이내 100만여 명에 이르렀다[Betts 1967, p. 561; UNHCR 2000, p. 52]. 이는 개인에 대한 박해, 사회소요, 내전, 독립전쟁, 분리주의 투쟁, 자연재해 등 여러 요인들이 복합적으로 작용한 결과였다. 그 가운데 가장 핵심적인 두 가지 이유를 꼽으면, 하나는 독립을 위한 해방투쟁이었고 또 하나는 독립 이후 국가건설 과정에서 발생한 분쟁이었다[Adepoju 1982, pp. 21~24].

우선 해방투쟁 과정에서 나타난 정치폭력과 무력분쟁이 야기한 대규모 난민사태는 인접한 국가들과 국제사회의 심각한 우려를 자아냈다. 특히 탈식민 독립이 집중적으로 이루어졌던 1960년대에도 여전히 포르투갈의 통치하에 있던 앙골라·모잠비크·기니비소의 수많은 양민이 독립전쟁의 여파를 피하고자 콩고(킨샤사), 세네갈, 탕가니카(현 탄자니아) 등 인접한 국가들로 피난길에 올랐다[같은 글, p. 22; UNHCR 2000, p. 44]. 이처럼 아프리카는 탈식민과정에서 발생한 수많은 난민에 대한 임시보호와 지속 가능한 해법의 모색이 절실한 상황에 처해 있었다. 그나마 다행인 것은 해방투쟁 과정에서 자국을 떠난 난민 가운데 상다수가 어느 정도 시간이 흐른 뒤 독립한 모국으로 귀환할 수 있었던 것이다.

더 심각한 문제는 독립 후 국가건설 과정에서 발생한 내분이었다. 탈식민 독립은 식민통치의 폭력구조를 해체시켰는지는 몰라도 국가권력을 둘러싼 참혹한 분쟁과 거대한 폭력이라는 예기치 않은 사태와 마주해야 했다. 해방정국에서 정당한 정치적 권위의 창출은 요원해 보였고 그 공백은 일순간 끔찍한 폭력의 공간이 되어버렸다. OAU협약이 체결되던 시점에도 아프리카 곳곳에 군사분쟁이 만연해 있었다. 특히 종족갈등과 정치사회적 대립이 결합되면서 말로 다 표현할 수 없는 대규모 대량학살이 자행되었다.

대표적으로 중앙아프리카 대호수 인근에 위치한 르완다·부룬디·콩고(킨샤사)에서는 독립 이후 학살이 만연했다. 지역 일대를 휩쓴 비참한 폭력의 진원지는 르완다였다. 1950년대 들어 유엔이 식민지 독립을 압박하자 벨기에는 그간 식민통치 차원에서 소수종족인 투치족(Tutsi)에 대해 견지해 온 지지를 철회하고 다수종족인 후투족(Hutu)을 지지했다. 이는 외부환경 변화에 따른 전략적인 입장변경으로, 그러한 결정의 후과에 대한 신중한 고려가 결여된 성급한 결정이었음이 곧 드러났다. 1961년 1월 사실상 벨기에가 지원한 쿠데타가 일어난 뒤 '후투공화국'이 선포되었다. 곧이어 1962년 7월 독립을 달성하게 되었지만 투치에게 독립은 정치권력의 상실을 의미했다. 식민시기에 쌓인 투치에 대한 후투의 반감과 적대는 곧 대량 강제이주로 이어졌다. 1962년에 르완다에서 발생한 난민의 규모는 무려 15만여 명에 이르렀고 이들은 인접국들로 분산 수용되어 있었다. 구체적으로는 부룬디에 4만여 명, 콩고(킨샤사) 동부의 키부(Kivu) 지역에 6만여 명, 우간다에 3만 5천여 명, 탕가니카에 1만 5천여 명이 체류하고 있었다[UNHCR 2000, pp. 47~49]. 나이지리아에서 발생한 1967년 '비아프라(Biafra) 전쟁' 또한 참극을 초래했다. 당시 내전은 나이지리아 동부의 이보족(Ibo) 밀집지역이 비아프라 독립공화국을 선포하면서 시작되었다. 분리주의 투쟁으로 촉발된 내전은 불과 2년 반 만에 무려 60만여 명의 목숨을 앗아갔다. 또한 200만여 명이 강제실향민이 되었고 이 가운데 5만여 명이 인접국가들로 피난길에 올랐다[같은 책, pp. 46, 47].

르완다와 나이지리아를 비롯해 아프리카 전역으로 확산되어 간 대량난민 사태는 장기 분쟁에 뿌리를 두고 있었기에 그 해법을 찾기가 무척 어려웠다. 그렇지만 당장에 더 심각했던 문제는 인도주의 위기에 대한 대응마저도 여의치 않았다는 사실이다. 일국적 수준과 글로벌 수준 모두에서 지역 난민 위기에 효과적으로 대응할 수 없었다. 우선 수용국들은 난민발생국만큼이나 사회경제적 여건이 열악했을 뿐만 아니라 정치적으로도 불안정한 상황에 놓여 있었다. 난민에 대한 수용국들의 일시보호 조치는 기껏해야 임기응변 수준을 넘어서지 못했다.

글로벌 수준에서도 1951 난민협약에 기초한 기존 국제난민보호체제가 아프리카 난민위기를 진정시킬 수 있는 실효적인 해법을 찾지 못하고 있었다. 1951 난민협약의 난민인정 사유는 "인종, 종교, 국적/민족, 특정 사회집단의 구성원, 정치적 의견"(race, religion, nationality, membership of a particular social group or political opinion)이다. 이에 비춰볼 때 당시 아프리카 난민 가운데 다수는 개인의 신념이나 정치적 의견 등과 무관하게 목전에서 벌어지고 있는 내전과 폭력을 피해 국경을 넘어온 사람들이었다. 다시 말해서 이들 가운데 상당수는 1951 난민협약의 직접적인 적용대상이 되기 어려웠다. 더욱이 난민인정 사유에 대한 포괄적 해석을 운운하기에는 난민심사 행정체계가 잘 갖춰져 있지 않았다. 결국 역내 대량난민 위기에 대처하기 위해서는 난민 개념을 1951 난민협약보다 확장된 방식으로 재정의해야만 했다.

정리하면, 1960년대 아프리카에서는 대규모 난민이동이 발생국 인근의 특정 지역에 몰렸고, 그 결과 인접국가들 간의 이해관계와 수용국들의 경제와 안보에 심각한 영향을 끼치고 있었다. 그렇지만 이에 대한 일국적 수준과 글로벌 차원에서의 대응은 역부족이거나 효과적이지 않았다. 이에 양 수준을 매개하면서도 자체의 고유한 관점과 제도적 기반을 갖춘 지역협력의 필요성이 크게 부각되었다.

3 OAU협약은 어떻게 해서 채택되었는가: 내적 합의와 외적 조율

OAU는 1963년에 창설된 직후부터 아프리카 난민위기의 고유한 맥락과 특성을 반영한 지역적 대응 메커니즘을 창출하기 위한 작업에 착수했다. 그 출발점은 1964년 에티오피아 아디스아바바(Addis Ababa)에 소집된 OAU 각료이사회의(Council of Ministers) 결의였다.[3] 이에 앞서 회원국들은 같은 해 2월에 채택한 '아프리카 비동맹' 결의(CM/Res. 12)를 통해 아프리카 국가들의 공존·협력·단합을 위해서 서로 정치이념과 정치체제의 차이를 용인하기로 한 바 있다. 그 기저에는 이미 1955년 반둥회의에서도 확인된 '내정 불간섭 원칙'이 깔려 있었다. 각료이사회는 바로 이러한 지향을 바탕으로 후속결의(CM/Res. 19)를 통해 아프리카 난민 문제를 논의할 위원회를 출범시키기로 했다. 위원회의 임무는 크게 두 가지였다. 하나는 아프리카 난민 문제를 조사한 뒤 각료이사회에 해결안을 권고하는 것이었고, 또 하나는 개별 회원국의 난민 수용 및 지원 방안을 검토하는 것이었다.

위원회는 아프리카국가들 간의 연대와 단합에 커다란 걸림돌인 '전복'(subversion) 문제가 난민위기와 밀접하게 관련되어 있다고 보면서 OAU가 아프리카 난민 문제에 관한 협약을 입안할 것을 권고했다[Sharpe 2018, p. 24]. 이렇게 해서 시작된 OAU협약의 입안과정은 이후 총 다섯 차례의 협약안 검토과정을 거치게 된다. 이 과정에서 핵심 논점은 두 가지였다[같은 책, pp. 4, 5]. 하나는 난민의 전복행위 연루 가능성에 관한 것이었고, 또 하나는 1951 난민협약의 적용시기 제한과 관련된 문제였다. 후자의 경우, 당시만 하더라도 1951 난민협약은 1951년 1월 1일 이후에 발생한 사건을 아우르지 못하고 있었다. 입안과정의 초기에는 두번째 논점이 더 두드러졌다. 실제로 다섯 협약안들 가운데 넷은 1951 난민협약에 제시된 난민지위 인정사유를 수용하면서 적용시기 제한을 푸는 내용을 담았다. 다시 말해서 시기제한을 푼 1967 난민의정서가 채택되기 전까지만 하더라도 사실상 '유럽의 문제'에 국한되었던 1951 난민협약을 아프리카까지 확대 적용시켜야 한다는 것에 논의의 초점이 맞춰졌던 것이다.

시선을 옮겨 유엔난민기구의 입장을 살펴보면 역시 1951 난민협약의 한계를 잘 인지하고 있었다. 실제로 1951 난민협약에 명기된 다섯 가지 사유에 한정된 개인박해 중심의 접근은 범지구적으로 확산되어 가고 있던 난민위기의 구체 상황을 충분히 포괄하기에는 근본적인 한계를 안고 있었다. 그렇다고 당장에 협약을 개정하거나 의정서를 채택할 수도 없는 상황이었다. 이런 상황에서 유엔난민기구는 아프리카의 탈식민화와 국가건설 과정에서 발생한 난민위기에 효과적으로 대응하기 위해 스스로 유연해져야만 했다. 유엔난민기구는 1951 난민협약에 근간한 기존 국제난민보호레짐과 세계 도처에서 발생하고 있던 새로운 양상의 난민위기의 간극을 줄이기 위한 국제법적 틀을 모색하기 시작했다[Feller 2001, p. 585; UNHCR 2000, pp. 52~54].

이에 비춰볼 때 아프리카발 지역난민협약 구상은 지역적 수준에서 그러한 간극을 메울 수 있는 기회구조를 제공해 줄 수 있었다.

그렇지만 입안과정 초기 유엔난민기구가 보인 태도를 보면 우려가 기대를 압도했음을 알 수 있다[UNHCR 2000, p. 56; Sharpe 2018, p. 25]. 첫째, 협약안이 보장하는 난민처우 수준이 1951 난민협약에 비해 낮다고 보았다. 둘째, 아프리카 난민협약이 1951 난민협약의 적용시기 제한을 풀기 위해 의정서 채택을 비롯해 여타 법적 수단을 강구하고 있던 유엔난민기구의 구상에 부정적인 영향을 끼칠 수 있다고 보았다. 셋째, 아프리카에서 지역난민협약이 채택될 경우 지역 단위에서의 독자적인 행보가 1951 난민협약의 글로벌 확산에 걸림돌이 될지 모른다고 보았다.

이러한 우려는 근거가 없지는 않았다. 예컨대 1차 협약안인 '캄팔라 안'의 제31조는 아프리카 난민협약이 지역 내에서 난민문제와 관련된 모든 양자 내지 다자 합의를 대체한다는 내용을 포함하고 있었다. 유엔난민기구는 이 같은 '대체'의 논리 내지 시도에 대해서 매우 민감하게 반응했다. 아프리카의 독자적인 지역난민협약이 1951 난민협약에 기반을 둔 국제난민보호레짐의 발전을 저해할 뿐만 아니라, 전반적으로 사회경제적 기반이 취약한 아프리카 국가들이 난민에 대한 보호와 지원에 있어서 구조적인 역량한계에 봉착할 것이라고 판단했다.

우려는 곧 적극적인 관여로 표출되었다[Sharpe 2018, pp. 25, 26]. 유엔난민기구는 당시 OAU 사무총장보인 모하메드 사눈(Mohamed Sahnoun)을 비롯한 OAU 주요 인사들과 OAU 회원국들에 캄팔라 안에 대한 의혹과 불안감을 표명했다. 특히 OAU 회원국들에는 앞서 설명한 우려를 감안한 견해를 마련해 OAU 각료이사회에 제출할 것을 요청하기도 했다. 이와 함께 유엔난민기구는 난민의정서 도입에도 속도를 냈다. 이는 아프리카 난민협약 입안과정이 속도를 낸 데 따른 것이었다. 결국 각료이사회는 캄팔라 안이 결함을 안고 있다는 유엔난민기구의 입장을 수용하고 '법률전문가위원회'(Committee of Legal Experts)를 출범시켜 안을 수정도록 했다.

그렇다면 OAU는 어째서 한걸음 물러나는 듯한 모습을 보였을까. OAU는 유엔난민기구의 우려를 불식시키지 않고서는 지역난민협약 채택이 쉽지 않을 것으로 보았다. 더구나 갓 독립한 아프리카 국가들의 사회경제적 여건이 전반적으로 열악한 상황에서 유엔난민기구를 비롯한 국제사회의 지원이 절실한 실정이었다. 지역난민레짐의 형성을 위해서 유엔난민기구를 필두로 한 국제사회와의 '외적 조율'은 선택이 아닌 필수였다. 이에 OAU는 2~4차 협약안을 도출하는 과정에서 유엔난민기구와의 입장차이를 조율해 갔다. 이것은 아프리카 난민협약이 지역을 단위로 하는 독자적인 국제난민법으로서의 위상을 가지면서도 기본법적 위상을 갖는 1951 난민협약을 '보완'하는 법적 수단이라는 점에 대한 회원국들의 '내적 합의'를 창출하는 과정이기도 했다.

1965년 10월 가나 아크라(Accra)에서 열린 아프리카정상회의에서 도출된 권고는 이러한 '외적 조율-내적 합의'의 맥락에서 이해할 수 있다. 당시 정상회의는 OAU 회원국들에게 1951 난민협약을 비준하고 아프리카 난민에게 적용할 것을 권고했다. 정상회의 수준에서의 이러한 가시적 행동은 1951 난민협약의 기본법적 위상을 인정함으로써 유엔난민기구와의 우호적 관계 복원에 기여했다. 그렇지만 이러한 우호적 손짓의 기저에는 새로 제정될 아프리카 난민협약이 1951 난민협약의 단순한 보완물이 아니라 독자적인 내용을 담은 법적 수단이 되어야 한다는 OAU측의 의중이 함께 깔려 있었다[같은 책, p. 28]. 이처럼 유엔난민기구와 OAU는 범지구적 협약과 지역협약 간의 위상 정립에 합의해 가면서도 미묘한 인식의 차이를 보였다.

이어서 OAU 각료이사회는 1966년 10월 말~11월 초 아디스아바바에서 개최된 제7차 정기회의에서의 결의(CM/Res. 88)를 통해 아프리카 난민협약이 1951 난민협약과의 내용중복을 피하고 아프리카 난민문제의 특수한 측면에 집중해야 한다는 점을 분명히 했다[같은 책, p. 29]. 1967년 10월에는 역시 아디스아바바에서 OAU, 유엔난민기구, 유엔아프리카경제위원회(UNECA), 스웨덴 다그 함마숄트(Dag Hammarskjöld) 재단의 후원으로 '아프리카 난민문제의 법적·경제적·사회적 측면에 관한 회의'가 열렸다. 1967 난민의정서가 발효된 지 닷새 만에 개최된 이 회의는 OAU협약 채택을 위한 중요한 모멘텀을 제공해 주었다. 당시 회의의 합의 수준은 놀라울 정도로 높았는데, 이러한 모습은 아프리카의 단결에 대한 회원국들의 의지와 범아프리카주의 정신을 확인시켜 주는 것이었다.[4] 특히 회의에서 도출된 보고서와 권고는 최종협약안 마련의 책무를 떠안은 법률전문가위원회에 큰 영감을 주었다.

회의의 주요 내용은 다음과 같다[Betts 1967, pp. 562~64]. 우선, 역내국가들의 난민수용 현황에 대한 정보를 충분히 공유하기로 했다. 당시 콩고(킨샤사)와 우간다에만 각각 40만여 명과 17만여 명의 난민이 거주하고 있었다. 일부 OAU 회원국들이 역내난민 수용의 책무를 과중하게 떠안고 있었던 것이다. 이에 회의참가자들은 신생독립국들에 난민 수용 및 보호의 책무를 함께 분담할 것을 촉구하기로 했다.

다음으로, 자발적 귀환의 가능성과 이를 위한 난민 발생국정부의 역할을 검토했다. 이와 관련해서는 난민의 귀환은 강제적이어서는 안 되고 자발적인 것이어야 한다는 데 뜻을 같이했다. 아울러 난민 모국정부가 난민의 귀환을 위한 정치적 여건을 마련하기 위해 사면조치를 취하고 귀환난민, 수용국정부, 모국정부, 국제기구, 민간지원단체가 함께 참여하는 귀환난민 지원

위원회를 설립할 것을 권고했다. 이에 더해 아프리카 난민문제와 관련해 제기된 법적 문제들을 성문화하기로 했다.

이 밖에도 회의참가자들은 난민을 대상으로 한 교육·취업 지원과 관련된 문제들을 조율하는 데 뜻을 모았다. 특히 교육·취업 지원의 제도적 기반을 마련하는 동시에 이를 아프리카의 발전전략과 연계할 수 있는 방안을 모색하기로 했다. 구체적으로는 OAU, 유엔난민기구, 유엔아프리카경제위원회, 국제노동기구의 후원을 토대로 관련업무를 담당할 사무국을 설립할 것을 결의했다.

당시 회의에서는 탈식민 독립을 위한 해방투쟁과 전복 문제에 대해서도 집중적으로 논의했다. 이를 통해 아프리카 신생독립국 정부를 전복시키려는 자들을 지원하는 것은 어떠한 경우에도 용인될 수 없는 일이지만 식민주의와 인종차별주의로부터 아프리카대륙을 해방시키고자 하는 '자유의 투사들'(freedom fighters)을 돕는 것은 모든 아프리카 국가들의 책무라는 점에 전적인 합의가 이루어졌다[Rwelamira 1989, p. 559].

이상과 같은 회의는 마침내 OAU협약 채택으로 이어졌다. 최종협약안은 각료이사회에서 만장일치로 지지를 얻었고, 1969년 9월 10일 아프리카 41개국의 서명을 받은 뒤 1974년 6월 20일에 정식 발효되었다.[5] OAU협약 채택을 가능하게 만든 요인을 살펴보면, 우선 범아프리카주의를 꼽을 수 있다. 식민통치와 해방투쟁이라는 공통의 역사적 경험에 기반을 둔 범아프리카적 사고와 연대감이 지역난민협약 채택의 중요한 원천이 되었다고 말할 수 있다.

그렇지만 협약채택을 범아프리카주의만으로 다 설명할 수는 없다. 그것은 지극히 현실적인 필요에 따른 것이기도 했다. 난민문제에 대한 지역협력의 제도화 수준이 낮은 가운데 대규모 난민이동이 야기할 안보문제에 대한 역내국가들의 우려가 컸다[Mathew and Harley 2016, p. 163; Boswell 1999, p. 70]. 특히 안보문제는 수용국의 국내정치와 아프리카 국가들 간의 결속과 단합에 심각한 균열을 초래할 공산이 컸다. 불안정한 정국을 안정시키고 통치를 공고화해야 했던 신생독립국의 입장에서 볼 때, 난민이 비호제공국을 모국정부를 전복하기 위한 거점으로 활용할지도 모른다는 두려움은 지극히 현실적인 것이었다. 또한 종족분쟁으로 인한 대규모 난민이동은 유사한 종족갈등이 있는 이웃국가들로 안보불안을 확산시킬 수 있었다. 이처럼 아프리카 국가들은 범아프리카 연대정신과 더불어 지역안보와 관련된 구체적인 현실인식을 바탕으로 지역난민레짐 형성을 위해 적극 협력했다. 바로 그렇기에 OAU협약은 일차적으로는 지역난민 보호체제이지만 동시에 지역평화 구상의 성격을 함축한다고 말할 수 있다.

한편 시야를 좀더 넓혀서 보면 OAU협약 채택의 원인을 범아프리카 연대정신에 기반을 한 구성주의적 전망과 안보위기에 대한 현실주의적 인식이라는 지역 내적 요인에서만 찾을 수는 없다. 앞서 설명했듯이 유엔난민기구의 태도변경과 조력자 역할이 못지않게 결정적인 요인이었다. OAU는 입안과정에서 유엔난민기구에 아프리카 난민협약이 1951 난민협약에 대한 지역 수준에서의 보충적 제도임을 설득해 냈다[UNHCR 2000, p. 56]. OAU는 유엔난민기구의 존립근거이기도 한 1951 난민협약의 기본법적 위상과 가치를 인정하고 이를 '대체'하는 것이 아닌 '보완'하는 형태의 법적 수단을 고안해 냄으로써 유엔난민기구의 우려를 불식시킬 수 있었다. OAU협약 전문에는 '기본적이고 보편적인'(basic and universal)이라는 표현을 통해 1951 난민협약의 기본법으로서의 위상이 분명하게 명기되었다.[6] 달리 말하면 1960년대에 걸쳐 진행된 OAU협약 체결과정은 유엔난민기구가 '진정으로 범지구적인 기구'로 거듭나기 시작하게 된 계기가 되었던 것이다[Benz and Hasenclever 2011. p. 199].

4 OAU협약의 역사적 성취와 도전과제

OAU협약은 1951 난민협약 및 1967 난민의정서와 더불어 아프리카 난민문제에 관한 국제보호체제의 기본 골간이 되었다. 다시 말해서 OAU협약은 유엔난민기구를 비롯한 국제사회가 아프리카 난민 지원활동을 할 때 주요하게 고려하고, 또 영향을 받는 제도로 기능하게 된 것이다. OAU협약의 역사적 성취는 여러 측면에서 논할 수 있겠지만 여기에서는 크게 실용주의적 접근, 비호(asylum) 책무, 자발적 귀환(voluntary repatriation)의 세 측면에 주목하고자 한다.

우선 실용주의적 접근이다. OAU협약은 1951 난민협약의 난민정의를 계승하면서도 1조 2항에서 새로운 난민 인정사유들을 추가했다. "외부로부터의 침공, 점령, 외세지배, 공공질서를 심각하게 교란하는 사건들"(external aggression, occupation, foreign domination or events seriously disturbing public order)이다. 이처럼 OAU협약은 아프리카의 역사적 현실을 반영한 추가사유들을 바탕으로 역내 대량 강제이주 사태에 직접 적용할 수 있는 난민보호 시스템의 법적인 틀을 마련했다.

특히 추가사유들은, OAU협약 입안자들이 난민심사와 관련하여 신변위협에 대한 개인의 해석 내지는 '주관적 두려움'뿐 아니라 대규모 강제이주를 불러일으킨 난민모국의 '객관적 상황'을 함께 주목했음을 말해 준다 [Arboleda 1995, p. 93; Okello 2014, pp. 72, 73]. 다시 말해 난민심사에서 개인 중심성 원칙에 함몰되지 않고[7] '집단 기반 접근'을 함께 수용한 것이다. 이를테면 특정 피난민집단이 일거에 타국으로 함께 이주한 경우 이 집단에 속한 개개인들을 모국으로 되돌려 보낼 때 생명과 안전에 심대한 위협에 직면하게 될 것으로 간주하고 일단 임시보호 대상으로 수용하는 것이다. 이처럼 OAU협약은 난민발생국의 객관적 상황을 고려해 집단 기반 접근을 적용함으로써 1951 난민협약 시스템에 따른 주관적 두려움에 대한 개별심사 방식만으로는 불가능했을 대규모 난민수용을 가능케 했다.

다음으로 비호책무와 관련해서 보면, OAU협약은 1951 난민협약에서는 직접적으로 다루어지지 않았던 비호 관련조항(제2조)을 담고 있다. 2조 3항에 따르면 협약 회원국은 국경에서의 거부·송환·추방으로 인해 생명, 신체, 자유가 위협에 처하게 될 수 있는 강제이주민에게는 그러한 조치를 취해서는 안 된다. 이는 OAU협약 비준·가입국이 설령 강제이주민에게 난민지위를 부여할 의사가 없다고 하더라도 적어도 국경에서 이들에 대한 '임시보호'를 거부할 수 없도록 하는 내용이다. 비호 제공을 주권국가의 배타적 권한으로 간주하는 경향이 농후했던 기존 국제법 질서에 비춰볼 때 이 조항은 이후 난민보호와 관련한 국제법체계의 발전과정에서 국제법적 주체로서 난민의 기본적 권리를 강화하는 데 기여했다[Rwelamira 1989, p. 560]. 물론 과대평가는 경계해야 한다. 임시보호는 어디까지나 '임시'조치로서 난민지위를 인정받은 경우에 비해 권리보장 수준이 낮은 편이다. 더욱이 임시보호에 경사된 접근은 모국을 떠나온 강제이주민의 보호와 회복에 필요한 여건 조성에 소홀함으로써 사실상 난민수용을 억제하는 정책으로 오용될 소지가 있다.

'자발적 귀환' 관련 조항(제4조)도 빼놓을 수 없는 성취다. 귀환의 '자발성'을 특별히 강조한 까닭은 두말할 나위 없이 난민의 신변안전을 보장하기 위함이다. 그렇지만 자발적 귀환 조항이 담고 있는 의미는 보다 포괄적이다. 심층적으로 보면 이 조항은 수용국과 모국의 책무를 반영하고 있다. 먼저 난민수용국에 대해서는 상당 기간 자발적 귀환의 전망이 없는 난민을 지역사회에 통합시켜 일상을 회복하고 수용국 사회에 기여할 수 있도록 지원정책을 펼쳐야 한다는 뜻을 함축한다[Betts 1967, p. 562]. 즉 난민이 수용국에서 장기 체류할 가능성을 인정한 바탕 위에서 난민행정을 이들의 지역사회 통합 및 국가발전 전략과 연계시켜야 한다는 뜻이다. 난민의 모국이 갖는 책무에 대해서는 다음과 같이 말할 수 있다. 귀환이 진정으로 자발적인 것이 되려면 귀환한 난민의 재정착과 재통합을 위한 모국정부의 확고한 의지와 구체적인 지원이 필수적이라는 것이다.

한편 OAU협약의 성취가 빛난 만큼 과제와 한계도 분명해 보였다. OAU협약은 회원국이 난민에 대한 규정과 기본 처우에 관한 구체 기준을 정립하고 시행하는 데 유용하게 참고할 수 있는 법적 틀을 제공해 주었지만 정작 난민발생국의 국내정치적 상황을 비롯해 대규모 난민위기의 뿌리원인을 어떻게 해소할 것인가라는 근본적인 문제를 비켜간다[Okello 2014, p. 70]. 물론 이를 OAU협약의 내재적인 문제로 볼 수는 없다. OAU협약은 기본적으로 인도주의 접근에 기반을 둔 지역난민협약이다. 그렇기에 그 자체만으로 분쟁과 평화의 문제를 직접적으로 다루기는 어렵다. 그렇지만 난민위기에 대한 해법은 분쟁 국가·지역에 대한 적극적인 관여와 평화협정 체결과 같은 평화 프로세스까지 아우르는 포괄적 접근을 필요로 한다. 이런 점에 비춰보았을 때 OAU협약 채택과정 전반에 걸쳐 작동한 '국가 중심적 정부간주의'는 난민위기의 근본적인 해결을 위한 전망을 불투명하게 만든다는 점에서 아쉬움을 남긴다.

물론 지역 단위의 초국적 연대의 기치가 국가주권의 논리에 압도된 것은 아니었다. 이를테면 아프리카의 환대(hospitality)문화는 난민문제에 대한 적극적 의지로 표출되곤 했다.[8] 대표적으로 탕가니카의 대통령이었던 줄리어스 니에레레(Julius Nyerere)는 아프리카 환대문화와 인간존엄성을 결합한 가치지향의 바탕 위에서 난민위기에 대한 지역주의 실천을 호소했다.

> 우리가 가진 자원은 아주 제한적. 입니다. 반면에 우리에게 부과된 과제는 아주 막중합니다. 그렇지만 아프리카의 46개 국가들과 3억 5천만 시민이 힘을 모은다면 350만여 명의 역내 난민문제를 감당할 수 있습니다. 이들에게 자신의 존엄과 삶을 재건할 수 있는 기회를 마련해 줄 수 있습니다. [Chaulia 2003, p. 154에서 재인용]

그렇지만 현실에서 회원국들은 협약의 정신을 저버리는 모습을 보이기 일쑤였다[Okello 2014, p. 71]. 아프리카의 신생독립국들 사이에서 국가건설이라는 주권기획은 인도주의 원리에 따라야 할 난민행정을 제약하는 성원권 정치로 표출되곤 했다. 그런 가운데 난민레짐의 근간인 강제송환 금지(non-refoulement) 원칙은 정작 제3국으로의 비자발적 이송(사실상 추방) 조치를 통제할 만큼 강한 구속력을 갖지도 못했다. 즉 난민수용국은 자국으로 피난을 온 난민을 신변의 위협이 있는 모국으로 강제송환하지 않는다고 하더라도 그들의 의사와는 상관없이 신변의 위협이 없다고 간주한 제3국으로 보낼 수 있었다[Rwelamira 1989, p. 561]. 이러한 조치는 OAU 회원국들 간에 '내정 불간섭' 원칙이 뚜렷하게 관철되는 가운데 주권국가의 배타적인 권한으로 간주되었다.

다음으로, OAU협약에는 국내실향민(internally displaced persons, IDPs) 문제가 반영되지 않았다. 난민문제에 대한 아프리카 지역주의 실험이 내정 불간섭 원칙의 벽에 가로막혀 국내실향민 문제에 대한 지역협력과 국제적 관여로 이어지지 못한 것이다. 물론 OAU협약 채택 40주년인 2009년에 '아프리카 국내실향민 보호·지원에 관한 아프리카연합 협약'(African

Union Convention for the Protection and Assistance of Internally Displaced Persons in Africa), 이른바 '캄팔라 협약'(Kampala Convention)이 채택되면서 아프리카 국내실향민에 대한 국제법적 틀이 마련되었다. 그렇지만 적어도 그 사이에 아프리카의 국내실향민은 국제난민보호체제의 사각지대에 머물러 있어야만 했다.[9]

마지막으로, 아프리카의 현실여건이 OAU협약 제2조 4항에 제시된 '책임분담' 원칙을 무색하게 했다. 원론적으로만 보면 대규모 난민수용에 어려움을 겪고 있는 회원국은 다른 회원국에 도움을 요청함으로써 부담을 완화할 수 있다. 그렇지만 현실은 달랐다. 대다수 아프리카 국가들은 사회경제적으로 열악한 환경에 놓여 있었기에 난민을 보호하고 통합시키기 위해 필요한 가용자원이 결핍된 상태에 있었다. 환대의 문화적 전통이라든지 난민수용에 관한 책임 배분을 논하기에 앞서 최소한의 책임을 감당할 수 있는 역량 자체가 부족했다.

5 나가는 말

대규모 난민위기에 대한 지역협력의 성취를 웅변적으로 보여준 OAU협약은 전후 국제난민레짐의 역사에서 이정표가 된 사건이었다. 아프리카 국가들은 지역 안보와 경제발전의 위협요인으로 부상한 대규모 강제이주 사태에 효과적으로 대응하기 위해서는 서로 협력해야 한다는 신념을 공유하고 있었다. 이러한 신념은 탈식민화 과정에서 더욱 강렬하게 표출된 범아프리카 연대정신과 결합되면서 마침내 지역난민레짐의 탄생으로 이어졌다. 2019년 5월 기준 아프리카연합(AU) 55개 회원국 가운데 47개국이 협약을 비준한 것으로 확인되었다. 이처럼 OAU협약은 아프리카에서 가장 널리 비준된 지역협약이다. 뿐만 아니라 그간 여러 아프리카 국가들이 협약을 국내법으로 수용해 왔다[Abebe et al. 2019, p. 5].

OAU협약은 '국가이익'과 '난민보호'를 상충관계로만 보지 않고 일관성 있게 함께 추구할 수 있는 운신의 폭을 넓히는 데 기여했다. 또한 OAU협약의 가치와 유용성은 그것이 잉태된 공간과 시기에 한정되지 않았다. 난민 발생국의 객관적 상황에 주목하고 자발적 귀환을 강조한 OAU협약은 이후 다른 지역에서 발생한 대규모 난민위기에 대한 해법모색에 큰 영감을 주었다. 본문에서 설명한 실용주의 접근은 1990년대 유럽 발칸지역에서 발생한 대량 난민사태에 적용된 바 있다. 1984 카르타헤나 난민선언은 중남미 난민문제에 대응하기 위해 역내국가들이 채택한 공동선언으로 OAU협약의 성취를 전승한 지역주의 접근이었다. 이처럼 OAU협약의 성취는 아프리카에 한정되지 않고 지역 간 전이로 이어졌고, 그런 점에서 우리는 지역난민 레짐이 갖는 지역 밖으로의 확장력에 대해서도 주목할 필요가 있다.

다음으로, OAU협약은 오늘날까지 아프리카에서 난민위기에 대한 지역적 대응의 규범적 원천이자 핵심적인 제도적 기반으로 존재하고 있다. 실제로 아프리카 내 난민 가운데 다수는 OAU협약의 추가난민 인정사유로 난민의 지위를 갖게 된 사람들이다. 아프리카에서 대다수 난민은 특정 지역 일대(특히 '아프리카의 뿔'이라 불리는 지역과 대호수 부근)의 인접국가들에 몰려 있다. 남수단, 수단, 에티오피아, 콩고민주공화국, 우간다, 케냐가 대표적인 난민수용국들이다[IOM 2019, p. 59]. 수용국들은 거의 모두 최저개발국(least developed countries, LDCs)이다. 그만큼 사회경제적 여건이 열악하다는 뜻이다. 뿐만 아니라 정치적 불안요소를 안고 있다. 그럼에도 불구하고 이 국가들이 이렇게 많은 수의 강제이주민을 '난민'의 범주로 수용하고 있는 모습은 OAU협약의 실용주의 접근을 빼놓고선 제대로 설명하기 어렵다. 특히 이와 관련해서 추가난민 인정사유들 가운데 하나인 '공공질서를 심각하게 교란하는 사건들'은 '분쟁'이나 '폭력'을 피해 모국을 떠난 사람의 난민지위를 인정하는 데 활용되었고[Abebe et al. 2019, p. 5], 자연재해로 인해 발생한 강제이주민을 난민으로 수용할 수 있는 가능성까지 함축한다.

물론 오늘날 아프리카가 난민문제와 관련해 마주한 도전과제는 만만치 않다. 우선 OAU협약 발효 이후 많은 시간이 흘렀음에도 분쟁과 내전으로 인한 대규모 강제이주 사태가 계속해서 발생하고 있다. 인도적 위기가 국가 취약성과 맞물리게 될 경우 대량난민 위기는 언제든 재발할 수 있으며 난민 보호와 지역발전을 연계하는 지원은 여전히 미약한 수준에 머물고 있다.

다음으로, 역내 난민위기에 대한 OAU 차원의 지역적 대응이 회원국들의 국가 중심적인 경향으로 인해 충분한 동력을 확보하지 못하고 있다. 난민수용에 대한 제한주의 추세가 힘을 얻고 있는 현실은 이를 방증한다. 예컨대 난민 및 비호 신청자와 관련된 국제조약과 관련법을 제한적으로 해석하면서 난민의 자국유입을 최소화하려는 모습이라든지 비호신청자들에 대한 구금 증가, 복지수혜 감소, 지원이 아닌 자립에 대한 우선적 강조, 가족재결합 권리 제약과 같은 제한적 조치들을 목도하게 된다[Grant and Söderbaum 2003, p. 1; Olivier 2010, pp. 17~43]. 물론 2002년에 OAU가 아프리카연합(African Union, AU)으로 변모하면서 '불간섭'(non-interference)으로 대변되는 베스트팔렌주의에 함몰되지 않고 서로 '무관심하지 않기'(nonindifference)로 하였으나[10] '국가 중심적 정부간주의'는 변함없이 지속되고 있다.[11]

이 밖에도 역내 난민문제를 지혜롭게 풀기 위해서는 AU와 회원국들이 유엔난민기구를 비롯한 국제공여사회와 난민문제에 대한 서로의 입장을 잘 조율해야 하는데 이 역시 결코 쉽지 않은 과제다. 이를테면 부유한 서구 공여국들은 '지속 가능한 해법'을 난민수용국 안에서 찾으려는 모습을 보이는 반면, 수용국은 자국 내에 체류하는 난민을 언젠가 귀환하게 될 한시체류자로 간주하기에 이들의 지역사회 통합 정책에 적극성을 보이지 않는다. 또한 상호불신의 문제도 있다. 국제공여사회는 난민수용국들에 대한 추가 개발지원을 통해 지속 가능한 해법을 정착시킴으로써 장기적으로 인도적 지원에 대한 부담을 줄일 수 있다는 주장을 신뢰하지 않고, 수용국은 난민의 통합과 자립 지원이 장기적 관점에서 보면 결국 자국의 발전으로 이어지리라는 낙관적 전망에 좀처럼 수긍하지 않는다[Mathew and Harley 2016, p. 172].

이처럼 아프리카 난민위기와 관련하여 '내적 합의'와 '외적 조율'은 OAU 협약이 채택된 지 50년이 지난 오늘날에도 여전히 중요한 도전과제로 남아 있다. 지역 난민위기를 진정시키거나 해결하기 위해서는 역내국가들의 참여와 협력의 수준을 더욱 높여야만 하고 필요시에는 하위 지역 수준에서 현지 실정에 맞는 지역협력을 모색해야 한다. 그런데 이 과정에서 책임분담과 관련한 구체적인 기준 정립이나 합의형성이 여의치 않다. 책임분담의 원칙을 토대로 한 지역주의 접근이 책임전가에 대한 시비와 갈등으로 인해 추동력을 상실할 수도 있다. 이런 점에서 지역기구인 AU의 보다 적극적인 역할이 필수적이겠지만 동시에 주선자·중재자·기획가로서의 유엔난민기구의 역할 또한 더욱 긴요할 것으로 보인다.

주

1 OAU 창립을 결정할 무렵 참여국들은 두 그룹으로 나뉘어 있었다. 카사블랑카 그룹과 몬로비아 그룹이다. 카사블랑카 그룹은 '아프리카인을 위한 아프리카'를 역설하면서 '아프리카연합' 창설을 주장했다. 가나, 기니, 말리, 이집트, 모로코, 알제리, 튀니지가 이 그룹에 속했다. 이와 비교해 25개국이 참여한 몬로비아 그룹은 아프리카통합 문제에서 상대적으로 점진주의적인 경향을 보였다.

2 지역주의 이론에 관해서는 다음 연구들 참조. Grant and Söderbaum 2003, pp. 1~17; Fawcett 2004, pp. 429~46; Mathew and Harley 2016.

3 각료이사회는 부룬디, 르완다, 콩고(킨샤사), 나이지리아, 카메룬, 가나, 세네갈, 수단, 탕가니카, 우간다의 OAU 대사들로 구성되었다.

4 범아프리카주의의 역사적 뿌리는 과거 노예무역으로 인해 해외로 강제이주한 아프리카인들의 아프리카 조국에 대한 그리움의 정서, 즉 디아스포라의 경험에 있다. 그렇지만 탈식민시기에 범아프리카주의가 해방을 위한 수사와 연대의 정치적 가치로 발현될 수 있었던, 보다 직접적인 계기들은 19세기 후반부터 본격화된 범아프리카 단체 및 조직의 설립과 지속적인 활동이었다. 그 시작은 1897년 영국 런던에서 아프리카협회(African Association)가 설립된 것이었고, 이후 범아프리카회의(PanAfrican Conference)가 주기적으로 개최되었다. 이러한 단체 및 조직 활동을 통해 아프리카 민족주의 지도자들이 육성될 수 있었다. 이들은 대륙의 탈식민화와 아프리카통합의 역사적 책무를 자각하면서 범아프리카주의를 새로운 해방운동의 이념으로 만들어 나갔다(Adogamhe 2008, pp. 8, 9).

5 OAU는 이듬해 이날을 '아프리카 난민의 날'로 지정했다. 이후 유엔은 OAU와 논의를 거쳐 2000년에 '세계 난민의 날'로 지정했다.

6 OAU협약에는 1951 난민협약의 3~34조에 상응하는 난민권리에 관한 부분이 누락되었는데, 이는 OAU협약이 난민의 권리와 관련해서 1951 난민협약을 비롯해 국제난민법과 국제인권법에 암묵적으로 따른다는 뜻으로 풀이된다. 한마디로 '보완'의 접근이 국제법 확산에 기여한 셈이다(Abebe, Abebe, and Sharpe 2019, p. 5).

7 그렇다고 1951 난민협약이 난민인정심사에 있어서 개인 중심성 원칙에 함몰되었다는 뜻은 아니다. 1951 난민협약상의 난민 정의는 '해석'에 따라 전쟁이나 내전의 피해자에게도 적용될 수 있다(Sharpe 2013, pp. 5, 6).

8 아프리카 난민문제를 연구하는 학자들에 의하면 난민수용에 나타난 '환대'는 단지 박애나 인류애의 발로가 아니었다. 그것은 현실적 '편의'(expedience)를 반영한 것이기도 했다. 이를테면 부족장은 자신의 종주권(宗主權)을 강화할 목적으로 자신을 따를 부족민 수를 늘리는 차원에서 난민을 수용하기도 했다(Chaulia 2003, p. 153).

9 2006년 5월 아프리카연합(AU) 회원국들은 국내실향민들에 대한 보호와 지원에 관한 조항들을 포함시키는 내용을 담은 OAU협약 수정안을 제안했으나 반대가 만만치 않았다. 반대의 핵심 논리는 수정제안이 OAU협약의 통합성을 훼손할 수 있다는 것이었다(Okello 2014, p. 73). 그런데 이는 상당 부분 1951 난민협약과 OAU협약에서 제시된

'난민'문제에 집중해야 한다는 입장을 견지한 유엔난민기구의 입장이 반영된 것이었다.

10 AU 헌법(Constitutive Act) 제4조는 회원국에서 전쟁범죄, 학살, 반인도적 범죄와 같은 위중한 상황이 발생할 경우 범아프리카 의회의 결정에 따라 AU가 해당 회원국에 개입할 수 있음을 인정하고 있다.

11 일례로 당시 범아프리카 의회(Pan African Parliament, PAP)가 창립됨으로써 대륙통합의 한걸음을 내디뎠으나 의원들은 모두 회원국 정부가 지명한 인사들이다.

참고문헌

Abebe, Tsion Tadesse, Allehone Abebe and Marina Sharpe. 2019. "The 1969 OAU Refugee Convention at 50." *Africa Report* 19.

Adepoju, Aderanti. 1982. "The Dimension of the Refugee Problem in Africa." *African Affairs* 322.

Adogamhe, Paul. 2008. "Pan-Africanism Revisited: Vision and Reality of African Unity and Development." *African Review of Integration* 2/2.

Arboleda, Eduardo. 1995. "The Cartagena Declaration of 1984 and Its Similarities to the 1969 OAU Convention: A Comparative Perspective." *International Journal of Refugee Law* 87.

Benz, Sophia and Andreas Hasenclever. 2011. "'Global' Governance of Forced Migration." Alexander Betts and Gil Loescher eds. *Refugees in International Relations*. Oxford University Press.

Betts, T. F. 1967. "Conference on the Legal, Economic, and Social Aspects of African Refugee Problems." *The Journal of Modern African Studies* 5/4.

Boswell, Christina. 1999. "The Conflict between Refugee Rights and National Interests: Background and Policy Strategies." *Refugee Survey Quarterly* 18/2.

Chaulia, Sreeram Sundar. 2003. "The Politics of Refugee Hosting in Tanzania: From Open Door to Unsustainability, Insecurity and Receding Receptivity." *Journal of Refugee Studies* 16/2.

Fawcett, Louise. 2004. "Exploring Regional Domains: A Comparative History of Regionalism." *International Affairs* 80/3.

Feller, Erika. 2001. "International Refugee Protection 50 Years on: The Protection Challenges of the Past, Present and Future." *International Review of the Red Cross* 843.

Grant, Andrew and Fredrik Söderbaum. 2003. "Introduction: The New Regionalism in Africa." A. Grant and F. Söderbaum eds. *The New Regionalism in Africa*. Aldershot: Ashgate.

IOM. 2019. *World Migration Report 2020*. Geneva: International Organization for Migration.

Latham, Michael. 2010. "The Cold War in the Third World, 1963~1975." M. P. Leffler and O. A. Westad eds. *The Cambridge History of the Cold War* vol. 2. Cambridge: Cambridge University Press.

Mathew, Penelop and Tristan Harley. 2016. *Refugees, Regionalism and Responsibility*. Cheltenham, UK: Edward Elgar Publishing.

Okello, Moses. 2014. "The 1969 OAU Convention and the Continuing Challenge for the African Union." *Forced Migration Review* 48.

Okoth-Obbo, George. 2001. "Thirty Years on: A Legal Review of the 1969 OAU Refugee Convention Governing the Specific Aspects of Refugee Problems in Africa." *Refugee Survey Quarterly* 20/1.

Olivier, Gerrit. 2010. "Regionalism in Africa: Cooperation without Integration?" *Strategic Review for Southern Africa* 32/2.

Rwelamira, M. R. 1989. "Two Decades of the 1969 OAU Convention Governing the Specific Aspects of the Refugee Problem in Africa." *International Journal of Refugee Law* 1/4.

Sharpe, Marina. 2013. *The 1969 OAU Refugee Convention and the Protection of People Fleeing Armed Conflict and Other Situations of Violence in the Context of Individual Refugee Status Determination*. UNHCR Division of International Protection.

_____. 2018. *The Regional Law of Refugee Protection in Africa*. Oxford: Oxford University Press.

UN News. 2016. "Ahead of World Refugee Day, UN Agency Launches 'Stand #WithRefugees' Initiative." https://news.un.org/en/story/2016/06/532322-ahead-world-refugee-day-un-agency-launches-stand-withrefugees-initiative. (검색일: 2019. 3. 10.)

UNHCR. 1992. "Persons Covered by the OAU Convention Governing the Specific Aspects of Refugee Problems in Africa and by the Cartagena Declaration on Refugees." https://www.refworld.org/docid/3ae68cd214.html. (검색일: 2019. 2. 22.)

_____. 2000. *The State of The World's Refugees 2000: Fifty Years of Humanitarian Action*. Oxford: Oxford University Press.

2 중남미 난민위기와 1984 카르타헤나 난민선언: 평화 프로세스와 연계된 연성 지역주의 접근

1 들어가는 말

전후(戰後) 국제난민레짐의 역사를 되돌아보면 대규모 난민위기에 대한 대응은 주로 '지역적 대응'의 패턴을 보여왔다. 이는 분쟁이나 재해로 일거에 대량으로 발생한 강제이주민의 초국적 이주가 이웃국가들로 집중된 데 따른 것이다. 아울러 이러한 '역내이주' 패턴은 강제이주민의 취약성, 지리적 인접성, 역내국가들 간의 역사문화적 관계 등이 복합적으로 작용한 결과다[Talani 2015, p. 32]. 중남미는 이러한 모습을 찾아볼 수 있는 대표적인 지역으로 국가폭력, 장기내전, 만연한 폭력, 자연재해 등으로 인해 수많은 강제이주민이 속출해 왔다. 그간 중남미 국가들은 역내 대량 강제이주 사태를 겪어오면서 일국적 대처와 글로벌 대응만으로는 역부족인 가운데 지역적 해법을 함께 시도해 왔다[Piovesan and Jubilut 2018, p. 139].[1] 그 가운데 가장 주목할 만한 성취는 1984 카르타헤나 난민선언(Cartagena Declaration on Refugees, 이하 '선언')이다. 선언은 국제법적 구속력을 갖지는 않았지만 채택 이후 여러 역내국가들이 선언의 정신과 내용을 국내법제화하면서 높은 수준의 권위와 효력을 발했다.

선언에 관한 기존 연구를 보면, 역내 난민위기의 역사적 배경을 설명하고 선언의 내용이 담고 있는 의미를 해설하는 연구가 주를 이루며 선언채택의 과정에 주목한 연구들은 선언이 채택되기까지 이뤄진 주요 국제합의 사항들을 연대기적으로 기술하고 있다[Franco and de Noriega 2004; UNHCR 2009; de Andrade 2014]. 물론 연대기적 기술을 넘어서 선언 채택과정에서의 역사적 사실들이 갖는 이데올로기적 성격이라든지 유엔난민기구의 역할 등을 분석한 연구도 있으나 이 역시 선언채택의 정치동학 자체에 주목한 연구라고 보기는 어렵다[de Andrade 2019]. 이 밖에도 역내 국가들에 의한 선언내용의 국내입법화를 분석한 연구도 있다[de Andrade 1998; Reed-Hurtado 2013]. 이 연구들은 역내난민 규범 및 법제의 조화(harmonization)를 위한 국내 입법화의 성취와 한계를 다루고 있다. 전술한 기존 연구들이 중남미 난민문제가 지닌 고유한 맥락과 특징에 집중했다면 선언을 '지역 간 비교' 관점에서 분석한 연구들도 있다[Arboleda 1995; Kneebone and Rawlings-Sanaei 2007]. 이 연구들은 선언을 아프리카의 1969 OAU 난민협약(정식명칭은 OAU Convention Governing the Specific Aspects of Refugee Problems in Africa)과 비교분석함으로써 제3세계 내에서의 지역 간 난민레짐의 공통점과 차이점을 설명할 뿐만 아니라 '지역 간 전이'로 연구적 관심을 확장시키는 데 기여했다.

그렇지만 기존 연구에는 두 가지 연구적 공백이 보인다. 첫째, 선언 채택과정을 지역주의 접근의 성취로 보고 이를 가능케 한 정치동학을 주제화한 연구를 찾기 어렵다. 둘째, 같은 시기에 전개된 선언 채택과정과 지역 평화 프로세스인 '콘타도라 프로세스'(Contadora Process)의 연관성을 밝힌 연구를 찾기 어렵다. 선언 채택과정이 대규모 강제이주 사태에 대응할 수 있는 인도주의에 기반을 한 지역난민레짐을 창출하기 위한 시도였다면, 콘타도라 프로세스는 인도주의 접근으로는 다루기 힘든 정치적 과제인 평화협정을 통해 역내 군사적 긴장과 갈등을 풀어가려는 시도였다. 두 갈래의 지역주의 접근은 분절적으로 진행되지 않았다. 후술하겠지만 유엔난민기구가 주도한 역내 난민위기에 대한 '연성 지역주의'(soft regionalism) 접근은 중남미 4개국이 참가한 '콘타도라 그룹'이 주도한 지역 평화 프로세스와 만나면서 카르타헤나 난민선언이라는 결실로 이어졌다. 그럼에도 불구하고 기존 연구는 복합적으로 전개된 두 흐름을 엮어내지는 못한 것으로 보인다. 특히 이는 범지구적 난민위기에 대한 사고의 외연을 평화의 문제로까지 적극 확장시켜야 한다는 문제인식에 비춰볼 때 아쉬운 대목이다.

이에 이 글은 '이주평화학'의 관점에서 중남미 난민레짐의 역사에서 중요한 변곡점이었던 선언이 채택되기까지의 역사적 과정을 동시간대에 전개된 지역평화 구상과의 연관 속에서 살펴본다. 우선 지역 난민위기의 고조와 변모를 설명하면서 유엔난민기구가 지역주의 접근을 본격화하게 된 역사적 맥락을 살펴본 뒤, 유엔난민기구가 주도한 연성 지역주의 접근이 콘타도라 프로세스와 연계되고 선언채택으로 결실을 맺게 된 과정을 분석한다. 이어서 '연성법'(soft law)[2] 접근을 기반으로 한 지역주의의 특징을 분석적으로 살펴보고, 선언의 역사적 성취와 의의 및 남은 도전과제를 설명할 것이다.

2 중남미 난민위기의 고조와 변모(1960~80년대 초)

남미 난민위기: 정치적 망명가에서 기층민으로 확산된 강제이주

남미에서는 1960~70년대에 걸쳐 연이어 군사쿠데타가 발생했다. 1964년 브라질에서 시작된 쿠데타는 이후 아르헨티나[1966], 우루과이[1973], 칠레[1973]로 이어졌고, 이러한 정치적 격변은 '관료주의적 권위주의 국가'(bureaucratic authoritarian state)의 탄생으로 이어졌다[O'Donnell 1979]. 군부정권은 정치적 반대에 대해서 '국가 테러리즘'이라 불릴 만큼 가혹한 탄압을 가했다. 그 결과 수많은 정치적 망명가들이 발생했는데 정치지도자나 노조지도자를 포함해 도심지 출신자들이 많았다[Franco and de Noriega 2004, pp. 76~78]. 이들 가운데 일부는 타지역으로 건너갔다. 특히 스웨덴으로 망명한 칠레인의 트랜스내셔널 활동이 눈길을 끈다. 이들의 존재는 스웨덴 사회가 중남미 난민문제에 눈뜨게 된 결정적인 계기가 되었다. 이들은 대체로 교육수준이 높았고, 스웨덴 사회에 중남미 정세에 관한 정보를 제공해 주었다. 이로써 스웨덴 사회에서 더 높은 수준의 공감과 연대를 이끌어냈으며 실제로 수많은 연대단체들이 출현했다[Nilsson 1991, p. 173]. 이러한 트랜스내셔널 역동은 스웨덴 정부가 후술하게 될 중미평화 구상을 지지하며 적극적인 목소리를 내게 만든 계기가 되었다.

전술한 상황에서 유엔난민기구는 중남미 난민위기 대응에 본격적으로 나서기 시작했다. 그 시작은 1970년대 초 칠레의 난민지원 요청이었다. 칠레 대통령 살바도르 아옌데(Salvador Allende)는 유엔난민기구에 자국 내 볼리비아 출신 난민에 대한 지원을 요청했고, 이에 유엔난민기구는 1973년 9월 20일 산티아고에 사무소를 열고 본격적인 활동에 돌입했다. 이후 중남미 전역에 현지사무소가 잇따라 개소했다[Franco and de Noriega 2004, pp. 76, 77, 89].

한편 사회경제적 불평등과 구조적 빈곤이 악화일로에 처하면서 역내 난민위기의 성격이 점차 변모해 갔다[같은 글, p. 79]. 강제이주민 수가 격증했고, 정치적 탄압보다는 만연한 폭력을 견디다 못해 피난길에 오른 강제이주민 비중이 훨씬 컸다. 이들은 가난하고 교육수준이 낮은 약자들이었다. 정치적 망명가의 모습은 더 이상 이 시기 강제이주 현실을 대변할 수 없게 되었다. 그런 가운데 역내국가들은 새로운 도전과제에 직면하게 된다. 첫째, 역내국가들의 사회경제적 여건이 열악했기에 사태의 진정을 위해 가용할 수 있는 자원이 턱없이 부족했다. 둘째, 기존 법제가 주로 정치적 망명에 특화되어 있었기에 유례없는 규모의 강제이주 사태에 대응할 수 있는 법적 기반이 갖춰져 있지 않았다[같은 글, p. 82]. 셋째, 동서냉전과 연계된 분쟁과 내전 속에서 난민문제의 안보화 현상이 나타났다.

이렇듯 역내국가들의 대응 의지와 역량이 결핍된 가운데 역내활동을 본격화한 유엔난민기구가 대응책 마련에 나섰다. 그러나 이내 어려움에 봉착했다. 위임난민 지위 인정을 위해서 개별 국가와 일일이 지난한 협의를 거쳐야만 하는 등 효과적인 대처가 어려웠다[같은 글, p. 79]. 유엔난민기구는 이러한 난관을 돌파하기 위해 지역주의 접근을 고민하기 시작했다. 그렇지만 지역주의 접근을 본격화한 보다 결정적 계기는 중미에서 발발한 대규모 강제이주 사태였다.

중미 난민위기:
플랜테이션 사회에서 벌어진 '냉전 속 열전'과 대규모 강제이주 사태

중미 난민위기를 이해하려면 우선 남미와 다른 정치경제적 맥락을 살펴야 한다. 중미국가들은 '플랜테이션 사회'였다. 수입대체산업화에 나섰던 남미국가들과 달리 사탕수수, 커피, 카카오와 같은 작물생산에 의존하고 있었고 그마저 내부시장이 협소해 미국을 비롯한 해외시장 의존도가 컸다. 이러한 정치경제 시스템에서 핵심 문제는 토지에 있었고, 대규모 플랜테이션은 땅을 빼앗기고 쫓겨난 농민의 빈곤과 분노를 키웠다[토머스 등 2014, 662, 663쪽]. 그런 가운데 내전과 외세개입이 이어지면서 1970년대 말~80년대 초에 걸쳐 중미에서는 유례없는 규모의 강제이주 사태가 발생했다.

먼저 니카라과를 보면, 1972년에 대지진이 발생했다. 수도 마나구아의 90%를 파괴할 만큼 위력적이었던 지진은 100만여 명을 실향민으로 만들었다. 국제사회로부터 긴급구호를 지원받았지만 원조는 제대로 배분되지 않았다. 아나스타시오 소모사(Anastasio Somoza) 대통령이 원조를 전용했다는 이유로 비난을 받았고 소요사태가 이어졌다. 이에 소모사정부는 주요 도시에 탄압조치를 실시했다. 국가폭력은 과도했고 비례성 원칙을 심대하게 위반했다. 그런 가운데 정부에 대한 사회적 불만은 폭발 직전에 이르렀고 마침내 1978년 좌파 성향의 '산디니스타 민족해방전선'(Sandinista National Liberation Front, FSLN)이 반정부 폭력봉기를 일으켰다. 내전으로 인해 10만여 명이 사망하고 20만여 명이 니카라과를 떠나야만 했다. 결국 이듬해 FSLN이 승리하면서 소모사일가의 4대에 걸친 장기독재는 종식되었다. 그렇지만 '콘트라'(Contras)로 알려진 우익집단이 온두라스와 코스타리카를 활동근거지로 삼고 미국의 지원(자금, 군수품, 훈련 등)을 받으면서 산디니스타 정부에 반기를 들었다. 산디니스타 세력과 콘트라 간의 대립이 지속되는 가운데 3만여 명이 살해된 것으로 추산된다[de Andrade 2019, pp. 6, 7].

엘살바도르도 폭력과 내전의 소용돌이에 갇혀 있었다. 70년대 내내 우익무장세력과 좌익 게릴라 간의 충돌이 지속되었다. 1977년 대선에서 부정선거 시비가 일자 신정부는 계엄을 선포했고, 이후 1979년에는 쿠데타가 발발했다. 미국정부는 혼란한 정국에서 엘살바도르가 공산주의 혁명의 먹잇감이 될지도 모른다는 위기의식에 신정부를 지지했다. 이처럼 정치적 불안정이 지속되는 가운데 1979년 당해에만 무려 75만~100만에 이르는 강제실향민이 발생했다[같은 글, p. 7]. 이듬해인 1980년에는 좌파성향의 '파라분도 마르티 민족해방전선'(Farabundo Martí National Liberation Front, FMLN)이 결성되었고, 이후 엘살바도르는 1992년까지 끔직한 내전의 소용돌이에 빠져들었다. 극좌와 극우 무장단체들 사이에 군사충돌과 테러공격이 이어졌다. 1984년 한 해에만 폭력사태로 사망한 인명이 무려 5만에 이르는 것으로 추산되었는데 대부분 정부 보안부대나 그 동조자에 의해서 가장 잔인한 방식으로 살해당했다. 내전 속에서 만연한 폭력은 다시금 수많은 강제이주민을 양산했다. 1981년에 유엔난민기구가 온두라스 국경 부근에서 운영하는 난민캠프에만 6만여 명의 엘살바도르 사람들이 거류하고 있었다. 2만여 명은 니카라과로, 8만~10만여 명은 과테말라로 이주했고, 이어서 수많은 사람들이 멕시코로 향했다[같은 곳; Thornton 1982].

과테말라는 좌익반군과 군사정부 간의 최장기 내전(1960~96)의 한가운데 있었다. 1970년대 후반기에 접어들면서 마야 고산지대는 반란의 주요 거점이 되었다. 과테말라 정부는 전복적 성향을 지닌 마야인이 반란군을 돕는다고 보고 1981년 국가보안군을 동원해 초토화작전에 나섰다. 폭력은 만연했다. 그해에만 15만여 명이 살해당하거나 실종되었다. 국가폭력의 주요 대상은 야당정치인, 노조인사, 성직자, 변호사, 언론인, 학자, 교사였다. 그렇지만 수천 명의 농민과 인디언들도 살해당했다. 직접적인 분쟁에서 벗어난 지역에서도 국가폭력의 여파로 상업과 무역 기반이 크게 손상되었다. 더욱이 국제공여사회는 잔인한 군사폭력을 이유로 경제원조를 중단했다. 만연한 폭력과 빈곤 속에서 강제이주민 규모는 계속해서 커져만 갔다. 무려 100만여 명의 마야인이 강제실향민이 되었다. 1981년 5월 멕시코 정글지대에 800여 명의 농민(campesino)들이 도착한 이래로 20만여 명이 뒤를 따랐고, 그중 4만 6천여 명은 멕시코 남부에 소재한 유엔난민기구 캠프에 거처했다[de Andrade 2019, pp. 7, 8].

온두라스는 니카라과·엘살바도르·과테말라 출신의 강제이주민을 받아들인 수용국인 동시에 대량의 강제이주민 발생국이기도 했다. 온두라스는 심각한 내전을 겪지는 않았지만 경제적으로 위기에 처해 있었다. 그런 가운데 1981년 선거에서 승리한 로베르토 코르도바(Roberto Córdova) 정부는 니카라과의 콘트라 세력을 지원했다. 당시 미국은 온두라스에 군사거점을 두고서 콘트라를 지원했다. 결국 온두라스는 니카라과와 정치군사적으로 갈등할 수밖에 없었다. 더욱이 미국이 제공한 훈련을 받은 온두라스 군정보기구는 민간인을 고문하고, 재판절차 없이 살해하고, 정부의 지원을 받아 공격했다. 결국 온두라스에서도 1983년 중반 이래로 수많은 사람들이 멕시코와 미국으로의 피난길에 올랐다[같은 글, p. 8].

중남미 국가들은 1951 난민협약이 채택될 때만 하더라도 이 협약에서 다루고 있는 난민문제가 '유럽의 발명품'으로서 유럽인에게만 해당된다고 보았다. 중남미에는 망명가에 대한 비호 제공의 오랜 관행이 있었고 역내국가들은 국내법만으로도 (주로 정치적 망명가인) 난민의 권리를 보호하는 데 충분하다고 보았기에 굳이 국제난민협약에 가입해야 할 이유를 찾지 못했다[Franco and de Noriega 2004, p. 72; Shachar 2020, p. 229]. 그러나 전술한 일련의 대규모 강제이주 사태를 겪으면서 분위기가 급변했다. 무엇보다도 새로운 지역적 대응 메커니즘 마련이 시급해졌다. 이때를 기점으로 한편으로는 유엔난민기구가 역내 난민위기에 대한 연성 지역주의 접근을 주도해 나가기 시작했고, 다른 한편에서는 멕시코·콜롬비아·베네수엘라·파나마가 지역평화를 위한 집단중재외교에 나서면서 지역 평화 프로세스가 돛을 올렸다. 이로써 1980년대 초반에 라틴아메리카에서는 두 갈래의 지역주의가 함께 전개되기 시작했다.

3 선언 채택과정: 평화구상과 연계된, 난민위기에 대한 지역주의 접근

역내 난민위기에 대한 '양동 접근': 글로벌 논의와 연계된 지역적 접근

유엔난민기구의 대응은 범지구적 난민위기에 대한 글로벌 논의와 중남미 난민위기에 대한 지역적 접근을 연계했다. 한마디로 '양동 접근'의 특징을 보였다. 유엔난민기구는 1979년 멕시코에서 열린 한 세미나에서 중남미 난민문제에 관한 국제회의 개최를 제안했다[Franco and de Noriega 2004,

p. 80]. 이것이 지역적 접근의 신호탄이었다면, 유엔난민기구 집행위원회가 1980년 10월에 도출한 '19번째 결론'은 글로벌 논의의 시작이었다. 집행위는 이를 통해 유엔난민고등판무관에게 범지구적 난민위기에 직면하여 임시보호의 모든 측면을 검토할 필요성을 제기하면서 '전문가그룹' 소집을 요청했다[UNHCR 2009, p. 24].

전문가그룹은 1980년 4월 21~24일에 소집되었다. 이들은 국제연대와 국제협력의 효과적 이행을 강조하면서 아프리카의 1969 OAU 난민협약을 준거사례로 제시했다[UNHCR 1981]. 전문가그룹의 보고서에서 주목할 부분은 제37항이다. 이 조항은, 세계 곳곳에서 발생하는 대규모 강제이주 사태의 심각성에 대한 이해를 바탕으로 1951 난민협약에 규정된 난민인정 사유에 더해 '외부침공, 점령, 외세지배 혹은 공공질서를 심대하게 교란하는 사건들'(external aggression, occupation, foreign domination or events seriously disturbing public order)로 인해 모국 내지 국적국가를 떠난 사람들을 임시보호 대상으로 간주했다[de Andrade 2019, p. 12]. 이는 OAU 난민협약의 추가 난민인정 사유와 동일한 내용으로, 국제보호 대상범주를 확장적으로 제시한 것이었다. 다만 비호신청자의 구체적인 '필요'를 반영한 적절한 '임시보호' 수준을 정하는 일은 여전히 난제로 남아 있었다.

이어서 6월 22~25일에는 이탈리아 산레모에서 라운드테이블이 열렸다. 정부대표들, 학자들, 유엔난민기구 인사들이 참석했다. 특히 유엔난민기구 법무국장 프랭크 크렌츠(Frank Krenz)는 전문가그룹 회의와 곧 설명할 멕시코 콜로키움에 참여한, 글로벌 논의와 지역적 접근의 매개인사였다. 이 자리에서는 전문가그룹이 제시한 '외부침공, 점령, 외세지배 혹은 공공질서를 심대하게 교란하는 사건들'이 재차 추가 난민인정 사유로 간주되었다[같은 글, p. 14]. 이처럼 전문가그룹의 제안이 국제회의에서 재확인되면서 추가인정 사유의 정당성과 설득력이 한층 높아졌다.

이듬해 10월 21일에는 유엔난민기구 집행위원회가 '22번째 결정문'을 채택했다. 집행위는 이를 통해 대규모 강제이주민이 발생한 경우 비호신청자에 대한 온전한 보호와 지원이 절실함을 강조했다. 그러면서 기존 국제난민레짐이 비호신청자의 처우와 관련된 다양한 측면들을 충분히 다루지 못한다는 점을 지적하면서 이러한 공백을 메울 필요성을 제기했다. 우선 1951 난민협약의 난민인정 사유에 더해 '외부침공, 점령, 외세지배 혹은 공공질서를 심대하게 교란하는 사건들'로 인해 모국을 떠나 피난길에 오른 사람들을 비호신청자로 보았다[UNHCR 2009, p. 28]. 전문가논의와 국제회의에서 제안된 추가인정 사유의 필요성을 '연성법' 수준에서 재확인한 셈이다.

아울러 22번째 결정문에는 '지속 가능한 해법'이 마련될 때까지 수용국이 지켜야 할 비호신청자에 대한 최소한의 기본 처우기준이 담겼다. 여기에는 합법체류 자격이 없다는 이유로 부당하게 처우하거나 처벌해선 안 된다는 내용, 국제적으로 인정된 공민권을 보장해야 한다는 내용, 삶의 필수조건들(음식·주거·보건 등)을 갖출 수 있도록 지원한다는 내용, 비극적 곤경을 겪은 비호신청자에게 특별한 이해와 공감이 필요하다는 내용, '인종' '종교' '정치적 견해' '민족/국적' '출신국' '신체장애'를 이유로 차별해서는 안 된다는 내용, 법 앞에서의 평등과 법률서비스 접근권을 보장해야 한다는 내용, 비호신청자의 안전을 위해 출신국 국경으로부터 적정한 거리에 거주하도록 해야 한다는 내용, 가족결합의 권리를 존중하고 친지를 찾을 수 있도록 지원한다는 내용, 미성년자와 보호자가 없는 아동에 대한 적절한 보호조치가 이뤄져야 한다는 내용, 출생·사망·결혼 등록이 가능해야 한다는 내용 등이 담겼다[같은 책, pp. 28, 29].

한편 전술한 글로벌 수준의 논의와 더불어 1981년 5월 멕시코에서는 지역적 접근이 시도되었다. 유엔난민기구의 후원하에 멕시코 외교원이 멕시코 국립대학교와 함께 "라틴아메리카에서의 비호 및 난민에 대한 국제보호"를 주제로 5일간 콜로키움을 진행했다. 이 자리에는 난민고등판무관 포울 하르틀링(Poul Hartling)을 필두로 유엔난민기구 고위인사들이 참여했다. 유엔난민기구의 국제보호국장 미셸 무살리(Michel Moussalli)와 법무국장 프랭크 크렌츠, 브라질 출신 법학교수로 미주인권위원회 위원이었던 카를로스 데 아브란치스(Carlos de Abranches)는 전문가그룹에도 참가한, 글로벌 논의와 지역적 접근의 매개인사였다. 이들은 난민인정 사유를 보다 포괄적으로 설정할 필요성을 호소했고, 이는 결론 네번째 항에 반영되었다.

여기에는 1951년 난민협약에 제시된 사유에 더해 '침공, 외세의 점령이나 지배, 거대한 인권침해 혹은 공공질서를 심대하게 교란한 사건들'(aggression, foreign occupation or domination, massive human rights violations, or events that seriously disturb public order)로 인해 모국을 떠난 사람들을 난민으로 인정한다는 내용이 담겼다[de Andrade 2019, pp. 12, 13]. 전문가그룹 보고서[제37항]와 비교해 보면, 글로벌 논의에 나타난 난민인정 사유에 대한 '포괄적 접근'을 계승하면서도 앞에서 설명한 역내 강제이주의 현실을 반영해 '거대한 인권침해'를 제시했다.

아울러 콜로키움에서는 미주인권재판소·미주인권위원회·미주기구법무사무국 인사들이 발표를 맡았는데, 이러한 모습은 역내 난민위기에 효과적으로 대처하기 위해서는 '미주인권 시스템'이 보다 적극적으로 작동해야 한다는 문제의식을 반영한다. 유엔난민기구와 미주기구의 협력을 강화함으로써 국제난민보호체제를 지역주의 접근으로 보완해야 한다는 뜻이다. 실제로 미주인권위원회는 1981~82 연례보고서를 통해 미주기구 총회를 향해서 미주기구 회원국들이 1951 난민협약과 1967 난민의정서를 비준하고 역내에서 '난민'에 대한 정의가 멕시코 콜로키움에서 합의된 내용을 반영할 수 있도록 나서줄 것을 요청하기도 했다[같은 글, pp. 12, 13; Franco and de Noriega 2004, pp. 81~83].

이후 유엔난민기구는 1983년 4월 볼리비아 외무부의 지원을 받아 '정치적 망명과 난민 상황'을 주제로 볼리비아 수도 라파스에서 4일에 걸쳐 세미나를 진행했다. 이 자리에는 프랭크 크렌츠를 비롯한 유엔난민기구 인사들, 학자들, 볼리비아 관료들이 참석했다. 당시 유엔난민기구가 직면한 도전과제는 앞서 설명한 지역적·글로벌 수준에서 진행된 회의들을 거쳐 마련한 원칙과 규칙에 '법적 구속력'을 입히는 것이었다. 방법은 두 가지로 압축된다. 하나는 지역 단위 '협약'을 채택하는 것으로 1969 OAU 난민협약 모델을 준용한 방식이다. 다른 하나는 역내국가들이 합의된 내용을 '국내 법제화' 하는 것이다.

그렇지만 당장 두 방안 모두 현실성이 떨어졌다. 유엔난민기구는 중남미 국가들에게 난민인정 사유 및 처우수준에 관한 확장된 규정을 채택함으로써 얻게 되는 이익이 무엇인지 좀처럼 설득해 내지 못했다. 특히 역내국가들은 지역주의 접근에 대해 주저했다[de Andrade 2019, pp. 14, 15]. 아프리카의 경우 탈식민주의와 범아프리카주의를 토대로 창설된 지역기구인 아프리카단결기구(Organisation of African Unity, OAU)가 도덕적 정당성을 확보한 상태에서 주도적인 역할을 수행했던 반면, 라틴아메리카에서는 미주기구(Organization of American States, OAS)가 존재했지만 역내국가들의 갈등과 충돌이 이어지는 가운데 보편적인 지지를 바탕으로 주도적인 역할을 수행하기는 어려웠다. 다만 논의 끝에 참가자들은 여섯번째 결론을 통해서 역내 난민위기의 현실을 고려하여 '침공, 외세의 지배나 점령 내지는 거대한 인권침해'(aggression, foreign occupation or domination or massive human rights violations) 혹은 '공공질서를 심대하게 교란한 정치적 사건들'(events of a political nature that seriously disturb public order)을 추가 난민인정 사유에 포함시킬 필요성을 제시했다[같은 글, p. 15].

역내분쟁 종식을 위한 평화 프로세스: 콘타도라 프로세스

역내 난민위기에 대한 대응이 한창 진행되는 가운데 지역평화의 시계가 함께 돌기 시작했다. 당시 역내 난민위기에 대한 지역주의 접근에 힘을 쏟고 있던 멕시코가 베네수엘라와 함께 온두라스-니카라과 갈등을 해소하기 위해 1982년 9월 15일 다자협상을 기반으로 한 평화구상을 공동제안했다. 곧이어 콜롬비아 벨리사리오 베탕쿠르(Belisario Betancur) 정부가 이를 지지했고, 그해 말에는 가르시아 마르케스(García Márquez)를 비롯한 여러 노벨상 수상자들과 '약소국 연대'(small state solidarity)를 주창해 온 스웨덴의 올로프 팔메(Olof Palme) 총리 명의로 중미 정치지도자들에 대한 평화호소가 공표되었다[Bagley and Tokatlian 1985, p. 41; Nilsson 1991, pp. 172, 173, 180]. 이듬해 1월 초에는 콜롬비아·멕시코·베네수엘라·파나마 외교부장관이 파나마 콘타도라 섬에 모여 회담을 갖고 '정치적 민주주의'와 '경제협력'에 의거한 지역평화를 촉구했다[토머스 등 2014, 134쪽]. 이로써 '콘타도라 그룹'이 출범하게 되었고, 이후 진행된 지역 평화 프로세스는 회담장소의 이름을 따서 '콘타도라 프로세스'로 알려지게 된다.

참여국들의 동기를 살펴보면 선거를 통한 정치리더십 교체와 포클랜드 전쟁을 두 가지 배경요인으로, 대외정책과 국내정치의 연계성, 난민문제와 평화문제의 연관성, 집단적 대외정책의 필요성을 세 가지 심층요인으로 꼽을 수 있다. 먼저 멕시코에서는 1982년 정권교체로 출범한 미겔 데 라 마드리드(Miguel de la Madrid) 정부가 중미정세와 관련해 중재자 역할을 자임하면서 협력국을 찾아나섰다[Durán 1984, p. 348]. 당시 멕시코의 중재외교의 기저에는 다음과 같은 현실적 판단이 깔려 있었다. 첫째, 금융위기로 IMF 긴축계획을 받아들인 이후 심각한 경기침체를 겪고 있던 상황에서 '콘타도라 구상'은 대외정책을 통해 자주성을 보여줄 수 있는 기회였다. 둘째, 중미지역의 분쟁으로 수만 명의 난민이 자국에 유입된 경험이 난민문제에 관한 사고의 외연을 분쟁해소와 평화정착으로까지 확장시키도록 만들었다.

콜롬비아의 경우 1982년 출범한 베탕쿠르 정부가 이전정부의 친미 대외정책에 수정을 가하면서 쿠바와의 관계개선에 나섰고 비동맹운동에 동참하기로 했다[같은 글, p. 349]. 구체적으로 살펴보면 첫째, 베탕쿠르는 대외정책에서의 성취가 그의 정치적 위상과 대중적 지지를 강화시키면서 게릴라세력을 체제 내로 포섭하는 데 유리하게 작용하리라고 판단했다. "중미의 평화가 우리의 평화다"는 그의 외침에는 이런 뜻이 깔려 있었다[Bagley and Tokatlian 1985, pp. 36, 42]. 둘째, 그는 국익을 위해 국제연대를 강화해 나가면서 레이건행정부와 일정한 거리두기를 해야 한다고 믿었다. 구조적 의존관계에서 탈피하고 협상력을 높이려 했던 것이다[같은 글, pp. 27, 28, 39]. 이러한 입장은 이전 정부가 포클랜드 전쟁에서 미국의 편을 들면서 국민 자존감에 큰 상처를 주었기에 더욱 탄력을 받았다[같은 글, p. 36]. 셋째, 그는 중미분쟁이 '전이'되어 자국의 안보를 위협할 수 있다고 보았다.

베네수엘라의 중미외교는 두 가지 사건을 거치면서 변화를 맞게 된다. 먼저 포클랜드 전쟁에서 미국이 영국을 지지하는 모습을 보고 충격을 받은 뒤 미국의 중미정책에 대한 지지입장을 재고했다. 결국 베네수엘라는 멕시코가 쏘아올린 중미 평화구상에 동참하게 된다[Durán 1984, p. 349].

파나마 역시 포클랜드 전쟁에서 미국이 보인 태도로 중미지역에서 자국의 위상과 대미관계를 재평가했다[같은 곳]. 파나마는 1982년 여름을 기점으로 중미지역에 적극 관여하기 시작했다. 국제무대에서 위상이 높지 않은 상태에서 콘타도라 그룹은 파나마 정부가 약소국 연대를 통해 대외정책을 추진해 나갈 수 있는 기회구조였다[같은 글, p. 350].

한편 1980~82년에 미주인권위원회 위원장을 역임한 톰 파러(Tom Farer)는 콘타도라 그룹의 인식에서 대외정책과 국내정치의 연관성을 특별히 강조했다[Farer 1985, pp. 60~64]. 그에 의하면 참여국들은 중미지역 내전에 미국이 깊이 개입하는 것에 대해, 이미 불안정한 정치질서를 더 깊은 갈등과 분열의 늪으로 빠뜨리게 될 것이라며 반대입장을 보였다. 즉 미국의 기획에 기운 우파진영과 미국의 개입을 적대시하는 좌파세력 간의 갈등을 더욱 악화시킨다는 우려다. 이런 점에서 콘타도라 프로세스는 중미국가들이 처한 위기가 자국으로 전이되지 않도록 방지하려는 사전포석이었다.

콘타도라 프로세스로 돌아가면, 1983년 7월 17일에 멕시코 칸쿤에서는 콘타도라 그룹 정상회의가 열렸다. 4개국 정상은 문제의 근원을 지역의 사회경제적 불평등에서 찾았다. 특히 외세간섭에 의해 중미분쟁이 동서냉전의 구도 속으로 빨려 들어가는 것을 극도로 경계하면서 '지역협력'을 통해 중미분쟁을 풀어가야 한다는 입장을 피력했다[Durán 1984, p. 347; Franco and de Noriega 2004, p. 91]. 이처럼 콘타도라 그룹은 역내 패권국 미국의 중남미 군사개입을 견제하기 위한 '약소국 연대'였다. 그렇지만 콘타도라 프로세스는 순탄한 과정이 아니었다. 미국이 구상한 지역평화는 니카라과 혁명정부의 패배를 전제로 한 것이었다. 콘타도라 프로세스는 미국이 역내 패권국으로서의 입지와 영향력을 이어가려는 또 다른 형태의 지역질서 구상에 의해 좌초될 위기에 놓여 있었다[Crossette 1983].

그렇지만 정상회의는 중요한 성취를 남겼다[Córdova 1987, p. 17]. 첫째, 중미국가들의 '대화'개시를 이끌어냈다. 둘째, 지역평화의 달성을 위한 '협의' 메커니즘을 확립했다. 셋째, 중미가 떠안고 있던 핵심 문제들을 아우르는 '의제' 윤곽을 마련했다. 아울러 평화교란 요인들을 제거하기 위한 조치들을 담은 일반 '지침'을 제시했다. 이어서 9월 9일에는 중미평화를 위한 21개 기본 조항을 담은 '목표 문서'(Document of Objectives, DO)가 채택되었다. 연말에 중미 5개국이 '평화조약'에 서명하도록 한다는 구상이었다[Durán 1984, p. 351].

주요 내용은 다음과 같다[Córdova 1987, p. 18]. 첫째, 역내 긴장을 줄여나가고 끝내 분쟁을 종식시킨다. 둘째, 민주주의와 다원주의에 기반을 둔 정치적 대표체계를 확립하기 위한 방안을 채택한다. 셋째, 군비경쟁을 중단하고 군비 통제·감축 협상을 개시한다. 넷째, 외세의 군사개입을 줄여나가고 끝내 종식시키기 위한 합의를 도출한다. 다섯째, 중미국가 정부를 와해시키려는 개인·조직·단체에 군수지원을 하거나 자국의 영토를 사용하게 해서는 안 된다.

이 또한 순탄하게 진행되지 않았다. 온두라스, 엘살바도르, 과테말라, 코스타리카가 니카라과의 추가요구에 반대했다. 당시 니카라과는 네 가지 조약을 제안했다. 먼저, 두 건의 미국-니카라과 조약안은 중미지역에서 외국 군사기지 설치를 금지하고, 니카라과 영공과 영해에 미국 선박과 항공기의 자유통행을 보장한다는 내용을 담고 있었다. 다음으로, 중미 5개국을 참여국으로 한 조약안이다. 무기거래와 정부전복을 의도한 일체의 행위를 금지한다는 내용이 핵심이다. 마지막은 엘살바도르 문제에 관한 조약으로, 중미분쟁을 해소하기 위해 역내국가들이 동참해야 한다는 내용을 담았다. 그렇지만 중미국가들 간의 신뢰가 형성되지 않은 상황에서 나머지 4개국은 만일 이러한 추가요구가 수용될 경우 니카라과를 제외한 국가들에 설치된 미국의 군사기지를 철수시켜야 하는 가운데 니카라과의 군사력은 그대로 유지될 것이라며 우려했다[Durán 1984, p. 351]. 4개국은 니카라과의 군사력이 자국의 안보에 미칠 영향, 특히 자국 내 반정부세력이 군사적 승리를 거둘 가능성에 촉각을 곤두세우면서 추가제안을 반대하고 미국의 군사원조에 의존하려는 의중을 내비쳤다[같은 글, pp. 353, 354].

그렇지만 DO는 우여곡절 끝에 중미 5개국에 의해 채택되었고, 이제 논의의 초점은 구체 이행조치로 옮겨갔다. 1984년 1월 8일 콘타도라 그룹과 중미 5개국 외무부장관들이 참석한 가운데 DO 이행합의문이 채택되었다. 그리고 마침내 1984년 6월 '콘타도라 협약'(정식명칭은 Contadora Act for Peace and Cooperation in Central America)으로 불리는 평화협정안이 도출되었다. 중미 5개국의 참여를 전제로 한 국제조약 형식을 갖춘 중미 평화·협력 구상이었다[같은 글, p. 351]. 니카라과는 곧장 서명의사를 공개적으로 밝혔고 유엔은 즉각 지지를 표명했다. 그러나 레이건행정부는 니카라과 정부가 협정 수용의사를 밝히자 입장을 바꿔 평화협정 반대로 돌아섰다. 유엔이 니카라과 정부를 승인하고 미국의 지역개입이 제한될 수 있다는 우려 때문이었다. 결국 제1차 평화협정안 채택은 미국의 개입과 중미지역의 다른 국가들의 동조로 인해 무산되었다. 이후 미국의 요청에 의해 10월에 수정안이 마련되었지만 이전 평화협정안과 비교할 때 평화주의 색채가 현격하게 엷어졌고 이마저도 채택이 무산되고 말았다[Córdova 1987, pp. 19, 20; Chomsky 2015, pp. 199, 200; 토머스 등 2014, 134쪽].

카르타헤나 난민선언, 지역난민레짐의 초석이 된 평화의 문건

멕시코와 함께 콘타도라 그룹을 선도했던 콜롬비아 정부는 유엔난민기구와 협의를 거쳐 지역 평화레짐과 난민레짐의 가교역할을 수행하기로 했다. 이로써 1984년 11월 콜롬비아 카르타헤나에서 마침내 역사적인 콜로키움이 개최되었다. "중미·멕시코·파나마의 난민에 대한 국제보호"의 주제로 나흘간 진행된 회의에서는 17개 결론과 5개 권고가 채택되었고, 여기에는 난민문제와 관련된 개념과 원칙, 지속 가능한 해법, 비호신청자에 대한 최소 기본처우에 관한 확인내용 등이 담겼다. 당시 카르타헤나 회의와 선언 내용을 살펴보면, 콘타도라 프로세스가 비록 평화협정 체결을 이끌어내지는 못했지만 역내 난민위기에 대한 지역 메커니즘의 창출을 위한 연성법 접근이 결실을 맺는 데 중요한 모멘텀을 제공해 주었음을 알 수 있다. 그럼 점에서 우리는 좌절된 평화 프로세스의 역사적 가치와 의의를 지역난민레짐 발전사의 맥락에서 재평가할 수 있다.

우선, 카르타헤나 회의에는 콘타도라 그룹 4개국과 더불어 중미분쟁의 당사국인 엘살바도르·온두라스·니카라과·과테말라가 주빈국으로 참석했는데, 이는 콘타도라 프로세스를 통한 대화와 협상의 연장선상에서 가능했던 모습이다. 다음으로, 세번째 결론에는 추가난민 인정사유로 '만연한 폭력, 외세침공, 내분, 거대한 인권침해 혹은 공공질서를 심대하게 교란한 여타 상황들'(generalized violence, foreign aggression, internal conflicts, massive violations of human rights or other circumstances which have seriously disturbed public order)이 제시되었는데, 이는 역내 난민위기에 대한 그간의 논의와 더불어 폭력과 분쟁 등 비평화구조에 대한 콘타도라 프로세스의 문제인식을 반영한 것이었다.

특히 선언의 기본 원칙들은 평화협약안의 3장 2절에 담긴 '난민에 관한 책무'(commitments with regards to refugees)에 토대를 둔 것이었다. 이 내용은 선언의 제2장에 그대로 옮겨졌으며, 콜로키움 참가자들은 이를 10개 참가국이 규범으로 채택할 것을 권고했다[MLA 8th ed. 1985]. 이처럼 난민문제가 평화협정안에 포함될 수 있었던 것은 유엔난민기구의 관여와 콘타도라 그룹, 그 가운데 특히 평화 프로세스 실무를 주도한 멕시코의 현실적 필요가 있었기에 가능했다[Franco and de Noriega 2004, p. 91]. 다시 말해 난민문제와 안보문제가 서로 긴밀하게 얽혀 있다는 인식이 역내 난민레짐과 평화레짐을 연계하는 접근으로 표출된 것이다. 평화협정안의 난민 관련조항들은 협정안의 엄연한 일부로 공신력을 갖춘 것이었으며, 선언은 바로 이러한 수준의 합의내용을 계승했다. 이는 선언의 규범적 영향력과 설득력을 높이는 데 일조했으며, 선언의 정신과 원칙은 이러한 공신력과 정당성을 바탕으로 이후 15개 역내국가들에 의해 국내 입법화되었다.

4 연성 지역주의와 지역 간 전이

선언 채택과정에서 유엔난민기구는 지역주의 접근을 통해 자신의 관할권을 '제3세계'로 넓혀가고자 했다.[3] 한편으로는 역내 난민위기에 대응할 수 있는 지역 메커니즘을 창출하기 위한 담론 형성을 주도했고, 다른 한편으로는 지역 평화 프로세스에 강제이주 및 난민 문제를 인입시키고자 했다. 아울러 유엔난민기구는 인도주의 기구로서 분쟁과 내전과 같은 '뿌리원인'에 대해 적극 대응하기 어려운 구조적 난관을 평화 프로세스를 활용해 우회적으로 돌파하고자 했다.

유엔난민기구의 의중을 분석적으로 보면, 먼저 '인도적 판단'이다. 유엔난민기구는 중미에 집중적으로 발생한 대규모 난민위기에 대한 '지역적 대응'의 필요성을 절감하고 있었다[de Andrade 2019, pp. 16, 17]. 개별 국가와의 협상은 지난한 과정이었을 뿐만 아니라 실효성도 크게 떨어졌다. 다음으로, '법적 판단'이다. 당시 중미의 대다수 비호신청자들의 비호신청 사유가 1951 난민협약의 난민인정 사유에 직접적으로 포함되지 않았기에 이들의 법적 지위 문제에 관한 해법을 마련해야만 했다[같은 곳].

'전략적 판단'도 작용했다. 유엔난민기구는 역내국가들이 지역난민레짐의 핵심 개념과 원칙을 담은 선언을 국내 입법화할 때 자신의 존립기반이기도 한 1951 난민협약과 1967 난민의정서를 이행하기 위한 국내법적 기반을 동시에 마련하기를 바랐다. 이에 선언 채택과정에서 1951 난민협약의 난민인정 사유에 역내 난민위기에 조응하는 사유들을 '추가'하는 방식을 택했다. 다시 말해 '대체'가 아닌 '보완'의 관점에서 선언의 내용을 국내 입법화하는 중남미 국가들이 1951 난민협약과 1967 난민의정서로 대변되는 국제난민규범을 보다 자연스러운 방식으로 함께 국내 법제화하도록 유도하고자 했다[Kneebone and Rawlings-Sanaei 2007, p. 9]. 아울러 유엔난민기구는 이러한 방식으로 역내 난민관련 법체계를 정비하고 조화(harmonization)시켜 나감으로써 중남미 지역의 난민문제에 보다 효과적으로 관여할 수 있는 제도적 기반을 마련하고자 했다.

그렇다면 유엔난민기구가 주도한 선언 채택과정에서 나타난 지역주의는 어떤 특징을 보였는가. 이는 1969 OAU 난민협약과 비교해 보면 보다 선명하게 드러난다. 아프리카는 지역기구인 아프리카단결기구가 회원국들 및 유엔난민기구와의 조율을 거치면서 범아프리카 국제협약 채택을 주도했다. 이와 달리 라틴아메리카의 경우 미주기구라는 지역기구가 존재하기는 했지만 역내국가들 간의 긴장·갈등·충돌이 이어지면서 광범위한 지지를 바탕으로 주도적 역할을 수행하기는 어려웠다. 당시 중남미 정세를 고려할 때 법적 구속력을 지닌 합의나 협약을 도출하기는 어려웠다. 이에 유엔난민기구는 난관을 돌파하고 실질적인 성과를 만들어내기 위해 보다 유연한 접근이 필요하다고 판단했다[de Andrade 2019, p. 19; Rodrigues 2020].

구체적으로 유엔난민기구는 선언채택에 이르기까지 '협약'을 목표로 한 정부 간 공식 회합의 형식이 아닌, 상대적으로 덜 공식적이고 그래서 참여국이나 참가자에게 부담이 덜한 공적 논의틀인 콜로키움 방식을 적극 활용했다. 복잡한 법적인 합의들을 필요로 하지 않고 민감한 주권 관련사안을 포함하지 않는 방식을 찾은 것이다. 이는 실용주의에 기반을 한 '연성법 접근'이었다.[4] 콜로키움 방식은 당장에 법적 구속력을 갖춘 결과물을 만들어내지는 못하더라도 설득력과 합의를 바탕으로 한 일련의 규범과 원칙 그리고 가이드라인을 마련할 수 있는 기회가 된다[Franco and de Noriega 2004, p. 85].

그렇다고 선언 채택과정이 연성법 접근에 함몰된 것은 아니었다. 평화협정 체결을 목표로 한 콘타도라 프로세스는 난민위기에 대한 '경성법'(hard law) 접근을 시도할 수 있는 기회였고, 유엔난민기구는 콘타도라 그룹과의 조율을 통해 강제이주 문제를 평화협정안에 반영시켰다. 물론 평화협정 체결이 무산되면서 난민문제와 관련한 경성법 접근이 좌초되기는 했지만 말이다.

그렇다면 선언 채택과정에서 '연성 지역주의'(soft regionalism)[5] 접근이 지닌 효과와 가치를 어떻게 평가할 수 있는가. 첫째, 상대적으로 덜 공식적인 논의의 틀 속으로 보다 다양한 행위자들의 참여를 설득할 수 있었다. 연이어 열린 일련의 회합들은 인권전문가, 정부대표, 시민사회 대표, 미주인권기구 법률가를 비롯해 국가와 사회, 국내와 국내외를 가로질러 다양한 인사의 참여를 유도했다[같은 곳]. 이를 통해 '정부간주의'에 함몰되지 않고 포괄적 참여를 통해 논의의 모멘텀과 지속성을 확보할 수 있었다. 특히 이러한 연성법 접근은 분쟁과 내전으로 신뢰형성이 여의치 않았던 중미국가들의 참여를 견인하는 데 효과적인 플랫폼을 제공해 주었다. 이 밖에도 인권전문가와 국제기구 소속 법률가들을 적극적으로 참여시킴으로써 논의과정에서 '권리기반 접근'이 보다 활성화될 수 있었다. 둘째, 누적된 논의를 통해서 마련된 일련의 연성법적 요소들(결론, 제언, 권고 등)은 이어진 논의 속에서 창출된 '정당성'과 '설득력'을 바탕으로 역내국가들에 의한 국내 법제화로 이어질 수도 있고, 어느 정도 여건이 조성되면 지역 단위의 국제협약과 같은 '경성법'으로 발전할 수도 있다.

아울러 전술한 설명은 선언 채택과정에 대한 구성주의 해석으로도 이어진다. 국제정치에서 구성주의 시각은 '힘의 논리'보다는 '설득의 과정'에 주목한다[Simmons 2008]. 선언 채택과정을 보면 연성법 접근에 기반을 한 회의가 연이어 개최되었고 그 결과 결론이나 권고가 도출되었는데, 이는 인도주의 원칙과 인권규범을 바탕으로 난민위기가 야기하는 정치적·사회적·군사적 긴장과 갈등에 대응하기 위한 지역주의 접근의 설득력을 확보해 나가는 과정이었다. 연이은 국제세미나와 콜로키움에서 마련된 연성법적 결과물은 어느 정도 '국제적인 규칙'의 효과를 지녔다. 이 점은 선언채택 이후 역내국가들이 선언의 원칙과 지침내용을 국내 입법화한 사실에서도 확인된다. 아울러 선언은 역내에서 난민문제를 논의할 때 무엇이 정당한 담론이고, 무엇이 정당한 행동인지에 관한 사고에도 큰 영향을 끼쳤다. 일종의 '사회화'(socialization) 효과가 나타난 것이다. 인도주의 원칙이나 인권규범을 기반으로 한 국제합의에 동참하는 것이 곧 국익 내지 국가정체성의 중요한 일부라는 인식이 형성되기 시작했다.[6]

한편 시선을 확장시키면 선언 채택과정을 '지역 간 전이'의 측면에서도 살펴볼 수 있다. 대표적으로 선언 입안가들은 1969 OAU 난민협약과 마찬가지로 1951 난민협약의 난민인정 사유를 계승하면서도 중남미 현실에 부합하는 추가 난민인정 사유를 제안했다. 지역 간 전이가 '계승'과 '변용'의 두 측면을 지니고 있다고 볼 때, 먼저 계승의 측면을 가장 잘 보여준 대목은 선언이 OAU 난민협약과 마찬가지로 난민 모국이 처한 객관적 상황을 고려할 것을 천명한 것이었다. 이는 난민심사에서 1951 난민협약의 난민심사 원칙인 '개인 중심성'에 매몰되지 않고 '집단기반 접근'을 수용했음을 의미한다. 이것은 아프리카에서와 마찬가지로 대규모 난민발생이라는 상황적 요인뿐 아니라 난민심사 인프라의 미비라는 행정적 요인과 관련된 실용주의적 선택이었다. 또한 선언은 자발적 귀환을 난민위기와 관련된 지역의 특수한 상황을 고려한 지속 가능한 해법으로 제시하고, 난민이 비호제공국에서 모국정부에 반하는 정치활동을 할 수 없다는 점을 명확히 했다[Arboleda 1995, p. 98; UNHCR 1992].

다음으로, 선언 입안가들은 OAU 난민협약의 포괄적 난민 정의에 기반을 두면서도 그것을 단순 계승하기보다는 지역실정에 맞게 변용했다. 애초에는 OAU 난민협약의 추가 난민인정 사유가 준거점이었다. 그렇지만 이는 <표>에서 보듯이 당시 아프리카의 탈식민주의와 해방투쟁이라는 역사적 현실을

〈표〉 1969 OAU 난민협약과 1984 카르타헤나 난민선언의 추가 난민인정 사유

1969 OAU 난민협약	1984 카르타헤나 난민선언
외부침공 (external aggression)	외세침공 (foreign aggressions)
점령 (occupation)	
외세지배 (foreign domination)	
	만연한 폭력 (generalized violence)
	내분 (internal conflicts)
	거대한 인권침해 (massive violations of human rights)
공공질서를 심대하게 교란하는 사건들 (events seriously disturbing public order)	공공질서를 심대하게 교란한 여타 상황들 (other circumstances which have seriously disturbed public order)

반영한 것으로 라틴아메리카 지역의 현실에 그대로 조응하지 않았다. 이에 수차례 국제회의를 거쳐 선언에서는 중미지역의 특수한 상황을 반영한 항목들로 조정되었다. 지역 간 전이를 거쳐 '현지화'가 이루어진 것이다.[7] 선언은 만연한 폭력, 내분, 거대한 인권침해의 희생자들이 난민지위를 인정받을 자격이 있음을 인정한 최초의 국제선언이었다.

5 선언의 성취와 유산

선언 채택과정이 함축한, 그렇지만 그간 크게 주목받지 못했던 성취는 난민레짐에 관한 사유의 외연을 분쟁과 평화의 문제로 연계, 확장시켰다는 것이다. 난민위기에 대한 인도주의 접근이 필수적이고 그 자체로서 고유한 역할을 지니고 있음은 두말할 나위가 없다. 그렇지만 장기 지속되는 분쟁과 내전이라는 뿌리원인에 대한 대응을 적극적으로 다루지 못하는 한 인도주의 접근만으로는 근본적인 한계에 봉착할 수밖에 없다. 난민레짐의 궁극적인 목표를 강제이주민의 삶의 자율성 회복과 일상성의 회복에 둔다면 지속 가능한 해법과 더불어 평화 프로세스까지 아우르는 포괄적 접근이 긴요하다 [<그림> 참조].

선언은 이러한 포괄적 접근을 잘 반영했다. 먼저 '임시보호'에 관한 논의를 '지속 가능한 해법'으로 적극 연계했다. 유엔난민기구 집행위의 22번째 결론[1981], 즉 대량 강제이주민 발생시 비호신청자의 기본 권리 보호에 관한 내용을 적극적으로 수용하는 등 난민문제에 대한 논의의 외연을 인도주의 시각에 가두지 않고 '기본적 권리 보호 및 증진'으로까지 확장시켰다. 이에 더해 앞의 3절에서 살펴보았듯이 역내 난민위기 대응을 지역평화 구상과 연계하는 문제의식을 분명히 했다.

다음으로, 선언은 난민정책의 기본 원칙과 포괄적 난민인정 사유를 정립

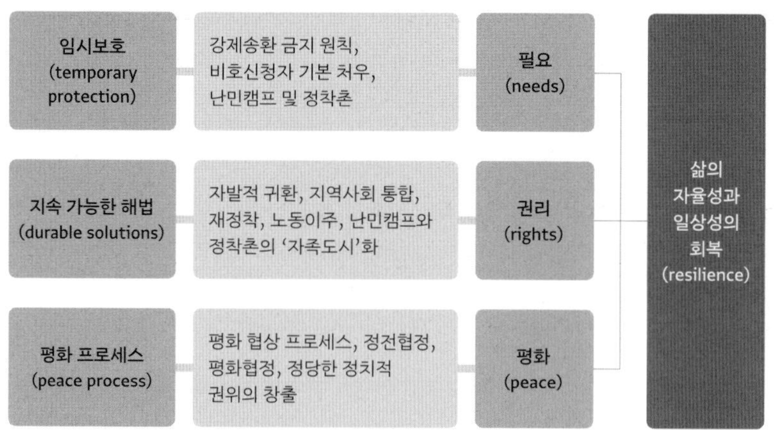

〈그림〉 난민위기에 대한 포괄적 대응

함으로써 지역난민레짐의 발전에 크게 기여했다. 선언은 역내에 대규모 강제이주 사태가 발생한 경우에도 '강제송환 금지 원칙'의 적합성을 확인하고 이를 '강행규범'(jus cogens)으로 수용했다. 또한 선언은 중남미 현실을 고려해 난민의 지위를 인정할 수 있는 사유를 확장적으로 제시했다. 특히 추가인정 사유들 가운데 '만연한 폭력'과 '내분' 및 '거대한 인권침해'는 중남미 현실을 고려한 것이었다. 결국 이러한 점들은 개인기반 접근에 함몰되지 않고 집단기반 접근을 병행하겠다는 뜻을 함축한다.

이 밖에도 선언은 역내국가들에 난민정책의 개념틀을 제공해 주었다. 물론 선언이기에 법적인 구속력을 갖지는 않았다. 그렇다고 선언이 아무런 법적 효과를 갖지 못한 것으로 단정해선 안 된다. 현실은 정반대에 가까웠다. 선언이 국제규범으로서 갖는 위상은 미주기구, 유엔난민기구 집행위원회, 유엔총회의 지지를 받으면서 공고화되었다. 그런 가운데 여러 중남미 국가들이 국내 법제화를 통해 선언에 담긴 원칙과 권고사항을 구체화했다[de Andrade 2019, p. 20]. 개별 국가 단위에서 지역적 성취인 선언에 법적 구속력의 옷을 입힌 셈이다[Muñoz Pogossian 2019; Rodrigues 2020]. 이처럼 역내국가들이 연이어 선언의 정신과 접근방식을 국내 입법화하는 가운데 선언의 위상과 가치는 더욱 공고해졌다.

마지막으로, 선언 채택과정이 보여준 난민위기에 대한 연성법 접근은 이후 '국제회의를 통한 선언채택 방식'의 관례로 자리를 잡았다. 특히 선언의 성취에 고취된 유엔난민기구가 선언 채택과정에 적용한 연성 지역주의 접근을 라틴아메리카 난민보호레짐의 발전을 위해 지속적으로 활용했다. '국제회의를 통한 선언채택 방식'(연성법 접근)이 협약과 같은 법적인 구속력을 지닌 제도 형성(경성법 접근)을 기피하는 역내국가들을 견인하기 위한 유연한 접근임을 확인했던 것이다[de Andrade 2019, p. 21].

실제로 선언채택 이후 10년 단위[1994, 2004, 2014]로 '선언의 정신'을 토대로 지역난민레짐을 평가하고 개선점을 도출하기 위한 정상회의가 개최되었다. 1994년 산호세 선언은 카르타헤나 난민선언의 중요성을 재차 확인하면서 국제보호 대상을 국내 실향민으로까지 확대해야 한다는 점을 분명히 했다. 2004년과 2014년에는 행동계획이 도출되었다. 특히 2004년 멕시코 행동계획(Mexico Plan of Action, MPA)은 중남미 강제이주민의 인도적 위기에 대응하기 위한 로컬 단위의 전략과 운영을 위한 기본틀을 제시했다[Piovesan and Jubilut 2018, p. 135; Rodrigues 2020].

6 나가는 말

평화사의 맥락 속에서 도출된 지역난민레짐의 핵심 문건인 선언의 역사적 가치는 빛났다. 그렇지만 선언에 담긴 정신과 원칙들을 구체화하기 위해서는 한계와 과제를 함께 살펴야 한다.

첫째, 선언은 아직까지 국제법적 효력과 법적 구속력을 지닌 '협약'으로 발전하지 못했다. 이는 두 가지로 해석된다. 우선 초국적 권위체로부터 간섭을 받기 싫어하는 회피의 경향, 즉 국가 주권과 내정 불간섭의 원칙이 강하게 작동했다고 볼 수 있다. 또 다른 해석은, 역내국가들 사이에서 연성 지역주의 접근이 뿌리를 내리고 관행화된 상황에서 굳이 지역난민협약을 채택할 필요가 없다는 것이다. 둘째, '조율'(harmonization)과 '해석'(interpretation)의 과제다. 그간 여러 중남미 국가들이 선언에 제시된 핵심 내용을 국내법으로 수용해 왔지만 지역난민보호레짐이 잘 작동하려면 선언을 비롯해 난민문제에 관한 합의사항들에 대한 해석의 편차를 줄이기 위한 공통 해석지침이 마련되어야 한다. 아울러 역내국가들이 국내법으로 수용한 난민인정 사유를 자국의 상황에 적합한 방식으로 해석할 수 있는 지침도 마련될 필요가 있다[de Andrade 2019, p. 18]. 셋째, 국내입법화에도 불구하고 역내국가들 사이에서 선언에 담긴 규범과 원칙, 특히 추가 난민인정 사유를 실제로 적용하는 경우는 드물다.

마지막으로, '이주평화학' 관점에서 재차 강조하고 싶은 것은 강제이주와 난민 문제에 관한 사고의 외연이 뿌리원인과 평화구상으로까지 심화·확장되어야 한다는 것이다. 본문에서 선언의 채택과정을 두 갈래 지역주의의 복합적 전개로 읽어낸 까닭은 '난민레짐'과 '평화레짐'이 긴밀하게 관련되어 있음을 강조하기 위함이었다. 실제로 대규모 난민위기의 사례들을 보면 내전 및 국제분쟁 상황과 관련된 경우가 많다. 이런 사실은 범지구적 난민위기에 대해서 인도주의와 평화의 연계에 기반을 한 '이주평화학' 관점을 정립할 필요성을 제기한다. 이는 대규모 난민위기에 대한 대응은 그것의 뿌리원인에 대한 이해를 기반으로 한 평화의 구상과 실천까지 포괄해야 한다는 뜻이다.

국제사회가 인도주의 시각에서 난민위기에 대한 대응책으로 제시하고 있는 두 가지 패러다임인 '임시보호'와 '지속 가능한 해법'은 필수적이지만 궁극적인 해법이 될 수는 없다. 내전과 분쟁으로 인한 정치적 불안정이 지속될 경우 난민위기도 지속될 수밖에 없다. 그렇기에 종내에는 평화 프로세스와 분쟁종식 그리고 정당한 정치적 권위의 (재)창출을 위한 논의와 실천이 관건이다. 이런 점에서 선언 채택과정이 콘타도라 평화 프로세스와 함께 진행된 사실을 기억하고 그것이 오늘날 난민위기와 관련해 갖는 역사적 교훈을 잘 헤아릴 필요가 있다.

주

1 앤드류 허렐(Andrew Hurrell)에 따르면 지역적 접근의 이점은 다음과 같다. 첫째, 유엔의 책무가 과중한 상황에서 지역기구와 역내국가들이 책임을 분담할 수 있다. 둘째, 지역기구나 역내국가들이 지역의 특유한 상황에 관해 더 많은 지식을 가지고 있다. 셋째, 지역기구나 지역연합 등은 역외행위자에 비해 역내평화를 위해 장기간에 걸쳐 깊게 관여하는 데 있어서 정당성 확보에 보다 유리한 위치에 있다(Hurrell 2007, p. 141).

2 '연성법'은 법적 구속력은 없지만 실질적인 법적 효과를 견인할 수 있는 규칙을 뜻한다(미우라 히로키 2012, 229쪽).

3 유엔의 활동에서 '지역행동'과 '지역협력' 원칙은 초창기부터 굳건하게 뿌리를 내려왔다. 유엔은 헌장제정 당시 아랍권과 라틴아메리카 국가들로부터 적극적인 요청을 받고 헌장 제52조에서 분쟁해결을 위한 지역기구 역할의 정당성을 인정해 주었다. 또한 지역별 경제사회위원회가 유엔활동 초창기부터 핵심적인 역할을 담당했다. 유엔 입장은 국제평화, 국제원조, 국제무역, 개발정책 등과 관련해 지역적 대응과 글로벌 대응의 적절한 '노동분업'이 필요하다는 것이었다(Fawcett 2004, p. 434).

4 여기서 연성법은 비구속적(nonbinding) 문서·도구로서 그 적용대상 주체들의 자발적인 실천에 의한 목적규범 내지 합의의 실현을 전제로 한다. 아울러 연성법은 정치적 갈등이나 사회적 현실로 인해 경성법 수준에서 제도화가 여의치 않은 규범을 어느 정도 실현 가능하게 만드는 효과를 지닌다(미우라 히로키 2012, 232~34쪽).

5 지역주의는 크게 '연성 지역주의'와 '경성 지역주의'로 구분된다. 루이스 포셋(Louise Fawcett)에 의하면 전자는 '지역정체성'의 형성과 '지역공동체'에 대한 인식의 촉진을 특징으로 하며, 후자는 역내국가들 간의 합의도출과 지역기구의 창설을 통한 지역공동체 형성을 일컫는다. 아울러 지역협의체나 지역 네트워크의 확립 내지 확충을 위한 시도들이 중간 영역에 위치한다(Fawcett 2004, p. 433). '연성 지역주의'는 '구조적 지역주의'와의 대비 속에서 설명되기도 한다. 이 경우 연성 지역주의는 역내국가들이 의사결정 구조가 초국적 권위체에 집중화되거나 제도화 수준이 높은 지역협력 구조를 기피하는 상황에서 복잡한 법적 합의가 필요하지 않고 주권과 관련된 민감한 사안을 포함하지 않는 현실적 접근으로 이해된다(Zhao 2013, pp. 146, 151).

6 구성주의 해석이 다른 국제관계 이론의 설명력을 기각하는 것은 아니다. 각각은 부분적 설명력을 갖는다. 국제법 역할을 좀처럼 인정하지 않고 국익추구의 걸림돌로 간주하는 경향을 보이는 현실주의 시각은 왜 '조약'이 아니라 '선언'이라는 연성법 수준의 합의에 이르게 되었는지를 부분적으로 설명해 준다. 그렇지만 선언의 규범과 원칙이 역내국가들에 의해 자발적인 방식으로 국내 입법화된 까닭을 설명하기는 어렵다. 국제체계의 '구조'보다 '과정'에 초점은 둔 자유주의 시각은 역내국가들 사이에 '협력'의 필요성이 높아진 가운데 이 사태를 돌파하기 위한 '규칙'을 마련해 준 과정을 보여줄 수 있다. 하지만 선언 채택과정에서 참여행위자들의 동기와 규범적인 인식, 사회적 목적에 대한 이해를 충분히 밝히기는 어렵다.

7 이 과정에서 유엔난민기구는 1969 OAU 난민협약에 있는 외세의 '점령'과 '지배'의 표현

을 누락시켰는데, 이와 관련해서는 당시 중미의 복잡한 정세를 고려해 정치적으로 논쟁이 될 수 있는 요소를 줄이기 위함이었다는 해석도 있다(de Andrade 2019, p. 19). 이는 미국을 의식한 것으로 볼 수 있다. 실제로 유엔난민기구는 예산과 관련해 미국에 크게 의존하고 있었다. 1983년 12월 31일 기준으로 국제사회가 유엔난민기구 지원 프로그램에 지불하거나 약속한 총액은 3억 448만 175달러였다. 이 가운데 미국의 기여는 1억 769만 6787달러로 총액의 무려 35%를 차지했다(UN 1983, p. 1197).

참고문헌

미우라 히로키(三浦大樹). 2012. 「한국 이주노동자 문제에서 연성법의 활용과 과제: 비구속적 수단에 의한 공공정책 거버넌스의 모색」. 『한국정치학회보』 46집/1호.

토머스 E. 스키드모어, 피터 H. 스미스, 제임스 N. 그린. 2014 『현대 라틴아메리카』. 우석균·김동환 옮김. 그린비.

Arboleda, Eduardo. 1995. "The Cartagena Declaration of 1984 and Its Similarities to the 1969 OAU Convention: A Comparative Perspective." *International Journal of Refugee Law* 87.

Bagley, Bruce and Juan Tokatlian. 1985. "Colombian Foreign Policy in the 1980s: The Search for Leverage." *Journal of International Studies and World Affairs* vol. 27/no. 3(January).

Benz, Sophia and Andreas Hasenclever. 2011. "'Global' Governance of Forced Migration." Alexander Betts and Gil Loescher eds. *Refugees in International Relations*. Oxford: Oxford University Press.

Chomsky, Noam. 2015. *Turning the Tide*. London: Pluto Press.

Coatswoth, John. 2010. "The Cold War in Central America, 1975~1991." Melvyn Leffler and Odd Westad eds. *The Cambridge History of the Cold War* vol. 3. Cambridge: Cambridge University Press.

Cole, Wade. 2005. "Sovereignty Relinquished? Explaining Commitment to the International Human Rights Covenants, 1966~1999." *American Sociological Review* 70/Issue 3(June).

Córdova, Ricardo. 1987. "The Contadora Group and Peace in Central America." *Voices of Mexico: News, Commentary, Documents on Current Events in Mexico and Latin America*.

Corrêa, Mariana Almeida Silveira and Mariane Monteiro Da Costa. 2020. "Coronavirus and Securitization of Migration in South America: The Venezuelan Journey." https://www.opendemocracy.net/en/democraciaabierta/coronavirus-securitization-migration-south-america-venezuelan-journey. (검색일: 2021. 6. 15)

Crossette, Barbara. 1983. "What Hopes for the Contadora Process?" https://www.nytimes.com/1983/06/19/weekinreview/what-hopes-for-the-contadora-process.html. (검색일: 2021. 6. 10)

de Andrade, José H. Fischel. 1998. "Regional Policy Approaches and Harmonization: A Latin American Perspective." *International Journal of Refugee Law* 10.

_____. 2014. "Forced Migration in South America." Elena FiddianQasmiyeh, Gil Loescher, Katy Long, and Nando Sigona eds. *The Oxford Handbook of Refugee and Forced Migration Studies*. Oxford: Oxford University Press.

_____. 2019. "The 1984 Cartagena Declaration: A Critical Review of Some Aspects of Its Emergence and Relevance." *Refugee Survey Quarterly* 38/Issue 4(October).

Durán, Esperanza. 1984. "The Contadora Approach to Peace in Central America." *The World Today* vol. 40/no. 8~9(August~September).

Farer, Tom. 1985. "Contadora: The Hidden Agenda." *Foreign Policy* no. 59(summer).

Fawcett, Louise. 2004. "Exploring Regional Domains: A Comparative History of Regionalism." *International Affairs* vol. 80/no. 3(May).

Franco, Leonardo and Jorge de Noriega. 2004. "Contributions of the Cartagena Process to the Development of International Refugee in Lain America." *Memoir of the Twentieth Anniversary of the Cartagena Declaration on Refugees*. UNHCR.

Gammeltoft-Hansen, Thomas and James Hathaway. 2015. "Non-Refoulement in a World of Cooperative Deterrence." *Colombia Journal of Transnational Law* vol. 53/no. 2.

Hurrell, Andrew. 2007. "One World? Many Worlds? The Place of Regions in the Study of International Society." *International Affairs* vol. 83/no. 1(January).

Kneebone, Susan and Felicity Rawlings-Sanaei. 2007. *New Regionalism and Asylum Seekers*, Berghahn Books.

MLA 8th ed. 1985. "Costa Rica-El Salvador-Honduras Revision of the Contadora Act." *International Legal Materials* vol. 24/no. 1(January).

Muñoz Pogossian, Betilde. 2019. "The Helping Clause of the 1984 Cartagena Declaration." https://www.caracaschronicles.com/2019/07/06/the-helping-clause-of-the-1984-cartagena-declaration. (검색일: 2019. 10. 21)

Nilsson, AnnSofie. 1991. "Swedish Social Democracy in Central America: The Politics of Small State Solidarity." *Journal of International Studies and World Affairs* vol. 33/no. 3(Autumn).

O'Donnell, Guillermo. 1979. "Tension in the Bureaucratic-Authoritarian State and the Question of Democracy." David Collier ed. *The New Authoritarianism in Latin America*. Princeton: Princeton University Press.

Piovesan, Flávia and Liliana Lyra Jubilut. 2018. "Regional Developments: Americas." Liliana Lyra Jubilut ed. *Refugee Protection in Brazil and Latin America*. London: Transnational Press London.

Reed-Hurtado, Michael. 2013. *The Cartagena Declaration on Refugees and the Protection of People Fleeing Armed Conflict and Other Situations of Violence in Latin America*. UNHCR Division of International Protection.

Rodrigues, Gilberto. 2020. "South America and the Cartagena Regime: A Comprehensive Approach to Forced Migration Responses." https://www.asileproject.eu/south-america-and-the-cartagena-regime. (검색일: 2021. 3. 10)

Shachar, Ayelet. 2020. *The Shifting Border*. Manchester: Manchester University Press.

Simmons, Beth. 2008. "International Law and International Relations." Gregory A. Caldeira, R. Daniel Kelemen, and Keith E. Whittington eds. *Oxford Handbook of Law and Politics*. Oxford: Oxford University Press.

Talani, Leila. 2015. "International Migration: IPE Perspectives and the Impact of Globalization." Leila Talani and Simon McMahon eds. *Handbook of the International Political Economy of Migration*. Cheltenham, UK: Edward Elgar Publishing.

Thornton, Mary. 1982. "Refusing Asylum to Salvadoreans May Violate Pact, UN Probe Finds." https://www.washingtonpost.com/archive/politics/1982/01/31/refusing- asylum-to-salvadorans-may-violate-pact-un-probe-finds/d9e7ef82-3a49- 4b2d-9598-cb5ab7b96f08/. (검색일: 2020. 5. 7)

UN. 1983. *Yearbook of the United Nations 1983*. New York: UN Department of Public Information.

UNHCR. 1981. *Report of the Meeting of the Expert Group on Temporary Refuge in Situations of LargeScale Influx*. Geneva(21~24 April).

UNHCR. 2009. *Conclusions Adopted by the Executive Committee on the International Protection of Refugees: 1975~2009(Conclusion No. 1~109)*. Office of the United High Commissioner for Refugees Division of International Protection Services.

Zhao, Suisheng. 2013. "From Soft to Structured Regionalism: Building Regional Institutions in the AsiaPacific." *Journal of Global Policy and Governance* 2(September).

보론

1 다문화주의 논쟁

1 들어가는 말

한국사회에서는 1990년대 이래로 이주노동자와 결혼이주민을 중심으로 이주배경 인구규모가 빠른 속도로 증대해 왔다. 체류외국인의 규모는 2007년에 100만을 넘긴 후 불과 10년 만에 218만여 명으로 2배 이상 증가했고, 코로나 팬데믹이 발생하기 전해인 2019년 250만 명을 돌파했다. 한국사회 인구 전체의 5%가량이 이주배경을 지니고 있는 것이다. 한편 이러한 인구학적 변화는 수의 변화에 그치지 않았다. 이주민은 사회구성원으로서 자신의 권리를 자각하게 되었고, 이들의 권리요구를 인지한 시민사회단체들로부터 도움을 받아 공적 영역에서 목소리를 낼 수 있는 결사체 활동에 참여하기 시작했다. 그런 가운데, 특히 2000년대 들어 결혼이주민이 늘면서, 규범으로서의 '다문화주의'에 대한 인식이 점차 확산되었다. 아울러 이는 과연 다문화주의가 한국사회의 정치, 경제, 문화 등과 관련해서 어떠한 실천적 함의를 갖고 있는 것인지에 관한 논의로 이어졌다.

한편 이러한 추세 속에서 다문화주의는 한국사회의 주요 의제로 부상했고, 2000년대 들어서 학계를 중심으로 본격적인 논의가 시작되었다. 사회학분야에서는 주로 소수자의 증가추이를 추적하는 통계와 이로 인한 사회변화를 관찰하고 분석하는 작업들이 이루어졌고, 여성학분야에서는 이주민의 현실을 젠더 관점에서 접근하면서 특히 국제결혼 이주민의 권익 문제에 주목했다. 정치학계에서도 정치이론의 시각에서 다문화주의를 이해하고 다문화사회로의 이행이 갖는 정치제도적 함의를 분석한 연구들이 나왔다[김남국 2005a; 2005b; 2008; 김범수 2008; 김비환 1996; 2007; 곽준혁

2007]. 그렇지만 정작 서구사회에서 정치적·사회적 담론과 실천으로 발원한 다문화주의의 '논쟁성'에 주목한 연구는 제한적이다.

이에 이 글은 다문화주의 논쟁에 대한 보다 섬세한 이해를 위해, 서구 다문화주의 논쟁에서 영향력이 크면서도 뚜렷하게 대별되는 입장을 개진한 두 정치이론가 브라이언 배리(Brian Barry)와 윌 킴리카(Will Kymlicka)의 논의를 비교분석한 내용을 담고 있다. 글의 내용을 간략히 설명하면, 우선 서구 다문화주의 이론가들의 논의를 중심으로 다문화주의 비판론과 회의론을 살펴본다. 이어서 이러한 논쟁사를 바탕으로 다문화주의에 관한 배리와 킴리카의 대별되는 견해를 '개인과 집단' '권리와 문화' '정의' '사회통합'의 네 가지 주제로 나누어 비교한다.

2 서구 다문화주의 논쟁

다문화주의 담론의 부상

다문화주의 논의 초창기로 볼 수 있는 1970년대에서 80년대에는 이른바 '공동체주의적 다문화주의'(communitarian multiculturalism) 이론가들이 등장했다[van Dyke 1979; Svensson 1979; Garet 1983; Johnston 1989]. 이들은 다문화주의를 개인주의를 핵심으로 하는 자유화(liberalization)에 대한 '공동체주의적 거부'로 등장한 것으로 설명한다[Kymlicka 2007, p. 99]. 이들은 '개인'과 '국가' 사이에 존재하는 중범위집단으로서, 이익집단이나 계급집단과 구분되는 '종족공동체'(ethnic communities)의 법적·도덕적 권리의 중요성을 간과하고 집단의 권리를 개인의 권리 내지는 국가-개인의 관계로 환원시키는 자유주의 정치이론가들의 일반적 경향, 즉 자유주의적 시민권 해석이 지닌 한계를 지적한다. 그러면서 종족적 소수집단을 권리와 의무를 지닌 단위체로 바라봐야 한다고 주장했다.

그렇지만 공동체주의적 다문화주의의 부상에도 불구하고 1970~80년대에는 여전히 유엔의 '세계인권선언'(1948)으로 대표되는 '인권' 중심의 국제규범이 우세했다. 그 결과 다문화주의 담론은 기대만큼 활성화되지 못했다. 하지만 탈냉전시기에 접어들어 종족집단 간 분쟁과 폭력이 연이어 그리고 심각한 수준으로 표출되면서 더 이상 '인권선언' 프레임만으로 사태를 적극적으로 대처하기에는 역부족인 상황이 되었다. 물론 다종족사회에서 '인권기반 접근'은 소수집단의 성원들이 지닌 기본적 권리를 보호할 책무를 강조한다. 그럼에도 불구하고 인권 중심의 접근은 정작 종족적 소수집단의 고유한 문화와 제도를 보호할 필요성을 충분히 헤아리지 못한다. 그리고 그 결과 소수집단 성원들의 집단적 행위자로서의 능력마저 약화될 수 있다.

이러한 상황에서 국제기구는 점차 다문화주의 규범을 국제사회의 보편적 규범으로 적극적으로 수용하기 시작했다. 윌 킴리카가 말한 바대로 '다문화주의의 국제화'(internationalization of multiculturalism)가 진행되었다. 아울러 이러한 추세 속에서 일군의 '자유주의적 다문화주의'(liberal multiculturalism) 이론가들이 등장했다[Tamir 1993; Spinner 1994; Baubock 1994; Raz, 1994].

서구 다문화주의 담론의 특징과 갈래

다문화주의의 근저에는 두 가지 전제가 깔려 있다. 하나는 근대 자유주의의 계몽주의 기획에 대한 인식론적인 반성이다. 또 하나는 '자아'(self)에 대한 인식과 관련된다. 즉 자아는 문화적 맥락 속에서 규정되며, 문화는 개인적 자유의 핵심적 조건이라는 관점이다. 이는 유네스코의 '문화다양성'(cultural diversity) 논의와 공명하는 인식이기도 하다. 아울러 자유주의적 다문화주의는 이러한 전제를 수용하면서 다음과 같은 특징을 지닌다. 인민의 동질성을 전제로 한 민족국가(nation-state) 관념과 동화주의를 기반으로 한 민족국가 건설기획을 비판한다. 그리고 이러한 문제인식을 바탕으로 소수집단 유형별 특징을 고려한 다문화주의 규범과 정책을 지향한다.

이제 상술한 내용을 염두에 두고 1980년대에서 90년대 초에 급부상한 다문화주의 이론의 주요 갈래와 논의를 살펴보도록 하자. 다문화주의 논쟁에서 가장 첨예한 사안은 '자아'와 '문화'에 대한 규정이다. 마이클 샌델(Michael Sandel), 찰스 테일러(Charles Taylor), 앨라스데어 매킨타이어(Alasdair MacIntyre)를 비롯해 이른바 '공동체주의자들'은 원자론적 개인 관념과 계약주의 원리를 기반으로 한 '자유주의 기획'을 거부하며 개인의 자유와 민주적 연대성을 위한 문화의 중요성을 역설한다.

먼저 마이클 샌델은 현대 민주주의의 위기를 '절차주의 공화국'(procedural republic)의 도래[1]와 이로 인해 공동체에 대한 애착과 신심을 상실한 '절연된 자아'(unencumbered self)의 문제로 본다[Sandel 1984]. 물론 그는 자유주의 기획이 선거권 대상 확대, 권리 수준 향상, 제도발달과 같은 일련의 긍정적 결과로 이어졌음을 인정한다. 그렇지만 샌델은 '행복'(good)에 대한 '권리'(right)의 우선성, '목적'(ends)에 대한 '이익'(interest)의 우선성을 강조하는 자유주의 기획의 논리가 '문화'와 '공동체'의 긍정적 기능을 간과하거나 손상시킨다는 점을 더 우려했다. 그에 따르면 자유주의 기획은 윤리적·도덕적 존재로서의 개인의 정체성을 형성하는 데 핵심적인 문화공동체의 구성적 기능을 약화시키고 말았다.

다음으로 찰스 테일러는 공동체주의 관점에서 '차이의 정치'(politics of difference)를 옹호했다. 그는 '보편적 존엄성의 정치'(politics of universal dignity)와 '차이의 정치'를 구분했다[Taylor 1992, p. 38]. 계몽주의 전통을 따르는 전자는 상이한 문화정체성을 가로질러 보편적으로 적용될 수 있는 자유주의 기준으로 개인의 인간존엄성을 강조한다. 이와 비교하여 후자에서 핵심은 사회 내 다수의 지배적인 문화와 정체성으로의 '동화'를 강요당해 온 개인과 집단의 고유한 정체성에 대한 '인정'이다. 이러한 구분을 토대로 테일러는 후자의 관점에서 오랜 역사를 지닌 다민족·다종족·다문화 현실 속에서는 (인간존엄성의 보편 가치를 위해서라도) 문화와 정체성의 차이를 인정해야 할 절박한 필요성이 있음을 강조한다. 그는 캐나다 원주민집단인 인디언과 프랑스어권 캐나다인 등의 예를 들면서 종족문화적 소수집단의 요구들 가운데 '문화적 생존'의 중요성을 특별히 강조한다.

아이리스 영(Iris Young)은 '차이의 정치'에 관한 논의를 보다 급진주의 시각에서 이어갔다[Young, 1990]. 영은 개인의 정체성 형성에 소속집단의 문화가 끼치는 영향과 중요성을 인정하면서도 문화에 대한 본질주의적인 접근을 경계한다. 그렇지만 영이 더욱 경계한 것은 소수집단에 대한 주류집단의 '지배'(dominion)의 기저에 놓인 불평등한 사회규범의 생산이다. 영에게 소수집단의 문화 인정과 보호는 이러한 전반적 사회규범의 문제에 비해 이차적 중요성을 가진다. 특히 영은 '급진적 평등주의' 시각에서 통합성(unity)을 중시한 '공화주의적 계몽주의' 전통을 비판하면서 차이의 정치를 위한 '사회운동'의 중요성을 역설한다. 이때 사회운동은 주류 제도가 특권과 억압의 패턴을 (재)생산하지 못하도록 끊임없이 질문을 제기하는 것이다. 다시 말해 '배제' '억압' '지배'의 관계에서 벗어나 '차이'에 대한 인정에서 출발하여 관계를 새롭게 정립해 나갈 것을 요구하는 담론과 실천이다.

이상에서 살펴본 것처럼 다문화주의는 개인의 자유와 정체성 형성과 관련해 문화가 지닌 핵심적 역할을 인정한다. 그렇지만 조셉 라즈(Joseph Raz)와 찬드란 쿠카타스(Chandran Kukathas)를 비롯한 일군의 이론가들은 문화의 중요성을 인정하면서도 개인 정체성에 대한 문화의 영향을 과대하게 이해해선 안 된다는 점을 특별히 강조한다.

라즈는 '가치 다원주의' 관점에서 사회 내 각 소수집단이 자신의 문화를 지지하는 나름의 이유를 갖기에 문화에 대해 우열을 따질 수 없고, 그렇기에 어떠한 집단도 자신의 문화를 내세우며 '국가정체성'을 배타적으로 전유할 수 없다고 주장한다. 이러한 입장에서 그는 심지어 인종차별적이고 억압적인 요소를 지닌 문화라고 하더라도 그것에 대한 직접적인 개입보다는 해당 집단에 소속된 성원들에게 안정장치로서 '탈퇴의 기회'를 보장하는 것이 우선시된다고 말한다. 아울러 그에 의하면 다문화주의는 단순히 '비차별'(non-discrimination)과 동일시되지 않으며 집단별로 상이한 문화정체성에 대한 적극적인 보호의 책무를 함축한다[Raz 1994, p. 159]. 이에 더해 그는 다문화주의가 사회적 연대를 손상시킨다는 일각의 우려에 대해서 오히려 다문화주의가 서로 다른 문화들이 공존할 수 있는 공통 문화의 토대인 상호 '관용' '존중' 그리고 '민주적 연대성'을 촉진한다고 본다[같은 글, pp. 172, 173]. 한편 쿠카타스는 자유주의 시각에서 다종족·다민족 사회에서 소수집단이 지닌 권리의 성격에 대한 본질주의적인 접근을 반대한다. 그에 의하면 오직 개인의 권리가 있을 뿐이며 종족적 소수집단의 문화적 관행에 대한 적극적인 보호는 개인의 권리에서 파생된 '결사의 자유'를 보장하는 차원에서 이루어지는 것이다[Kelly 2002, p. 10].

상술한 논의의 맥락에서 윌 킴리카의 입장을 살펴보면, 우선 그는 '자유주의적 다문화주의'의 기본 입장을 수용한다. 그는 철저하게 자유주의 시각에서 문화의 핵심적 역할을 '자율적인 삶'을 영위하는 데 핵심적인 자원을 제공해 주는 것이라고 본다. 이처럼 '자율성'과 '문화'는 대척관계에 있지 않으며, 소수집단에게 부여된 문화적 삶에 대한 자율성은 다문화주의에 대한 보수적 해석과 달리 집단문화의 '변혁'(transformation)의 토대가 될 수 있다. 킴리카 입장의 또 다른 특징은 문화집단에서 '언어'가 지닌 역할에 주목한다는 사실이다. 그는 '민족적 동질성' 대신 '문화적 공통성'을 강조하면서 '자국어'(vernacular)로 이루어지는 정치가 시민의 참여를 촉진시킨다고 보았다. 그리고 이런 시각에서 같은 언어를 공유하는 종족·민족 공동체의 민주주의가 그렇지 않은 집단의 민주주의 실천에 비해 보다 참여적인 성격을 지닐 것이라고 보았다[김범수 2008, 182, 183쪽].

킴리카의 다문화주의 논의의 또 다른 특징은 그의 연구사와 관련된다. 그는 2007년에 『다문화주의 오디세이』(*Multicultural Odysseys*)를 발간한 이후 유럽연합과 유엔기구들을 비롯해 여러 국제기구들을 중심으로 해서 '다문화주의의 국제화' 추세와 특징을 분석했다. 이를 통해서 그는 국가관할권 내의 국가–소수집단 관계에 초점을 둔 기존의 연구적 시야를 넓혀 다문화주의 규범의 국제적 확산이라는 맥락에서 이 관계를 새롭게 조망하고자 했다.

다문화주의 비판담론

"우리는 모두 다문화주의자들(multiculturalists)이다." 다문화주의 이론가들은 종종 이 유명한 구호를 언급하며 다문화주의가 이 시대의 돌이킬 수 없는 규범이 되었음을 강조한다.[2] 그렇지만 다문화주의 규범의 확산과 이에 대한 지지에도 불구하고, 또 한편에서는 강한 의구심이 고개를 들고 회의론이 끊임없이 이어졌다. 다문화주의에 대한 비판적 논의는 다양한 갈래로 전개되었지만 몇 가지 공통된 입장을 바탕으로 한다. 첫째, 다문화주의 비판이론가들은 대체로 집단권리에 대한 개인의 기본권의 우선성을 주장한다. 둘째, 이들은 시민적 평등과 기본적 자유를 위한 핵심적 맥락으로서 문

화가 지닌 가치를 인정하기보다는, 대체로 도구주의 관점에서 문화를 자유와 평등의 수단으로 간주한다.[3]

보다 구체적으로, 그간 제기된 다문화주의에 대한 비판은 크게 7가지 논리로 구분해 살펴볼 수 있다. 첫째, 다문화주의 규범이 '서구 헤게모니'의 또 다른 표출일 수 있다는 지적으로, 이는 '문화제국주의'를 연상시킨다. 여기서 서구 헤게모니는 (특히 국제기구에서) 다문화주의 규범의 형성과정에서 힘의 우위를 앞세운 유럽과 영미권 국가들의 지배적인 영향력을 일컫는다. 둘째, 다문화주의가 '타자화'(othering)의 단초가 될 수 있다는 우려다. 이와 관련하여 다스 굽타(Das Gupta)는 다문화주의가 한 사회 내에서 종족집단들 간의 위계를 강화시키고 힘이 약한 소수집단을 다르고, 의존적이고, 자립능력을 결여한 존재로 대상화한다는 점을 지적했다[Das Gupta 1999]. 셋째, 다문화주의는 서구 민주주의 국가에만 적용될 뿐이며 범지구적 적용 가능성을 낙관할 수 없다는 입장이다(이는 일부 자유주의적 다문화주의 이론가들이 동의하는 부분이기도 하다). 즉 다문화주의는 적용범위가 서구사회에 한정된 담론과 실천이기에, 이러한 서구모델이 구(舊) 공산권 국가들이나 후기식민지 국가들에 '이식'될 수 없다는 논리다.

또 다른 비판논리는 다문화주의가 '문화상대주의'(cultural relativism)라는 것이다. 일례로 알레인 핀키엘크라우트(Alain Finkielkraut)는 다문화주의를 19세기 독일 낭만주의에 뿌리를 둔 문화상대주의로 규정했으며, 리차드 카푸토(Richard Caputo)는 다문화주의를 자유주의에 대한 탈근대주의적 혹은 해체주의적인 거부로 이해한다[Kymlicka 2007, p. 98]. 이처럼 다문화주의를 문화상대주의로 보는 입장의 근저에는, 다문화주의가 기본적으로 문화 간 경계를 설정하고 있기 때문에 타자와의 관계에 대한 깊이 있는 성찰을 어렵게 하고, 종족문화적 소수집단 내에 현존하는 차별과 억압을 방관하게 된다는 우려가 깔려 있다.

다문화주의를 '문화본질주의'(cultural essentialism)로 보는 견해도 있다. 집단의 문화가 구성원의 정체성을 포괄적으로 규정하도록 내버려둔다는 것이다. 비판의 요지는, 여성이나 종교적 소수자에 대한 차별, 공정한 재판이 없이 유죄 추정만으로 처벌하는 등의 적법절차 부정, 가혹한 처벌, 명예살인, 강제할례와 같은 반인권적인 관행이 '차이에 대한 인정'이라는 미명하에 해당 집단이 속한 국가에 의해 용인되면서 지속된다는 것이다.

이와 관련하여 에이미 구트만(Amy Gutmann)과 조지 케이텝(George Ketab)은 자유주의 시각에서 문화에 대한 본질주의적 시각을 강력하게 비판한다[Gutmann 2003; Ketab 1994]. 구트만은 개인이 하나의 단일한 문화에 의해 포괄적으로 규정될 수 없고 '문화적 생존'의 논리를 앞세우다 보면 정작 대안적인 문화를 선택할 수 있는 개인의 자유를 제약한다고 주장한다. 케이텝 역시 '민주적 개인성'을 손상시키고 개인이 무한한 가능성을 지닌 존재로서의 자아를 잊게 된다는 점에서 문화에 대한 본질주의적 해석을 경계한다. 버지니아 틸리(Virginia Tilley) 역시 비슷한 관점에서 자아에 대한 문화의 포괄적 규정력을 지나치게 강조하다 보면 집단구성원들이 성원권 박탈로 인해 발생할 불이익에 대한 두려움 때문에 자신들의 자발적 의지와 무관하게 계속해서 해당 문화집단의 성원으로 남도록 강요당할 수 있음을 지적한다[Tilley 2002].

여섯번째 비판논리는, 다문화주의가 '재분배'(redistribution) 이슈를 적극적으로 고려하지 않는다는 것이다. 다문화주의가 '상징적 인정'(symbolic recognition)에 치중할 뿐, 물적 자원 및 정치권력의 분배 문제를 적극적으로 다루지 못한다는 지적이다. 이와 관련하여 찰스 헤일(Charles Hale)은 '인정-재분배 딜레마'에 대한 자신의 문제의식을 신자유주의에 대한 비판으로 확장시킨다. 그에 따르면, 다문화주의 정책은 신자유주의 엘리트가 사회 내 권력구조에 대한 정치적 관심을 다른 곳으로 돌리기 위해 고안한 통치기술로 전용될 수 있다[Hale 2002]. 그는 이를 '신자유주의적 다문화주의'(neoliberal multiculturalism)로 부른다. 이것의 핵심적인 특징은 최소한의 문화적 권리만을 인정할 뿐 물질적 자원의 재분배 혹은 문화적 소수집단의 권능 강화에 대한 적극적인 권리주창 활동을 억압하는 것이다.

마지막 비판논리는, 다문화주의가 '정치적 민족주의' 혹은 '애국심'과 길항관계에 있다는 견해다. 새뮤얼 헌팅턴(Samuel Huntington)과 앨런 블룸(Allan Bloom)이 이러한 시각을 견지한 대표적인 학자들이다[Huntington 2004; Bloom 1987]. 헌팅턴은 다문화주의가 '미국의 신조'(American Creed)에 대한 신심과 애국심을 훼손할 것이라고 우려했다. 블룸 또한 '미국정신의 퇴보'(the closing of American mind)를 초래할 수 있다며 다문화주의에 대한 비판적 입장을 보였다.[4]

브라이언 배리는 앞에서 말한 다문화주의 비판논리를 대체로 수용하고 있다. 그는 다문화주의가 '문화상대주의'일 뿐만 아니라, 바로 그렇기 때문에 '문화본질주의'의 함정에 빠질 수 있다는 점을 지적했다. 한편 그의 다문화주의 비판은 몇 가지 점에서 기존 논의와 차별화되거나 보다 발전한 것으로 평가할 수 있다. 그는 다문화주의 관점에서는 다종족·다민족 사회의 통치모델로 부적합한 것으로 간주되곤 하는 '공화주의' 시각에서 역으로 다문화주의를 비판적으로 성찰한다. 아울러 그는 '평등주의적 자유주의'(egalitarian liberalism)의 관점에서 권리와 자원의 공평한 배분을 중시하고 '문화'에 대한 '권리'의 우선성을 강조한다. 그에게 문화와 권리는 좀처럼 양립 가능하지 않으며 오히려 양자택일의 두 선택사항에 가깝다. 또한 그는 '사회적 정의'(social justice)를 지향하면서 다문화주의 접근이 다문화

사회의 민주적 통치를 위한 재분배정책에 대한 적극적 사고를 결여하고 있음을 날서게 비판했다.

한편 배리의 개인 연구사 맥락에서 볼 때 그의 본격적인 다문화주의 비판론은 '사회적 정의'에 대한 자신의 오랜 연구를 '다문화주의' 논의와 접맥시키려는 시도로 볼 수 있다. 이 점은 그의 두 저작인 『문화와 평등』(*Culture & Equality*, 2001)과 『사회적 정의』(*Social Justice*, 2005)에서 확인된다. 『문화와 평등』에서 배리의 집필의도는 '문화'와 '평등'의 두 단어가 암시하듯 두 가지였다. 하나는 다문화주의에 대한 체계적인 비판이었고, 또 하나는 평등의 관점에서 사회적 정의에 관해 체계적으로 서술하는 것이었다. 그렇지만 그는 『문화와 평등』에서 대부분의 지면을 다문화주의 비판내용으로 채우고 말았다. 그런 점에서 『사회적 정의』는 바로 이 미완의 프로젝트를 마무리하는 후속편으로 볼 수 있다.

3 네 가지 주제로 본 다문화주의 논쟁: 브라이언 배리와 윌 킴리카

개인과 집단

이제 다문화주의에 관한 윌 킴리카와 브라이언 배리의 대별된 논의를 본격적으로 살펴볼 차례다. 우선 '개인과 집단'의 주제로 두 정치이론가의 사뭇 다른 견해를 살펴보자. 배리에 따르면, 다문화주의 정책은 자유주의 국가라면 응당 '집단'의 영향과 압박으로부터 보호해야만 하는 '개인'의 기본적 권리를 약화시키는 경향을 갖는다[Barry 2001, p. 125]. '집단'에 특화된 다문화주의 정책은 개인을 집단의 특수한 문화·신념·관행에 구속시키는 경향을 갖기에 개인역량의 자유로운 발산을 제약하게 된다는 것이다. 그는 미국의 아미쉬(Amish) 공동체에 대한 다문화주의 정책의 사례를 들면서 다문화주의 정책이 종종(특히 직업 및 교육과 관련하여) 개인의 삶에서 '선택'을 체계적으로 제약할 수 있음을 지적한다.[5] 심지어 이러한 경향성은 개인의 안전을 위협할 수도 있다. 이를테면 시크교도의 터번 착용 관습이 국가에 의해 규제를 받지 않게 되면 건축현장에서 일하거나 오토바이를 탈 때 문화적 관습에 따라 안전모 대신 터번을 착용하는 상황이 발생할 수 있다. 그리고 이 가운데 일부 시크교도 오토바이 이용자들은 종교공동체의 문화적 관습으로 인해 마지못해 안전모를 쓰지 않는 경우도 있을 수 있다. 이처럼 다문화주의는 결과적으로 개인의 안전과 자유의지를 손상시킬 수도 있다는 것이 배리의 설명이다.

또한 배리는 다문화주의 정책이 한 사회 내 집단들 간의 문화적 차이를 영속화할 수 있음을 우려한다. 아울러 그는 개별 문화집단의 지도층이 집단의 문화정체성을 보호한다는 이유로 국가의 다문화주의 정책을 전용하여 집단 내적으로 권위주의적인 통치를 초래할 수 있다고 설명한다. 이와 더불어 배리는 다문화주의 정책의 또 다른 문제점으로, 종족문화적으로 이질적인 집단들의 규범과 관습을 인정하는 데 집중한 나머지 정작 집단들 간의 '공통의 정치적 가치'에 대해서는 소홀하게 된다고 본다.

이러한 이유로 배리는 다문화주의가 '평등주의적 자유주의'의 위협요인이 될 수 있다는 결론을 내린다. 그러면서 그는 집단구성원의 개인적 자유, 시민적 평등, 기본적 권리를 집단의 지배적인 영향이나 압력으로부터 보호하기 위해서는, 고유한 문화·신념·관행을 보존한다는 명분하에 성원들의 삶을 구속하는 집단의 통치에 제약을 가할 수 있어야 한다고 주장한다[같은 책, p. 118].

배리의 견해와 비교할 때 킴리카는 문화를 개인의 자유를 위한 필수 불가결한 조건으로 본다. 이를테면 표현의 자유, 결사의 자유, 양심의 자유와 같은 시민의 기본권은 타인과의 관계성의 맥락에서, 즉 공동체의 문화적 지평을 배경으로 비로소 실질적으로 행사될 수 있다는 것이다. 이것이 바로 그가 집단들 간의 문화적 차이에 대한 인정을 강조한 까닭이다[Kymlicka 1995, pp. 3, 83, 101].

이처럼 개인의 자유를 위한 하나의 중요한 조건으로서 집단(공동체)의 문화가 지닌 핵심적 가치를 인정하고 있다는 점에서 킴리카의 입장은 여느 공동체주의자들의 관점과 크게 달라 보이지 않는다. 그렇지만 그의 입장을 좀 더 깊이 들여다보면 사뭇 다른 논의의 결을 읽을 수 있다. 킴리카는 '개인–집단'의 사고틀이 지닌 한계를 지적하면서 집단들 간의 문제, 그 가운데 특히 '국가–소수집단'의 관계에 주목한다. 우선 그는 개인과 집단을 대립적 관계로 설정한 접근방식을 문제시한다. '개인 대 집단'의 접근이 다문화주의에 대한 보다 포괄적인 이해에 방해가 된다는 것이다. 그에 따르면, 개인과 집단 가운데 어느 하나의 우선성을 논하기 시작하면 정작 집단들 간의 '비대칭적 권력관계'에 관한 물음을 비켜가게 된다.

그가 판단건대 바로 이러한 '비대칭성'이야말로 그간 국가가 소수집단에 가한 '부정의'(injustices)의 역사와 그 유산을 포착하는 데 유용한 틀이다. 특히 그는 이러한 비대칭성을 이해하기 위해서 '외적 보호'(external protection)와 '내적 제한'(internal restriction)의 구분에 근거한 대안적 접근을 제시한다[같은 책, p. 44]. 여기서 외적 보호는 종족문화적 소수집단이 자신에 대한 국가결정의 영향력을 줄이는 방식으로 자신의 문화정체성을 보존하는 것을 의미한다. 반면에 내적 제한은 문화집단이 내부의 반대자들로부터 문화적 가치와 전통을 수호하려는 시도를 일컫는다[같은 책, pp. 36, 37].

킴리카는 이러한 개념적 구분을 토대로 다문화주의 정책을 보다 정확하게 평가할 수 있다고 본다. 그는 대다수 다문화주의 정책들의 실제 의도는 외적 보호였고, 그런 점에서 다문화주의는 국가가 소수집단에 가한 부정의를 치유하는 일련의 프로젝트였다고 설명한다. 이러한 논증을 바탕으로 킴리카는 다종족·다민족 사회에서 소수집단 유형별로 특화된 권리를 인정하는 것이 자유와 평등의 원리에 근거한 자유주의와 결코 어긋나지 않을 뿐더러 오히려 이러한 권리인정이 다수집단 혹은 국가에 대한 소수집단의 취약성을 낮춤으로써 집단 간 관계의 형평성을 높인다는 점을 역설한다[같은 책, pp. 34~37].

물론 킴리카는 외적 보호가 그 자체로 집단 내 시민적 자유의 실현을 보장해 준다고 주장하지는 않는다. 실제로 외적 보호의 노력에도 불구하고 개인의 기본권이 침해되는 경우가 있을 수 있다. 그럼에도 불구하고 킴리카는 공동체의 문화적 관행에 다소 문제가 있다고 해도 국가나 국제사회의 '외부로부터' 직접적 개입보다는 집단성원들의 노력을 통해 '내부로부터' 변화가 이루어지는 것이 바람직하다고 본다. 이는 그럴 때 비로소 '동화'가 아닌 '문화변용'(acculturation)이 가능하고, 해당 집단의 '자기부정'도 방지할 수 있으며, 무엇보다도 개인의 자유로운 삶의 실질적인 의미지평으로서 집단의 문화가 보존될 수 있기 때문이다.

권리와 문화

배리는 자유, 평등, 인권에 대한 공통된 신념이야말로 상이한 문화적 배경을 가진 집단들이 공생할 수 있는 가장 공평한 길임을 역설한다[Barry 2001, p. 68]. 그에 따르면 문화적 소수집단에게 '특혜'를 주는 다문화주의 정책은 결국 자유주의적 다문화주의가 지향하는 집단 간 형평성과 집단 내 개인의 자유를 손상시키게 된다. 그는 이러한 '다문화주의의 역설'을 지적하면서 단호한 어조로 '권리'가 '문화'로 귀속되어서는 안 된다고 주장한다. 그는 종족문화적 소수집단이 특정 혈통이나 종족성에 근거하여 특별한 대우를 요구하는 것은 다른 집단들이 좀처럼 동의하기 어렵기 때문에 결과적으로 집단들 간의 '합당한 합의'의 기초를 침식시킬 수 있다는 점을 분명히 한다[Barry 1995, p. 8]. 따라서 배리는 다문화주의가 '사회적 정의'에 부합하기 위해서는 종족문화적 소수집단 역시 종교, 철학, 도덕을 포함하여 여러 영역에 걸친 자신의 고유한 문화적 관행들이 일정 수준의 '합당성'(reasonableness)을 확보해야 한다고 본다. 그에 의하면, 그럴 때 비로소 복수의 집단들 간에 기본적 권리의 내용과 사회구성 원칙에 관한 합당한 합의에 이를 수 있기 때문이다.

배리는 인권을 지나치게 강조하게 되면 오히려 '문화제국주의'의 형태를 띠게 될 수 있다는 일부 다문화주의자들의 우려에 대해서도 적극적으로 반박한다[Barry 2001, p. 138]. 그는 문제의 핵심을 문화의 중요성에 대한 이들의 지나친 강조에 둔다. 배리에 의하면 오히려 소수집단의 불이익은 소수집단을, 계급이나 젠더 등 다른 측면들을 도외시하고 문화적 집단으로만 보려 하는 다문화주의자들의 전반적인 태도에 기인한 결과일 가능성이 크다. 그는 이를 '문화환원론'(culturalization)으로 보면서, 이러한 접근방식이 결국은 모든 불이익이 집단의 문화에 대한 '오해'(misrecognition)로부터 발생한 것이라는 엉뚱한 결론에 이르게 됨을 지적한다. 특히 그는 이러한 식의 접근이 '인정'(recognition)을 부정의에 대한 최선의 해결책으로 제시함으로써 사회경제적 분배체계나 억압-지배구조와 같은 또 다른 주요 요인들을 제대로 살피지 않는다는 점을 강하게 비판한다[같은 책, p. 308].[6]

정리하면 배리는 대다수 다문화주의 정책들이 소수집단의 문화적 특수성을 기본적 권리와 집단 간 관계의 형평성을 손상시킬 정도에 이르도록 수용하려는 경향을 보인다는 점을 지적하면서 문화에 대한 권리의 우선성을 역설했다.

'권리와 문화'에 관한 킴리카의 입장은 사뭇 다르다. 그는 "정치적 삶은 언제나 민족적 측면을 갖는다"면서 문화의 중요성을 정치적 삶의 존재론적 기반으로까지 이해한다[Kymlicka 1995, p. 194]. 여기서 문화는 공동체의 에토스에 토대를 두고 있는 '사회적 문화'(societal culture)로서 공적 영역과 사적 영역에 걸쳐서 개인의 다양한 정치적 활동의 핵심적인 의미지평을 제공해 준다[같은 책, p. 23]. 그에 의하면, 공동체문화의 지속 가능성은 공동체의 특수한 존재방식에 대한 성원들의 소속감과 충성심에 달려 있다.

이러한 시각에서 킴리카는 인권의 보편성이 문화적 특수성을 압도할 수도 없고, 또 그렇게 되어서도 안 된다고 주장한다. 그는 인권의 보편성에 대한 과도한 강조가 실은 또 다른 형태의 편견일 수 있을 뿐만 아니라, 차이에 대한 감수성을 상실한 채 '문화제국주의'에 길을 내어줄 수 있음을 지적한다. 이와 관련하여 그는 '외부인'이 소수토착민 혹은 소수민족에 보장된 자치와 성원들의 인권을 억압하게 될 가능성을 구체적으로 파악하는 것은 어렵다고 말한다[같은 책, p. 40]. 이는 종족문화적 소수집단에서 벌어지는 권리침해 수준에 대한 확신과 이를 근거로 한 외부로부터의 직접적 개입의 정당성은, 그것이 해당 공동체의 특수한 상황에 대한 충분한 감수성과 이해를 결여한 경우 자의적인 것이 될 수 있다는 말이다.

나아가 킴리카는 어떠한 종족문화적 소수집단 내에서 기본권 침해가 발생하고 있다는 판단 혹은 사실만으로는 '인도주의적 개입'의 명분으로 외부로부터의 직접적인 개입과 간섭을 정당화할 수 있는 충분조건이 성립되지 않는다고 본다. 그는 이 경우 공동체 외부의 자유주의 세력이 직접적인 '개입'보다는 '이성과 본보기'(reason and example)를 기반으로 한 '지원'을 제공함으로써 공동체문화의 권리 침해적 요소가 내부로부터 '개선'되는 것이 낫다고 말한다[같은 책, p. 168].[7] 아울러 킴리카는 실제로 다문화주의에 대한 반감의 상당 부분은 소수집단에서 나타나는 것으로 추정되는 억압적인 문화적 관행이 국가에 의해 용인될 것이라는 우려보다는, 이주민에 대한 인종주의적 편견과 외국인혐오 및 이에 따른 공포에 기인하는 측면이 강하다는 점을 지적한다[같은 책, p. 179].

상술한 논의를 바탕으로 '권리와 문화'에 관한 킴리카의 입장을 압축적으로 설명하면 다음과 같다. 즉 그는 보편적 권리가 공동체의 문화라는 특수한 맥락 없이 구체화되기 어렵다는 전제 아래 종족문화적 소수집단의 권리를 인정함으로써 보편적 인권을 실현할 수 있다고 주장한다[같은 책, p. 6]. 예를 들어 자유주의 국가의 보편적 권리에 해당되는 '언론의 자유'는 그 자체만으로 적합한 공식언어가 무엇인지에 관해 말해 주지 않는다. '선거권' 역시 그 자체만으로는 선거구 획정방식에 대해서 말해 주지 않는다. 이러한 사안들은 오직 사회 내 여러 집단들의 특수성을 공론의 영역에서 인정하고, 이를 바탕으로 이루어진 합의를 통해 결정될 수 있고, 그럴 때 비로소 기본적 권리들이 실질적으로 행사될 수 있다. 종족문화적 소수집단에 대한 공식적인 인정이 이루어지지 않으면 기본권과 관련된 주요 공적 사안들은 원칙에 근거한 정치적 토론과 합의가 아니라 수(數)의 논리에 의해 결정될 공산이 크다. 정리하면 종족문화적 소수집단에 대한 인정이 집단들 간의, 특히 국가와 소수집단 간의 정치적 관계를 보다 동등하게 하고 개인의 기본권을 보호하고 촉진한다는 것이 킴리카의 입장이다.

다문화주의와 정의

'정의'(justice)와 관련해서 볼 때 브라이언 배리의 다문화주의 비판론은 두 가지 층위를 갖는다. 그는 한편으로는 철학적인 관점에서 '공평(impartiality)으로서의 정의'의 시각으로, 다른 한편으로는 실천적 관점에서 '사회적 정의'의 관점에서 다문화주의를 비판적으로 평가했다.

우선 전자의 경우, '공평으로서의 정의'에서 핵심은 '행복/좋음'(the good)에 대한 '공평'의 우선성이다. 그는 무엇이 행복한 혹은 좋은 삶인지에 대한 이해가 공유되지 않고서는 사회적 정의에 관한 합의를 도출하기 어렵다는 공동체주의적인 접근방식을 일축한다. 배리는 우리는 더 이상 동질적인 사회를 발견하기 어려운 시대를 살아가고 있으며, 그렇기에 행복의 관념에 대한 합의를 도출할 수 없다고 본다[같은 책, p. 27]. 그에게 보다 핵심적인 질문은 "어떻게 사는 것이 올바른가?"가 아니라 "행복한(좋은) 삶의 방식에 대해서 서로 다른 생각을 지닌 개인들 혹은 집단들이 어떻게 공존할 수 있는가?"이다[같은 책, p. 77]. 이 물음에 대한 그의 답은 상충하는 이익이나 관념들에 대한 '공정한 조정'이다. 결국 '공평으로서의 정의'는 '공정한 조정'을 위한 기본원칙으로서 사회의 도덕적·윤리적 규칙을 평가하고 공동체의 특수한 도덕적·윤리적 체계를 정당하게 통제할 수 있는 토대인 것이다.

무엇보다도 '공평으로서의 정의' 관념이 뿌리내린 사회에서는 '합당한 합의'가 가능하다. 여기서 '합당성'(reasonableness)의 핵심은 타인의 언행에 동의하지 않더라도 자신의 행복을 불공정하게 침해한다고 판단하지 않는 한 이들을 합리적인 대화상대자로 대하는 것이다. 그리고 '합당한 합의'는 행복에 관한 특정한 관념에 대해서 합의하는 것이 아니라, 갈등적인 국면에서도 상호존중을 통해 공통의 기본원칙을 찾고 이를 기반으로 하여 사회 기본구조를 형성해 나가는 것을 뜻한다. 특히 배리는 합당한 합의에 의해 승인된 규범과 제도는 행복(좋음)에 대한 특정 관념을 독점하면서 이를 강요하지 않기 때문에 문화적으로 이질적 집단들이 한 사회 내에서 각자의 도덕적·윤리적 관념에 따라 살아갈 수 있는 여지를 남긴다는 점을 강조한다[같은 책, p. 72]. 다시 말해서 '공평으로서의 정의'는 한 사회 내에서 복수의 집단들의 문화다원성을 보존하면서 이들 간에 발생하는 갈등을 공정하게 조율해 갈 수 있는 정의관이다.

배리는 이러한 정의관을 바탕으로 특정 혈통이나 종족에 근거하여 이루어지는 지원정책이 문화집단들 간의 형평성을 훼손시키고 '합당한 합의'의 가능성을 위축시킨다는 점을 지적한다. 물론 배리가 지지하는 정의관은 논쟁적이기도 하다.

일부 회의론자들은 이를 두고 특정한 서구식 개념화에 지나지 않는다며 일축한다. 예를 들어 찰스 테일러는 "자유주의는 완전한 문화적 중립성을 주장할 수도 없고 그래서도 안 된다"며 중립성에 기초한 '보편성'의 정치를 비판한다[Taylor 1992, p. 62]. 하지만 배리가 보기에 '공평으로서의 정의'와 같은 보편주의 시각에 대한 이 같은 회의론은 상이한 문화적 배경을 가진 집단들 간의 간극을 과장하고 있을 뿐이다. 그에 의하면 다문화주의는 종종 문화집단 혹은 그 구성원들의, 행복(좋음)에 대한 특수한 관념에 대한 요구들을 과도하게 인정해 줌으로써 갈등적 요구들을 중재하는 것을 불가능하게 만들어버린다.

다음으로, 배리는 '사회적 정의'의 시각에서 다문화주의를 비판한다. 여기서 사회적 정의에 대한 그의 강조는 '자유주의적 정의'(liberal justice)에 대한 비판적 문제인식을 함축한다. 그가 보기에 자유주의적 정의론의 핵심은 권리가 보장된 자유주의 국가에서 자신이 처해 있는 상황은 자신의 책임이라는 것, 즉 '개인 책임성'(individual responsibility)의 논리다. 배리는 이러한 정의관의 세 가지 문제점을 짚고 있다[Barry 2005, pp. 14~34]. 첫째, 개인 책임성의 논리는 이른바 '정당한 불평등'(just inequality)의 정당화 논리가 된다. 이때 문제는 개인 책임성의 논리가 누적적인 (불)이익의 측면을 놓친다는 점이다. 둘째, 자유주의적 정의는 '권리'(right)의 보장을 강조할 뿐 '기회'(opportunity)의 측면을 비켜간다. 권리를 향유할 수 있는 실질적인 기회가 보장되지 않는 불평등한 사회구조를 파악하는 데 실패한다는 것이다. 셋째, 자유주의적 정의관에 입각한 신자유주의 정책은 사회적 연대를 파괴하고, 상대적으로 기회를 독점하는 특권 계층에 의존하는 통치행태를 낳음으로써 민주주의의 사회적 토대를 침식시킨다. 사회적 정의는 이러한 문제점들을 극복하기 위한 인지적 자원으로 제시되고 있다. 보다 구체적으로 배리는 사회적 정의의 시각에서 일정 수준의 물질적 평등과 외부환경에 의한 불이익에 대한 보상이라는 두 가지 차원에서의 국가관여(이를테면 기본소득의 보장이나 부유세의 도입)를 '기회의 평등'을 위한 핵심적 조건으로 제시한다[같은 책, p. 58].

그렇다면 '사회적 정의'의 관점에서 본 다문화주의의 문제점은 무엇인가? 배리는 소수집단의 문화에 대한 '인정'(recognition)에 초점을 둔 다문화주의 정책이 다종족·다민족 사회에서 집단 간 갈등을 조율하는 데 있어 '재분배'(redistribution)의 중요성을 간과하게 만든다는 점을 지적한다. 아울러 이러한 지적은 인정 위주의 다문화주의가 적극적 재분배정책에 회의적인 정치세력에 의해 전용될 가능성, 다시 말해 신자유주의와 다문화주의의 '공모' 가능성을 암시한다. 또한 배리에 의하면 재분배에 대한 고려가 결핍된 다문화주의는 집단 내적으로도 문제점을 낳게 된다. 즉 다문화주의는 집단 내 고유한 규범과 관행 그리고 제도를 인정함으로써 결과적으로 집단 내부의 정치가 경제와 교육에 대한 집단성원들의 시민으로서의 동등한 기회를 제약하는 상황을 방치할 수 있다는 것이다. 정리하면 배리는 기회의 평등을 높이기 위한 재분배조치가 없이 인정에 치중한 다문화주의는 집단 간에 그리고 집단 내적으로 사회적 정의를 심각하게 훼손할 수 있음을 우려한다. 이러한 배리의 우려가 맞는 것이라면, 인정 중심의 다문화주의가 적극적으로 다루지 못하고 있는 사회경제적 불평등의 문제가 집단 간 연대감을 약화시키고 복지국가와 민주주의의 사회적 토대를 침식시킬 수 있음을 심각하게 고민해야 한다.

킴리카가 기대고 있는 정의관은 사뭇 다른 결을 보인다. 그에 따르면 정의로운 다문화사회는 '종족문화적 정의'(ethnocultural justice)가 실현되는 사회다. 종족문화적 정의를 이해하기 위해서는 우선 '자유주의적 다문화주의'의 등장 배경을 살펴봐야 한다. 1980~90년대에 등장한 자유주의적 다문화주의 이론가들은 무엇보다도 탈냉전 이후 등장한 극심한 종족분쟁을 다루는 데 있어, 전후로 지배적이었던 '인권선언' 프레임이 지닌 한계를 인식하고 있었다. 즉 인권원칙에 대한 합의가 그 자체로 효과적인 인권집행 메커니즘을 보장하는 것이 아니며, 국제사회는 탈냉전 지형의 변화된 환경 속에서 새로운 접근의 필요성을 절감했던 것이다. 킴리카 역시 이러한 문제인식을 토대로 국가–소수집단 관계의 형평성과 집단 내 자유를 자유주의적 다문화주의의 지향점으로 이해한다. 그가 주창한 종족문화적 정의의 핵심도 바로 이러한 자유주의적 다문화주의의 지향을 실현하기 위한 차원에서 문화 향유권, 토지·언어·교육에 관한 권리, 자치권 등의 종족문화적 소수집단의 문화와 권리를 인정하는 것이다.

하지만 종족문화적 정의가 언제나 긍정적으로 받아들여지는 것은 아니다. 회의론자들은 종족문화적 정의관을 바탕으로 한 다문화주의 정책으로 인해 자유주의 국가가 소수집단의 비자유주의적인 문화적 관습을 용인하는 상황을 경계한다. 하지만 킴리카에 따르면 이러한 우려는 다문화주의에 대한 일면적인 이해에 불과하다. 이는 종족문화적 정의의 시각에서 볼 때, 다문화주의는 무엇보다도 국가와 소수집단의 비대칭적인 권력관계에 기인한 역사적 부정의를 치유하기 위한 시도이기 때문이다. 그는 이런 측면에서 소수가 자신의 집단적 권리를 요구하는 것은 국가의 일방적인 민족국가 건설에 대한 대응으로 이해되어야 함을 역설했다[Kymlicka 2001, p. 1]. 아울러 같은 논의의 맥락에서 킴리카는 소수집단 내에서 발생하는 성원들의 권리침해가 집단공동체의 가치와 관행에 대한 강한 애착과 긴밀하게 관련되어 있다는 입장을 그대로 따르지 않는다. 왜냐하면 그는 소수집단의 이른바 '나쁜' 관행들이, 국가가 소수집단의 바람과 의지에 반해 민족국가 건설을 추진하는 과정에서 손상되거나 상실된 권리를 회복하기 위한 노력의 부산물인 경우가 있기 때문이다.

역사적 부정의에 대한 치유와 더불어 종족문화적 정의관의 또 다른 핵심은 바로 '변혁'(transformation)이다. 킴리카는 자유주의적 다문화주의는 소수집단의 정체성과 관행을 인정하고 보호할 뿐만 아니라 이러한 정체성과 관행의 '변혁'을 가능케 한다는 점을 힘주어 말한다[Kymlicka 2007, p. 100]. 예를 들어 킴리카는 미국, 캐나다, 뉴질랜드에서는 토착민집단에게 법제정의 권한을 부여하고 있는데, 이러한 권한은 집단 내 보수주의를 강화하기는커녕 오히려 토착민집단의 자치가 자율적인 문화변혁의 가능성을 함축하고 있음을 보여준다고 설명한다[같은 책, p. 154]. 더욱이 이때 변혁은 집단 내 변화에만 한정되지 않는다. 종족문화적 정의의 실천은 '국가의 변혁' 가능성까지 포괄한다. 이를테면 국가의 민족건설 내지는 동화주의 정책에 대한 소수집단의 대응은 국가 다문화주의 정책의 개선을 위한 모멘텀을 제공해 줄 수 있다. 이는 다종족·다민족 사회에서 종족문화적 소수집단의 권리에 대한 요구는 동시에 국가통치의 정당성에 대한 건설적인 물음제기이기 때문이다.

아울러 종족문화적 정의관은 '자유민주주의'와 '민족주의'의 양립 가능성을 함축한다. 이는 '자유주의적 민족주의'(liberal nationalism)라는 표현이 형용모순이 아니라는 뜻이기도 하다. 킴리카는 사회적 정의, 토의민주주의, 개인의 자유라는 세 원칙이 민족단위체 수준에서 가장 잘 구현될 수 있다는 자유주의적 민족주의 이론가들의 기본입장에 수긍한다[Kymlicka 2001, p. 225]. 그는 소수민족집단인 퀘벡주에 대한 캐나다 정부의 다문화주의 정책을 예로 들며, 퀘벡인들은 자신들의 '사회적 문화'가 공식적으로 인정되는 한 자신들이 속해 있는 더 큰 사회인 캐나다라는 국가를 자신들이 그 안에서 민족적 정치단위로서 여전히 자유로울 수 있는 또 다른 문화적 맥락으로 받아들이게 된다고 설명한다. 그에 의하면 소수민족을 하나의 정치적 단위로서 인정해 주는 이와 같은 사례들은 '자유주의적 민족주의'의 실천유형으로서 '다민족 연방주의'(multination federalism)의 가능성을 말해 준다[같은 책, p. 234].[8]

마지막으로 인정–재분배 구도에서 킴리카의 종족문화적 정의는 어떻게 평가할 수 있을까. 그는 다문화주의가 '상징적 인정'에 경사된 나머지 물적 자원과 정치권력의 배분에 대해서 적극적이지 않다는 비판을 적극적으로 반박한다. 우선 그에 의하면 자유주의적 다문화주의는 소수집단의 특수한 정체성을 인정할 뿐만 아니라, 그러한 정체성을 가진 성원들에게 동등한 시민으로서 경제적 기회, 정치권력, 사회적 지위 등을 실질적으로 누릴 수 있는 여건을 마련해 주려는 시도를 내포한다. 즉 다문화주의는 '인정의 정치'와 더불어 '재분배의 정치'를 동시에 추구한다는 것이다. 그러면서 그는 다종족·다민족 사회에서는 '권한이양'(devolution)이나 '연방주의'가 문화적 인정과 더불어 물적·정치적 자원의 재분배를 위한 방안이 될 수 있다고 본다. 다만 그는 다문화주의를 인정의 이슈로 일면적으로 이해하는 것이 문제이듯이 다문화주의를 계급의 문제로 덧씌워 이해하려는 시도도 경계한다[Kymlicka 2007, p. 81].

다문화주의와 사회통합

갈등은 정치의 내재적 본성이다. 따라서 갈등의 조정 혹은 사회적 통합은 정치의 영원한 과제일 수밖에 없다. 일찍이 아리스토텔레스는 이를 위한 최선의 방책으로 '법치'(rule of law)를 논한 바 있다.[9] 법이 '공평'을 확립해준다는 것이다. 그에 따르면 "정의를 추구하는 것은 중립적 기준을 추구하는 것인데, 법이 바로 중립적인 기준이 된다."[Aristoteles 1995, p. 128] 배리의 기본 입장도 이와 다르지 않다. 그는 사회통합을 위한 법치의 중요성을 강조하면서 다문화주의에 대한 비판을 이어간다.

배리는 다문화사회에서 집단 간의 문화적 경계가 생각만큼 뚜렷하게 구분되지 않는다고 본다. 그에 따르면 다문화주의는 문화 간 경계가 '실재'(reality)를 반영한다고 전제함으로써 집단 간 문화의 장벽을 영속화시키고 사회적 연대감을 약화시킨다.[10] 또한 그는 특정 소수집단에게 '예외를 둔 규칙'(rule-plus-exceptions)을 적용하여 별도의 권리를 부여하는 식의 다문화주의 정책은 법적용의 일반성과 법 앞에서의 평등이라는 법치의 기본원칙을 심각하게 손상시킨다고 본다. 한마디로 다문화주의가 '차이'를 수용하는 공평한 방식이 될 수 없다는 것이다. 그는 퀘벡주에 대한 캐나다 정부의 다문화주의 정책(언어, 교육 등에서 높은 수준의 자치권 허용)을 예로 들면서 킴리카가 긍정적 가치를 인정한 '비대칭적 연방주의'(asymmetrical federalism) 아이디어를 비판한다. 그는 무엇보다도 이러한 정책적 접근이 시민적 평등의 원칙을 훼손하면서 한 국가 내에 '두 부류의 시민' 현상을 초래할 수 있음을 우려한다[Barry 2001, pp. 311, 312].

이처럼 배리는 다문화주의 정책이 그 대상이 되는 특정 집단에게 국가 전체에 적용되는 법과 제도의 영향력으로부터 벗어날 수 있는 예외적 기회를 부여함으로써 집단 간 형평성을 훼손한다는 점을 지적한다[같은 책, p. 311]. 그러면서 그는 다문화주의가 사회적 분열을 찬미하는 것이나 마찬가지라고 말한다[같은 책, p. 3]. 무엇보다도 그는 다문화주의 정책이 공식언어나 공교육 등 국가의 공적 기능을 소수민족집단 혹은 토착민집단에게 '이양'하는 방식으로 추진될 경우, 특히 권위주의적이거나 근본주의 입장을 가진 정치세력이 지배적인 영향력을 갖는 집단에게 주요한 공적 기능에 관한 권한이 이양될 경우에는 '진짜 함정'이 될 수 있다고 본다[같은 책, p. 88].

배리는 재분배와 관련해 다문화주의가 사회통합을 저해할 수 있음을 지적한다. 다문화주의가 '인정'에 치중함으로써 사회통합의 필수조건인 재분배 시스템을 고려하지 않는다는 것이다[같은 책, pp. 8, 328]. 다시 말해 다문화주의는 기회와 자원의 심각한 불평등을 해소하기 위한 재분배 메커니즘을 놓치고 마는데, 이는 앞서 말한 법치원칙의 훼손과 더불어 사회통합의 기반인 연대감을 약화시킨다는 것이다.

이상의 논의를 바탕으로 배리는 종족문화적 차이의 인정보다는 '평등주의적 자유주의'의 기본 원칙에 대한 사회적 합의를 형성하는 데 더 많은 노력을 기울여야 한다고 본다. 그에 의하면 민주주의의 기본 원칙과 이에 근거한 법치야말로 다문화사회의 사회통합을 위한 필수조건이다. 특히 그는 이러한 시각에서 '공화주의 시민권 모델'이 다문화사회의 여러 과제들을 풀어나가는 데 유용한 인식틀이 될 수 있다고 본다[같은 책, p. 21]. 그는 공화주의가 '차이에 눈먼 동질성'을 추구할 뿐이라는 우려에도 불구하고 평등주의적 자유주의에 입각해 건설적인 방식으로 실천된다면 다문화사회의 사회통합을 촉진할 수 있는 아이디어가 될 것으로 확신하며 이렇게 말했다. "법 앞에서의 평등이라는 [평등주의적] 자유주의 관념은 차이가 존재하지 않는다는 가정에 근거한 것이 아니다. 오히려 그러한 차이를 가장 공평하게 수용할 수 있는 [사회통합의] 방식으로 제안된 것이다."[같은 책, p. 68]

이어서 킴리카의 견해를 살펴보자. 그는 다민족·다종족 사회에서 소수집단이 자신의 고유한 사회적 문화를 유지하려는 바람이 문화적 고립이나 사회적 분열로 이어진다는 주장의 근거가 불충분하다고 본다[Kymlicka 1995, p. 103]. 오히려 그는 자유주의적 다문화주의 정책이 사회적 통합을 손상시키기는커녕 다수집단과 소수집단 간의 공존과 연대감을 촉진시킨다고 주장한다. 그에 따르면 소수집단의 성원은 자신이 속한 집단의 문화정체성이 다수집단에 종속되지 않고 존중받는 한 국가에 대한 (물론 '조건적'이긴 하지만 정치공동체의 통합성을 유지하기에는 충분한) 충성심을 갖게 된다[같은 책, p. 189].

이와 관련하여 킴리카는 자유주의적 다문화주의가 집단유형별 특성을 고려한 접근에 기반을 두고 있음을 강조한다. 이는 다종족·다민족 사회에서 소수집단(의 성원)이 국가로 통합되는 '다양한 길들'이 있다는 말이다. 그가 분류한 대표적인 소수집단 유형은 '소수민족'(national minority), '토착민'(indigenous people), '이주민'(immigrants)이다.[11] 결국 자유주의적 다문화주의는 이러한 집단유형별 특성에 대한 섬세한 이해를 바탕으로, 집단의 특수한 상황에 적합한 접근을 추구하는 일련의 규범과 정책이다. 보다 구체적으로 그는 각 소수집단 유형에 적용되는 다문화주의 정책을 다음의 표와 같이 예시한다.

우선, 이주민 대상 정책들은 기본적인 문화적 향유권을 보장함으로써 동화주의에 대한 우려를 불식시키고 이들의 자발적인 '국가로의 통합'을 돕는

〈표〉 소수집단 유형별 다문화주의 정책 예시

소수민족	토착민	이주민
- (준)연방제적 영토적 자치 - 지역 내지 국가 수준에서 소수민족 언어를 공식언어로 인정 - 중앙정부에서 대표성 보장 - 소수민족 언어를 사용하는 대학·학교·언론에 대한 공적 재정 지원 - 헌법상 혹은 의회의 다문화주의 채택 - 국가 하위정치체로서 국제기구에 참여하고, 국제조약에 서명하고, 독자적인 올림픽팀을 구성할 수 있는 권리 인정	- 토착민의 토지에 대한 권리와 토지명의 인정 - 자치권 인정 - 과거 채택된 역사적 조약 인정 - 문화적 권리(언어 포함) 인정 - 관습법 인정 - 중앙정부에서 대표성 보장 - 헌법상 토착민 지위 인정 - 토착민 권리에 관한 국제조약 지지 및 비준 - 토착민 권익 관련 적극적 차별시정조치	- 다문화주의를 헌법상 혹은 중앙정부·지방정부·시 단위 의회에서 공식 수용 - 학교 커리큘럼에 다문화주의 채택 - 언론보도 및 미디어 라이선스와 관련한 의무지침에 이주민 인권에 관한 내용 반영 - 드레스 코드, 일요일 휴업 규정 등으로부터 면제 - 복수국적 허용 - 종족적 소수집단의 문화사업에 대한 재정지원 - 다국어 교육 및 모어 교육에 대한 재정지원 - 이주민 권익 관련 적극적 차별시정조치

* 출처: 킴리카(Kymlicka 2007, pp. 67~74)의 설명을 필자가 표로 정리

다[Kymlicka 1995, p. 31]. 토착민과 소수민족에 대한 정책은 '자치권'을 보장해 준다는 점에서 이주민 대상 정책과 커다란 차이를 보인다. 킴리카에 따르면, 이때 자치인정은 사회적 분열의 원인이 되기는커녕 소수집단의 사회통합을 촉진시킨다. 이는 자치권 인정으로 소수민족과 토착민이 자치를 보장해 준 국가를 신뢰할 수 있게 되기 때문이다. 이러한 이유로 킴리카는 자치권 인정을 두고서 곧장 국가로부터 분리하려는 의지와 결부시켜 이해해선 안 된다고 본다. 그는 '적극적 차별시정조치'(affirmative action)에 대한 소수집단의 요구에 대해서도 그 의미를 '국가로의 통합'의 의지를 증명하는 것으로 보아야 한다고 말한다[같은 책, p. 68]. 정리하면, 자유주의적 다문화주의는 다문화사회의 사회통합을 견인하는 정책적 접근이지 분리주의의

원인이 아니라는 것이 킴리카의 입장이다.

아울러 킴리카는 사회적 연대와 공통의 시민권을 약화시킨다는 이유로 다문화주의를 비판하는 논리에 심각한 결함이 있다고 본다. 그에 따르면 특히 다민족국가에서 공통 시민권을 지나치게 강조하게 되면 그 의도와 달리 고유한 집단정체성을 충분히 존중받지 못한 소수집단이 다수집단의 지배적인 영향 아래 놓일 공산이 크다[같은 책, p. 184]. 이에 킴리카는 다문화사회의 통합을 위해서는 우선 '지배문화'(dominant culture)를 개선해 나가는 노력이 필요하다고 주장한다.

마지막으로, 킴리카는 자유주의적 다문화주의의 정책목표가 실현되기 위한 조건으로 국가-소수집단 관계의 '탈안보화'(desecuritization)를 강조한다. 여기서 탈안보화는 다종족·다민족 사회의 집단 간 관계를 지나치게 '안보' 차원에서 보는 접근에서 탈피하고 '정의' 우선적 관점을 취하는 것을 일컫는다. 그에 의하면 서구 민주주의 국가들이 지속적으로 문화다양성을 수용할 수 있었던 것은 이들 국가에서 앞서 말한 의미에서의 탈안보화 수준이 높은 편이었기 때문이다[Kymlicka 2007, p. 122].

이와 달리 동유럽 구공산권 국가들은 소수민족 정책에 큰 어려움을 겪었는데 이는 '안보와 정의의 딜레마'를 극복하지 못했기 때문이다. 이 국가들은 소수민족에게 자치권을 부여하기 위한 방안으로 (준)연방제를 채택하기 어려웠다. 이는 이 국가들이 소수민족이 자신의 강화된 역량을 기반으로 과거 적국이었던 이웃 혈족국가와 결탁할 가능성에 대해 우려했기 때문이다. 이 같은 우려는 NATO와 같은 지역안보기구가 부재한 상황에서는 더욱 강하게 나타난다. 이러한 킴리카의 설명으로부터 우리는 다종족·다민족 사회의 사회통합을 위해서는 자유주의적 다문화주의 정책과 더불어 로컬 단위에서 글로벌 단위까지 포괄하는 다층적 거버넌스 구축과 안보상황이 불안한 지역의 지역안보기구 설립과 같은 여타의 시도들이 병행될 필요성을 추론할 수 있다.

4 나가는 말

비판적 문화이론가 스튜어트 홀(Stuart Hall)은 이미 오래전에 "차이와 더불어서 살아가는 능력"이야말로 21세기에 도래할 시대적 과제임을 예견한 바 있다[Hall 1993, p. 361]. 이 과제를 풀기 위한 하나의 해법으로 주목받은 다문화주의에 대해서 배리는 '평등주의적 자유주의' 시각에서 비판적이었고, 킴리카는 '자유주의적 다문화주의' 관점에서 옹호하는 입장을 보였다. 어떤 입장이 보다 합당한지는 여전히 논쟁적이다. 그렇지만 이처럼 상반된 평가는 사회마다 다른 국가-소수집단 관계의 특수한 맥락에 따라 다문화주의 정책의 효과가 상이할 수 있음을, 즉 다문화주의의 양가성을 암시한다.

본문의 내용을 바탕으로 다문화주의의 위협요인과 기회요인을 구분해 보면 다음과 같다. 우선 위협요인을 살펴보면 다문화주의는 개인을 집단의 특수한 문화·신념 혹은 관행에 구속시킴으로써 개인의 자유와 평등 그리고 기본적 인권을 손상시키는 경향이 있다는 지적을 받는다. '예외를 둔 규칙'의 형태로 별도의 권리를 부여하는 다문화주의는 법치의 기반과 집단 관계의 형평성을 손상시킨다는 우려도 있다. 이 경우 특히 다문화주의가 종족문화적으로 이질적인 집단들 간의 '합당한 합의'를 어렵게 한다는 점이 부각된다. 이에 더해 '사회적 정의'의 시각에서, 다문화주의가 소수집단의 문화에 대한 '인정'에 치중한 나머지 '재분배' 메커니즘의 중요성을 간과하고 만다는 견해도 있다.

시선을 달리하면 다문화주의는 치유, 상생, 통합의 길이기도 하다. 다문화주의는 종족문화적 소수집단에게 가해진 역사적 부정의를 치유하기 위한 일종의 처방책이다. 또한 다문화주의는 대상집단에 대한 특정 접근에 기반을 두면서도 종내에는 집단 간 관계의 형평성 수준을 높임으로써 보편적 인권을 보호한다. 이와 더불어 다문화주의는 소수집단의 정체성과 문화적 관행이 내부로부터 개선되는 것을 촉진할 수 있다. 사회통합과 관련해서 다문화주의는 소수집단 유형별로 특화된 접근을 채택한다는 점에서 국가로 통합되는 '다양한 길'을 제시한다.

우리는 배리와 킴리카의 대별되는 견해의 비교분석을 통해서, 다문화주의에 대한 상반된 평가와 기대의 밑바닥에 깔린 몇 가지 공통된 입장을 추론해 볼 수도 하다. 첫째, 다문화사회가 안정된 정치공동체로 존속하기 위해서는 '동질성'(homogeneity)이 아닌 문화다원주의와 양립하는 '공통성'(commonality)에 토대를 둔 시민권을 지향해야 한다는 데 뜻을 같이한다.[12] 다만 구체적인 방식에서 차이가 있을 수 있다. 이와 관련해서 배리는 공화주의 모델에 근거한 시민권을, 킴리카는 다문화주의 시민권(multicultural citizenship)을 주창했다. 둘째, 다문화사회의 민주적 통치를 위해서는 '인정'과 '재분배'의 균형이 중요하다는 것이다. 이 경우에도 이해방식에 미묘한 차이가 나타날 수 있다. 배리는 인정 위주의 다문화주의가 재분배 메커니즘을 보다 적극적으로 수용할 필요성을 강조한 반면, 킴리카는 인정의 방식 자체가 재분배의 효과를 갖고 있음을 역설했다.

이 글은 다문화주의의 논쟁성에 주목하여 브라이언 배리와 윌 킴리카의 대별되는 입장을 비교분석했다. 이를 통해 다문화주의가 갖는 논쟁적 성격에 대한 학계와 시민의 이해를 높이는 데 도움이 되고자 했다. 아울러 이 글에서 다룬 주요 논점들은 다문화주의 논의를 정치학 연구와 본격적으로 접맥시키는 데 있어 유용한 이론적 자원으로 활용될 수 있을 것이다. 마지막으로 보다 실천론의 관점에서 보면, 양가적 가능성을 지닌 다문화주의 정책의 실제 효과는 미리부터 결정되어 있지 않으며 결국 해당 사회의 '차이와 더불어 살아가는 역량' 수준에 달려 있다. 그런데 지금 이 역량은 세계 곳곳에서 역사적 시험대에 올라 있다. 과연 우리는 어떤 '다문화주의 정치'를 창출할 수 있을까.

주

1 절차주의 공화국의 문제점은 ① 법이 정치의 역할을 대신함으로써 생겨나는 정당성의 문제, 이로 인해 ② 민주적 가능성들이 쇠퇴하는 경향 그리고 ③ 절차주의 공화국이 그럼에도 불구하고 서 있는 토대인 공동체를 파괴하는 경향이다. 한편 그는 절차주의 공화국과 대별되는 20세기 중반 후반부의 복지국가 시스템하에 작동한 민족공화국(national republic)에 관해서도 언급을 하고 있는데, 근대 복지국가 모델에 근거한 민족공화국은 소규모의 결사를 통한 공동체의 구성을 위축시키는 일종의 (국가 내부의 범위에서 볼 때) 보편화하려는 힘으로 작용한다고 주장한다.

2 정작 이 표현을 만든 나탄 글레이저(Nathan Glazer)의 의중은 사뭇 달랐다. 이 표현에는, 미국사회의 뿌리 깊은 문제로서 주류문화와 분리된 흑인사회에 대한 차별을 현실적으로 극복하기가 어렵기 때문에 공통의 시민권을 달성하기 위한 과도기적 논의인 다문화주의를 넘어설 수 없고, 그 결과 다문화주의 논의가 지속될 수밖에 없으리라는 일종의 회의주의가 깔려 있다(Glazer 1997, pp. 160, 161).

3 이와 관련하여 마이클 왈저(Michael Walzer)에 따르면 '문화'는 '자유주의' 접근에서 자칫 느슨해지기 쉬운 내적인 연합역량을 일시적으로 강화시켜 줄 수 있다고 본다. 그렇지만 그는 개인의 자유를 위한 문화의 본질적 가치를 적극적으로 인정하는 '공동체주의' 관점이 궁극적으로 '자유주의'에 앞설 수 없다는 점을 분명히 한다(Walzer 1990, 22).

4 참고로 마틴 스펜서(Martin Spencer)는 미국의 '아프리카인 중심주의'(Afrocentricism) 사례를 들면서 비록 억압적인 문화에 대항한다는 취지를 갖고 있음에도 불구하고 특정 문화정체성을 과도하게 주장할 경우 공격성으로 변질될 수 있고 이는 결국 공존의 미덕을 훼손하고 사회적 분열을 심화시키는 결과를 야기하게 된다면서 우려를 표명하기도 했다(Spencer 1994).

5 아미쉬 공동체를 탈퇴할 때 성원들은 과도하게 비용을 지불해야 한다. 일례로 이들은 공동체 고유의 문화적 관행에 따라서 국가의 사회보장제도에 가입하지 않는다는 조건으로 공동체의 성원이 된다. 따라서 공동체를 탈퇴하게 되면 사회보장의 사각지대에 노출되기 때문에 자발적인 탈퇴가 이루어지는 것이 구조적으로 어렵다. 결국 실질적으로 자발적 성원권이 보장되지 않기 때문에 아미쉬 공동체가 자발적인 결사체로 간주되는지 의문이다(Barry 2001, p. 193).

6 아이리스 영에 의하면 사회적 정의는 분배 패러다임의 문제라기보다는 제도화된 지배(domination)와 억압(oppression)의 제거와 관련된 사안이다. 여기서 지배는 '자기결정'(self-decision)에 대한 제도적인 제약을, 억압은 '자기발전'(self-development)에 대한 제도적 제약을 의미한다(Young 1990, pp. 15, 37).

7 여기서 '개선'이라는 표현은, 문화는 개인 자유를 위한 필수적 맥락이며 그렇기에 외부로부터 함부로 재단되거나 손상되어서는 안 된다는 킴리카 자신의 신념을 함축하고 있다.

8 좀더 구체적으로 설명하면, 킴리카는 '소수민족'의 위상 및 권리와 관련하여 '비대칭적 연방주의'(asymmetrical federalism)의 긍정적 가능성에 주목했다. 여기서 핵심은 소수

민족을 연방국가에 속한 구성단위체로 '특별히' 인정함으로써 소수민족의 문화적 정체성을 다수민족과 동등하게 고려하고 존중하도록 보장하는 것이다. 아울러 킴리카는 소수민족의 문화정체성에 대한 인정과 존중이 연방국가 내 개별 시민들 간의 평등을 훼손하지 않는다는 점을 강조한다. 그는 비대칭적 연방주의는 다양성을 수용하는 하나의 방식이며 '시민적 평등'이라는 민주주의 가치와 양립 가능하다고 본다. 다만 그는 다민족국가에서 연방주의가 성공적이라고 하더라도 소수민족의 분리주의 가능성을 원천적으로 소거할 수 없고, 그렇기에 통합과 분리의 긴장성이 궁극적으로 해소되지는 않는다는 점을 인정한다.

9 주디스 슈클라(Judith Shklar)에 의하면 법치는 본래 두 가지 시원적 의미를 가지고 있다. 각각은 아리스토텔레스와 몽테스키외로 거슬러 올라간다. 아리스토텔레스에게 법치의 핵심은 '이성의 지배'(the rule of reason)다. 따라서 정치엘리트가 논리적으로 사고하며 윤리적이고 지적인 역량을 갖추는 것이 관건이다. 이와 비교해서 몽테스키외에게 법치의 핵심은 시민들의 대리자인 통치기관이 시민들을 억압하거나 지배하는 것을 막기 위해 마련한 '제도적 제약'(institutional restraints)이다(Shklar 1998).

10 이와 관련하여 니시카와 나가오는 자신의 저작 『국민이라는 괴물』에서 다음과 같이 말한 바 있다. "만약 문화들 간의 다이나믹한 교류를 인정하지 않는다면 다문화주의는 민족 혹은 에스닉 그룹 수만큼 '미니 네이션'(mini-nation)을 생산하는 것으로 끝나버리겠지요."(니시카와 2002, 124, 125쪽)

11 여기서 한 가지 주의할 점이 있다. 킴리카 자신도 인정했듯이 유형구분이 '범주의 딜레마'에서 자유롭지 않다는 점이다. 킴리카가 제시한 세 유형만 보더라도 '고산족'(hill tribe)이나 '로마인'(Roman)과 같은 특수한 여건에 처해 있는 또 다른 소수집단들을 포괄하지 않고 있다.

12 '공통성'과 '동질성'의 차이에 관한 구체적인 설명은 샹탈 무페(Mouffe 2000, p. 55) 참조.

참고문헌

곽준혁. 2007. 「다문화 공존과 사회적 통합」. 『대한정치학회보』 15집/2호.

김남국. 2005a. 「다문화시대의 시민: 한국사회에 대한 시론」. 『국제정치논총』 45집/4호.

_____. 2005b. 「심의 다문화주의: 문화적 권리와 문화적 생존」. 『한국정치학회보』 39집/1호.

_____. 2008. 「한국에서 다문화주의 논의의 전개와 수용」. 『경제와사회』 80집.

김범수. 2008. 「민주주의에 있어 포용과 배제: '다문화사회'에서 데모스의 범위 설정문제를 중심으로」. 『한국정치학회보』 48집/3호.

김비환. 1996. 「포스트모던 시대에 있어서 합리성, 다문화주의 그리고 정치」. 『사회과학』 35집/1호.

_____. 2007. 「한국사회의 문화적 다양화와 사회통합: 다문화주의의 한국적 변용과 시민권 문제」. 『법철학연구』 10집/2호.

니시카와 나가오(西川長夫). 2002. 『국민이라는 괴물』. 윤대석 옮김. 소명출판.

윤인진. 2008. 「한국적 다문화주의의 전개와 특성: 국가와 시민사회의 관계를 중심으로」. 『한국사회학』 42집/2호.

Aristoteles. 1995. *Politics*. Ernest Barker trans. Oxford University Press.

Barry, Brian M. 1995. *Justice as Impartiality*. Oxford University Press.

_____. 2001. *Culture and Equality: An Egalitarian Critique of Multiculturalism*. Harvard University Press.

_____. 2005. *Why Social Justice*. Maldon, MA: Polity.

Baubock, Rainer. 1994. *Transitional Citizenship: Membership and Rights in Transitional Migration*. Edward Elgar, Aldershot.

Bloom, Allan David. 1987. *The Closing of the American Mind: How Higher Education Has Failed Democracy and Impoverished the Souls of Today's Students*. New York: Simon & Schuster.

Das Gupta, Tania. 1999. "The Politics of Multiculturalism: 'Immigrant Women' and the Canadian State." Enakshi Dua and Angela Robertson eds. *Scratching the Surface: Canadian AntiRacist Feminist Thought*. Toronto: Women's Press.

Garet, Ronald. 1983. "Communality and Existence: The Rights of Groups." *Southern California Law Review* vol. 56/no. 5.

Glazer, Nathan. 1997. *We are All Multiculturalists Now*. Harvard University Press.

Gutmann, Amy 2003. *Identity in Democracy*. Princeton University Press.

Hall, Stuart. 1993. "Culture, Community, Nation." presented at the conference Gendered Narratives Aspects of Cultural Identity in Ireland. Northern Ireland, University of Ulster at Magee.

Hale, Charles 2002. "Does Multiculturalism Menace? Governance, Cultural Rights, and the Politics of Identity in Guatemala." *Journal of Latin American Studies* 34.

Huntington, Samuel P. 2004. *Who Are We?: The Challenges to America's National Identity*. New York: Simon & Schuster.

Johnston, Darlene. 1989. "Native Rights as Collective Rights: A Question of Group Self-Preservation?" *Canadian Journal of Law and Jurisprudence* vol. 2/no. 1.

Kelly, Paul ed. 2002. *Multiculturalism Reconsidered*. Cambridge: Polity Press.

Ketab, George 1994. "Notes on Pluralism." *Social Research* vol. 61/no. 3.

Kymlicka, Will. 1995. *Multicultural Citizenship: A Liberal Theory of Minority Rights*. New York: Clarendon Press.

_____. 2001. *Politics in the Vernacular: Nationalism, Multiculturalism and Citizenship*. Oxford University Press.

_____. 2007. *Multicultural Odyssey: Navigating the New International Politics of Diversity*. Oxford University Press.

Mouffe, Chantal. 2000. *The Democratic Paradox*. London: Verso.

Raz, Joseph. 1994. "Multiculturalism: A Liberal Perspective." *Ethics in the Public Domain*. Oxford University Press.

Sandel, Michael J. 1984. "The Procedural Republic and the Unencumbered Self." *Political Theory* vol. 12/no. 1.

Shklar, Judith N. 1998. "Political Theory and the Rule of Law." Stanley Hoffmann ed. *Political Thought and Political Thinkers*. The University of Chicago Press.

Spencer, Martin E. 1994. "Multiculturalism, 'Political Correctness' and the Politics of Identity." *Sociological Forum* vol. 9/no. 4.

Spinner, Jeff. 1994. *The Boundaries of Citizenship: Race, Ethnicity and Nationality in the Liberal State*. Baltimore: Johns Hopkins University Press.

Svensson, Frances. 1979. "Liberal Democracy and Group Rights: The Legacy of Individualism and its Impact on American Indian Tribes." *Political Studies* vol. 27/no. 3.

Tamir, Yael. 1993. *Liberal Nationalism*. Princeton University Press.

Taylor, Charles. 1992. "The Politics of Recognition." Amy Gutmann ed.

Multiculturalism and the 'Politics of Recognition'. Princeton University Press.

Tilley, Virginia. 2002. "New Help or New Hegemony? The Transnational Indigenous Peoples' Movement and 'Being Indian' in El Salvador." *Journal of Latin American Studies* 34.

van Dyke, Vernon. 1979. "The Individual, the State, and Ethnic Communities in Political Theory." *World Politics* vol. 29/no. 3.

Walzer, Michael. 1990. "The Communitarian Critique of Liberalism." *Political Theory* vol. 18/no. 1.

Young, Iris M. 1990. *Justice and the Politics of Difference*. Princeton University Press.

2 "박정희가 만든 집": 초기 복지정치의 유산

1 들어가는 말

박정희시기에 대한 평가는 한국사회에서 가장 논쟁적인 이슈들 가운데 하나다. 그것은 단순히 공과(功過)를 논하는 과거의 사실이 아니다. 비판하는 측이나 긍정하는 측 모두 박정희시기에 대한 평가를 통해 자신의 가치지향과 정체성을 확인하고 정치적 비전을 모색한다. 과거에 대한 기억과 미래 전망이 복합적으로 얽혀 있는 오늘날의 정치적 시공간 속에서 우리는 여전히 '박정희가 만든 집'(The House that Park Built)[1]에 머무르고 있는지도 모른다.

그간 박정희시기에 대한 논쟁의 범위는 '근대화 예찬-독재 비판'의 대립구도에서 교육, 의료, 문화의식 등 보다 구체적이고 일상적인 이슈로 확대되어 왔다. 하지만 그간 진행된 (재)평가논의에서 한 가지 아쉬운 점은 박정희시기의 '복지정치'를 전면적으로 주제화한 연구를 찾기 어렵다는 사실이다. 여기서 복지정치는 단순히 복지제도를 의미하는 것이 아니라 정치제도, 의회/정당정치, 노동, 자본, 가족문화, 조세제도 등을 포괄하는 보다 넓은 정치적 지평 속에서 복지정책을 둘러싸고 펼쳐지는 정치의 동학을 일컫는다. 물론 박정희시기 복지제도에 대한 논의는 지속되어 왔다. 하지만 복지정치 관점을 적용한 논의를 발견하기는 쉽지 않는데 이는 무엇보다도 경제성장을 최우선시한 박정희정부의 일관된 정책기조하에서 복지가 본격적으로 논의되고 실천되지 않았다는 인식이 강했기 때문인 것으로 보인다.

하지만 실제 한국의 초기 복지설계는 박정희시기에 이루어졌다. 1961년 7

월 3일 박정희는 국가재건최고위원회 의장 취임식에서 "진정한 민주복지국가를 건설하는 데 총역량을 집중하여야 하겠"다고 말한 바 있다[국가재건최고회의 편 1973, 4쪽]. 이후로도 그는 복지국가 건설을 자주 거론했다. 이 같은 언명에 비춰볼 때 박정희시기는 복지국가 건설을 국가의 목표로 하여 출발했다고 볼 수 있다. 박정희의 복지국가 언명은 단지 정치적 수사가 아니었다. 박정희시기에 위로부터의 복지국가 담론은 일군의 복지제도의 형성으로 이어졌다. 대표적으로 고용보험을 제외한 3개의 주요 사회보험제도의 틀이 마련되었다.

하지만 과대해석해선 안 된다. 한국 복지국가의 본격적인 태동은 후술하겠지만 민주화 이후로 미루어져야만 했다[송호근·홍경준 2008; 고세훈 2003]. 그렇다면 박정희가 복지국가 건설을 국가목표로 설정하였음에도 불구하고 복지국가의 '태동'마저도 여의치 않았다면 그 까닭은 무엇일까? 박정희시기 복지정치의 특징과 한계는 무엇이고 그것이 이후 한국 복지제도의 발전에 어떠한 영향을 끼쳤는가?

이 글은 이러한 물음들을 안고 박정희시기 복지정치를 분석함으로써 초기 복지설계의 특징을 밝히고 그것이 민주화 이후 복지개혁에 끼친 영향을 짚어보고자 한다. 특히 '반공주의와 개발주의' '국가 코포라티즘' '박정희 리더십'을 박정희시기의 복지정치를 특징짓는 세 가지 축으로 분석한다. 아울러 이를 바탕으로 초기 복지설계의 특징으로 '재정보수주의' '사영역 자가복지 의존성' '특수계층에 대한 특혜적 복지와 전반적인 저복지 구조' '노동포용성 결여' '복지설계의 비민주성 내지 전문가주의' '선택적이고 잔여적인 복지시스템'을 제시하고 이러한 초기 복지정치의 유산 가운데 상당 부분이 현재까지 잔존하며 과감한 복지시스템 개혁을 제약하고 있음을 밝혀낼 것이다.

2 박정희시기 복지정치의 세 가지 측면: 이데올로기, 제도, 행위자

한국에서 본격적인 의미에서의 복지국가는 민주화 이후에 탄생했다[송호근·홍경준 2008].[2] 물론 노동시장과 고용의 차원에서는 민주화 이후에도 권위주의 시기의 낙후성이 근원적으로 개선되지는 않았지만, 민주화를 기점으로 적어도 4대보험이 정비되고 사회지출비가 증대되는 등 본격적인 복지국가의 발전이 이루어지기 시작했다. 하지만 형식적이나마 복지제도의 기본틀은 박정희시기에 마련되었다[정무권 2009; Ringen et al. 2011].[3] 1962년 5차 개정헌법에 생존권 보장 조항이 신설[30조]되었고 사회복지 증진에 노력하여야 할 국가의 의무가 명기[30조 2항]되었다. 박정희시기에 도입된 복지제도로는 생활보호법[1961], 아동복리법[1961], 재해구호법[1962], 군인연금법[1963], 산업재해보상보호법[1963], 사립학교교직원연금법[1973], 의료보험법[1977] 등이 있다.

이 같은 헌법조항과 관련 법률들은 한국 복지국가의 초기설계에 해당한다. 하지만 초기 복지제도 설계는 차후 과감한 복지개혁을 위한 이념적·제도적 유산을 형성하는 수준에 이르지는 못했다. 특히 초기 복지설계가 안고 있는 제약은 민주화 이후의 복지개혁이 '시스템적 개혁'에 이르지 못한 채 '프로그램적 개혁' 수준에 머물게 한 요인이 되었다는 지적을 받았다[송호근·홍경준 2008]. 이에 이하에서는 초기 복지제도 설계의 특징을 규정한 복지정치를 이데올로기·제도·행위자의 세 차원으로 나누어 살펴보고자 한다.

반공주의-개발주의

박정희시기를 규정한 두 가지 이데올로기적 축은 서로 긴밀히 연관된 반공주의와 개발주의다. 해방정국과 미군정시기부터 강력한 정치이데올로기로 등장한 반공주의는 전후(戰後) 세계 냉전질서 구축과정에서 발발한 6·25

전쟁을 거치면서 정점에 이르렀다. 아울러 이승만시기를 거치면서 "상식과 생활이념으로 내면화"되어 갔다[고세훈 2003, 169쪽]. 더욱이 반공주의는 한국정치의 '협애한 이념적 대표체제'를 고착화시켰고, 이는 다시금 반공주의를 한층 더 강화시켰다[최장집 2005, 19쪽]. 이러한 악순환이 이어지는 가운데 1958년에는 정부공작에 의한 '진보당 사건'이 발생했다. 이로 인해 평화통일론을 지지하거나 복지사회를 지향하는 진보세력은 정치무대에서 배제되었다.

이어서 3·15 부정선거를 계기로 4·19 민주항쟁이 일어났고, 이후 내각제로의 정치시스템 전환 후에 등장한 제2공화국의 정치공간에서 진보세력은 다시금 활기를 찾는 듯했다. 하지만 1960년 7월 총선에서 혁신세력은 사분오열되는 모습을 보였고 유의미한 정치적 대표성을 획득하는 데 실패했다. 시민사회의 수준에서는 혁신정당 활동, 교원노조를 비롯한 노동운동, 통일을 전면적 슬로건으로 내건 학생운동을 비롯해 개혁운동이 이어지고 있었다. 그러나 이러한 사회적 요구를 받아 안지 못한 가운데 더욱 심각한 통치위기에 처하게 되었다. 결국 시민사회에서의 역동은 김수행과 박승호의 설명처럼 "어떤 가시적인 힘을 얻어 계급 역관계를 변화시키기 이전에 1961년 5·16 군사쿠데타에 의해 저지"되고 말았다[김수행·박승호 2007, 50쪽].

5·16 군사세력은 반공을 국시로 하고 경제성장을 최우선 국정과제로 내세우며 정치무대 전면에 등장했다. 그러나 정치적 변동은 이내 권위주의 통치로 귀결되었다. 특히 더욱 강화된 반공교육으로 인해 '자유민주주의'가 '반공주의'와 등치되다시피 했다. 무엇보다도 이 같은 통치 이데올로기하에서 통일·분배·복지에 대한 사회적 요구가 정치적 대표체제와의 접점을 상실했다. 당시 군사쿠데타 세력이 반공주의와 개발주의를 전면에 내걸게 된 것은 남북 대치상황에서 혁신세력에 의한 정국 불안정을 해소하고 '조국 근대

화'를 통해 대북 체제경쟁력을 높이고 이를 통해 정권의 정통성을 확보한다는 전략적 구상에 따른 것이었다. 박정희는 반공주의와 개발주의를 국가의 최우선적 정책과제로 추진함으로써 한편으로는 자신의 좌익전력에 대한 미국의 의구심을 해소하고, 다른 한편으로는 동북아 내 자유진영 국가들의 경제개발계획의 안정적 추진이라는 미국측의 바람에 부응함으로써 대외적 체제정당성을 확보하려 했다고 볼 수 있다.

한편 '반공주의-개발주의'는 초기 복지제도 설계에 큰 영향을 끼쳤다. 반공주의는 정치의 이념적 스펙트럼을 협소화시켰다. 반공을 국시로 한 권위주의 체제에서 노동의 권리와 분배의 정치를 주창하는 사회세력이 정치대표체제로 인입될 가능성은 희박할 수밖에 없었다. 정치사회의 협애한 이념폭은 시민사회로도 전이되었다. 고세훈의 지적처럼 "물리적 강제력을 통한 시민사회에 대한 병영적 통제와 반공주의, 성장 지상주의"로 인해 "퇴행적 이데올로기의 동원을 통한 의식의 속박"이 나타났다[고세훈 2003, 147쪽].

한편 '지배-저항'의 틀로 박정희시기를 분석하는 논의가 안고 있는 한계를 지적하면서 박정희체제에 대한 동의기반이 취약하다는 가설이 재고되어야 하며 "대중이 권력에게 보내는 갈채와 동의의 다양한 양상들"에 주목해야 한다는 주장이 제기되기도 했다[임지현 2005, 580쪽]. 비슷한 문제의식에서 박정희시기에 국가가 대중의 평등주의적 압력을 흡수하고 국가주의적으로 전유하였다는 해석도 있다[황병주 2004].

그렇지만 이처럼 시민사회 수준에서 권력에 대한 '동의'기반이 있었다고 하더라도 그 근본적인 배경에는 반공주의와 그것의 파생물이기도 한 개발주의가 자리하고 있었다. 이를테면 독재체제에 대한 저항의식을 가지고 있어도 반공주의를 내면화한 경우라면 그러한 저항의식이 곧바로 반공을 국시로 하는 통치세력에 대한 전면적 부정으로 이어지기 어려울 수 있다.

결국 정치사회와 시민사회 모두에서 반공주의가 이념적 헤게모니를 가지면서 분배를 지향하는 정치세력은 주변화되거나 제거되었다. 신민당이 1970년대 초에 '대중경제론'을 기치로 내걸고 유력 야당으로 정치사회에 등장하는 듯 보였지만 당시 정치사회 내 균열은 '민주-반민주' 갈등으로 점철되었다. 복지와 같은 실질적인 사회경제적 이슈가 적극적으로 논의되기 어려웠다. 결국 이러한 현실 속에서 복지제도의 발달수준은 매우 낮을 수밖에 없었다. 국가가 복지정책을 적극적으로 추진할 의지가 박약한 상황에서 복지책임의 상당 부분은 기업과 가정을 비롯한 사(私)영역으로 전가되었다.

그런 와중에 주요 복지제도의 틀이 갖춰지고 제한적이나마 일련의 복지 프로그램들이 가동된 것은 분단상황과 관련된 것으로 볼 수 있다. 즉 박정희시기 복지제도는 적대적 대결구도의 남북관계 속에서 체제경쟁에서 밀리지 않기 위해 도구적으로 도입된 측면이 있다. 어느 한쪽이 경제적으로 앞서게 될 경우 상대 체제의 내부균열이 초래된다는 우려가 광범위하게 퍼져 있는 상황에서 복지제도의 도입은 이러한 가능성에 대비한 예방조치의 의미를 가졌다[조희연 2007, 135쪽].

한편 개발주의는 초기 복지제도가 도구적·보완적 차원에서 도입되고 수혜자부담과 재정안전성의 원칙을 중심으로 설계된 까닭을 설명해 준다. 당시 경제개발은 선택적 산업육성 전략을 근간으로 했고 자원동원이 정부의 주도하에 매우 전략적으로 이루어졌다. 그러다 보니 복지에 투입될 수 있는 자원총량은 늘 최소한의 수준에 머물 수밖에 없었다. 초기 복지설계가 수혜자부담과 재정안전성을 최우선의 원칙으로 할 수밖에 없었던 이유가 여기에 있다. 또한 1970년대에 들어서 정부는 '내자 동원'을 극대화한다는 명분으로 복지제도를 중화학공업 육성[4]을 위한 비용조달의 방편으로 활용했다[박정희 1973]. 대표적으로 1973년의 국민복지연금법은 사실상 중화학공업화에 필요한 재원을 조달하기 위한 목적으로 제정되었다[정무권 2009, 141쪽]. 다만 당시 국민연금제도는 유가상승 여파로 인해 실시되지 못했다. 이에 의료보험제도가 대안으로 등장했다. 1960년대 말부터 '경제개발'과 더불어 '사회개발'이 함께 강조되기 시작했는데[5] 이런 흐름 속에서 1970년 의료보험법 제1차 개정이 이루어졌던 것이다.

국가 코포라티즘

박정희시기 한국의 정치경제체제는 앞에서 살펴본 '반공주의-개발주의'를 기반으로 한 개발동원체제로 '국가 코포라티즘'의 특징을 보였다. 최장집에 따르면 국가 코포라티즘은 "국가가 위로부터 주요 이익집단을 통제할 목적으로 코포라티즘의 제도를 부과"하는 것이다[최장집 2005, 222쪽]. 아울러 이를 '국가-노동'관계에서 보면 국가가 승인한 단일 노동자대표기구를 통해 노동자들을 동원·통제하는 특징을 보인다[정병기 2009, 576쪽; 정무권 2009, 136쪽].

박정희시기의 정치경제를 이러한 국가 코포라티즘 관점에서 볼 때 가장 두드러진 특징은 강력한 통치기제를 바탕으로 한 매우 높은 수준의 '국가자율성'이다. 중앙정보부 설치[1961]부터 공화당 창당[1963]과 삼선개헌[1969]을 거쳐 유신헌법[1972] 채택에 이르기까지 박정희정권은 자신의 정치권력을 유지·강화하기 위해 백방으로 노력했다. 특히 '경제기획원 설립'과 '은행국유화 조치'는 국가 코포라티즘적 요소가 다분한 조치였다. 박정희정권은 이처럼 압도적인 국가의 조직과 권한을 바탕으로 '개발주의 지배연합'을 구축해 나갔다. 이로써 이병천의 설명처럼 "국가-재벌-은행의 발전 파트너십과 노동의 억압적 배제"의 두 축을 기반으로 한 정치경제체제가 확립되었다[이병천 2003, 42, 43쪽]. 다시 말해 재벌체제와 노동의 헌신(내지 희생)

을 토대로 유지될 수밖에 없는 발전모델이 자리하게 된 것이다[김수행·박승호 2007, 29쪽]. 전태일의 분신은 이 같은 강권적 발전지배연합의 노동배제성을 고스란히 폭로한 사건이었다.

박정희시기 복지제도의 설계는 이처럼 국가 코포라티즘적인 요소가 다분했던 정치경제체제와 밀접한 영향관계에 있을 수밖에 없었다. 우선 정치사회 수준에서 복지국가를 향한 '분배연합'을 구축할 수 있는 기회는 전무하다시피 했다. 박정희시기에 의회 독립성 수준은 매우 낮았고 노동배제적인 환경 속에서 노동자 계급정당이 유력 정당으로 원내에 진입하는 것은 난망해 보였다.

진정 복지국가가 발전하려면 유력한 노동운동이나 진보정당이 존재하여 복지입법을 견인해야만 한다[고세훈 2003, 141쪽]. 하지만 당시 상황에서 입법기구라든지 주요 정당에는 복지지향세력이 부재했거나, 존재하더라도 그 세력은 미미한 수준에 머물렀다. 이는 박정희시기 내내 거의 일관된 모습이었다. 1962년 말에 제정된 정당법은 정당의 구성, 성립, 발기인 수와 자격, 지구당 수를 비롯해 여러 면에서 설립요건을 까다롭게 하여 결과적으로 정당설립의 자유를 심대하게 제약했다[심지연 2009, 166쪽]. 결정타는 유신헌법이었다. 사실상 일체의 정당 및 정치활동이 중지되었다. 결국 박정희시기 내내 체제 비판적인 정치세력은 정당조직화에 있어 구조적 난관에 봉착할 수밖에 없었다. 같은 맥락에서 분배와 복지를 주창하는 정치세력의 정당활동도 난관에 처할 수밖에 없는 구조였다.

이러한 상황에서 도입된 일련의 복지제도는 복지국가 형성을 위한 적극적 실천의 발로였다기보다는 체제를 유지하기 위한 보완적 조치에 가까웠다. 목표가 수단으로 전락한 셈이다. 더욱이 성장과 효율을 강조하는 개발주의 지배연합은 제한된 자원을 경제개발을 위해 최대한 효율적으로 동원하는 전략을 채택했고 그에 따라 초기 복지제도 설계에서는 수혜자부담과 재정안전성이 강조되었으며 복지수혜자 규모와 혜택수준에서도 점진주의적인 접근을 보였다.

박정희시기의 제도적 배열과 관련해 주목해야 할 또 다른 측면은 관료제와 군조직의 영향력이다. 당시 공무원과 군인은 개발동원체제를 선두에서 이끌었던 두 집단으로 뚜렷이 구분되기보다는 서로 중첩되는 모습을 보였다. 실제로 관료제는 군대식 조직규율에 의해 운영되었는데 이러한 모습은 인사정책을 통해서 이해할 수 있다. 5·16 이후 관료로 전직한 군인을 보면 2급 갑의 20.2%, 2급 을의 16.4%, 3급 갑의 15%, 3급 을의 11.5%였다. 중앙관서의 국장·과장·계장급의 15% 이상이 군에서 특채되었다[권태준 2006, 135쪽]. 도지사, 서울시장, 인구 15만 명 이상인 시의 시장은 국가재건최고회의 승인을 거쳐 내각이 임명했고, 여타 자치단체의 장은 도지사가 임명했다. 그 결과 군 장성들과 장교들이 도지사와 주요 도시 시장으로 임명되었다[그레고리 헨더슨 2009, 279쪽]. 이로부터 알 수 있듯이 공무원과 군인은 발전지배연합의 핵심 축이었다. 초기 복지제도는 사회적으로 특권층인 이들을 대상으로 도입되었다[최천송 1969, 27쪽; Ringen et al. 2011, p. 32].[6] 그런 점에서 초기 복지제도 설계는 '국가주의적 후견주의'(etatist paternalism)의 특징을 보였다고 말할 수 있다. 그런 만큼 '저부담-고혜택' 구조를 택했는데[7] 효율과 성장을 최우선시한 개발동원체제에서 이러한 구조를 농민과 노동자까지 확대 적용할 수는 없었다.

한편 한국을 포함한 동아시아 발전국가의 특성을 문화적 조건을 고려하여 접근한 연구가 있다. 동아시아 국가들의 경제발전의 원동력을 서구의 프로테스탄티즘 윤리에 상응하는 유교적 전통에서 찾는 것이다. 예컨대 유석춘은 '자본가계급에 대한 국가관료 우위' '정경유착' '연고주의' '시민사회와 노동조합 대신 언론과 지식인 역할 강조' '산업화를 위한 정부의 선별적 정책금융정책' 등을 '유교자본주의'의 핵심 특징으로 제시했다[유석춘 1997]. 그는 이를 긍정적으로 보았다. 예를 들어 정경유착의 경우 그는 기업의 정치적 지대 추구라는 부정적인 측면이 있는 것은 사실이나 거래비용을 낮추는 등 긍정적 효과가 컸음을 인정해야 한다고 본다. 또한 그는 정부의 친재벌, 선별적 금융정책에 대해서는 재벌이 정부로부터 특혜를 받는 대신 수출시장에서는 반드시 성공해야 한다는 원칙에 기반을 둔 것이었다고 설명한다.

하지만 부인하기 어려운 사실은 '유교자본주의' 역시 박정희시기 국가 중심적인 개발주의 지배연합과 그것의 노동배제적 성격을 드러내고 있다는 점이다. 그런 점에서 유교자본주의는 초기 복지설계에 부정적 영향을 끼쳤던 국가 코포라티즘적 제도적 배열의 또 다른 이름이었다고 볼 수 있다. 또한 연고주의는 초기 복지제도 설계의 기업복지 혹은 연(緣)복지에 대한 높은 의존성을 함축한다. 한국에서 기업은 초기 복지제도 설계부터 복지제공의 가장 큰 주체였다. 송호근과 홍경준에 의하면 이는 종신고용의 관행 속에서 "기업을 '제2의 가정'으로 규정한 유교적·가부장적 이념"과 관련된 것이다[송호근·홍경준 2008, 142쪽].

하지만 기업 의존형 복지시스템의 원인을 유교이념으로 환원시켜 이해하는 것은 충분한 설득력을 갖지 못한다. 물론 지역 간 비교의 관점에서 동아시아 국가들의 사회복지시스템이 갖는 예외적 성격을 규명하기 위한 목적으로 문화적 접근을 시도할 수는 있다[Goodman et al. 1996; Jones 1993]. 하지만 '유교'는 분석적 개념으로서는 의미 외연이 너무 넓고 그 결과 엄밀한 개념적용이 어렵다. 무엇보다도 이념적 차원이 강조됨으로써 제도적 조건에 대한 충분한 이해를 저해할 수 있다. 기업복지에 대한 높은 의존성은 문화적 요인만으로 설명하기보다는 정부의 산업화 전략이라든지 재벌 체제와 복지제도의 연계성을 고려할 때 보다 잘 규명될 수 있다. 우선 당시 기업들의 자율적 자본동원 능력은 제한적이었는데 이는 총자본 축적이 미미했고 기업의 평균적 규모 또한 영세했기 때문이다. 권태준의 지적처럼 "이처럼 미약한 자율적 자본동원 능력으로 출발했기 때문에 한국의 기업들은 계속 큰 사업을 벌일수록 국가·정부에 대한 의존이 점점 더 심화"될 수밖에 없었다[권태준 2006, 185, 186쪽]. 결과적으로 정부에 대한 기업의 의존성은 정부가 권위주의적 통치를 토대로 "산업화를 위해 노동력을 동원하면서도 노동자의 생활보호 기능을 기업에 전가"시킬 수 있는 조건을 제공해주었다[송호근·홍경준 2008, 142쪽].

박정희 리더십

1960~70년대 한국에서 주요한 정책결정은 박정희 대통령의 가치관과 정책의지에 큰 영향을 받았다. 당연히 복지정책도 예외가 아니었다. 5·16 쿠데타 이후 정치무대 전면에 등장한 군부세력은 시민사회에서 변화에 대한 기대감을 불러일으켰다. 일례로 『사상계』는 1961년 12월호 권두언에서 "역사의 코오스는 다행히도, 5·16 군사혁명 지도자들에게 영광된 4·19정신의 수호자, 계승자임을 자임할 수 있는 총명과 그 과업을 수행할 수 있는 용기를 주어 우리들은 세계의 새로운 웃음거리에서 모면할 수 있게 되었"다고 평가했다[사상계 1961, 32쪽]. 박정희는 이러한 기대에 부응하는 듯한 모습을 보여주려 했다. 이를테면 그는 1961년 국가재건최고회의에서 발간한 『지도자도』(指導者道)에서 "누적된 부패와 부정을 물리치며 국내적 대외적인 적의 침략으로부터 조국을 방위하며 국가를 재건하기 위하여… 지도자도의 창조와 이의 확립"이 중요하다고 역설했다[박정희 1961, 9쪽].

특히 박정희는 1961년 7월 3일 국가재건최고회의 의장 취임사에서 "진정한 민주복지국가를 건설하는 데 총역량을 집중"하겠다고 밝혔다. 이전까지 '복지'는 주로 진보진영이 추구하는 핵심 목표 혹은 가치로 간주되었고 박정희가 의장 취임사에서 사용한 '복지' 개념이 과연 진보적 요구와 가치를 함축하고 있는 것인지는 의문이다. 오히려 그의 복지 개념은 구체 복지제도 설계에 대한 적극적 의지를 반영한 것이라기보다는 경제성장을 통한 국민의 복리 증대라는 보다 일반적인 의미로 사용된 것으로 읽히기도 한다. 하지만 적어도 복지국가 건설에 대한 그의 직접적 언명과 잦은 강조는 정치변동의 국면에서 수많은 사람들에게 새로운 기대감을 불러일으켰을 것이다. 실제로 박정희가 말한 '복지국가의 건설'은 구호 수준에 머물지 않았고 주요한 복지관련 입법이 이루어졌다. 그렇지만 이러한 제도화는 크게 보아 개발주의 자장을 벗어나지 않았다. 위로부터의 복지 담론은 대체로 근대화를 위한 대중동원 이데올로기의 성격을 가졌다. 이 점은 1962년 3월 10일 노동절 기념식에 참석한 박정희의 발언에서도 확인된다.

> 노동운동이나 근로자의 보호는 국가의 현실을 도외시할 수는 없는 것이고, 국민경제에의 영향을 무시할 수는 없을 것입니다. …서구 복지국가에 있어서도 국가목적에 장해되는 노동운동은 이를 억제하거늘 하물며 우리나라와 같이 민족자본 형성이 취약하고 생산수단이 후진적인 국가에서는 여러분들의 권익만을 무제한 보호할 수는 없는 것입니다. …우리의 의욕적인 국가경제의 건설은 곧바로 여러분들의 일터를 마련할 것이요, 생활을 향상시킬 것이요, 여러분들이 염원하는 이상적 노동조건을 구현하는 혁명정부 최대의 목표인 것입니다. 혁명정부는 이를 위하여 전능력을 다할 것이거니와, 여러분 또한 복

지국가 건설을 위해, 여러분 자신들을 위해 혼연 혁명대열에 참가해 주시기 바라는 바입니다. [국가재건최고회의 편 1973, 204, 205쪽. 강조는 인용자]

박정희정권은 통치 정당성을 확보하기 위해 국정 최우선 목표를 조국 근대화로 조정했다[이병천 2003, 42쪽]. 김수행과 박승호의 설명에 의하면 이와 관련하여 발전국가론자들은 박정희정권이 "기존 이익집단이나 낡은 경제지식에 포획되지 않으면서 한국경제를 고도로 성장시킬 지도자와 관료들"을 지니고 있었고 "'지도력과 지식을 갖춘' 박정희와 그의 통치집단이 아무런 외부개입(도움이든 방해든)을 받지 않고 '기발한' 정책들을 고안함으로써 고도성장을 이룩"했던 점을 강조했다[김수행·박승호 2007, 16, 19쪽]. 아울러 황병주는 '조국근대화'를 위한 경제적 민족주의라는 정권의 지배담론이 "아래로부터의 평등주의적 압력을 흡수하고 국가주의적으로 전유"하려 했음에 주목하기도 했다[황병주 2004, 515쪽]. 물론 이러한 주장들은 논쟁적일 수 있다. 그렇지만 한 가지 확실한 것은 분배의 이슈가 정책 우선순위에서 후순위에 머무를 수밖에 없었다는 점이다. 결국 '선성장·후분배론'의 기조하에서 '복지국가 건설'은 '국가경제의 건설'의 목표에 밀려 과감한 복지예산 편성으로 이어지지 못했다. 물론 주요 복지제도의 외형적 틀이 마련된 사실을 부인할 수는 없지만 말이다.

박정희의 리더십과 관련해 논의되는 또 다른 측면은 상징정치다. 박정희는 '새로운' 민족의 창출과 이를 통한 국민통합을 강조하면서 세종과 이순신을 성군과 성웅으로 규정하고 이를 통치 정당성과 연계시키고자 했다[최연식 2007, 54쪽]. 특히 그는 이순신 장군의 상징을 활용해서 기성 정치인의 정치활동을 규제하는 방식 등을 통하여 내부의 적을 처단하기도 했다[같은 글, 56쪽]. 이처럼 박정희의 문화정치는 권위주의적 통치와 밀접하게 얽혀 있었다. 더욱이 박정희는 정권이 연장되면서 "모든 독재자에 고유한 권력의지의 유혹과 함정, 즉 권력의 영구독점과 자기축적의 논리에 빠져들었고, '나=국가'라는 등식에 사로"잡히게 된다[이병천 2003, 43쪽]. 이 같은 상황 속에서 박정희 리더십은 지식인에 대한 탄압, 비판 사회단체의 배제, 의회제도에 대한 불신으로 표출되면서 '복지국가 건설'에도 매우 부정적인 영향을 끼치게 된다. 노동자와 학생, 지식인과 언론인, 야당정치인들은 지속적으로 탄압을 당했고 그 결과 복지지향세력의 조직화를 위한 사회적 토대가 급격히 위축되었다.

특히 박정희는 "한국을 포함한 후진국가에서 대의정치는 산업화과정을 거치지 않고 정치제도만을 모방하고 수입했기 때문에 이들 국가에서의 대의정치는 본래의 기능을 수행하지 못하고 부정부패와 이권운동의 장이었을 뿐"이라고 생각했다[정윤재 2002, 223쪽]. 결국 의회제도 기능에 대한 박정희의 불신과 (그 원인이자 결과로서) 당시 한국 의회정치의 미발달은 초기 복지제도 설계가 좀더 과감하게 이루어질 수 없게 만든 구조적 요인으로 작용했다.

복지제도는 입법과정을 통해 채택되고 실시되는 것인데, 박정희의 권위주의적 리더십으로 인한 노동배제적 국회에서 복지를 지향하는 정치세력이 진출하거나 실질적인 영향력을 발휘할 수 없었었던 것이다.[8] 아울러 이런 상황에서 복지는 국가의 우선적 책무로 간주되지 못한 채 상당 부분 기업과 가정 등 사영역으로 전가되었다. 박정희시기에 도입된 복지제도 역시 혜택의 대상과 정도에 있어 군인, 공무원 등 일부 특권층을 위주로 제한적으로 실시되는 수준에 머물렀다.

3 박정희시기 복지설계의 특징

앞에서 박정희시기의 복지정치를 규정하는 세 가지 축으로 '반공주의-개발주의' '국가 코포라티즘' '박정희 리더십'에 대해서 살펴보았다. 그렇다면 세 요소가 어우러지면서 만들어진 초기 복지설계의 주요 특징은 무엇일까?

첫째, 당시 복지제도의 도입은 재정안전성과 수혜자부담을 최우선시하는 '재정보수주의' 원칙하에 이루어졌다[송호근·홍경준 2008; 정무권 2009, 133쪽]. 사회보장은 처음부터 수급권자의 기여를 토대로 제공되는 형태를 취했다[Ringen et al. 2011, p. 35]. 1963년의 군인연금법은 제1종가입자의 기여금을 표준보수월액의 1천 분의 30으로 책정했다. 이 같은 수혜자부담 원칙은 같은 해의 산업재해보상보호법을 비롯해 여타 복지제도에도 적용되었다. 1970년 8월에 국회를 통과한 의료보험법은 예산삭감 등의 재정적 이유로 1977년까지 도입이 연기되었을 뿐만 아니라 초기 적용대상 범위도 500인 이상 사업장에 한정되었다. 이는 경제성장에 중요한 역할을 하는 대기업의 종사자들을 대상으로 한 것이었다. 즉 의료보험제도를 경제발전의 보조수단으로 활용한 셈이다[남지민 2009, 282쪽]. 이처럼 초기 복지제도 설계는 낮은 복지지출을 강조했고 정부 역할은 행정비와 관리비를 부담하는 정도에 그쳤다[송호근·홍경준 2008, 199쪽].

둘째, 초기 복지설계는 특수 계층에 대한 '저부담-고혜택'과 일반시민에 대한 '저복지'의 특징을 보였다. 앞서 설명했듯이 공무원과 군인은 발전지배연합의 핵심 축이자 사회적 특권층이었다. 초기 복지제도의 주된 수혜층은 대체로 이들과 교사였다. 이는 박정희시기 복지제도가 공무원·군인·교사의 충성심을 획득하기 위한 방편이었음을 암시한다. 한편 특수계층을 제외한 일반시민에게 복지정책 효능감은 극히 낮은 수준에 머물렀다. 결국 특수계층에 대한 '저부담-고혜택'의 복지와 일반시민에 대한 지속적인 '저복지'는 이후 복지확대를 위한 증세 시도에 대한 양측 모두의 저항감을 낳는 원인이 되었다고 볼 수 있다.

셋째, 초기 복지제도 설계는 사영역, 즉 기업복지와 연복지에 대한 높은 의존성을 보였다. 경제성장을 위한 발전지배연합을 구축했던 박정희정권은 분배와 복지에 대한 요구를 적극 수용할 필요성을 느끼지 못했다. 박정희 대통령과 경제기술관료들은 '근면'과 '자조' 구호를 부각시켰는데 이는 사회복지가 사람을 나태하게 만든다는 인식을 반영하는 동시에 사회복지 책임의 상당 부분이 '잘살아보려는' 대중 스스로의 노력에 있음을 강조한 것이기도 했다[김태성 2007, 82쪽; 정무권 2009, 139쪽]. 결국 일반시민에 대한 복지 프로그램은 미비했고 도입된 복지 프로그램에 대한 가입률과 적용률도 낮았다.[9] 이런 상황에서 국가는 복지의 책임을 기업과 가족 단위로 전가했다. 이는 기업복지와 연복지에 의존해 온 한국적 특수성을 십분 활용하려는 의중을 반영한 것이기도 했다[송호근·홍경준 2008, 141쪽]. 아울러 당시 압축적 경제성장이 빈곤문제 해결에 있어 어느 정도 환류효과를 낳자 국가의 복지정책은 더더욱 임기응변적이고 소극적인 성격을 띠었다[조흥식 2011, 59쪽].

넷째, 박정희시기 복지설계는 수혜자 규모와 혜택수준에 있어서 점진주의적 발전 경향을 낳았다[송호근·홍경준 2008, 127쪽; Ringen et al. 2011, p. 35]. 의료와 연금 부문에서는 군인, 공무원, 교사 등 공공부문을 대상으로 매우 제한적으로 도입된 후 10여 년이 지나서야 일반국민에게 확대 적용되기 시작했다. 산재보험의 경우에도 처음에는 대기업 위주로 실시되다가 시간이 지나서야 중소기업으로 확대되었다. 이와 관련해서는 보험 가능 소득층을 포착할 수 있는 행정역량이 충분히 확보되지 않았기 때문인 것으로 보는 시각도 있다[최천송 1969, 29, 30쪽].

다섯째, 노동배제성이다. 박정희정권은 1961년 8월 30일에 결성된 한국노총과 같은 반공어용 통합노조를 인정할 뿐 저항적 민주노조 형성을 강압적으로 저지했다. 그 결과 노정관계는 통제와 동원 및 저항의 관계로 점철되었다[정병기 2009]. 이러한 노동배제의 상황에서 실업수당, 직업훈련, 직업알선 등 고용관련 보험 프로그램은 거의 전무했다. 건강권과 관련해서도 1977년 도입된 의료보험제도는 일반 근로자를 적용대상에서 제외한 채 공무원, 교사, 군인을 중심으로 실시되었다[조희연 2007, 134쪽].

여섯째, 박정희시기 복지설계는 도구주의적인 경향이 다분했다[Goodman et al. 1996, p. 198; Kim 2010, p. 177]. 즉 복지는 시장 효율성을 크게 떨어뜨리지 않는 범위 내에서 보충성 원리에 따라 잔여적으로 제공되는 수준이었다. 1960년대 말 이후로 산업화의 모순이 빈부격차와 도시빈곤으로 표출되었고 그에 따른 사회적 저항도 거세어졌다. 특히 노동자와 농민 사이에서 주체적인 자기조직화 시도가 이루어졌다. 일례로 긴급조치 9호하에서도 노조 조직률은 1970년대 초반 12%에서 후반부에 17%로 상승했다[조희연 2007, 212~15쪽]. 이에 박정희정권은 문제가 심각하다고 보고 "부분적으로나마 복지와 같은 보완책을 고민"하기 시작한 것이다[같은 책, 134쪽].

복지정책은 사회적 불만과 저항을 흡수하기 위한 방편이었을 뿐만 아니라 산업육성을 위한 재원확충의 수단이기도 했다. 앞서 살펴보았듯이 1973년 국민연금법 채택은 정부가 주도한 중화학공업 육성을 위한 자금동원의 필요성에 기인한 것이었다. 무리한 내자동원의 시도는 공화당의원들로부터도 비판을 받을 정도였다. 국회 대정부질의에서 공화당 출신 김용채 의원은 "신문 등에서 이 복지연금이 내자동원을 위해서 만든 것이지 진정한 사회보장제도가 아니라고 하는데 이런 오해를 낳게 한 원인이 무엇인가"라며 따져묻기도 했다[『매일경제』 1973. 9. 27, 1면].

마지막으로, 초기 복지설계는 국민의 사회적 권리에 대한 적극적 고려를 바탕으로 한 것이라기보다는 온정주의에 기반을 한 잔여적 복지의 특징을 보였다[조흥식 2011, 75, 76쪽]. 당시 도입된 복지제도는 대부분 관료의 정책적 판단과 국가의 정치적 필요에 따라 하향식으로 채택된 것이었고 대중은 수동성을 강요받았다. 이러한 모습은 당시 의회의 낮은 독립성과도 무관하지 않았다. 박정희시기 내내 입법기구에는 복지지향세력이 부재했거나 존재하더라도 그 세력은 미미한 수준에 머물렀다. 무엇보다도 박정희 대통령 스스로가 '대의민주주의'에 대한 '조국 근대화'의 우선성을 명확히 했다. 그의 눈에 한국을 포함한 저개발국들의 대의정치는 부정부패와 이권운동의 장으로 비춰 보였다. 결국 의회기능에 대한 박정희의 불신과 당시 한국 의회정치의 미발달은 적극적 복지입법의 또 다른 걸림돌이 되었다고 볼 수 있다.

4 민주화 이후 복지개혁과 '박정희가 만든 집'의 유산

민주화 이후로 권위주의 통치의 이데올로기·제도·리더십의 유산은 점차적으로 완화되었다. 세계사적으로는 독일이 통일되고 동유럽과 구소련의 공산주의 체제가 무너지면서 냉전질서가 해체되고 한반도에서는 적대 일변도의 남북관계가 화해·협력·공생의 길을 모색하기 시작하면서 시민사회를 압도했던 반공주의의 영향력이 점차적으로 약화되었다. 아울러 탈물질주의적 가치관이 젊은 세대를 중심으로 확산되면서 개발주의 멘탈리티가 상대적으로 이완되었다. 이제 강력한 중앙 행정권력을 휘두르는 정치리더십과 국가간섭주의는 민주화된 정치환경에 더 이상 적합하지 않게 되었다. 더욱이 민주화된 정치적 공간에서 과거 권위주의 체제하에 억눌려 있던 시민사회의 에너지가 폭발적으로 표출되었다.

이 같은 일련의 변화들은 과감한 복지예산 편성에 보다 유리한 조건을 마련해 주었다. 실제로 민주화 이후 복지와 관련된 다양한 정책들이 채택되었다. 최저임금제 실시[1988], 전국민 대상 의료보험 실시[1989], 30인 이상 사업장 고용보험 적용[1995], 고용보험 적용대상 비정규근로자에까지 확대[1998], 국민기초생활보장제도 도입[1999], 산재보험 1인 사업장까지 확대[2000] 등이 이에 해당한다. GDP 대비 사회지출비 등 복지지출도 비록 OECD 평균[2019년 20.03%]에 한참 못 미치는 수준이지만 1996년 3.14%에서 2019년 12.20%로 꾸준히 증가해 왔다[OECD 2019].

하지만 민주화 이후 이루어진 복지개혁의 내용을 들여다보면 재정보수주의, 점진주의, 기업복지와 연복지에 대한 의존성, 노동배제성 등 여전히 박정희시기 복지정치의 유산으로부터 자유롭지 않음을 알 수 있다. 이러한 모습은 민주화과정에서 어느 정도 예견된 것이기도 했다. 1980년대 민주화운동은 임혁백의 설명처럼 "기존의 성장 우선적인 지배연합에 대항해서 학생, 노동자, 농민, 중산층 사이에 광범위한 분배연합의 형성으로써 활성화"되었다고 볼 수 있다[임혁백 1994, 325쪽]. 하지만 민주화의 열망은 엘리트집단들 간의 타협으로 귀결되고 말았다. 그 결과 6·29선언에는 노동자권리, 임금정책, 복지정책 등 경제적 민주화를 위한 내용이 반영되지 않았다. 제6공화국 시기에 들어서도 자본과 국가는 여전히 재분배에 대한 사회적 요구를 "경제성장을 저해하는 '분배연합'을 형성하려는 기도"로 불온시하면서 "노동운동을 계급 이기적인 차원으로 격하시키고 중산층의 노동운동 지지세력으로부터의 이탈을 시도"했다[같은 책, 328쪽]. 이처럼 민주화 이후에도 지속된 노동 배제적인 정치환경 속에서 노동의 정치세력화는 또다시 실패했다. 특히 이는 과감한 복지개혁의 전망을 더욱 불투명하게 했다.

재정보수주의와 점진주의도 지속되었다. 이를테면 1988년에 국민연금법이 시행되었으나 적용대상이 상시근로자가 10인 이상 사업장에 종사하는 근로자, 실제로는 주로 대기업의 피고용자로 한정되었다. 1980년대 말까지도 국민복지의 상당 부분은 개인, 가정, 기업, 사회단체 등 민간영역의 몫이었다. 이처럼 민주화 이후에도 한국의 복지정책은 지난 수십 년간의 모습과 뚜렷한 단절 내지 경로혁신을 보여주지 못했다.

이어서 문민정부를 자임한 김영삼정부는 1995년을 '선진복지 원년'으로 선언하고 같은 해 고용보험을 도입함으로써 4대 사회보험의 틀을 제도적으로 완비했다. 하지만 이는 집권 중반기에 이르러서야 이루어진 것으로 복지국가에 대한 문민정부의 적극적 의지의 발로로 보긴 어려워 보인다. '세계화'의 기치를 내건 김영삼정부 시기에 복지 이슈는 "경쟁력과 성장이라는 화려한 수사의 그림자"에 가려진 채 주요 정책의제로 부상하지 못했다[고세훈 2003, 89쪽]. 특히 김영삼정부 이후 한국 경제체제가 점차 신자유주의 체제로 변모하면서 복지담론은 '작은 정부' 담론에 밀려나게 되었다[조흥식 2011, 60쪽]. 결국 이런 상황에서 복지개혁은 박정희시기 복지설계의 유산으로부터 벗어나기 어려웠다.

김대중정부 시기에는 이전 정부에 비해 과감한 복지제도의 확충과 복지지출의 증대가 이루어졌다. 이는 IMF 외환위기를 겪으면서 한국사회에서 복지에 대한 사회적 수요가 급증한 데 따른 것이었다. 우선 모든 국민의 최저생활을 보장하기 위한 국민기초생활보장법이 제정되었다. 이와 더불어 4대 사회보험이 정비되었다. 1999년에 전국민연금이 실시되었고 의료보험의 통합이 이루어졌으며 산재보험과 고용보험의 적용범위가 확대되었다. 전국민을 적용대상으로 하는 건강보험으로 국민의 의료서비스 접근성이 높아졌고 산해보험은 2000년 7월 1일부터 1인 이상 사업장으로 확대 적용되었다. 또한 노동운동에 대한 규제가 완화되면서 노동자정당을 통한 노동자의 집단적 정치참여가 허용되었다. 2002년 2월에는 민주노동당이, 2003년 4월에는 복지국가 건설을 당의 목표로 내건 한국사회민주당이 창당했다. 이에 더해 노사정 3자협약의 출범은 그간 한국정치의 고질적인 한계였던 노동배제성의 극복을 알리는 신호탄으로 기대감을 불러일으켰다.

하지만 김대중정부 시기의 복지정치 역시 박정희시기 복지정치의 유산으로부터 자유롭다고 단언할 수는 없다. 우선 일견 혁신적이고 과감해 보이는 복지조치들은 적극적으로 보편적 복지국가를 향한 행보였다기보다는 외환위기 이후 정치경제의 구조조정이 불러온 사회적 충격에 대한 사회안전망의 성격을 강하게 띠었다. 또한 전술한 노동 친화적 성격의 조치들은 외환위기 극복을 위해 노동의 협조가 절실했기 때문에 택할 수밖에 없었던 조치들이었다는 해석도 있다[송호근·홍경준 2008, 78쪽]. 그렇지만 노동의 협조를 이야기하기에는 이미 노동 내 분절화가 심각한 수준에 이르렀다. 노동운동과 복지정책 모두에서 사각지대에 놓인 노동자의 수가 급증한 것이다. 결국 외환위기 이후 이루어진 사회보장의 정비는 노동시장 개혁 내지 경제성장을 위한 수단에 가까운 것으로 개발주의적 성격을 벗어나지 못한 것으로 보인다[조흥식 2011, 60쪽].

한편 김대중시기에는 '민간복지제도의 활성화'라는 이름 아래 복지다원주의가 적극 장려되었다. 그렇지만 이 역시 그리 새로운 것이 아니었다. 복지다원주의는 기본적으로 사영역의 자가복지 확대를 의미하기 때문이다. 이는 사회위험에 대한 국가의 최소주의적 대응으로 인해 발생한 공백을 기업과 가족을 중심으로 한 민간영역에서 채워온 과거 패턴의 연장선상에 있다[같은 글, 62쪽]. 더욱이 사회서비스의 시장화와 민간보험의 활성화를 비롯한 복지의 상품화에 부작용이 뒤따랐다. 비정규직·노인·여성·실업자·장애인의 사회적 배제와 고립은 더욱 심각해졌다. 결국 기업복지와 연복지에 의존적인 복지구조가 근본적으로 개선되지 못한 채 지속되었다[송호근·홍경준

2008, 224쪽].

이 밖에도 새로 도입된 국민기초생활보장제도와 정비된 4대 사회보험은 선별성이 강했다. 국민기초생활보장제도는 근로를 전제로 한 급여규정, 부양의무자 규정, 엄격한 자산조사 등 수혜 자격요건이 까다로워서 절대빈곤층을 충분히 아우르지 못했다. 국민연금은 1999년에 적용대상을 전국민으로 확대했지만 실제 보험료 납부자 수는 절반이 안 되는 것으로 조사되었다. 건강보험의 경우 '저부담-저급여' 구조로 인해 의료서비스의 급여항목이 한정적이어서 본인 부담률이 매우 높았고, 그런 탓에 저소득층의 서비스 접근성은 오히려 약화되었다. 고용보험의 경우에는 영세사업장 근로자들이 까다로운 규정으로 인해 실업수당을 받지 못하는 경우가 자주 발생했다[김태성 2007, 72, 73쪽].

노무현정부는 '경제와 복지의 선순환과 동반성장'의 정책기조하에 국정을 운영하고자 했다. 경제위기 국면에서 출범한 김대중정부의 복지개혁은 '생산적 복지'라는 말에서도 알 수 있듯이 개발주의 논리를 넘어서지는 못한 것으로 보인다. 이와 비교해 '참여복지'로 알려진 노무현정부의 새로운 복지구상에는 복지와 경제를 보다 동등한 가치로 보려는 의중이 반영되었다. 이는 2006년 8월 정부의 장기 정책비전인 '비전2030'으로 구체화되었고 성장과 복지의 동반성장을 위한 50개 과제가 마련되었다. 참여정부는 심각한 수준의 사회양극화와 저출산·고령화 사회에 대비한 복지조치들을 취했고 복지예산 확보를 위한 세제 및 재정 구조를 개혁하기 위해 노력했다. 실제로 복지예산 비중은 2003년 20.2%(41조 7천억 원)에서 2008년 29%(67조 7천억 원)로 크게 늘었다.[10]

하지만 당시 복지조치들은 대체로 주로 취약계층을 대상으로 한 사회복지 서비스 중심이었기에 복지정치의 과감한 혁신으로 보기 어렵다는 평가를 받기도 했다[송호근·홍경준 2008, 123쪽]. 물론 GDP 대비 사회복지 지출 비율은 꾸준히 증가했지만 OECD 평균과 비교할 때 여전히 낮은 수준에 머물고 있었다. 아울러 노무현정부는 이전 정부들과 비교해서 복지부문에 과감한 투자를 했으나 집권 초 여소야대의 상황에서 복지개혁을 추진하는 데 어려움을 겪었다[허경회 외 2011, 24쪽].

747공약을 내걸고 당선된 이명박 대통령의 전반적인 국가운영 기조는 박정희시기 '선성장·후분배론'의 새로운 버전이라고도 볼 수 있는 성장 우선주의로 설명할 수 있다. '성장을 통한 복지' 논리가 강조되면서 적극적 복지 시스템 개혁은 지연되었다. 특히 감세정책과 4대강 사업 등 토건사업의 확대로 복지는 다시 약화되었다[조흥식 2011, 58쪽]. 또한 이명박정부는 '능동적 복지'를 위한 뚜렷한 비전을 제시하기보다는 보금자리주택, 햇살론, 미소금융 등 서민계층을 위한 몇 가지 구체적 사업을 제시하는 수준에 머물렀다[허경회 외 2011, 24쪽]. 물론 공적 복지지출액은 늘었고 여러 복지관련 조치들이 실시된 것도 사실이다. 보육료 지원대상이 확대되었고 아동양육수당이 새롭게 도입되었으며 산해보험이 특수형태근로종사자(보험모집인, 레미콘 기사, 학습지교사, 골프장캐디)에게도 적용되었다.

하지만 전반적으로 볼 때 이명박정부의 복지정치는 박정희시기의 유산에서 자유롭지 못했고, 어떤 면에서는 그러한 유산을 적극 수용하는 듯한 모습을 보였다. 이명박정부의 복지정책에 대한 이태수의 분석은 이 점을 잘 보여준다. 첫째, 복지재정의 확대보다는 효율화를 우선시했다. 둘째, 복지부문의 공공성에 초점을 두기보다는 시장논리와 경쟁원리를 더욱 강조했다. 셋째, 보편적 복지보다는 기초생계 보전 위주의 잔여적 복지의 성격이 두드러졌다. 넷째, 복지제공에 있어 국가책임성보다는 민간부문의 역할이 강조되었다[이태수 2011, 113~16쪽].

박근혜정부하에서도 상황은 크게 개선되지 않은 듯 보인다. 물론 공적 복지지출은 증가했고 기초연금 지급(소득 하위 70% 노인 대상)이라든지 보편적 보육료 지원 등 일련의 복지조치들을 취했다. 그렇지만 복지국가에 대한 태도와 접근은 이명박정부와 크게 다르지 않아 보였으며 '증세 없는 복지'의 논리는 정부가 진정으로 복지국가에 대해 적극적 의지를 가지고 있는 것인지, 강한 의구심을 자아냈다. 이와 관련하여 윤홍식은 보수정부 9년에 걸쳐 이어진 감세정책과 민간 중심의 사회서비스 확대가 중장기적 관점에서 보면 공적 복지 확대를 위한 재정적·사회적 기반을 제약하게 된 것으로 평가했다. 뿐만 아니라 그는 '재벌대기업 중심의 자동화에 기초한 수출 주도형 조립형 생산체제'가 지속되는 가운데 비정규 특수고용 영역이 더욱 커지면서 '고용 없는 성장'을 가속화시키고 '노동빈곤'의 사회적 위험을 낳았음을 지적했다[윤홍식 2018]. 결국 이런 상황에서 '성장을 통한 분배'를 실현하는 것은 사실상 불가능했다.

'선성장-후분배' 패러다임이 현실 적합성을 상실한 상황에서 출범한 문재인정부는 사회정책과 경제정책의 유기적 연계를 골자로 한 '혁신적 포용국가'의 비전을 제시하고 공적 복지에 대한 적극성을 내보였다. 아동수당이 사회수당으로 도입되어 확대되었고 기초연금과 실업급여의 지급대상 및 치매환자에 대한 장기요양 서비스도 확대되었다. 이와 더불어 공공부조(주거급여, 생계급여)와 관련하여 부양의무자 기준을 단계적으로 완화했다. 특히 건강보험의 보장성을 높이기 위한 시도('문재인 케어')를 이어갔는데 핵심은 비급여항목을 전면적으로 급여화하고 취약계층의 의료비 부담을 경감하는 것이다. 이처럼 문재인정부는 재정보수주의라든지 민간복지에 대한 의존성과 같은 초기 복지정치의 유산에 갇히지 않고 보다 적극적인 공적 복지를 추진하려 했다고 말할 수 있다. 그렇지만 이와 동시에 문재인정부는 이전

보수정부와 마찬가지로 보다 근본적인 난관에 직면해 있는 것 또한 사실이다. 즉 앞서 언급한 생산체제와 분절적 노동시장의 현실을 그대로 두고서 보편적 복지국가의 기반인 '확장성'과 '지속 가능성'을 논하기 어렵다는 것이다[윤홍식 2020, 150~52쪽; 이상이 2021].

5 나가는 말

한국 복지정치의 역사를 살펴볼 때 우리는 여전히 '박정희가 만든 집'에 머무르고 있는 것으로 보인다. 민주화 이후, 특히 2010년대 이후로 복지국가 담론이 활성화되면서 보편적 복지국가 내지는 스웨덴식으로 표현하면 '국민의 집'(People's Home)[11]을 향한 열망이 확산되었음에도 불구하고 여전히 초기 복지정치의 유산이 과감한 복지시스템 개혁을 지연시키고 있는 것으로 보인다. 본문에서 설명한 것처럼 '반공주의-개발주의' '국가 코포라티즘' '박정희 리더십'의 세 요인이 복합적으로 작용하면서 초기 복지정치를 틀지었다. 무엇보다도 '선성장-후분배'의 정당화 논리가 강하게 작동하면서 복지 지향의 정치세력화를 억눌렀다. 그 결과 초기 복지정치는 재정보수주의, 사영역의 자가복지에 대한 의존성, 특수계층에 대한 특혜적 복지를 제외한 전반적인 저복지, 노동 포용성 결여, 복지설계의 절차적 비민주성 혹은 전문가주의, 선택적이고 잔여적인 복지의 특징을 보였다. 핵심은 이러한 초기 복지정치의 유산이 민주화 이후에도 잔존하면서 과감한 복지개혁을 어렵게 만들었다는 것이다.

그런 가운데 2010년대에 들어서 복지담론이 전면적으로 부상하면서 변화에 대한 기대감을 불러일으켰다. 시민사회 내 복지세력의 조직화 등 여러 계기들을 통해 복지국가의 담론과 운동이 확산되었다. 2010년 6월 2일 지방선거에서 복지가 주요 이슈로 부상했고, 2011년 8월 24일 무상급식에 관한 서울시 주민투표가 있었다. 이 밖에도 대학 반값등록금 투쟁이 전개되었고 2011년 5월에는 '복지국가 만들기 국민운동본부'가 출범했다. 당시 야당에서는 '보편적 복지'의 슬로건을 전면적으로 내세우며 과감한 복지개혁을 위한 목소리를 높였고, 여당에서도 '복지 포퓰리즘'이라는 식의 논의에서 한 발 물러나 복지정책에 관심을 쏟기 시작했다.

그렇지만 이후로도 복지국가는 한국사회의 '일반의지'라기보다는 여전히 첨예한 논쟁의 대상으로 남아 있는 듯하다. 보편적 복지국가에 대한 사회적 열망과 친복지담론의 확산에도 불구하고 보편적 복지국가에 대한 회의론이 만만치 않다. 회의론의 대략적인 논지는 보편적 복지국가는 성장과 재정을 고려할 때 시기상조이고, 시장의 관점에서 볼 때 비효율적이며, 정치적으로는 포퓰리즘이라는 것이다. 물론 보편적 복지국가는 이념과 현실의 양 측면에서 간단치 않은 문제다. 그렇지만 다른 한편으로는 이러한 회의론이 복지정치를 위한 '정치적 상상력'이 애초부터 제약된 상태에서 제기되고 있는 것은 아닌지 되묻게 된다. 본문에서 살펴본 것처럼 여전히 잔존하고 있는 초기 복지정치의 유산이 복지정치에 대한 상상력과 이를 기반으로 한 실효적 대안의 창출을 제약하는 상황이 문제인 것으로 보인다. 물론 복지정치의 역사를 살펴보고 현실여건을 엄밀하게 따져보는 것은 필요하지만 그렇다고 성장을 최우선시하면서 시장논리에 경사된 이념적·정책적 틀에 갇힌 채 과감한 복지개혁을 위한 보다 넓은 정치적 시야를 확보하지 못해서는 안 될 것이다.

주

1 세바스찬 말라비(Sebastian Mallaby)가 *The Economist*에 기고한 특집 보고서의 제목이다(*The Economist* 1995. 6. 3).

2 한국에서 복지국가의 등장시점을 김대중정부 시기로 설명하는 견해도 있다. 일례로 김선혁은 김대중정부 시기에 마침내 복지국가가 등장하였으며, 이후로 복지가 한국경제의 지속적인 특징이 된 것으로 설명한다(Kim 2010, p. 178).

3 박정희시기 복지제도 형성을 설명하는 변수들로는 대중동원을 위한 담론장치 및 복지제도의 자본축적 기능 등 산업화를 위한 기능적 필요성, 체제저항세력의 체제 내적 편입 등 복지의 체제유지 기능 등이 거론된다. 이 글은 이에 대한 논의를 하고 있다. 다만 복지국가로의 진입과 발전에 관한 변수들에 대한 기존의 일반이론에 비추어 체계적인 분석을 하는 수준에는 이르지 못하고 있음을 밝혀둔다.

4 김수행 외(2007)는 계급관계론적 관점에서 당시 중화학공업의 육성에 대해 다음과 같이 설명한다. "중화학공업화 정책은 1970년대 초반의 계급 역관계의 위기를 극복하고자 하는 시도"로 "경공업 위주의 가공무역형 공업구조가 한계와 위기에 봉착해 한국경제가 위기에 빠지고 노동자계급의 생존권투쟁이 격화하자, 박정희정권은 중화학공업화를 통해 한국경제를 위기에서 구출하고 계급관계를 안정시키려고 시도"하였다(김수행 외 2007, 72쪽).

5 당시에는 의료비가 증가하는 와중에 의료사고 건수와 노동비용이 상승함에 따라 의료보험제도에 대한 정책적 관심이 높아져 있었다.

6 1962년 『조선일보』의 한 사설에서 당시 전면 개정된 공무원연금법이 박정희시기의 관료중심주의적 특징을 예견하고 있음을 알 수 있다. "국고의 과중한 부담 등 폐단이 없는 것도 아니며 잘못하면 민주주의에 역행하기도 쉽지만 관료의 조직과 질적인 문제는 국세를 좌우한다는 것은 선진국의 실례가 증명하고 있다. …공무원이 부패한 사회에서 무엇을 기약할 것이며 그들에게 국정을 맡기면 어떻게 되겠는가도 생각해야 하겠다. 그러므로 공무원에 대한 처우를 충분히 함으로써 기율을 바로잡고 능률을 내게 하여야 할 것이다."(『조선일보』 1962. 8. 23, 1면)

7 박정희시기 공무원 우선적인 복지정책의 특징은 세계비교사의 맥락에서 그 특징을 보다 일반화하여 이해할 수 있다. 요스타 에스핑 안데르센(Gøsta Esping-Anderson)에 의하면 19세기 말 오스트리아, 독일, 프랑스 등 유럽대륙 국가들의 복지정책이 '국가 주도적 후견주의'의 특징을 보였다. 이는 공무원에게 예외적으로 풍성한 복지를 제공함으로써 국가에 대한 관료집단의 충성심을 강화시키기 위한 것이었다(Esping-Anderson 1990, p. 59).

8 특히 유신헌법하에서 의회의 노동 배제적 성격은 제도적으로 더욱 고착화되었다. 유신헌법하에서 대통령선거는 통일주체국민회의 대의원에 의한 간선제로 실시되며, 대통령에게는 긴급조치권과 국회해산권 등 초헌법적 권한이 부여되었다. 또한 대통령이 국회의원 정수의 1/3에 해당하는 의원(전국구 국회의원들로 공화당에 합류하지 않고 유신정우회라는 별도의 원내교섭단체를 구성함) 후보자의 일괄추천 권한과 법관의 임명권을 갖게

되었다.

9 일례로 산업재해보상보호법은 1963년에 도입되었으나 1960년대 말 이 법의 혜택을 받을 수 있는 노동자는 전체의 15%에 불과했다(조희연 2007, 134쪽).

10 노무현 사료관. 「'성장지상주의' 깨고 '복지투자' 새길 열다」. http://archives.knowhow.or.kr/president/story/view/918#. (검색일: 2021. 9. 4)

11 이는 스웨덴 사회민주당 의장이었던 페르 알빈 한송(Per Albin Hansson)이 1928년에 제시한 아이디어다. 핵심은 "복지국가를 위해 보편주의를 제시하면서 사회적 권리를 소득조사를 통한 구제가 아닌 시민권의 일부로 만"드는 것이다(제프 일리 2008, 581쪽). 이 아이디어는 스웨덴에서 전국민 보험을 정착시키는 데 주요한 이념적 자원이 되었다.

참고문헌

고세훈. 2003. 『국가와 복지: 세계화 시대 복지한국의 모색』. 아연출판부.

국가재건최고회의 편. 1973. 『박정희대통령 연설문집』 1. 대통령비서실.

국회. 1963. 「군인 연금법」. http://likms.assembly.go.kr/law/jsp/law/Law.jsp?WORK_TYPE=LAW_BON&LAW_ID=A1433&PROM_NO=01260&PROM_DT=19630128&HanChk=Y. (검색일: 2011. 12. 2.)

권태준. 2006. 『한국의 세기 뛰어넘기』. 나남출판.

그레고리 헨더슨(Gregory Henderson). 2009. 『소용돌이의 한국정치』. 박행웅·이종삼 옮김. 한울아카데미.

김수행·박승호. 2007. 『박정희체제의 성립과 전개 및 몰락』. 서울대학교출판부.

김태성. 2007. 『두 개의 예외적인 복지체제 비교연구: 한국 복지국가 모형의 탐색』. 서울대학교출판부.

남지민. 2009. 「한국 복지체제의 개발주의적 성격에 관한 연구」. 『대한정치학회보』 16/3.

류상영. 1996. 「박정희정권의 산업화전략 선택과 국제 정치경제적 맥락」. 『한국정치학회보』 30/1.

『매일경제』. 1973. 「복지연금 4%는 불합리」.

박정희. 1961. 『지도자도: 혁명과정에 처하여』. 국가재건최고회의.

_____. 1973. 「1974년도 예산안 제출에 즈음한 시정 연설문」. http://www.pa.go.kr/online_contents/speech/speech02/1306410_4248.html#. (검색일: 2011. 12. 2.)

사상계. 1961. 「권두언」. 『사상계』 102.

송호근·홍경준. 2008. 『복지국가의 태동: 민주화, 세계화 그리고 한국의 복지정치』. 나남출판.

심지연. 2009. 『한국정당정치사: 위기와 통합의 정치』. 백산서당.

양재진. 2009. 「왜 한국의 대기업 노동은 복지국가 건설에 나서지 않는가?」. 정무권 편. 『한국 복지국가의 성격논쟁』 II. 인간과복지.

유광호·이혜경·최성재. 2005. 『한국의 사회보장』. 유풍.

유석춘. 1997. 「'유교자본주의'의 가능성과 한계」. 『전통과 현대』 창간호.

윤홍식. 2018. 「역진적 선별성의 지속과 확장성의 제약, 2008~2016: 이명박·박근혜 정부시기 한국복지체제의 특성」. 『한국사회정책』 25/4.

_____. 2020. 「문재인정부 2년 반, 한국 복지체제: 개발국가 복지체제의 해체와 과제」. 『비판사회정책』 66.

이병천. 2003. 『개발독재와 박정희 시대: 우리 시대의 정치경제적 기원』. 창비.

이상이. 2021. 「문재인 케어 4년의 성과와 이후 과제」 대한민국 정책브리핑(8월 24일). https://www.korea.kr/news/contributePolicyView.do?newsId=148892008.

(검색일: 2021. 9. 4.)

이태수. 2011. 「이명박 정부의 '휴먼뉴딜'과 한국 복지국가의 전망」. 김윤태 편. 『한국 복지국가의 전망』. 한울아카데미.

임지현. 2005. 「대중독재와 기억의 정치학: 조희연, 박태균, 이병천의 비판에 답한다」. 임지현·김용우 편. 『대중독재 2: 정치종교와 헤게모니』. 책세상.

임혁백. 1994. 『시장·국가·민주주의: 한국민주화와 정치경제이론』. 나남출판.

정무권. 2009. 「한국 '개발주의' 생산레짐과 복지체제의 형성」. 정무권 편. 『한국 복지국가의 성격논쟁』 II. 인간과복지.

정병기. 2009. 「한국 역대 정권과 노동의 관계: 국가 코퍼라티즘 이후 새로운 모색의 장정」. 이정복 편. 『21세기 한국정치의 발전방향』. 서울대학교출판부.

정윤재. 2002. 「박정희 대통령의 근대화리더십에 대한 유교적 이해」. 한국정신문화연구원 편. 『유교리더십과 한국정치』. 백산서당.

제프 일리(Geoff Eley). 2008. 『The Left 1848~2000: 미완의 기획, 유럽좌파의 역사』. 유강은 옮김. 뿌리와 이파리.

『조선일보』. 1962. 「공무원연금법안의 의미와 우리의 현실」. 8월 23일.

조흥식. 2011. 「한국 복지국가의 현실과 과제」. 김윤태 편. 『한국 복지국가의 전망』. 한울아카데미.

조희연. 2007. 『박정희와 개발독재시대』. 역사문제연구소.

최연식. 2007. 「박정희의 '민족' 창조와 동원된 국민통합」. 『한국정치외교사논총』 28/2.

최장집. 2005. 『민주화 이후의 민주주의』. 후마니타스.

최천송. 1969. 「사회보장제도」. 『사회복지』 27.

허경회·인경석 등. 2011. 『그들이 아닌 우리를 위한 복지』. 학지사.

황병주. 2004. 「박정희 체제의 지배 담론과 대중의 국민화」. 임지현·김용우 편. 『대중독재: 강제와 동의 사이에서』. 책세상.

Esping-Anderson, Gosta. 1990. *The Three Worlds of Welfare Capitalism*. Princeton, NJ: Princeton University Press.

Goodman, Roger and Ito Peng. 1996. "The East Asian Welfare State: Peripatetic Learning, Adaptive Change, and Nation-Building." Gosta Esping-Andersen ed. *Welfare States in Transition: National Adaptation in Global Economics*. London: SAGE Publications.

Jones, Catherine. 1993. "The Pacific Challenge: Confucian Welfare States." Catherine Jones ed. *New Perspective on the Welfare State in Europe*. London: Routledge.

Kim, Sunhyuk. 2010. "Collaborative Governance in South Korea: Citizen

Participation in Policy Making and Welfare Service Provision." *Asian Perspective* 34/3.

Mallaby, Sebastian. 1995. "The House that Park Built: A Survey of South Korea." *The Economist* June 3.

OECD. 2019. "Social Spending." https://data.oecd.org/socialexp/social-spending.htm. (검색일: 2021. 9. 1.)

Önis, Ziya. 1991. "The Logic of the Development State." *Comparative Politics* 24/1.

Ringen, Stein, HuckJu Kwon, Ilcheong Yi, Taekyoon Kim, and Jooha Lee. 2011. *The Korean State and Social Policy: How South Korea Lifted Itself from Poverty and Dictatorship to Affluence and Democracy*. Oxford: Oxford University Press.

찾아보기